JN043893

改訂
第5版

大学入試

蔭山克秀の
政治・経済が
面白いほどわかる本

代々木ゼミナール講師
蔭山克秀

＊この本は、2022年に小社より刊行された『改訂第4版 大学入試 蔭山克秀の 政治・経済が面白いほどわかる本』の改訂版であり、
最新の時事を反映させたほか、最新の学習指導要領と近年の入試傾向を踏まえて加筆・修正をしました。
＊この本には、「赤色チェックシート」がついています。

はじめに

　「政治・経済」は、とても面白い科目だ。

　僕たちはこの科目で、世の中の基本的なしくみを学び、そこから実際に社会で起こる諸問題を、一つひとつ検討する。するとそこには、原理原則からかなりはみ出した現実世界が、生き生きと展開されている。

　しかもこの現実世界というやつは、日々姿を変える。僕らはこんなこと、少し前に想像できただろうか？　18歳成人が実現し、ウクライナにロシア軍が侵攻し、あれだけ冷え込んでいた日韓関係が正常化し、歴代最長の総理を務めた安倍晋三氏がテロに倒れる……。

　さらに、2020年から世界であれだけ猛威を振るっていた「新型コロナ」が、ついに沈静化の兆しを見せ始めた。そのおかげで、日常生活の場からマスクや消毒薬が徐々に減り、ワクチンや緊急事態宣言が話題に上ることがなくなり、外国人観光客が戻ってきた。

　そして政経受験生は、こういう現実世界の動きを、いいことも悪いことも含めて、己の受験科目として勉強する。まず政経の基本となる考え方や原理原則をしっかり学んだ後、それを武器として、現実世界を分析し、理解する。これは大変な作業だ。なぜなら現実世界でただいま進行中の出来事というのは、教科書などに載っている情報量も少なく、事態が変化することもあるからだ。こういうのは、すでに確立された内容を学ぶ他科目と比べると、けっこうな負担になる。

　でも、だからこそ面白い。これだけ変化が激しいと勉強が大変なんじゃないかと思われがちだが、じつは全然そんなことはない。なぜなら今を生きている僕たちには、勉強を始める前から、すでに最低限の政経の知識が、社会常識として備わっているからだ。

　「いやいや、自分はほんとに常識がないから」と思う人もいるかもしれない。でもそんな人だって、日本に自衛隊があることや国会議員を選挙で選ぶことぐらいは知っているはずだ。政経という科目は、そういう当たり前の常識に受験知識を肉づけし、考え方を磨いていくだけだから、まっさらから始める他科目と比べたら、じつはずっと入りやすい。

　しかも、政経は面白い。これはすごく重要だ。嫌々やらされる勉強と違って、面白いものは自分から学びたくなるし、学べば学ぶほど社会のしくみに明るく

なって、ますます勉強が楽しくなる。

なので、初めて政経を学ぶ人も身構えず、楽しい科目にふれるつもりで学んでほしい。暗記量は歴史科目と比べて少ないから、「考え方のコツ」さえつかめば、きっと短期間で君たちの大きな武器になってくれるはずだ。

さてそれでは、本書についてふれておこう。本書は2022年に改訂した『改訂第4版　大学入試　蔭山克秀の　政治・経済が面白いほどわかる本』を、さらにていねいに、さらに新しくリニューアルしたものだ。

改訂のポイントは、**記述内容の前回以上のていねいな修正と最新時事の追加、そして最難関レベルの知識の拡充**だ。前回よりもさらに文章をわかりやすく書き直しつつ、記述内容をより正確に修正し、知識量を早稲田・明治・青学・中央・同志社・立命館・関西大などの最難関レベルに合わせてさらに増量した。なので、前回版の「黒い本」をお持ちの方も、ぜひこの「水色の本」も活用して、受験に生かしてほしい。

なお、本書の知識は、最難関レベルに合わせて非常に高度なものになっているが、ただやみくもなカタカナ用語の羅列にはせず、ちゃんと「出題される可能性の高い用語ばかり」を掲載している。なので君らも、**たとえ地味でも、必要な言葉を覚えよう**。エビデンスとかイシューみたいなカタカナ語をちりばめたがる人よりも、資本装備率や労働生産性の意味をちゃんと説明できる人のほうが合格する。

そして本書の使い方だが、まず文章（ Point講義 ）を読むことから始めよう。ノート部分（ Point整理 ）はその後だ（または文の流れの中で指示があった時に見る）。政経は暗記科目ではなく理解重視の科目だから、**まず文章で「内容をじっくり理解」**し、その後ノート部分から**「知識を覚える」方法で学んでいけ**ば、それで早稲田・明治・同志社あたりの合格レベルには十分到達できる。政経は、きちんと内容を理解できて、初めて覚えた知識が役に立つ科目だ。

最後に、僕の読み辛い書き込みに付き合ってていねいに編集してくださるKADOKAWA の桐田真衣さんに感謝の意を述べて、文を締めさせていただきます。いつも本当にありがとうございます。

蔭山　克秀

もくじ

第1編　政治編

第1章　民主政治の思想と原理 …………………… 14

第2章　人権保障の発展 ………………………… 27

第3章　各国の政治制度 ………………………… 41

第2編　経済編

カバーデザイン：小口翔平＋神田つぐみ（tobufune）
本文デザイン：鈴木智則（ワーク・ワンダース）

この本の特長と使い方

　この本は、大学入試の「政治・経済」に必要な知識を徹底的に網羅し、出題される語句・事項を精選した一冊です。一目でわかる【Point整理】で知識を整理し、それに続く【Point講義】で理解を深められます。本書の解説を通して、蔭山先生が受験生の皆さんの苦手なところをフォローしてくれるので、自信をもって本番に臨んでください！

> 入試の出題頻度が一目でわかります。よく出る順に「A → B → C」（「A」が一番よく出る）の3段階で示しています。

政治編　**第11章**　**出題頻度 Ⓐ**
国際政治
Point整理

Point① 国際社会と国際法
- 国際社会の成立：「三十年戦争(1618~48) → ウェストファリア条約(1648)」を経て。
　→ ここから欧州に多数の**主権国家**（**独立国家**）誕生。
- ◎主権国家間に必要なもの
　- **国際法** … 普遍的な自然法としての、**主権国家間のルール**。
　　↓　　　条約　▶成文法　　国際慣習法　▶不文法
　　きっかけ：グロチウスによる三十年戦争への反省。
　　　　▶国際法の父
　　　- 『戦争と平和の法』…戦時と平時に守るべきルール。
　　　　　　　戦時国際法と平時国際法
　　　- 『海洋自由論』…公海自由の原則／植民地先占の法理　**早い者勝ち**
- 平和維持を図る手段 … 紛争防止＆処理システムの確立。
　- ◆**勢力均衡方式**：軍事同盟同士のにらみ合い。
　　　ユトレヒト条約(1713)よりスタート。→ **ウィーン会議**(1814)で拡大。
　　　スペイン継承戦争　　　　　　**ナポレオン戦争**
　　　問題 軍備増強合戦につながりやすい。→ **第一次世界大戦**で**崩壊**。
　- ◆**集団安全保障方式**：国際平和組織の協力で平和維持。平和の敵に**集団制裁**

Point② 国際連盟の組織
- 国際連盟 … 初の集団安全保障の実現。
　- ◆本　　　部：ジュネーブ／(原加盟国)：42か国
　- ◆常任理事国：英・仏・伊・日（＋非常任理事国も4か国）
　- ◆自治機関：国際労働機関、常設国際司法裁判所
　- **欠点** … 大国の不参加／全会一致制／経済制裁のみ
　　- ◆**米の不参加**…モンロー主義(欧との**相互不干渉**。伝統的な**孤立外交**)のため
　　- ◆ソ連の除名(フィンランド侵攻で)／日独伊の脱退(世界恐慌後)

> **Point整理**のページでは、入試で頻出の語句をわかりやすくまとめました。知識を体系的に整理することができます！

- ＊参考：ヴェルサイユ体制…**国際連盟時代の国際秩序。**
　- ●大枠：ヴェルサイユ条約…国際連盟の設立／独の「賠償義務＋軍縮」規定
　- ●軍艦の保有制限…各国の保有比率を制限。
　　- ◆ワシントン海軍軍縮条約(1921・主力艦) → (米英)5：(日本)3：(仏伊)1.67
　　- ◆ロンドン海軍軍縮条約　(1930・補助艦) → (米英)10：(日本)7
　- ●侵略の防止：- ◆領土保全：四か国条約(1921・太平洋) ＋ 九か国条約(1922・中国)
　　　　　　　　- ◆独仏間：ロカルノ条約(1925)…両国の国境を、相互の侵略から守る。
　- ●不戦の誓い：ケロッグ・ブリアン協定…武力によらない紛争解決への誓い。
　　＝パリ不戦条約(1928)　　ただし「自衛戦争はOK／罰則なし」

第11章　国際政治　　Point講義

❶ 国際連盟

　ヨーロッパに今日型の国際社会（＝独立した主権国家同士のつき合い）が成立したのは、17世紀と意外に新しい。

　きっかけは三十年戦争（1618〜48）だ。ドイツに始まるこの戦争は、いつの間にか全欧規模の領土争いとなり、その結果、ウェストファリア条約を経て、ヨーロッパに約300の主権国家が誕生した。

　独立国家が増えれば、国家間で守るべきルールが必要になってくる。そう考えたオランダ人グロチウスは、国際法の必要性を訴えた。

　そして、こうして生まれてきた国際法という概念が、今日ではこんな形で整備されている。

Point　今日の国際法

ⓐ：国際慣習法 … 国家間の暗黙の合意。長年の慣習で成立。
　▶不文法　　例：公海自由の原則／外交官特権など。

ⓑ：条　　約 … 国家間の明示の合意。国家間の文書で成立。
　▶成文法　　例：条約／憲章／協定／規約／議定書など。
　　　　　　　当事者間で任意に名称を決めているだけ。効力上の区別なし

＊条約の成立過程
◆締　結 ……… 全権委員が署名・調印。
　　　　　　　 日本なら内閣
◆批　准 ……… 国会承認＋内閣の確認・同意。
　　　　　　　 → その後内閣が批准書を作成。
◆批准書交換 … これで国際的効力が発生。

→ ただし国際社会では
　ⓐのほうをより重視

＊ⓐ＞ⓑと扱われる理由
　[ⓐ：国際社会全体に適用
　[ⓑ：締約国だけを拘束

　しかし、国際法だけでは不十分だ。独立国家が増えた以上、日ごろから戦争回避を意識して、各国間で平和維持のシステムを構築することも必要になってくる。

　そこでこの時代、最初の平和維持システムとして、勢力均衡方式が採用された。これは仲のいい国同士で軍事同盟を形成し、敵対する軍事同盟とにらみ合うというやり方だ。

　これで双方が同等の力バランスを保てば、共倒れをおそれて戦争はなくなるはず。こういうやり方が、1713年のユトレヒト条約以降、ヨーロッパに急速に拡大していった。

　だがこのやり方はあやうい。双方の力バランスが崩れれば、ただちに戦争に突

＊本書が基づいているデータは、2024年5月現在の情報が最新です。

第 1 編

政治編

政治分野では、人権保障や憲法の原理、国会・内閣・裁判所・地方自治などの統治機構、政党や選挙制度、国際政治などを学んでいく。政治分野は、よく受験生が「**知っている気になってはいるが、何となくあいまいにしている箇所**」が多い分野だ。それでは得点に結びつかない。受験で「政・経」を扱う以上、君らの「知っている」は、ちゃんと「**点が取れる**」に結びつけないと。そのために、知識のうろ覚えをなくし、内容も理解しよう。

第1章

民主政治の思想と原理

Point❶　人間の形成する社会集団

●❶ 基礎的集団 …家族や村落、民族などの**自然**なつながり。
●❷ 機能的集団 …企業や政党、学校などの**人為的**なつながり。

◆テンニース(独)…❶：ゲマインシャフト(共同社会)　❷：ゲゼルシャフト(利益社会)
◆マッキーバー(米)❶：コミュニティ(共同体)　❷：アソシエーション(結社体)
◆クーリー(米)……❶：第一次集団　❷：第二次集団

◎これらをまとめ統一的な秩序を作り出す組織 ＝「国家」

Point❷　国家の三要素：イェリネックの定義

●**領域** 領土・領空・領海(基線から12カイリ)＋＊海洋国にはおまけの水域。

＋
◆排他的経済水域(＝EEZ。基線から200カイリ)…一切の資源は沿岸国のもの。
◆接続水域(領海の**外縁**12カイリ) ……………… 出入国管理や徴税の対象に。
大陸棚 基線から200カイリ＋地形・地質的に陸とつながった範囲 ……… 沿岸国に海底・地下の権利。

●**国民**
＋
●**主権** 国家の有する**最高・絶対**の支配権(＊ボーダン(仏)＝**主権論の祖**)。
　→「最高意思決定権／統治権(領域支配権)／対外独立性」の3つ。

＊国民自身が主権を握った状態が「国民主権」。
　→ ◎**この下でこそ民主政治は実現可能**に。 ＝人民の、人民による、人民のための政治

■■主権の及ぶ範囲

基線一領海の出発点。低潮線(干潮時、海と陸が接する線)のこと。

200カイリ(370km)
24カイリ(44km)
12カイリ(22km)
領空
岸線
陸　海
陸地(国土)
内水
領海
領土
接続水域
排他的経済水域(接続水域を含む)
領域(領海、領空含む)
(領海の外だが関税・衛生など、一定の行政管理を行う幅)
大陸棚

Point③ 国家のあり方諸説

● 「国家法人説」…イェリネック

神（政府）から与えられた主権（一定の権利）は国家（会社）に対してのものであり、決して君主（社長）個人に対してではない。

＊日本の天皇も国家<ruby>下部<rt>かぶ</rt></ruby>機関
＝天皇機関説 ＊<ruby>美濃部達吉<rt>みのべたつきち</rt></ruby>

● 「多元的国家論」…ラスキ

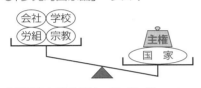

国家は単なる社会集団の１つという点では、ほかと同じだが、**主権による強制力**がある分、ほかより上位。

● 「国家有機体説」…スペンサー

国家は生物で、個人は<ruby>細胞<rt>さいぼう</rt></ruby>。だから全体の秩序が大切。

● アリストテレスの国家論

国家のあり方	形　態	短　所
君 主 制	１人の国王に権力が集中	腐敗すると<ruby>僭主<rt>せんしゅ</rt></ruby>制に。 ▶１人による独裁的な専制
貴 族 制	少数の貴族に権力が集中	腐敗すると<ruby>寡頭<rt>かとう</rt></ruby>制に。 ▶少数者による独裁的な専制
共 和 制 <ruby>（国家元首を選挙で選出）<rt>げんしゅ</rt></ruby>	一般の市民に権力が集中	腐敗すると<ruby>衆愚<rt>しゅうぐ</rt></ruby>制に。 ▶政治的資質のない者の政治

● フィルマー（英）／ボシュエ（仏）…<ruby>王権神授説<rt>しんじゅ</rt></ruby>に<ruby>基<rt>もと</rt></ruby>づく統治。

◆ フィルマー：王権は人類の祖・アダムの家長権の**延長上**にある。
＊王権神授説への反逆 ＝ 神への反逆（絶対王政の正当化へ）
◆ ボシュエ：王は神の代理人 → 「<ruby>朕<rt>ちん</rt></ruby>は国家なり」（ルイ14世）へ。

政治編
第１章
第２章
第３章
第４章
第５章
第６章
第７章
第８章
第９章
第10章
第11章
第12章

経済編
第13章
第14章
第15章
第16章
第17章
第18章
第19章
第20章
第21章
第22章
第23章
第24章
第25章
第26章

時事問題編
第27章

●プラトン(古代ギリシア)…哲人王による統治。
　『国家』　　　　　　　　▶哲学的にもすぐれた王
＊宇宙には、万物を正しく秩序づける**唯一神のような存在**あり。
　　　　　　　　　　　　　　▶善のイデア

```
┌────────────────────────────┐
│ 理想の国家を作るには、統治者がこの  │   ＝  哲人王
│ 善のイデアを直観できるのがベスト   │
└────────────────────────────┘
```

●マキァヴェリ(中世イタリア)…愛される王より、おそれられる王。
　『君主論』
＊君主の条件＝権謀術数に長じた人物であること。

　　▶**マキァヴェリズム… 目的のためには手段を選ぶな**

◎国を守るには、**キツネの知恵とライオンの獰猛さが**必要!

●マックス゠ウェーバー(独)…「支配の正当性」を３つに分類。

支配のあり方	支　配　者	正当な支配である根拠
伝統的支配	万世一系の君主	伝統だから従う
カリスマ的支配	教祖・予言者・英雄	超人だから従う
合法的支配	選挙などで選出	合理的だから従う

＊どの支配でも、**人民が納得しているかぎり**正当。

Point④ 社会規範：慣習 →「道徳 or 法」へと発展

●慣習…長く守られてきた社会生活上の秩序(違反は**非難**の対象)。
●道徳…**内面的な規範**(違反は良心の呵責 or **非難**の対象)。
●法…国家権力に強制される**外面的な規範**(違反は**刑罰**の対象)。

```
┌ ◆成文法：ー┌ ◇公　法…国家と個人の関係を規律 → 憲法や刑法。
│       ＋  ┤ ◇私　法…私人(個人や企業)間の生活関係を規律 → 民法や商法。
│          └ ◇社会法…私法の不備を補完 → 労働・社会保障・独禁法など。
└ ◆不文法：判例法や慣習法 → ＊英の一般判例法＝「コモン゠ロー」
       ＊これらはすべて「実定法」(⇔「自然法」)
          人間の行為により制定    人間の本性で形成
```

政治編

第1章
第2章
第3章
第4章
第5章
第6章
第7章
第8章
第9章
第10章
第11章
第12章

経済編

第13章
第14章
第15章
第16章
第17章
第18章
第19章
第20章
第21章
第22章
第23章
第24章
第25章
第26章

時事
問題編

第27章

Point ⑤ 自然法と自然権

❶：自然法…人間として守るべき当然のルール。

+
- ◆他人の生命・財産・自由などを侵害しない。
- ◆実定法以前から存在する普遍的な社会常識。
- ◆グロチウスは「正しい理性の命令」とよんだ。

→ ❶だけでは❷の保護は不十分に

⬇

❷の確保には強制力のある国家が必要

❷：自然権… 人間が生まれながらにもつ当然の権利。
自分の生命・財産・自由などを守る権利

Point ⑥ 社会契約説

●自然権確保のため、人民相互の同意に基づき国家が形成。

●ホッブズ(英)『リヴァイアサン』

自然状態 自由・平等だが欲望に支配
→ 「万人の万人に対する闘争／人が人に対して狼」へ。
自己保存の必要な戦争状態 = 生命の危機

社会契約 自己保存に必要な一個人 or 合議体に、あらゆる強さを譲り渡す。
▶絶対的主権者に自然権を全面譲渡

●ロック(英)『市民政府二論(統治二論)』

自然状態
- ◆自由 → 自分の身体や所有物を思うままに処理可という意味での自由
- ◆平等
- ◆平和
→ but 不安定
自然状態には強制力が存在しないから

社会契約 自然権の確保のために国家を作り、そこに権力を信託。
特に所有権
◎国民自身の政治参加が不可欠 → 間接民主制を主張(人民に抵抗権あり)。

●ルソー(仏)『社会契約論』

自然状態 自由・平等・独立 ＋「自己愛と憐憫」に基づく平和。
but 私有財産の発生により不自由・不平等に(＝自然状態からの離反)。
＊この不平等は『人間不平等起源論』で言及

社会契約 個人の利益を求める特殊意志や、その意志の集まり(＝全体意志)ではなく、
公共の利益をめざす全人民的意志(＝一般意志)に基づく共同体を形成。

- ◆一般意志は選挙で代表を選ぶ形では実現不可 → 政体は直接民主制に。
「英国人が自由なのは選挙のときだけ」→ ルソーの選挙批判
- ◆中央政府は一般意志に奉仕する公僕 → 意志決定は人民全体で。

Point 7 直接民主制と間接民主制

直 **全員参加**の政治…
- ◆古代ギリシアの都市国家(ポリス)の民会
- ◆スイスの州(カントン)の州民集会
- ◆米(19C.)のタウン゠ミーティング

特徴：民主政治の**理想形**だが、規模が大きくなると**実現困難**に。

間 **選挙で代表選出**(＝代議制)…「**代表・審議・多数決**」の原理で運営。

特徴：**現実的**な制度だが、**民意不十分**になりやすい。

◎実際の民主政治は、**間** を **直** の要素で**補完**するのが一般的。

- ◆イニシアティブ(国民発案)… 国民からの立法提案。(→ 署名)
- ◆レファレンダム(国民表決)… 投票による意思決定。(→ 投票)
- ◆リコール(国民解職)………… 国民による公務員の罷免。(→ 署名)

Point 8 法の支配

- ●法の支配＝**実質的**法治主義／英米型… 自然法が根底にあり。
  - ◆法は権力者をも拘束 → 「国王といえども神と法の下にある」
    - 英の大法官・ブラクトン(13C.)とコーク(17C.)の言葉
- ●法治主義＝**形式的**法治主義／大陸型… 自然法が根底になし。
  - ◆法内容の正当性は不問 → 「悪法も法なり」(→ 悪い意味での**法律万能主義**)
    - ソクラテスの言葉

＊大日本帝国憲法の「法律の留保」(**法律の範囲内のみ**の人権保障)もこれになりやすかった。

Point 9 権力分立制

- ◆立法権：法律を制定する権利。→ 国会(議会)が担当。
- ◆行政権：法に基づき政治を執行する権利。→ 内閣が担当。
- ◆司法権：法で事件を解決する権利。→ 裁判所が担当。

→ 三権相互の「**抑制と均衡**(チェック゠アンド゠バランス)」が必要

●権力分立制に関する諸説

ハリントン『オシアナ』	立法部を「発案院」と「審議院」に分立 立法提案のみ　議決のみ
ロック『市民政府二論』	立法権・執行権・同盟権 (→立法優位) 行政+司法　外交
モンテスキュー『法の精神』	立法権・執行権・裁判権 (→すべて対等) 行政のみ

❶ 政治と国家・主権

　人間が社会を形成すると、そこにはどうしても力関係が生まれ、治める者と治められる者の関係が生じる。そんな中、もしも治める側が一人ひとりの価値観や考え方を軽視し、人々の要望に耳を貸さず、ひたすら全員を独善的な枠（わく）の中に押し込めるような政治をすれば、我々の自由と安全はたちまちあやうくなってしまう。

　そう考えると、政治にとって大切なことは、**人民の多様性を尊重**しつつ、**できる限り多数者の意思を尊重**することだといえる。そういう政治を**民主政治**という。そしてそれは、**国家**において、**国民自身が主権を有する状態（＝国民主権）が完成して、初めて実現する**。

　ではその国家とは何か、主権とは何かについて、見てみよう。

> ###### Point　国家と主権
>
> ●国家…一定の**領域・国民・主権**をもつ、政治的な組織体。
>
> 　　　　　▶国家の三要素… イェリネックの定義
>
> ●主権…国家のみが有する**最高・絶対の支配権**（３つの意味あり）。
>
> 　　　　　**フランスの思想家・ボーダンが理論化**
>
> | ポツダム宣言 |：「日本国の**主権**は、本州・北海道・九州及（およ）び四国……に局限（きょくげん）せらるべし」▶**主権 ＝ 領域支配権・統治権** |
> | 憲法第１条 |：「天皇は、日本国の象徴であり……この地位は、**主権**の存する日本国民の総意に基（もと）づく」▶**主権 ＝ 最高意思決定権** |
> | 憲法前文 |：「政治道徳の……法則に従うことは、自国の**主権**を維持（いじ）し、他国と対等関係に立とうとする各国の責務」▶**主権 ＝ 対外独立性** |

　このように、主権にはいろいろな意味があるが、大きくとらえるとその本質は"支配権"だ。だから、**国民主権とは「国民自身が国家を支配した状態」**と言いかえることもできる。

　支配権というと怖く聞こえるが、自分たちの地域を自分たちで支配するためのものと考えたら、怖いどころかむしろ必要だ。逆にこの支配権を、一部の権力者や外国のような「他人」に握られたほうが大変なことになる。

　なぜなら、他人にとっていちばん大事なのは「彼ら自身」であり、我々の幸せを最優先に考えてくれたりしないからだ。でも、我々自身が国家の支配者になれば、我々自身をいちばん大切にする。国民主権は、そういう意味で必要なんだ。

　結局、国民主権でいう「支配」とは「**他者の支配を排除し、みずからの自由と**

安全を守るための支配」ということだ。これこそが「人民の、人民による、人民のための政治」、つまりリンカンがゲティスバーグ演説で述べた、民主政治の本質なんだ。

それでは、その民主政治の実現すべき国家のあり方について、過去のさまざまな学説から、もう少しくわしく見てみよう。

国家のあり方についての諸説

●イェリネックの「国家法人説」

法人とは「**法的に一定の権利を認められた団体**」のことだ。一般には企業をさす言葉として使われるが、実際の意味はもっと幅広い。ただ、企業を例にするとわかりやすいので、それで説明しよう。

企業と社長の関係では、**企業こそが政府からさまざまな権限を与えられた法人であり、社長はそこの下部機関**にすぎない。

そしてそれは、国家と君主の関係でも同じ。それが国家法人説だ。

ちなみにこの学説、日本では明治期に貴族院議員だった美濃部達吉が「天皇機関説」として紹介したが、天皇主権下で発表したせいで、本が発禁となり、議員辞職を余儀なくされた（＊美濃部達吉の息子は、東京都で革新知事［＝社会党・共産党など革新系政党に推された知事］を3期（1967〜79）務めた美濃部亮吉）。

●ラスキの「多元的国家論」

世の中には企業や労働組合など、さまざまな社会集団があり、国家もそのうちの1つにすぎない。ただし、国家には「主権」がある。この**主権による強制力で他集団の利害を調整できる点で、他集団より一枚上**だ。

●スペンサーの「国家有機体説」

スペンサーによると、**国家は生物で、個人は細胞**だ。ならば我々は、国家における役割分担を守り、全体の秩序を保つ必要がある。

●マルクスとエンゲルスの「階級国家論」

これは社会主義者の国家観だ。

社会主義の理論では、国家は「**1つの階級が別の階級を抑圧するための道具**」と考える。つまり資本主義社会では、国家は資本家が労働者を抑圧するための道具だ。

ならば、革命後に完全平等社会である**共産主義が実現すれば、階級は消滅し、**

国家は死滅するはず。これが階級国家論だ。

社会主義と共産主義の違い

> 社会主義と共産主義、方向性は同じだが、内容は少し違う。
> まず革命で、労働者が資本家の支配を倒すと、そこには社会主義が実現する。しかしこの状態は別名「プロレタリアート独裁」といって、従来の支配関係が逆転しているだけだ。これでは平等が実現しているとはいえない。
> そこから完全平等をめざす努力が重ねられ、最終的には資本家や労働者といった階級区分も、その階級抑圧の道具である国家もない、完全平等社会が実現する。これが社会主義思想のゴールである理想・共産主義だ。
> つまり、「社会主義は理想郷への途中過程、共産主義はその完成形」と覚えておこう。

そしてこの国家において、我々の自由と安全を守るための具体的規範となるものが「法」だ。**法は「道徳」のような内面的な規範とは違って外面的な強制力をもつ**から、法をしっかり作れば、民主政治はより強固なものになるはずだ。

さあ、これで民主国家に必要な要素はそろった。ただし、国民主権の実現には、つねに注意が必要だ。なぜなら、いかに自分たちの自由と安全を守るためとはいえ、「国民が国家を支配」するわけだから。

支配は一歩間違えると、不当な独裁政治にもつながる。そうならないためにも、そこには**だれもが納得できる正当性が必要になる**。

そして、その正当な支配の前提として必要なルールが自然法だ。それではその自然法とはいったい何か。これからくわしく説明していこう。

❷ 自然法と自然権

まずは自然法とは何なのかから見ていこう。

自然法とは法律ではない。「社会常識」の一種だ。法律は「今現在の1つの国の中だけ」のルールだが、自然法はもっと幅広い。自然法とは「いつ、何時代であっても」「どんな国においても」従うべきルールのことで、言いかえれば**人間である以上守らなければならない**「普遍的ルール」だ。つまり「人を殺すな」「人のものを盗むな」「人の自由を奪うな」などの社会常識は、みんな自然法だ。

そしてこれら自然法は、別に文書で書かれていなくても、だれもが当然守るべきだと知っている。なぜならこれらは、すべて人間の「正しい理性の命令」に従っているからだ。これは「近代自然法の父」とよばれる**グロチウス**の考え方だが、まさに彼が言うように、**自然法は理性の光に照らして見ることが肝心**だ。

政治編
第1章
第2章
第3章
第4章
第5章
第6章
第7章
第8章
第9章
第10章
第11章
第12章

経済編
第13章
第14章
第15章
第16章
第17章
第18章
第19章
第20章
第21章
第22章
第23章
第24章
第25章
第26章

時事
問題編
第27章

そして、みんなが自然法を守ることを前提とする社会では、必然的に１つの根本的な権利が生まれる。それが自然権だ。

　自然権とは自然法で認められた普遍的な権利のことで、**人間が生まれながらにもつ当然の権利**をさす。つまりさっき出てきた自然法を「自分の権利」に置きかえて「自分の生命・財産・自由を守る権利」と考えればいい。たとえば、みんなが「人のものを盗むな」という自然法を守っている社会では、みんなには同時に「自分の財産を守る権利」があるのと同じになる。そういう考え方だ。

　このように自然法の下で自然権が十分に守られる社会が実現すれば、そこは正当に支配された社会だといえるわけだ。

　しかし残念ながら、**自然法しか存在しない社会（＝自然状態）では、我々の自然権を十分に守ることはできない**。なぜならそこには「正しい理性の命令」しかなく、いっさいの強制力がないからだ。つまり、もし自然権の侵害者が現れても、逮捕も裁判もできず、刑罰も加えられない。そんな社会では安心して暮らせない。

　では、どうすればいいのか？――結局、**自然権を十分守るには、すべての人民を従わせる「強制力をもった社会集団」（つまり国家）を、みんなが納得できる形で作ることが必要になってくる。**

　このように、**自然権をよりよく守るために、人民相互の同意に基づき国家が形成された**とする説を社会契約説という。

❸ 社会契約説

●ホッブズの社会契約説

　くわしい内容は **Point整理**（➡ p.17　**Point❻**）にまとめてあるので、文章のほうではわかりやすく説明していこう。

　まずは、イギリス人・ホッブズの社会契約説だ。

　彼によると**自然状態の人間は、自由で平等だが欲望に支配されている**。その結果、みんなが自由かつ平等に己の欲望を満たそうとし、ついには「万人の万人に対する闘争」に発展してしまう。つまりホッブズは、**人間の自然状態をいわば戦争状態に近いものととらえた**んだ。

　戦争状態で一番大事な自然権は自己保存、言いかえれば「生命や安全」だ。だから彼は、**生命や安全を確実に守れる国家を作りたい**と考えた。

　では、それらを確実に守るためには、どんな国家が必要か？　ホッブズの示す大まかなイメージは「強大な君主に守ってもらう国家」だ。つまり、まず強い王様に、人民は自然権を全面譲渡する。そうすると王はますます強大になり、人民はだれも逆らえなくなる。そうしたうえで王様に「人の生命を脅かす者がいたら、

政治編

第 1 章
第 2 章
第 3 章
第 4 章
第 5 章
第 6 章
第 7 章
第 8 章
第 9 章
第 10 章
第 11 章
第 12 章

経済編

第 13 章
第 14 章
第 15 章
第 16 章
第 17 章
第 18 章
第 19 章
第 20 章
第 21 章
第 22 章
第 23 章
第 24 章
第 25 章
第 26 章

時事
問題編

第 27 章

ワシが首をはねる！」と恫喝してもらえば、争いはぴたりとおさまり、世の中は安全になるという寸法だ。

　ただしそれが幸せかどうかは別物だ。なぜなら人民は、自然権を全面譲渡した以上、王様からいつ重税を課せられても、突然投獄されても、文句は言えないから。

　結局、**ホッブズの描いた国家は、絶対王政のまかり通る怪物じみた強権国家**、まさに**リヴァイアサン**（怪物）ということになる。でも、命を守るためなら、人民がこんな国家を望むこともあり得る。

●ロックの社会契約説

　次は同じイギリス人・ロックの社会契約説だ。

　ロックは、自然状態の人間を**自由・平等**ととらえた。ただし、これはあくまで自然状態、つまり**強制力のない状態での自由と平等**だ。

　ロックは人間を「**可謬的存在**」だと言っている。可謬的とは「**誤りを犯しかねない**」という意味だ。ということは、**基本的には平和な社会でも、例外的な自然権の侵害はあり得る**ことになる。そんな社会に強制力がなければ、仮に過ちを犯した人間が現れても、逮捕も処罰もできない。これではきわめて**不安定な自由と平等**であるといえる。

　そこでロックは、その**不安定な自然権を確実に守れる国家を作ろう**と考えた。特に彼が重視したのは「所有権」とも表現できる自由だ。

　ロックにとって自由とは「**自分の身体や所有物を思うままに処理できる状態**」という意味だ。だからそれは所有権とも表現できるわけだ。ではそれを確実に守るには、どんな国家にすればいいのか？

　答えは「**他人任せにしない**」ことだ。たしかにホッブズみたいに強い王様に任せるのも1つの手だが、王様もしょせんは他人。他人任せで人民の自然権を「確実に」守ってもらおうなんて、考え方があまい。

　ということは、結局自然権の「確実な保障」を求めるなら、**作った国家は人民自身で管理するべき**ということになる。つまり今の日本のように、**選挙で選んだ代表者が議会に集まっていろいろ決める**間接民主制の形を作り、この議会に「強制力を与えるかわりに守ってもらう」、つまり権力を信託しておけば、自分の自然権の確実な保障になるはず。これがロックの考えだ。

　だが、これも少しあやしい。なぜなら今の日本と同じということは、日本同様、国会議員が私利私欲に走り、民意を無視する可能性もあるわけだ。

　そう、いかに**国民の代表者とはいっても、議員だって結局は他人**。他人はどこかで我々を裏切る可能性がつねにある。なら、そういうことがあったとき、我々

はどうすればいいのだろうか？

　そういうときは、政権をひっくり返せばいい。そのうえで、我々の自然権を守ってくれる政権に作り変えればいいんだ。この考え方を抵抗権（革命権）という。

　間接民主制に抵抗権が加わってこそ、より自然権の確保に近づく。これがロックの社会契約説だ。

●ルソーの社会契約説

　最後に、ルソーの社会契約説も見てみよう。

　ルソーの描く自然状態の人間は、**自由で平等でだれからも束縛されていない**。しかもそこには、「自己愛と他者への憐憫」に基づく平和がある。まさに理想状態だ。

　ところが、人間社会に私有財産が生まれてからは、不自由と不平等に支配されてしまった。よりくわしくは、ルソーの『人間不平等起源論』に書いてあるが、**文明こそが人間社会に「私有財産→欲望と対立」をもたらし、そのせいで人々から憐憫が消え、やがて社会が不自由・不平等になってしまった**。

　これら不自由・不平等は、本来の自然状態にはない要素、つまり「**自然状態からの離反**」だ。

　「**人間は自由なものとして生まれた。しかし至るところで鉄鎖につながれている**」──ルソーは自然状態からの離反をこう嘆いた。そして我々に、自由と平等が回復した共同体の形成を呼びかける。

　ルソーのイメージする理想国家は、**公共の利益をめざす全人民的意志に基づいて共同体を形成し、そこで自由と平等の回復をめざす**というものだ。この全人民的意志を「**一般意志**」という。

　これは、個人の利益を求める特殊意志や、その意志の集まりである全体意志とは別のものだ。

　では、一般意志はなぜ「公共の利益」をめざすのか？──それは私有財産の弊害をなくすためだ。ではなぜ「全人民的意志」なのか？──それは**真の自由と平等を実現するには、すべての人民の意志が100％反映される政体が必要**だからだ。

　これは選挙で選んだ代表者だけでは、とても反映しきれない。だから彼は**選挙制度を批判**（「英国人が自由なのは選挙のときだけ」という言葉は有名）し、**全人民参加型の直接民主制を主張した**。中央政府も作るけど、それはあくまで大きくふくれ上がった一般意志を集約する機関にすぎない。

　ルソーは抵抗権・革命権について明言はしていないが、そこにも含みをもたせた表現で、**非常にラジカル（急進的）な人民主権論を展開している。実際ルソーは、この考え方で、のちのフランス革命にも大きな影響を与えた**。

政治編
第1章
第2章
第3章
第4章
第5章
第6章
第7章
第8章
第9章
第10章
第11章
第12章

経済編
第13章
第14章
第15章
第16章
第17章
第18章
第19章
第20章
第21章
第22章
第23章
第24章
第25章
第26章

時事
問題編
第27章

❹ 法の支配と権力分立

　ここまで見てきた内容から、自然権を確保するための国家のあり方は、ほぼ理解できた。では今度は、自然法と国家統治の理想的な関係について見てみよう。

● 法の支配（＝実質的法治主義）

　これはイギリスで発展した考え方で、「**法は国民だけでなく、権力者をも拘束する**」という考え方だ。

　これを理論的に体系立てたのは19世紀の憲法学者**ダイシー**だが、それ以前にもブラクトンやコークといった裁判官が、時の暴君をいさめる際に用いている。その際に使われた言葉が、かの有名な「国王といえども神と法の下にある」だ。

　ここでの法とは自然法と、それに基づく**コモン＝ロー**（＝英の一般判例法。古来からの慣習法や、王室裁判所の判例から生まれた不文法）をさしている。

● 法治主義（＝形式的法治主義）

　それに対してこちらは、「**法の形式さえ整っていれば OK**」という考え方で、法で拘束など考えられないほど強大な君主のいた、戦前のドイツや日本で発展した理論だ。歴史的には「悪法も法なり」という**ソクラテス**の言葉が有名だ。

　ただ、こちらでいう法は、自然法に基づく必要がないため、ヘタをすると<u>**人権抑圧まで正当化しかねない**ような、とんでもない**法律万能主義**につながる可能性</u>がある。実際、戦前の大日本帝国憲法のころには「法律の留保」という考え方があった。これは「法律の範囲内において人権を保障する」という考え方だが、ネガティブにとらえると、「もしも**人権抑圧法ができれば、その抑圧法内まで人権保障の範囲は狭まる**」に転じる危険性があったともいえるんだ。

　そういう危険を考えると、やはり我々の自由と安全を守るには、実質性、つまり「法の支配」の原則が必要だということになるね。

　さあ、これで、「法の支配」のほうがいいことはわかった。だが、これだけではまだ、人権保障が十分だとはいえない。

　イギリスの政治家・**アクトン**卿の有名な言葉に「権力は腐敗する。絶対的権力は絶対に腐敗する」というのがある。つまり、<u>**1つの国家機関への権力集中は、つねに腐敗や独裁につながるおそれがある**</u>ということだ。

　これを避けるために必要なのが国家権力の分散だ。権力を分散させることで一機関の独走を防ぎ、たがいに「**抑制と均衡**（チェック＝アンド＝バランス）」を保つ。これでこそ、人権保障はよりよいものになる。

それでは最後に、権力分立制に関する諸説を見てみよう（→ p.18 Point 9）。

ハリントンの権力分立制は、本当に必要最小限の権力分立制だから、それほど重視する必要はない。大事なのは、ロックとモンテスキューの権力分立制だ。

よく見ると、ロックのものは少し粗い。分け方も不十分なうえ、三権が対等なものとして扱われていない。これでは万が一、立法機関の暴走が起こったら、だれも止められなくなってしまう。

3つに分ける以上は、三権の力関係は対等にするのがベストだ。だからモンテスキュー型の三権分立が、今日でも基本的な三権分立として、多くの国で採用されているわけだね。

コラム 沖ノ鳥島と排他的経済水域

　沖ノ鳥島は、日本最南端の領土だ。ただし非常に心細い領土で、満潮時に1mほど顔を出しているだけだ。「いや、それ岩じゃん」と言われたら、返す言葉もない。国連海洋法条約の定義によると、島とは「自然に形成された陸地」で、「満潮時に海面に露出している部分」があればいいから、一応島だ。国連にも認定されている。だが強い波と風雨にさらされ、つねに水没の危険がある。だから日本政府は750億円もかけて、島の周囲をコンクリートで護岸工事しているのだ。

　海洋国である日本は、離島のおかげでかなり得をしている。排他的経済水域（EEZ）が取れるからだ。日本政府の見解だと、日本の領土は最南端と最東端が小笠原諸島の沖ノ鳥島と南鳥島で、最西端は沖縄の与那国島。最北端は択捉島になる。

　そして排他的経済水域は、これら4つの離島を起点に取れるから、結果的に日本が利用できる総面積は447万km²と、日本の陸地（38万km²）よりはるかに広大になる。だから日本は、国土面積だけなら世界第61位だが、利用できる総面積（領土・領空・EEZの合計）では、堂々世界第6位の巨大国家になるのだ。

　そう考えると、沖ノ鳥島を守ることは大事だ。だがその正体は、満潮時に人ひとりが立てるかどうかも怪しい謎の物体。もし車の飲酒検問でおまわりさんに「とりあえず沖ノ鳥島の上に、目をつぶって片足で立ってみてよ。満潮だから気をつけてね」と言われたら、僕は迷わず「ごめんなさい、飲んでます‼」と答える。

　じつは沖ノ鳥島には、やっかいな問題がある。「排他的経済水域の維持」だ。そのためには「人の居住か独自の経済活動」が必要で、今は付近で漁業をすることでお茶を濁している。だがこれが認められなくなるとヤバい。日本は40万km²を失うぞ。

Point ① イギリスの自由権の歴史

● マグナ゠カルタ(1215)…ジョン王の専制政治に**貴族・僧侶**が抗議し、王に「**課税権 ＋ 逮捕拘禁権**」の制限を認めさせた文書。

息子ヘンリー3世は無視 → ブラクトン「**国王といえども神と法の下にある**」で抑制。

ジェームズ1世登場(17C.)…フィルマーの**王権神授説**を根拠に、**専制政治を復活**。

→ コーク「**国王といえども神と法の下にある**」で抑制。

息子チャールズ1世がマグナ゠カルタを破る。→ **いさめる必要**あり。

● 権利請願(1628)…コークが起草した、**マグナ゠カルタの再確認**文書。

→ but 王は無視。

◆ ピューリタン(清教徒)革命…チャールズ1世を処刑
(1642)　　→ but 処刑後、**国内は大混乱**。

　　　　　　　　　　　　　　　クロムウェルによる独裁政治

混乱後、チャールズ2世が専制復活(＝王政復古)。
→ その後、ジェームズ2世まで専制続く。

◆ 名誉革命…暴君ジェームズ2世を**追放** ＝ ◎**専制の終了**
(1688)　無血革命。その後はウィリアム3世が即位

● 権利章典(1689)…「**国王は君臨すれども統治せず**」に ＝ 英市民の自由権確立

◎ **イギリスの不文憲法**…**法律や歴史的権利文書で代用**。

◆ マグナ゠カルタ／権利請願／権利章典＝「**英国憲法の聖書**」　⇒ **7大聖典**
◆ 議会法／王位継承法／**判例法**／**慣習法**(＝コモン゠ロー)

→ 改正手続きも法改正と同じで簡単(＝**軟性憲法**)。

Point ② アメリカの自由権の歴史

独立戦争(1775〜83) → バージニア権利章典(1776.6) → 独立宣言(1776.7)
　　　　　　　　　　　　世界初の人権宣言　　　　　　　　　ジェファーソン起草

◆ 自然権・抵抗権などを含む社会契約思想(ロックの影響)

＊造物主から平等に与えられた天賦人権である「生命・自由・幸福追求の権利」。

◆ 英国王ジョージ3世の弾劾(植民地への虐政に対して)。
◆ 13植民地が自由独立の国家であることを公言。

Point ③ フランスの自由権の歴史

背景 ブルボン王朝のアンシャン゠レジーム(旧制度) → 第三身分(**市民**)が反発。

封建制・身分制など

第一 聖職者／第二 貴族／第三 市民

三部会(旧制度下での国会)から独立し、国民議会(後の憲法制定議会)結成。

but ルイ16世は「憲法制定議会に干渉／政治犯をバスティーユ牢獄に投獄」

バスティーユ牢獄
の襲撃(=革命開始) → ● 封建制廃止を宣言。
● フランス人権宣言を採択。

ラ゠ファイエット起草 → 国王逃亡
も捕まる。 → 共和制の宣言

ルイ16世処刑

＊ただしこの後、革命反対派や不満分子(ジロンド派など)を粛清する恐怖
政治をロベスピエール(ジャコバン派[山岳派]の中心)が行うなど、混乱期
が続いた。

Point ④ 参政権の歴史

背景 市民革命後、一部の市民(ブルジョアジー)にのみ参政権を付与。

労働者には与えず

◆産業革命
◆ **労** 生活苦 → ◆まずラダイト運動(=機械打ち壊し運動)勃発。

◆その後チャーチスト運動(= **労** の参政権要求)へ変質。

初の普通選挙	1848年のフランス ＊男子のみ。女は1945年
初の婦人参政権	1893年のニュージーランド ＊ただし英の植民地
初の男女普通選挙	1919年のドイツ(ワイマール憲法)
婦人参政権の遅い国	スイス(1971年)
英米の男女普選	英:1928年／米:1920年
日本の男女普選	1945年 ＊男子だけなら1925年

●日本の婦人参政権要求運動(1920年代前半)
◆平塚らいてう…先駆者。雑誌『青鞜』発刊。「元始、女性は太陽であった」で有名。
◆市川房枝………平塚とともに新婦人協会を設立し、「女子の政治結社・
集会禁止」(治安警察法第5条)の撤廃運動を展開。**戦後、**
参議院議員に。
「理想選挙」(「出たい人より出したい人を」で推し出され
る形)を実践。

Point ⑤ 社会権の歴史

背景 資本主義の発達 ➡ 資本主義の矛盾 ➡ 福祉国家へ
「小さな政府」が主流　　　失業・貧困など拡大　　　「大きな政府」

```
┌─────────────────────┐        ┌─────────┐        ┌─────────────────────┐
│ 経済は自由放任がベスト。│   ➡   │この国家は │   ➡   │ 政府の積極介入       │
│ 政府の仕事は国防・治安 │        │国民を救済 │        │ で社会保障や失       │
│ など最小限(＝夜警国家)。│        │しない    │        │ 業対策を。           │
└─────────────────────┘        └─────────┘        └─────────────────────┘
```

対策 ワイマール憲法(1919・独)…社会権を規定した初の憲法。

◆経済生活の秩序は、すべての者に**人間たるに値する生活**を保障する目的をもつ正義の原則に適合しなければならない。　　　　　　　生存権

◆所有権は義務を伴う。その行使は、同時に公共の福祉に役立つべき。　公共の福祉原理

◆労働条件および経済条件を維持し、かつ改善するための**団結の自由**は、各人およびすべての職業について保障される。　　　　　労働者の団結権

◆被保険者の適切な協力のもとに、包括的保険制度を設ける。　社会保険制度の規定

Point ⑥ 人権の国際化

●世界人権宣言(1948)…**各国が達成すべき共通の基準**として、国連総会で採択。
　　　　　　　　　　人権初の世界基準

1条	すべての人間は、**生まれながらにして自由**であり、かつ、尊厳と権利について**平等**である。　　　　　　　　自然権思想
2条	すべて人は、人種・皮膚の色・性・言語・宗教・意見・出身・財産・門地…**いかなる事由による差別をも受けることなく**…　平等権
21条	すべて人は、直接に又は自由に選出された代表者を通じて、**自国の政治に参与する権利**を有する。　　　　　参政権
23条	すべて人は、**勤労し、職業を自由に選択し**、…及び**失業に対する保護を受ける権利**を有する。　社会権と職業選択の自由

ポイント 自由権中心だが、**参政権や社会権もあり**。　人権尊重の集大成的文書

●国際人権規約(1976発効)… 世界人権宣言の**条約化**(＝**拘束力**あり)

規約の枠組み

A規約	経済的・社会的及び文化的権利 ※各国は実施状況を経済社会理事会に報告	社会権規約
B規約	市民的及び政治的権利	自由権規約
A規約に関する選択議定書(2008)	A規約(＝社会権)を侵害された人が、直接社会権規約委員会に通報できる個人通報制度。	

政治編
第1章
第2章
第3章
第4章
第5章
第6章
第7章
第8章
第9章
第10章
第11章
第12章

経済編
第13章
第14章
第15章
第16章
第17章
第18章
第19章
第20章
第21章
第22章
第23章
第24章
第25章
第26章

時事問題編
第27章

B 規約に関する 第一選択議定書	B 規約（＝自由権）を侵害された人が、直接規約人権委員会に通報できる個人通報制度。

＊B規約の第二選択議定書＝死刑廃止条約 （➡ p.39で説明）

具体的内容

AB 共通１条 ：すべての人民は、**自決の権利を有する。** 民族自決権

A ２条 ：この規約の締約国は、この規約に規定する権利が、人種・皮膚の色…いかなる差別もなしに行使されることを**保障することを約束する。** 平等権＋締約国の実施義務

B ９条 ：すべての者は、**身体の自由及び安全についての権利を有する。**…何人も、**法律で定める理由及び手続きによらない限り、その自由を奪われない。** 法定手続きの保障、人身の自由

ポイント

◆ AB 両規約とも、第１条は「民族自決権の確認」である点。
　　　民族自決権：すべての民族が、みずからの運命をみずからで決める権利
◆日本は「祝祭日の給与支払い」と「公務員の争議権」の２点の**批准**を**留保**している点。　「中等・高等教育の無償化」への留保は、2012年に撤回
◆日本はすべての選択議定書を**批准していない**点。

★ 「代表的な人権条約」は Point 講義 （➡ p.36〜） で説明するよ。

コラム 代用監獄

　代用監獄とは、**警察の留置所を拘置所がわりに使うこと**だ。
　通常、被疑者や被告人は、拘置所に入れられる。ここは取り調べ時間も食事時間も決まっており、家族との接見もできる。ところが留置所には、それらの規定がいっさいない。ということは、長時間の取り調べや食事の制限、接見妨害など、警察がやりたい放題できる。当然これは**自白の強要などにもつながる**、由々しき事態だ。
　代用監獄は、えん罪の温床になり得る。こんな粗末な代用品、即刻なくすべきだ。

❶ 自由権獲得の歴史

　自由権とは**国家権力の介入**や**干渉から自由になる権利**のことで、別名「**国家からの自由**」ともいう。「国家から」という表現からもわかるように、自由権獲得の歴史は、絶対的な国王による「**人の支配**」との**闘いの歴史**だ。この動きは18世紀のフランスで完成したため、「18世紀的権利」ともよばれる。

🔵 イギリス自由権の獲得

　13世紀イギリスの**ジョン王**（別名「欠地王」）は、無能で残忍な暴君だったといわれている。彼は金がほしいときには**課税権を濫用して**重税をしぼり取り、刃向かう者がいると**逮捕拘禁権を濫用して**投獄した。

　ところがそれが貴族や僧侶を怒らせ、ついには**ジョン王みずから王権の制限を発表**させられるはめになってしまった。それが有名な**マグナ゠カルタ**（**大憲章**・1215）だ。

　そこでジョン王は、**課税権・逮捕拘禁権の双方**に、**法的根拠や議会の承認が必要であると宣言**した（＝**租税法定主義・罪刑法定主義**）。ここにイギリス自由権は、その輝かしい第一歩を踏み出したんだ。

■■ マグナ゠カルタ：ジョン王みずからが発表した反省文的文書

> ●「いっさいの**楯金**もしくは援助金は、**朕の王国の一般評議会によるのでなけ**
> ▶**軍役代納金**
> れば、朕の王国においてはこれを課しない」（租税法定主義）
> ●「自由人は、その同輩の**合法的裁判によるか、または国法によらなければ**、逮捕・監禁・差し押さえ・法外措置、もしくは追放を受けまたはその他の方法によって**侵害されない**」（罪刑法定主義）

　ところが、ジョン王の息子・**ヘンリー3世**は、マグナ゠カルタに従おうとしなかった。そこで当時の大法官**ブラクトン**が、「第1章」にも出てきた有名なセリフ「**国王といえども神と法の下にある**」で、王をいさめたわけだ。

　父が従い、息子もそれにならった。こうしてイギリスでは、代々の王がマグナ゠カルタに従うことが、暗黙の了解となっていったんだ。

　しかし17世紀、イギリスに久々の暴君が登場した。**ジェームズ1世**だ。彼は**フィルマー**の**王権神授説を根拠に専制を復活**させ、イギリス人民を恐怖のどん底にたたき落とした。

　ブラクトン以降、暴君をいさめるのは大法官の役目だ。**時の大法官コーク**は、

ブラクトンのセリフ（＝国王といえども神と法の下にある）を拝借し、なんとか王をいさめることに成功した。

　ところが今度は、息子チャールズ1世がマグナ＝カルタを破った。これは本格的に止めないとまずい。そこでコークが中心となり、権利請願とよばれる文書を起草した。その内容は「国王様、今一度マグナ＝カルタを思い出してください」という「マグナ＝カルタの再確認」が主だった。

　しかしチャールズ1世は、いったんこの権利請願に署名したにもかかわらず、その後無視した。これを契機にイギリスでは、ピューリタン（清教徒）革命・名誉革命と続く一連の市民革命が勃発する。

　名誉革命後、イギリス議会は権利章典を発表し、それを新王ウィリアム3世は承認した。

　そこには、国王のもつ立法・行政・司法・課税権など、すべての権限の行使に議会の承認が必要である旨が記されており、ここから「国王は君臨すれども統治せず」の伝統は始まった。つまり、イギリス人民はやっと自由になったんだ。

　なお、今日のイギリスには文書化された憲法は存在せず、今でもこれらの歴史的権利文書を憲法がわりに使っている。これは自分たちの自由権獲得の歴史を、非常に誇りに思っているからだ。有名なイギリスの「不文憲法」には、こういう歴史が隠されていたんだね。

● アメリカ自由権の獲得

　アメリカはかつて、イギリスの植民地だった。なのにイギリス本国の議会にアメリカ代表の議員も送らせてもらえず、不当な扱いを受けても文句のもっていき場がなかった。

　アメリカ市民の反英感情はしだいに高まっていく。印紙法に基づく一方的な課税政策には「代表なくして課税なし（＝議会に代表も送らせないのに、一方的に課税するな）」と反発し、茶法に基づく貿易制限では、イギリス軍との小ぜり合いにまで発展した（＝ボストン茶会事件）。

　そんな中、ついに独立戦争は勃発する（1775）。戦争のさなかに書かれたトマス＝ペインの『コモン＝センス』（＝「植民地独立のすすめ」的な本）にもあと押しされ、ついに翌年、のちの大統領ジェファーソンの手により、アメリカ独立宣言は起草された。

政治編
第 1 章
第 2 章
第 3 章
第 4 章
第 5 章
第 6 章
第 7 章
第 8 章
第 9 章
第 10 章
第 11 章
第 12 章

経済編
第 13 章
第 14 章
第 15 章
第 16 章
第 17 章
第 18 章
第 19 章
第 20 章
第 21 章
第 22 章
第 23 章
第 24 章
第 25 章
第 26 章

時事
問題編
第 27 章

:: 独立宣言：ジェファーソン起草。ロックの影響大。

> ●我々は自明の真理として、万人は平等に造られ、**造物主から天賦の権利を付与され**、そこに生命・自由・幸福追求の含まれることを信ずる。(自然権思想)
> ●**これらの権利を確保するために、人類の間に政府が組織されたこと**……を信ずる。(自然権確保のために国家形成)
> ●いかなる政治の形体といえども、これらの目的を毀損した場合には、**人民はそれを改廃し、…新たな政府を組織する権利**を有する。(抵抗権)

フランス自由権の獲得

18世紀のフランスは時代錯誤にも、**身分制と封建制に支配**されていた。

社会の発展に矛盾したこの制度を「旧制度（＝アンシャン゠レジーム）」という。その中における市民は、聖職者・貴族に次ぐ「第三身分」にすぎず、当然、国会（＝三部会）内での地位も低く、圧政に苦しめられていた。

その市民が、ついに立ち上がった。バスティーユ牢獄の襲撃だ。この政治犯収容所の襲撃を合図に1789年フランス革命は勃発し、最終的にフランス人民は、**ルイ16世の処刑と共和制の宣言、そしてフランス人権宣言を勝ち取る**ことになる。

ちなみに共和制とは、国家元首を選挙で選ぶ政体、もっとわかりやすく言うと、**国王のいない政体**だ。

フランスではこの後、時代とともに共和制のあり方が変質し、第二次世界大戦後のド゠ゴール大統領時代から、**大統領権限がとてつもなく強大な今日の「第五共和制」へと移行**したんだ。

:: フランス人権宣言（1789）：ラ゠ファイエット起草。

> ●人は、**自由かつ権利において平等なものとして出生**し、**かつ生存**する。
> （人間の自然状態 ＝ 自由かつ平等）
> ●あらゆる**主権の原理は、本質的に国民**に存する。（国民主権）
> ●権利の保障が確保されず、**権力の分立**が規定されないすべての社会は、憲法をもつものではない。(権力分立)

❷ 参政権獲得の歴史

参政権は別名「国家への自由」ともいう。この権利が獲得されたのが19世紀だから、参政権は「19世紀的権利」ともよばれる。

市民革命後、イギリスでは市民が自由になり、参政権を獲得した。でもそれは、**ごく一部の金持ち市民（＝ブルジョアジー）だけの話で、最下層の労働者には与えられなかった。**

　つまり、当初実現したのは制限選挙であって、普通選挙ではなかったんだ。でも労働者の側も虐(しいた)げられることには慣れているから、当初は特にそれが問題になることもなかった。

　ところがその後、困ったことが起きた。産業革命だ。18世紀半ばに始まったこの機械や動力の一大進歩は、労働者に悲劇をもたらすことになる。なぜなら**仕事を、機械に奪(うば)われてしまう**ことになるからだ。

　これはまずい！──彼らはあわててだれかに助けを求めようとする。でもそこでハッと気づく。なんと今の国会には、我々**労働者の利益を守ってくれる政治家がただの１人もいない**ではないか。

　このままでは死んでしまう!!──彼らは半ばパニックとなり、**資本家の機械の打(こわ)し壊しを行った。** これが**ラダイト運動**だ。だが、そんなことをしても、本質的な解決にならない。

　そこで彼らは発想を変え、**労働者による参政権要求運動**を展開した。これが**チャーチスト運動**だ。この運動をきっかけに世界的に選挙権拡大の気運が高まり、ついには今日のような**普通選挙制の確立へと結びついていった**わけだね。

　世界の選挙権拡大の流れについては **Point整理**（⇒ p.28 **Point❹**）にまとめておいたが、面白いのはイギリスだ。イギリスはチャーチスト運動後、**５回も選挙法改正**を行ったが、普通選挙実現は遅かったのだ。グレー内閣時の第１回ではまだ制限選挙のまま、ダービー内閣時の第２回では都市労働者に参政権、グラッドストン内閣時の第３回では農村労働者にも参政権が与えられたが女子はまだ、第４回のロイド゠ジョージ内閣時にようやく女子参政権も実現したが「男21歳／女30歳」の年齢差があり、そして**ボールドウィン内閣時の第５回**（1928）で、ようやく**「男女21歳の完全普通選挙」**が実現した（＊今日は「18歳以上の男女」）。

❸ 社会権獲得の歴史

　社会権とは、**国家に国民生活への積極介入(かいにゅう)を求める権利**のことで、別名「**国家による自由**」ともいう。なぜ国家の介入を求めるのか？　それは**社会の不平等が、国民の手には負えないぐらい拡大してきた**からだ。この権利が生まれたのは20世紀。だから社会権は「**20世紀的権利**」ともよばれる。

　19世紀、資本主義は急速に進歩した。特に産業革命の国イギリスは「**世界の工**

政治編
第1章
第2章
第3章
第4章
第5章
第6章
第7章
第8章
第9章
第10章
第11章
第12章

経済編
第13章
第14章
第15章
第16章
第17章
第18章
第19章
第20章
第21章
第22章
第23章
第24章
第25章
第26章

時事
問題編
第27章

場」ともよばれ、機械化が進展していた。

　機械で商品を作れば、今までの手作業よりも飛躍的にいいものを安く作れる
——もし今自由競争をすれば、イギリスの一人勝ちだ。だから**イギリスは経済を
自由放任にし、政府の仕事を国防や治安の維持に限定していった**のだ。つまり、
「**自由な経済活動を阻害しない＋自由な経済体制を守る**」が、政府の新たな使命と
なったわけだ。

　この政府は、金のかからない「**安価な政府**」であるうえ、やるべき仕事が少な
い「**小さな政府**」だ。正直、やっている仕事は**自由放任経済を守るためのガード
マン**にすぎない。だからドイツの革命家ラッサールは皮肉を込めて「**夜警国家**」
とよんだ。その後、この体制は多くの国でとり入れられ、世界の資本主義はます
ます栄えていく。

　ところが困った問題が起きた。弱者ケアの問題だ。**むき出しの自由は弱肉強食**
だから、当然、競争が激化すれば、弱者は失業や倒産に苦しむことになる。いわ
ゆる**資本主義の矛盾**だ。でも、夜警国家には弱者を助けるシステムがないため、
いくら失業や倒産が増えても、失業保険も生活保護も受けられない。これでは国
家として不十分だ。

　そこで**政府は不平等の是正に乗り出した**。やるべき仕事量を増やし、国民生活
に積極的に介入し始めた。いわゆる「**大きな政府**」「**福祉国家**」への転換だ。

　これを一番最初に具体化したのは、1919年制定のドイツの**ワイマール憲法**だ。
そこには「**人間たるに値する生活**」の保障という言葉で、**生存権**が初めて規定さ
れた。ここから世界的に社会権が認められる風潮が生まれてきたというわけだね。

　ただし、不平等を是正するのなら、弱者を助けるだけではダメだ。もう１つや
るべきことがある。それは突出した**強者を規制すること**だ。

　無制限の自由は社会を競争的にし、やがて突出した強者（たとえばビル＝ゲイ
ツみたいな大金持ち）を生む。そして彼に富が偏在すれば、彼以外の大多数が不
幸になる。だからそういうことにならないよう、ワイマール憲法では「**公共の福
祉**」に基づく強者規制も規定している。

　「公共の福祉」とは、**人権同士の衝突を調整する原理**で、そうして個々人を守
ったところに成り立つ「**国や社会全体の利益**」という考え方だ。この原理がめざ
すものは**万人の人権のバランスよい保障**、そういう意味での「社会全体の利益」
だ。そのためには、時として個人の**人権を制限する**。たとえば、ビル＝ゲイツの
自由権のせいで社会の富が独占され、大勢の生存権が担保できなくなるなら、彼
の自由権は独占禁止法で制限するぞ、みたいな考え方だ。

ワイマール憲法は、歴史上初めてこの「公共の福祉」を明記した。つまり**大勢の人権を守るためには、突出した強者を規制することも国家の大事な役目**なのだと、同憲法は教えてくれているのだ。

❹ 人権の国際化

人権意識が世界的に拡大するきっかけは、第二次世界大戦中に現れた。<u>アウシュビッツ収容所</u>での、**ナチスによるユダヤ人の大量虐殺**（＝ホロコースト）だ。この事件は、戦争と人権侵害の悪循環を示した。つまり人権を軽視するから戦争が起こり、戦争が激しくなると、人権はますます軽視される。

こんな負の連鎖は、即刻断ち切らないと。そこで米大統領 F＝ローズベルトは「４つの自由」（1941）を発表し、今後の世界平和の大前提とした。「４つの自由」とは「言論と表現の自由／信教の自由／恐怖からの自由／欠乏からの自由」の４つだ。

彼はその後亡くなったが、**彼の遺志は妻エレノア＝ローズベルトの手によって国連の舞台に引き継がれ**、ついに1948年、世界人権宣言の採択につながった。

世界人権宣言は人権初の世界基準だ。しかし残念ながら**拘束力がなかった。**

これはまずい。なぜなら世界では、1948年に南アフリカ共和国で人種隔離政策（＝アパルトヘイト。1991年廃止）が始まったり、人権擁護団体アムネスティ＝インターナショナルが「良心の囚人」と認定する人々が出始めたからだ。

そこで国連は**世界人権宣言を条約化**する作業を急ピッチで進め、ついに1966年国際人権規約が採択され、拘束力のある規約として具体化した（1976年発効）。

国際人権規約の完成度は高い。すべての国がその内容を遵守すれば、国際社会は理想にかなり近づくことができるだろう。

でも残念ながら、各国には各国の事情があって、その内容をすべては受け入れられないことが多い。だから、国際人権規約では、**自国の内情に合わない点は留保していい**ことになっている。くわしくは p.30に書いたが、実際日本も**公務員の争議権**と**祝祭日の給与支払い**は留保しており（＊中等・高等教育の無償化は2012年批准）、選択議定書に至っては、批准すらしていない。

❺ 代表的な人権条約

● **難民の地位に関する条約**（難民条約・1951）

難民とは「**人種・宗教・政治・国籍**などの理由から迫害を受け、**海外に逃れ、自国の保護を受けられない人**」をさす（＊経済難民は含まず）。

> 内容 ：自国民と同一の教育・公的扶助。／追放・送還の禁止。
> 日本の批准 ：1981年 → 在日外国人の国民年金加入可に。
> 問題 ：日本は難民認定が厳しく、受け入れに消極的。

　公的扶助とは生活保護のことだ。そして、これが大事なのだが、難民は自国に戻ると危険が待っている人たちだから、**追放や強制送還は絶対やってはいけない**（＝ノン゠ルフールマンの原則）のだ。

　日本は批准以来、**社会保障面での国籍要件の撤廃**を進めている。でも残念ながら、難民受け入れには消極的だ。

┄Point┄ 国連難民高等弁務官事務所（UNHCR・1951）

●人道的な立場から ┌ ◆難民への国際的な保護。　　◇本国への 自発的帰還
　　　　　　　　　├ ◆難民問題の 解決。　→　　◇受入国への定住
　　　　　　　　　└ ◆国内避難民への「支援」。　◇第三国への定住
　　　　　　　　　　　▶内政干渉にならない範囲で
　　　┌ ◆自発的帰還が実現する平和な環境が整うことがベスト。
　　　└ ◆日本は2010年より「第三国定住難民」の受け入れ開始。
　　　　　　　　　　　▶ミャンマー人難民を試験的に受け入れ
●高等弁務官：1991〜2000年までの間、日本人の緒方貞子氏が務め、難民救済の数々の実績を残した。　　2019年死去

● 人種差別撤廃条約 （1965）

　この条約は「**あらゆる形態の人種差別の撤廃をめざす**」条約で、南アフリカのアパルトヘイトをきっかけに成立した。

　日本はこの条約を1995年に批准した。30年もの間があいた理由は、日本に「北海道旧土人保護法」という、アイヌ民族抑圧法があったせいだ。

　しかし、条約批准を機に同法は廃止され、1997年には「アイヌ文化振興法（日本初の民族保護法。当時はこれがアイヌ新法とよばれた）」が、そして2019年にはそのアイヌ文化振興法を廃止して「アイヌの人々の誇りが尊重される社会を実現するための施策の推進に関する法律（＝今日はこれがアイヌ新法）」が制定された。

　このアイヌ新法では、アイヌを「**北海道の先住民族**」と明記している。アイヌ民族に関しては、2008年の国会決議でも内閣の見解でも先住民族と認識されていたが、法律への明記は初めてだ。

　ただ残念ながら、**先住権の明記はない**。先住権問題は**独立運動などに発展する可能性があるため、国家レベルではほとんど認められていない**のが現状だ。実際、

政治編
第1章
第2章
第3章
第4章
第5章
第6章
第7章
第8章
第9章
第10章
第11章
第12章
経済編
第13章
第14章
第15章
第16章
第17章
第18章
第19章
第20章
第21章
第22章
第23章
第24章
第25章
第26章
時事
問題編
第27章

国際的な取り決めでも、国連総会で2007年に採択された拘束力のない宣言「先住民族の権利に関する国連宣言」あたりに、かろうじて先住民の土地所有の権利などが出てくる程度だ。

　なお同条約の精神と関連して、日本でも2016年「ヘイトスピーチ解消法」が成立した。罰則なしだが、今後は「本邦外出身者に対する差別的言動のない社会」作りに努力していくことになり、2019年には、自治体レベルだが、川崎市が全国で初めて、刑事罰を盛り込んだヘイトスピーチ禁止条例を可決させている。

Point 南アフリカのアパルトヘイト（人種隔離政策）

●アパルトヘイト根幹三法制定（1948）

> 南アは、ブーア人（オランダ系入植者の白人）が支配していたが、1899年の南ア戦争で英に敗れ、英の自治領に。英はブーア人の不満をそらす懐柔政策として、人種隔離政策を始めた。

- ◆人口登録法……非白人と白人は別戸籍。非白人に参政権なし。
- ◆集団地域法……人種別に居住地・営業地を設定。
- ◆原住民土地法…非白人の土地所有を制限。

＋

- ◆公共施設分離法（公共施設利用の人種別規制）

◎非白人（カラード〔混血〕、インド系、黒人）への差別、本格化。

体制に批判的な者はロベン島の政治犯収容所に投獄

1960〜
1980's
- ◆国際社会から完全に孤立（経済制裁など）。
- ◆アフリカ民族会議（ANC）を中心に黒人暴動激化。

マンデラ議長 → ただし「良心の囚人」として投獄中

- ◆80's後半のボタ政権から、徐々に弾圧緩和。

1990：デクラーク大統領のアパルトヘイト改革。
- ◆ANC合法化。
- ◆マンデラ釈放。
- ◆公共施設分離法廃止。

1991：根幹三法の廃止 ＝ アパルトヘイト終了。

1993：マンデラ・デクラークの両氏にノーベル平和賞。

1994：マンデラ、南ア初の黒人大統領に就任。

2013：マンデラ死去。

政治編

第1章
第2章
第3章
第4章
第5章
第6章
第7章
第8章
第9章
第10章
第11章
第12章

経済編

第13章
第14章
第15章
第16章
第17章
第18章
第19章
第20章
第21章
第22章
第23章
第24章
第25章
第26章

時事
問題編

第27章

● **子どもの権利条約**（1989）

この条約は子どもを大人の従属物ではなく、「権利行使の主体」ととらえた条約だ。日本も1994年に批准している。

●おもな内容
　◆子ども＝18歳未満のすべての者をさす。
　◆子どもの意見表明権の保障。
　◆子どもの表現、思想・良心、信教の自由の保障。
　◆親による虐待や搾取からの保護。

● **女子差別撤廃条約**（1979）

この条約には「締約国の差別撤廃義務」規定がある。だから日本は1985年に男女雇用機会均等法を制定したあと、条約を批准した。

● **死刑廃止条約**（1989）　（＝国際人権規約 B 規約の第二選択議定書）

現在110か国以上が批准しているが、日本・アメリカ・中国・イスラーム諸国などは**批准予定がない**。なお、**国連は死刑廃止の立場、EU は死刑廃止が加盟条件の１つ**だが、日本の最高裁は「**死刑は憲法36条で禁止する残虐な刑罰にあたらず**」の見解を示している。

Point **地域的人権条約・代表的な人権 NGO など**

●ヨーロッパ人権条約（1950）
　…世界初の地域的人権条約。欧州人権裁判所を設置。
●米州人権条約（1969）…２番目の地域的人権条約（中南米含む）。
●アフリカ人権憲章（1981）…別名「バンジュル憲章」
●アムネスティ＝インターナショナル
　▶国際人権救援機構
　…「良心の囚人」救済をめざして活動する人権 NGO。

▌▌過去の代表的な「良心の囚人」

●マンデラ ……南アフリカ。1990年釈放後、南ア初の黒人大統領に。
●アウン＝サン＝スーチー ……ミャンマー。2010年釈放後、国会議員に。
●金大中 ………韓国。1978年釈放後、韓国大統領に。
●日本人３名…イラク戦争時の「立川反戦ビラ」で75日間拘留。日本人初。
　＊ほかにも**現在、世界中で8000人以上**いるとされる。

●<u>その他の人権条約</u>

●ハーグ条約…国際結婚が破綻(はたん)した夫婦間の子どもの親権をめぐる条約。

1983年発効。日本は**2014年批准**（G7の中で最後）。

●おもな内容
◆16歳未満の子どもを、片方の親が無断で国外に「連れ去り」。
→いったん、**もとの国に戻さなければならない。**
"慣れた国"という「子の利益」優先
◆もとの国側の親に虐待(ぎゃくたい)やDVがある場合は、返還を拒否できる。
◆日本では、条約発効の**2014年4月1日以降**の「連れ去り」から適用可。

●ジェノサイド条約…**ジェノサイド（集団殺害）** を国際法上の犯罪とみなし、その防止と処罰を定めた。1951年発効。<u>日本は未批准。</u>

●おもな内容
◆戦時中ナチスの行ったユダヤ人虐殺(ホロコースト)を「人道に対する罪」とした<u>ニュルンベルク裁判</u>を、ほかのケースにも<u>一般化</u>した条約。
◆公人・私人・共犯者を問わず処罰対象とする。
◆虐殺防止には**武力行使を伴う可能性が高い**ため、日本の参加は難しい。
＊憲法9条違反

●**拷問等禁止条約**(こうもん)…拷問、残虐・非人道的な行為や刑罰を禁止する条約。1987年発効。日本は1999年批准。

コラム 死刑廃止国の刑罰——懲役刑(ちょうえき)のギネス記録

死刑廃止国の刑罰は「懲役加算」が基本だが、それが時にとんでもない数字になる。

1989年、タイの巨額詐欺(さぎ)事件の犯人に下された判決に、世界中が驚いた。その判決はなんと「懲役14万1078年」——これが懲役刑期のギネス記録だ。

ほかにも死刑廃止国の刑罰を見ると、テロ主犯格への「懲役4万年」、性犯罪の常習者への「終身刑40回（懲役4000年相当）」など、すごいのがいっぱいある。求刑だけなら、スペインで4万通の郵便配達をサボって捨てた元郵便局員に対し「懲役38万4912年」なんてのもある。この事件は最終的に懲役7000年ぐらいですんだが、ここまでくるともう弁護士の腕がいいんだか悪いんだかわからん。

『懲役339年』（伊勢ともか著(いせ)）という漫画では、輪廻転生(りんねてんせい)が信じられている世界で、懲役339年の主人公が死ぬたびに"生まれ変わり"の赤ん坊を探し、残りの刑期を引き継がせる。そして赤ん坊は、獄中(ごくちゅう)で死ぬまで「前世の罪」を償(つぐな)い続ける。

なんか死刑が人道的な刑罰にすら思えてきて、わけがわからなくなる。

Point ① イギリスの政治機構

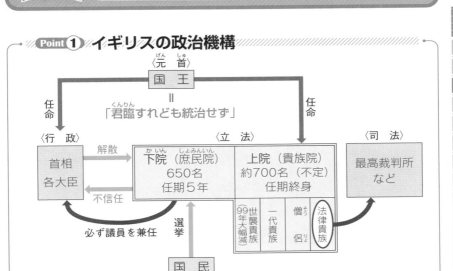

〈元首〉
国 王
＝
「君臨すれども統治せず」

任命　　　　　　　　　　　　　　任命

〈行 政〉　　　〈立 法〉　　　　　　　　　　　　　　〈司 法〉

首相　　解散　　下院（庶民院）　　上院（貴族院）　　最高裁判所
各大臣　　　　　650名　　　　　　約700名（不定）　　など
　　　　　不信任　任期5年　　　　任期終身

99年大幅減 世襲貴族　一代貴族　僧侶　法律貴族

必ず議員を兼任　　　　　選挙

国 民

Point ② イギリスの議会・内閣・司法

議会
◆上　院……非民選。実質的権限はほとんどなし。
　▶貴族院　　ブレア首相時の上院改革（1999）で、**世襲貴族議員の大半は議席を失う**。現在の上院議員は、ほとんどが一代貴族。
◆下　院……民選（＝国民選出の代表）。予算先議を含め、重要**法案は**
　▶庶民院　　「**下院通過 ＋ 国王の裁可**」で成立。
　＊下院優越の原則：アスキス内閣時の議会法（1911）より

◎議会主権が基本。→ 国王は「君臨すれども統治せず」

内閣
◆首　相……選挙で**下院第一党になった党の党首**を国王が任命。
◆閣　僚……**全員が国会議員**を兼任（首相も含めて）。

司法 従来
◆**議会上院で最高法院（最高裁）を構成。**
◆最高法院判事は上院議員でもある法律貴族（または法服貴族）。
◆最高法院大法官は閣僚＋上院議長も兼任。
→ 上院の影響を受けやすい

◎2009年、**上院から独立した司法制度**をめざし、**イギリス最高裁判所**設立。
　＊判事となった法律貴族は上院議員を兼ねない／長官は下院から選出

Point ③ アメリカの政治機構

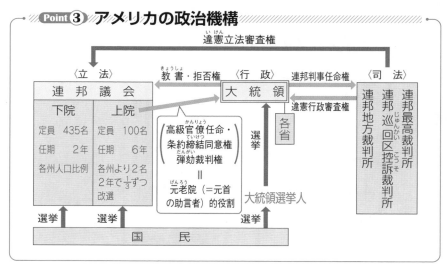

違憲立法審査権

〈立　法〉　　　　教書・拒否権　〈行　政〉　　連邦判事任命権　〈司　法〉

連　邦　議　会

下院	上院
定員　435名	定員　100名
任期　2年	任期　6年
各州人口比例	各州より2名 2年で$\frac{1}{3}$ずつ 改選

大　統　領

違憲行政審査権

各省

連邦地方裁判所

連邦巡回区控訴裁判所

連邦最高裁判所

高級官僚任命・
条約締結同意権
弾劾裁判権
＝
元老院（＝元首
の助言者）的役割

選挙　選挙　　　　　　　　　　　　　　　選挙

大統領選挙人

国　　　民

Point ④ アメリカの議会と政党

議会 ┌ ◆上　院（＝元老院的性格）
　　　│　　　＋　　▶元首の助言者
　　　└ ◆下　院（＝代議院的性格）
　　　　　　　　　▶全国民の代表

→ 議決面では両院対等。
but
各院固有の権限あり。

上院　「高級官僚任命＋条約締結同意」権、弾劾裁判権

下院　予算先議権、大統領弾劾の訴追権

政党　：二大政党制… ┌ ◆共和党（おもに裕福で保守的な白人層が支持基盤）
　　　　　　　　　　 └ ◆民主党（都市部のリベラル層・低所得者・黒人な
　　　　　　　　　　　　どが支持）

Point ⑤ アメリカの権力分立

●厳格な三権分立制

行政 ┌ ◆大統領と各省長官は、**国会議員との兼任不可。**
　　　└ ◆大統領に**法案提出権・議会解散権なし。**

立法 ：議会から大統領への**不信任決議権なし。**

司法 ：違憲立法審査権あり。
　　　　→ **マーベリー対マディソン事件で確立。**
　　　　憲法と裁判所法の矛盾をめぐる事件（1803）

Point ⑥ アメリカ大統領の間接選挙

- まず各党の候補者を決める選挙（＝予備選挙）。
  - ◆各州で2〜3月の火曜に集中（＝スーパー＝チューズデー）。
  - ◆15州では**党員以外も投票可**（＝オープン＝プライマリー）。

- 次に**州単位で直接選挙**
  - 支持政党の選択

各州で勝った政党がその州の**選挙人人数枠を独占**	…	ただしメイン州やネブラスカ州など人口比例の州もあり。
▶勝者独占方式		

- 選挙人の投票で大統領を決定。

- ◆**人口の多い州**で効率よく勝てば、**票数 でも勝利するケースあり。**
  - ▶選挙人の多い州　　　**2016年のトランプ vs ヒラリー＝クリントンを含め、過去5回あり**
- ◆大統領選挙の中間の年にある上下両院議員の選挙＝「中間選挙」

Point ⑦ フランスの半大統領制

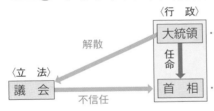

〈行政〉　大統領 … 直接国民から選ばれるから、議会への責任不要。

任命

首相 … 議会第一党の党首が任命される慣例があるから、議会への責任あり。

〈立法〉議会　解散・不信任

大統領 …
- ◆**外交・防衛**の代表者。国民が直接選挙で選出（任期5年）。
- ◆強大な権限あり（軍の首長・首相の任免・**下院解散など**）。
- ◆**議会からの不信任なし。**
  - 国民に対してのみ責任

大統領 ＋ 首相

首相 …
- ◆**内政**の代表者。大統領が**議会第一党の党首**を任命。
- ◆内閣は議員との兼任不可。**議会からの不信任あり。**

◎「保革共存政権（＝コアビタシオン）」になるケースもあり。
- 選挙の結果、大統領の所属政党と議会第一党が食い違った場合

政治編
第1章
第2章
第3章
第4章
第5章
第6章
第7章
第8章
第9章
第10章
第11章
第12章

経済編
第13章
第14章
第15章
第16章
第17章
第18章
第19章
第20章
第21章
第22章
第23章
第24章
第25章
第26章

時事問題編
第27章

Point⑧ ドイツの政治機構

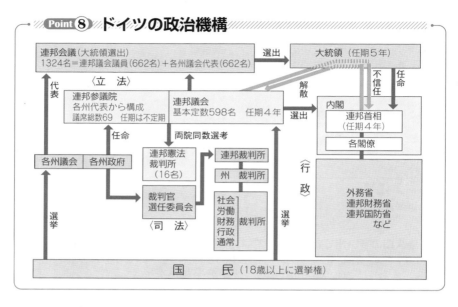

Point⑨ 中国の政治機構

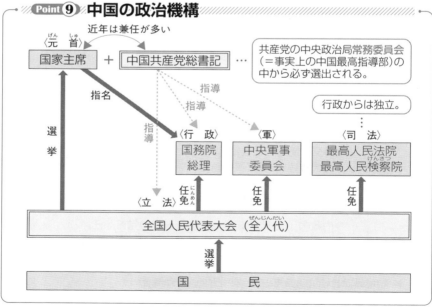

各国の政治制度

政治編

第1章
第2章
第3章
第4章
第5章
第6章
第7章
第8章
第9章
第10章
第11章
第12章

経済編

第13章
第14章
第15章
第16章
第17章
第18章
第19章
第20章
第21章
第22章
第23章
第24章
第25章
第26章

時事
問題編

第27章

❶ イギリスの政治制度

イギリスは議院内閣制の国だ。議院内閣制とは、**内閣が国民の代表機関である議会の信任の下に成り立つ制度**で、日本も含め、強いリーダーシップをとる元首のいない国で採用されることが多い。イギリスでは、18世紀に**ウォルポール内閣**が、**国王ジョージ2世**の信任よりも議会からの不信任を優先させて**退陣**して以降、**慣習として定着**した。

イギリスでは名誉革命後、議会（特に民選の**下院**）の優越が確立している。その**下院の多数党が内閣を組織し、下院から不信任されれば、総辞職（or 下院解散）しなければならない**。しかも内閣のメンバーは、**全員が国会議員兼任**だ。本当に何から何まで、議会本位、国民本位の国であることがわかる。

国王はどうか。国王は形式上は元首だが「**君臨すれども統治せず**」だ。議会解散、軍の統帥、法案拒否権など、現在でも名目上の法的権限は大きいけど、内閣の助言なしには何も行えない。

裁判所はどうか。 **Point整理**（→ p.41 **Point 2**）からわかるとおり、**イギリスの司法権は従来、議会上院の影響を受けやすいしくみになっていた**。そこで2009年に大改革があり、上院から独立した司法制度をめざして、**イギリス最高裁判所**が設立された。

裁判官も、発足当初こそ従来どおり上院（貴族院）議員兼任者（**法服[法律]貴族**とよばれる人々）だったが、75歳の定年で欠員が生じるごとに専従の裁判官（法服貴族でない人）と入れ替えていき、**2023年には完全に上院議員兼任裁判官はいなくなった**。

なお、イギリスには成文憲法がないため、同改革後も引き続き**違憲立法審査権はない**。

最後に、イギリスの政党について見てみよう。

イギリスには**労働党**と**保守党**という二大政党があり、政権交代もひんぱんに行われる。野党もぼやぼやしてはいられない。

だから野党は「**影の内閣（シャドー゠キャビネット）**」を組織し、次期政権に備えた自分たちなりの首相・閣僚・政策案を発表する（＊**運営費用は公費負担**）。こうすることで選挙の際、国民に政権選択を迫ることができる。

議会場でも、**現内閣と「影の内閣」は向かい合わせに座り、白熱した議論が展開される**。ただしどんなに興奮しても、暴力には至らない。両者の間には「**剣線（ソード゠ライン）**」が引かれており、剣を抜いても届かない間隔がとられているからだ。「剣線」は騎士時代の名残であり、暴力否定のシンボルだ。

 イギリス下院の議会場

| 与党議席 | 議長席 | 野党議席 |

剣線
（ソード＝ライン）

イギリス下院の議会場では、対峙する与野党議員の足元に「剣線」が引かれていて、ちょっとでも踏み越えると「反則！」の声が飛ぶ。議場はせまくて全議員分の席がなく、演壇もない。そこでは「演説」というより「会話」がなされる雰囲気だ。

なお上院では、1999年ブレア政権（労働党）の改革により、**世襲貴族議員の議席が一部を除き廃止された**（＊**さまざまな分野で功績のある一代貴族議員は存続**）。こういう大胆な改革も、政権交代のひんぱんな二大政党制ならではだ。

❷ アメリカの政治制度

アメリカは**大統領制**の国だ。大統領とは「**選挙で選ばれる元首**」のことで、国民がわざわざ選んだ国家の代表者だから、多くの場合**強力なリーダーシップを発揮**する。アメリカ大統領もそうだ。議院内閣制の首相は議会が選ぶが、大統領は国民が選ぶ。議院内閣制みたいに、**議会の信任を気にする必要がない**。大統領は、**独自の判断で強い政治（軍の統帥・条約の締結・恩赦の決定など）を実行**することができるんだ。

大統領の権限は、あまりにも強い。だから長期の独裁を防ぐため、アメリカ大統領は4年の任期を2期までしか務められない。いわゆる「**三選禁止**」規定だ（＊例外は**F＝ローズベルトの連続4期**のみ。なおドイツも三選禁止。フランス・ロシアは**連続三選禁止**。韓国は**再選禁止**。中南米の多くは**連続再選禁止**）。

ただし、それほど強い大統領も、議会を制圧できるわけではない。**国民は、両者にそれぞれ別の役割を期待**して、それぞれを別の選挙で選出しているのだから。よってアメリカの政治は、役割分担のしっかりした**厳格な三権分立**になる。アメリカでは、大統領と各省長官は**国会議員を兼任できない**し、**議会への出席も、上院議長を兼ねる副大統領を除けば、大統領が議会から招かれたとき以外あり得ない**。

ただし、立法（＝法を作る）と行政（＝法に基づき政治を執行）は職務に連続性があり、完全な分離は難しい。だから大統領には**教書送付権**（議会への施策要請）や**法案拒否権**（＝議会成立法案への署名を拒否）が認められている。これらは一見、大統領による立法権の侵害に見えるけど、**教書には強制力がなく、拒否**

政治編
第1章
第2章
第3章
第4章
第5章
第6章
第7章
第8章
第9章
第10章
第11章
第12章

経済編
第13章
第14章
第15章
第16章
第17章
第18章
第19章
第20章
第21章
第22章
第23章
第24章
第25章
第26章

時事
問題編
第27章

権も議会の３分の２以上の再可決で覆る。結局、これらの大統領権限を含めても、三権分立は保たれていると考えられる。

　また**大統領は、議会から不信任されない**。なぜなら**行政責任者の政策上の失敗**を、立法機関である議会がとがめるのはお門違いだからだ。

　ただしその大統領に、「**重大な犯罪または軽罪**」（つまり犯罪全般のどれか）がある場合は、解任を求め大統領の**弾劾裁判**が行われる。

　大統領の弾劾は、議会が実施する。その成立には「**下院の訴追＋上院出席議員の３分の２以上の同意**」が必要だが、**過去に弾劾成立例はない**（＊弾劾裁判自体はアンドリュー゠ジョンソン［1868］、クリントン［1998］、トランプ［2020］と**過去３例あるが、いずれも無罪**。なお、ニクソン大統領の**ウォーターゲート事件**［民主党事務所への盗聴疑惑］では、大統領は**下院が弾劾の訴追決議をする寸前に辞任**した）。

　さらに司法権だが、権力分立を厳格にするには、司法による立法・行政へのチェックは当然必要だ。だからアメリカでは、**裁判所に違憲立法審査権と違憲行政審査権が与えられている**。ただしこれを一方的に認めると、今度は司法の独走につながりかねない。だからそれを抑制するため、アメリカの判事は「**大統領（＝行政）の任命＋上院（＝立法）の同意**」を受ける必要がある。

　ここまで徹底した三権分立（いわゆる「モンテスキュー型」）が、アメリカの統治機構だ。

　アメリカの大統領選挙は、間接選挙で実施される。これは**各州から人口比例で選出**される「大統領選挙人」（計538名）が、国民にかわって大統領候補者に投票する方式だ。くわしくは **Point整理**（→ p.43 **Point 6**）に書いておいたが、そこには予備選挙だのスーパー゠チューズデーだの勝者独占方式（ウィナー゠テイク゠オール）だのと、いかにも出そうな言葉が載っているから、しっかり覚えておこう。

CHECK! C アメリカの連邦主義

　アメリカはイギリスによる植民地支配への反発から、強大な中央集権をきらい、**各州に広範な自治権を認める**「連邦制（＝独立性の高い州の連合体）」を採用している。そのため、アメリカ全土を統轄する合衆国憲法は最小限の規定（１州だけでは行えない事項）にとどめ、各州はその範囲を逸脱しないかぎり、**かなり独自性の強い州法や州憲法の制定**、裁判などを行うことができる。つまり、**連邦政府と州政府の間にも、権力分立主義が見られる**んだ。

コラム　トランプとポピュリズム

　2020年のアメリカ大統領選挙には、本当に驚いた。なんと**共和党の現職・トランプ大統領が敗れ、民主党のバイデン候補が勝利した**のだ。

　なぜ驚いたかというと、それはこの時の選挙が「トランプ vs バイデン」というよりも「トランプ vs 反トランプ」にしか見えなかったからだ。実際米メディアの報道でも、聞こえてくるのは「トランプが好きか嫌いか」ばかりであり、熱烈なバイデンファンやアンチバイデンはいなかった（ように思う）。ということは、今回の選挙は、バイデンが勝ったというよりも「トランプが独り相撲で負けた」ってことか。

　しかし、負けたとはいえトランプ氏、なかなか面白い大統領だったな。アメリカでは知らぬ者なき不動産王で、年収600億円の総資産１兆700億円。大富豪だが反エリート主義的な主張が「プアホワイト（貧しい白人層）」から支持され、国際協調よりも「America First（アメリカ第一主義）」を唱えた彼は、アメリカの国益に反すると見るや、**TPP やパリ協定からの離脱**を、躊躇なく行った。

　ただ彼のやり方は典型的な「ポピュリズム（大衆迎合主義）」で、危険な臭いがした。ポピュリズムには「カリスマ的なリーダーシップ」「<u>分断と扇動</u>（敵を作り、結束を呼びかける）」「理性より感情」「問題の単純化」「民意でぶれる一貫性のない政治」等の特徴があるが、特に重要なのが「分断と扇動」。トランプ氏以外のポピュリストといえば日本の小泉元首相や韓国の文在寅大統領などだが、それぞれのやり方は、

　　（トランプ）：メキシコとの国境に壁、イスラーム教徒の入国禁止、対中貿易戦争

　　（小泉）：「郵政民営化への反対者は、抵抗勢力だ（たとえ自民党の議員でも）」

　　（文在寅）：強硬な反日政策

　なるほど。みーんな見事に、分断と扇動だ。

　ポピュリストがリーダーの時、国民は基本的に気分がいい。なぜならポピュリストは、国民の不満に同調し、つねに国民がスカッとする解決方法を選択してくれるからだ。ただしその代償は大きく、後始末が大変になる。従来のエリート主義の政治家が「国際協調に気を遣い、国民に譲歩を求める」のに対し、**ポピュリストは「国民感情に気を遣い、国際社会に譲歩を求める」**からだ。実際トランプの後を引き継いだアメリカ大統領バイデンも、パリ協定に復帰するなどトランプの尻拭いで大変だったが、案件によっては尻拭いできず、相手国との関係破綻も起こり得る。

　従来型の政治がうまくいかなくなった時、ポピュリストは現れる。一見魅力的なリーダー候補として。リーダー選びは慎重に。

政治編
第1章
第2章
第3章
第4章
第5章
第6章
第7章
第8章
第9章
第10章
第11章
第12章

経済編
第13章
第14章
第15章
第16章
第17章
第18章
第19章
第20章
第21章
第22章
第23章
第24章
第25章
第26章

時事
問題編
第27章

❸ その他の国の政治制度

●フランス

　フランスは、大統領と首相のいる「半大統領制」の国だ。形のうえでは**議院内閣制の基盤のうえに、大統領という強力なリーダーを付け足した国**と考えていいだろう。

CHECK! C フランス大統領の誕生

> 　フランス革命以降の議会中心主義は、「政治的リーダーシップの不在 →政治的混乱」の原因ともなり、その不安はアルジェリア独立闘争時の反乱で顕在化した。
> 　1958年、事態収拾のためド゠ゴール内閣は、**強大な権限をもつ大統領制を柱とする**「第五共和制憲法」を制定し、ド゠ゴール自身が初代大統領に就任した。

　フランスでは、フランス革命でブルボン王朝のルイ16世を倒して以来、共和制（＝国王のいない政体。この時に成立したのが「第一共和制」）がとられ、その後いくつかの内乱や戦争が終わるごとに作り直された末、現在の「第五共和制」に至った。

　「第五共和制」は、**非常に強力なリーダーシップを発揮できる「大統領」ポストの新設を柱**とするもので、当時臨時内閣の首相だったド゠ゴールが始め、そのまま初代大統領になった。これで大統領は、**議会にも内閣にも遠慮せず軍の最高指揮・統轄まで行える**ようになったため、軍内部の反乱などがあっても、強く抑え込むことができる。

　しかし、「**強すぎる大統領**」は独裁者を予感させ、国民に不安を与える。そこでフランスでは時々、**大統領と首相がまったく別政党**という珍現象が起こるようになった。これを「保革共存政権（コアビタシオン）」という。

　フランスでは、大統領も議員も、国民が直接選挙で選ぶ。だから国民は、自分たちが選んだ大統領が「この人に強権を与えたらヤバそうだな」と感じたときには、その暴走を阻止するためのバランス感覚を働かせる。そしてその結果、**その後の国会議員選挙の際には、みんなこぞって大統領と別政党に投票する**。そうすれば、首相（議会第一党の党首が選ばれる）は必ず、大統領と別政党になるからだ。

　これでたしかに、大統領の独走は防ぎやすくなる。でもこの形、大統領からすれば、やりにくいことこの上ない。だから**シラク大統領の時代、彼は超巨大政党「国民運動連合（UMP）」を作り、別政党が第一党になりにくい形を作った**んだ。

これでフランスは、大統領も首相も保守系の UMP になった。これを「保保政権」という。これも覚えておこう。

　しかしその後、大統領がシラクから**サルコジ**（2007～12）にかわったことで、UMP の圧倒的支配体制が崩れ始めた。サルコジの豪奢（ごうしゃ）な私生活や政治的手腕に疑問を抱いた国民は、2012年大統領選挙でサルコジ再選に NO を突きつけ、社会党のオランドを大統領に選んだ。つまりサルコジは、ここまで盤石（ばんじゃく）なはずの超巨大政党・UMP 体制を覆（くつがえ）すほどの不人気っぷりだったわけだ。逆にすごいね（2017年からは、社会党から2016年に「前進！」を創立し、翌年5月にその党名を「共和国前進！」[政党名]に改めた**マクロン**が大統領に）。

　　　＊保守…**現体制維持**をめざす勢力。仏では資本主義系。
　　　＊革新…**現体制変革**をめざす勢力。仏では社会主義系。

　最後に、フランス議会についてもふれておこう。議会は上院と下院（かいん）からなり、**議決上は両院対等**。ただし権限上は「下院優越」（**内閣不信任＋予算先議権あり**）だ。それほど出題されないけど、一応覚えておこう。

ドイツ

　ドイツにもフランス同様、大統領と首相がいるが、**ドイツの大統領は象徴的（しょうちょう）存在で、実質的な国政責任者は首相**だ。
　ドイツでは第二次世界大戦期、**ナチス党のヒトラーが首相と大統領を兼務する「総統（そうとう）」という地位に就（つ）いて全体主義を指導**したが、そのせいでドイツは世界に多大なる迷惑をかけた。だからドイツは、戦後そのような**全体を統（す）べるポストはなくし、政治的実権のない象徴的存在としての大統領を置いた**。たしかにドイツ関連のニュースでは、首相の名前は出てくるが、大統領の名は聞いたことがない。著名な人は、ナチズムへの反省を「**過去に目を閉ざす者は現在にも目を閉ざす者となる**」という演説で表した**ヴァイツゼッカー**大統領（1984～94）ぐらいだ。

　そういうわけで、ドイツは実質上、議院内閣制の国だ。ただしそこでは直接的な内閣不信任は行われず、「建設的不信任決議制」が採用されている。
　「建設的不信任」とは、**議会の過半数の賛成で新首相を指名したとき、自動的に旧首相は解任される**というシステムだ。つまり「旧首相の否定ではなく新首相の肯定」というやわらかい手法だね。

政治編

第1章
第2章
第3章
第4章
第5章
第6章
第7章
第8章
第9章
第10章
第11章
第12章

経済編

第13章
第14章
第15章
第16章
第17章
第18章
第19章
第20章
第21章
第22章
第23章
第24章
第25章
第26章

時事
問題編

第27章

　最後に、憲法にもふれておこう。

　ドイツ憲法は正式には「ドイツ連邦共和国基本法（＝ボン基本法）」という。ドイツは戦後、長い間東西に分断されていたため、**東西ドイツ統一までの暫定憲法という意味で、あえて「憲法」という名を使わないできたんだ。ただし統一後の今日も、内容を修正しただけで、同法は継続**している。

　　中　　国

　社会主義国家・中国は「民主集中制」の国だ。

　民主集中制とは、**国民を代表する国家機関に、国家権力のすべてを集中させる制度**だ。中国の場合は社会主義国だから、革命で資本家を打倒した労働者（プロレタリアート）階級こそが国民の中核。だから**国家権力も、国民すなわち労働者を代表する機関である**「全国人民代表大会（＝全人代）」に集中する。

　全人代は、形のうえでは議会だ。でも議会であると同時に、国家主席や行政・司法・軍の責任者の選出・任命権をもつ。これはすごい。「行政と司法の責任者を任命できる立法機関」なんて、**明らかに三権の中の上位機関**だね。与えられた権限の面では、全人代は文句なく**中国の最高機関**だ。かつて社会主義時代の旧ソ連に「**ソヴィエト（労農兵の代表機関）**」という最高機関があったけど、あれとほぼ同じと考えればいい。

　ただし中国の憲法には、「共産党の指導の下、社会主義国家の建設をめざす」と明記されているため、実際には**すべての事柄について、共産党の指導が優先**する。もっと正確に言うと、**中国共産党中央政治局常務委員会こそが、最高機関であるはずの全人代をも指導できる、事実上の中国最高指導部**だ。

　近年の中国では、江沢民国家主席の時代から、その後の胡錦濤、そして今日の習近平に至るまで、**中国共産党総書記が、象徴的地位である国家主席を兼任**するケースが続いているが、その**共産党総書記は必ず常務委員会から選出**される。ついでに言うと、国務院総理だって、常務委員会の中から慣例として選出されている。

　わずか7名の共産党常務委員会が事実上国を牛耳り、その中の1人（共産党総書記）が国家主席になる。そう考えると、やはり実質的には共産党のほうが全人代より上であることがわかる。実際中国では、**毎年開かれる全国人民代表大会よりも、5年に1回開かれる「中国共産党大会」のほうが、実質的には重要な大会**として扱われている。

日本国憲法の基本原理　Point整理

出題頻度 **B**

Point ① 大日本帝国憲法の成立過程

●自由民権運動…「**国会開設 ＋ 憲法制定**」などを求める運動(1870〜80's)。
　　→ 植木枝盛(うえきえもり)らから**私擬憲法**(=憲法私案)草案出される。

●明治政府の反発:**大綱領**(だいこうりょう)…岩倉具視(いわくらとみ)が欧米で学んだ、**憲法調査の骨格**。
　　内容:欽定憲法/天皇大権あり/制限選挙による二院制議会

```
┌ ◆これに基づき、伊藤博文(いとうひろぶみ)・伊東巳代治(いとうみよじ)、欧州で憲法調査。
│    ◎君主権の強いプロイセン憲法(ドイツ)を学んで帰国。
│    ＋
└ ◆井上 毅(いのうえこわし)…◇ロエスレルからドイツ流の憲法を学ぶ(日本で)。
                          ◇日本古来の神話 → 天皇の宗教的権威の確立。
                            ▶『古事記』『日本書紀』      ▶「現人神」の思想
```

金子堅太郎も加わり、修正。
　　→ 枢密院(すうみついん)で審議 → 1889年**2月11日**憲法公布。
　　憲法草案審議のために設置　　▶神武天皇即位の日

Point ② 大日本帝国憲法

形式 欽定憲法 ▶天皇が制定 ＋ 硬性憲法(こうせい) ▶改正が困難

◆改正方法:「**天皇の 勅命(ちょくめい) → 帝国議会**(総員の3分の2以上の出席)
　73条　　　→ 出席議員の3分の2以上の賛成」で改正。
◆改正は**1回のみあり**。 日本国憲法の制定時に改正手順を実行

天皇
◆3条「**天皇は神聖にして侵(おか)すべからず**」 天皇=現人神
◆4条「**天皇は統治権を総攬(そうらん)**」 三権すべてを掌握(しょうあく)

◆帝国議会:天皇の立法権行使を「**協賛** ▶協力し賛同 」するだけ。
◆国務大臣:天皇の行政権行使を「**輔弼(ほひつ)** ▶補い助ける 」するだけ。
◆裁判所:裁判所は「**天皇の名において** ▶天皇の代理人として 」裁判するだけ。

　　　　　　　　　　　　　＋
◎以上に加え、各種「**天皇大権**(たいけん)」(=議会の協賛不要)あり。

◆緊急勅令:**議会閉会中**に天皇が出す命令。
◆独立命令:**法律のない領域**で天皇が出す命令。
◆その他:軍の統帥(とうすい)/宣戦・講和/条約の締結(ていけつ) など。
　　　　　　　　　　　　　　　　　　　　　　　　　　→ 法律と同じ効力

政治編

第1章
第2章
第3章
第4章
第5章
第6章
第7章
第8章
第9章
第10章
第11章
第12章

経済編

第13章
第14章
第15章
第16章
第17章
第18章
第19章
第20章
第21章
第22章
第23章
第24章
第25章
第26章

時事
問題編

第27章

その他、天皇を補佐する機関

◆枢密院：天皇の**最高諮問機関**。重要な国務を審議。憲法上の規定あり。
　　　＋
　　　　▶**憲法・皇室典範・条約・緊急勅令など、重要な国務を審議**
◆元　老：天皇の最高顧問。**政界の長老格**で構成。憲法上の規定なし。
　　　　　　　　　▶**伊藤博文、山県有朋、井上馨**など、天皇から**詔勅**を受けた9名

国民の権利　「**臣民**」の権利
　　　　　　▶**天皇の従者**

◆主権者である天皇から**恩恵で与えられた人権**にすぎない。
◆「**法律の留保**」あり（人権保障は「**法律の範囲内**」のみ）。
◆権利規定は**不十分な「自由権」**のみ（参政権・社会権の規定なし）。

　　　◇規定なし：思想・良心の自由／学問の自由／職業選択の自由
　　　◇規定不十分：言論・集会・結社の自由／人身の自由

その他　地方自治・違憲立法審査権…規定なし。

Point③　日本国憲法の成立過程

1945.8　**ポツダム宣言**受諾…日本は無条件降伏し、戦争終了。
　　　　　　（内容）：民主主義の復活強化／基本的人権の尊重／軍隊の完全武装解除
1945.10　**憲法問題調査委員会設置**…GHQの示唆で、**松本烝治**委員長の
　　　　　　幣原喜重郎内閣時　下、憲法の調査・見直し始まる。
1946.2　GHQ、**松本案を拒否**…「**国体の護持**」が基本となっていたから。
　　　　　　　　　　　▶**天皇の統治維持→ほぼ旧憲法のまま**

　　　　→ GHQ民政局、マッカーサーの指示で**独自案**の作成開始。

　　◆マッカーサー3原則（天皇は国家元首／戦争放棄／封建制の廃止）
　　「**憲法研究会**」案…日本の民間団体。**国民主権・象徴天皇制**
　　　　▶『**憲法草案要綱**』　などを含む案を提示。**森戸辰男・高野岩三郎**ら

1946.2　**マッカーサー草案**完成。GHQ民政局が、わずか10日で完成。
1946.3　同草案を**若干**修正し「**憲法改正草案要綱**」として日本政府が発表。
1946.6　**第90回帝国議会**で審議。

　　◆最後の帝国議会。
　　◆審議には**女性議員**（**39名が初選出**）も参加。
　　◆衆議院と**貴族院**の審議（参議院はまだなし）。

1946.11　新憲法として**公布**。
1947.5　**施行**。

Point ④ 日本国憲法

形式 民定憲法 ▶国民が制定 ＋ 硬性憲法 ▶改正が困難

◆改正方法（96条）：各議院の**総議員の３分の２以上の賛成**で国会が発議。
　　　　　　　→ 国民投票（過半数の賛成）→天皇が改正を国民の名
　　　　　　　　で公布。

天皇 象徴…**国事行為** のみを行う。 国政機能なし

◆憲法６条：内閣総理大臣、最高裁判所長官の任命。　　┐　内閣の助言と
◆憲法７条：衆議院の解散、恩赦の認証、栄典の授与等。┘→ 承認が必要

国民の権利 主権者として、国政上**最大限尊重される**。

◆基本的人権は「**侵すことのできない永久の権利**」（11条、97条）。
◆ただし「**公共の福祉（国や社会全体の利益）**」による**制限**はあり。
◆自由・参政・社会権に加え、平等権と請求権も完備。

その他 地方自治・違憲立法審査権…規定あり。

Point ⑤ 憲法改正論議の変遷

従来 **復古主義的（再軍備＋天皇の元首化）**な自主憲法制定論。

◆自由民主党の誕生…**保守政党の合同**で、**両院の３分の２以上**をめざせ。
　　　　　　　　　　 自由党＋日本民主党　改憲発議に必要な数
◆鳩山一郎…┌ ◇内閣内に**憲法調査会**設置。
　　　　　　│　　→ 野党の反発で1964年解体。
　　　　　　│ ◇大政党有利の**小選挙区法案**。
　　　　　　└　　→ 自民有利の「ハトマンダー」と批判され、1956年廃案。

近年 **現行憲法の不備を補完**し、時代に合った最高法規を。
▶プライバシーや環境権の整備、９条の見直しなど

2000 ：衆参両院に**憲法調査会**設置。
　　　　 ５年をめどに調査・検討

2005 ：**最終報告書**を議決。

◆ 総論 ：憲法の三大原理は keep。
◆ 前文 ：わかりやすくシンプルに。
◆ 天皇 ：象徴天皇制 keep。**女性天皇についても検討**。
　　　　　 憲法＋皇室典範改正も必要

政治編

第1章
第2章
第3章
第4章
第5章
第6章
第7章
第8章
第9章
第10章
第11章
第12章

経済編

第13章
第14章
第15章
第16章
第17章
第18章
第19章
第20章
第21章
第22章
第23章
第24章
第25章
第26章

◆ 9条 ： ◇戦争は放棄。but 自衛隊については明記せず、あいまいなまま。
　　　　　　自民党の独自案では「自衛軍を保持する」と明記
　　　　◇国連の集団安全保障活動には参加。
◆ 人権 ：新しい人権（環境・プライバシー・知る権利）を明記。

　　　　＋

教育基本法（≒教育の憲法）も、2006年改正。
　　→ 愛国心教育（＝わが国と郷土を愛する態度）を明記。

Point ⑥ 憲法改正問題

●自民党の方針：2005年の結党50周年を機に本格的な改憲案を検討。
　　　　　　　　　→ 2012年4月に党の「憲法改正草案」を発表。

⬇

◆天皇を「元首」と規定。 1条改正
◆自衛権・国防軍創設を明記。 9条改正
◆国旗・国歌を尊重する義務（新設）。
◆「公共の福祉」を「公益及び公の秩序」に。

⬇

◎改正発議をしやすくするため、まず96条の改正を ➡ 硬性憲法の軟性化
　　　　　　　　「総議員の2/3→1/2以上 に」との発案

but 野党からの反対多く、今後どうなるかは未定。

◆与党だけで改憲可は危険 ＋ 改憲後再び3分の2に戻されるとお手上げ。
　→（自民党の反発）：「ほかの先進国は、過去何度も改憲しているぞ」
　　　　　　米・伊・仏は6〜27回。独は63回更新

●その他 問題視されている点
◆「公共の福祉」
　▶社会一般の利益。人権への制限は最小限
⬇
◆「公益及び公の秩序」への変更。
　▶国家社会にとっての利益。「法律の強制力」なども公の秩序
　→「法の支配」が崩れ、形式的法治主義の時代に逆戻りする危険あり。
◆前文の全面書きかえ。
　…戦争への反省／平和的生存権／国際協調主義などは削除の方向へ。

Point ⑦ 憲法改正に関するさまざまな用語

改憲系
- ◆論憲…新憲法像を自由に議論。
- ◆創憲…新憲法を創造的に作り上げる。
- ◆**加憲…新しい理念を加える。**

護憲系
- ◆活憲…現憲法をもっと活かす。
- ◆修憲…現憲法を修正していく。
- ◆**護憲…現憲法を守る。**

＊以前は日本社会党が護憲派の代表だったが、今日は9人の知識人の呼び
かけで作った「九条の会」（大江健三郎ら）がシンボル的存在に。

- ◆憲法問題調査委員会（マッカーサー時代。幣原内閣／松本委員長）
- ◆憲法調査会…
  - **1956年版**：**内閣**に設置。
  - **2000年版**：**衆参両院**に設置。5年をめどに憲法内容の「調査・検討」のみ実施
- ◆憲法審査会…具体的な改正原案・発議を審議（2007・国会内）。
- ◆国民投票法…「**18歳以上の日本国民**」に投票権（2007）。

- ◇同法は憲法調査特別委員会が審議して成立。
- ◇平成30年（2018年）6月20日までの投票では、投票権は「20歳以上」。
- ◇**在外投票**（＝外国に暮らす日本人の投票）も OK。

コラム 憲法は改正すべきか否か

　今日、日本をとりまく国際環境の変化や、制定後の経過年数（70年以上経過）などを
考えて、憲法改正論議が高まっている。

　憲法は国のあり方を定めた最高法規だからこそ、原則守る必要がある。これは当然だ。
しかし、国のあり方を決定づける最高法規であるからこそ、柔軟な微調整も必要になる。
これも正しい。そこには絶対的な正解などなさそうだが、少なくとも我々の態度として「憲
法だから守るのが当然。改正は絶対ダメ！」と考え方を硬直させすぎないことが大切だ。

　憲法にだって不十分な箇所はあるかもしれないし、制定後70年以上経てば社会環境も
変わる。なのにそれらを無視してただただ盲目的に従わせるのでは、ヘタをすれば「男
子は丸刈り、女子はおかっぱ」という70年前の校則をかたくなに守り続ける高校に、全
国民を入学させるようなことにもなりかねない。それはもはや「国民のための憲法」で
はなく「憲法のための国民」だ。

　憲法を守ることは"原則"であるべきで、それを"当然"と硬直させてはいけない。
そもそも96条に「改正手続き」があること自体、改憲を「あり得ること」と想定してい
る証拠だ。ちなみに主要国の改憲頻度は「米6回／仏27回／独63回」と高く、サミット
参加国の中で改憲例のない国は、日本だけだ（成文憲法がないイギリスは除く）。

第4章

日本国憲法の基本原理

❶ 大日本帝国憲法

大日本帝国憲法（俗に「明治憲法」）は、**皇室典範と並ぶ戦前の最高法規**だ。

「最高法規が２つ」というのは変な話だが、天皇主権下では、皇室関連の事柄に、議会は干渉できない。だから**当時の皇室典範は、憲法と並んで、天皇以外の改廃を許さない最高法規の１つ**だったのだ（＊今日の皇室典範は普通の法律と同じ。議会の議決で改廃可）。

実は大日本帝国憲法は、構想そのものは幕末の**蕃書調所**（幕府の洋学研究所）時代からあった。ただしここは幕府の機関だったため、内容も徳川将軍を元首とし、天皇を**象徴**とする案（＝西周の案）が有力だった。

ところがその後、**大政奉還**で政権が江戸幕府から天皇に移り、**戊辰戦争**で旧幕府軍が敗れたため、**その内容は天皇を中心とするものへとシフト**していく。ただいずれにせよ**「武士中心」が「天皇中心」になっただけ**で、**国民が中心になるのは、まだまだ先**だった。

一方民間レベルでは、「主権在民」をうたう**私擬憲法**（＝憲法私案）も出されていた。たとえば**「東洋大日本国国憲按」**で名高い**植木枝盛**などは、**自由民権運動**の理論的指導者の１人で、その内容は、ロックの**天賦人権**や抵抗権の思想で貫かれている。しかし明治政府はそういう動きを黙殺し、それとはまったく逆の**「神格化された強い君主による統治」に見合う憲法**を作った。それが大日本帝国憲法だ。

大日本帝国憲法は、形のうえでは「**欽定憲法**」、つまり天皇みずからが制定したものだ。欽定憲法は通常、**畏れ多くて改正など考えられない**。だから同憲法も**「不磨の大典**（＝価値のすり減らない法典）」とよばれた。**改正例は日本国憲法に移行する際の１回だけ**だ。

とにかく同憲法では、天皇の力は絶対だ。天皇は**神聖不可侵**な**現人神**であり、「**統治権の総攬者**」として、**国家権力すべてを掌握**していた。だから当時は、帝国議会は天皇の**協賛**機関、国務各大臣（＊内閣は「内閣官制」で使われた言葉。明治憲法には「内閣」の言葉なし）は天皇の**輔弼**（助言）機関、裁判所は「**天皇の名において裁判**」するだけの機関だった。

特に天皇と国務大臣（内閣）の関係では、当時の内閣は天皇を補い助けることが憲法上の仕事だったから、**議会を完全に無視した政策決定をすることもあった。**このように、**議会の意思とは無関係に存立する内閣**を「**超然内閣**」という。今日の議院内閣制では、考えられない話だ。

ここまで天皇中心主義が徹底していると、我々の権利は大きく制限されてしまう。まずそもそも我々は、**日本国民ですらなく「日本臣民」**だった。つまり天皇

が「主君」で我々が「家臣」という主従関係が前提であるため、そこには「生まれながらの自由・平等」などという自然権の発想はなく、ただただ**主権者である天皇から恩恵で与えられただけの不十分な人権にすぎなかった。**

臣民の権利はせまく、信教の自由を除いて、すべて「法律の留保（＝法律の範囲内のみの人権保障）」による制限つきだった。しかも**違憲立法審査権もなく、人身の自由も不十分**だったため、あとからできた治安維持法のせいで言論・集会・結社の自由という臣民の権利が制限され、同法違反の容疑者たちが**自白の強要や拷問を受ける**ようなこともあった。

しかしこんな大日本帝国憲法も、戦後は民主的憲法へと変貌していく。

終戦直後、GHQから憲法改正の示唆を受けた幣原内閣は、松本烝治を委員長とする「憲法問題調査委員会」を設置し、憲法改正案（松本案）の作成に着手した。

その後、天皇の人間宣言が発表されたり、各政党の憲法改正案がおおむね「天皇主権の制限」に傾くなど、**全体的に日本は、民主主義に傾斜する空気**が醸成されていった。

にもかかわらず、政府はかたくなに「国体の護持（＝天皇の統治維持）」にこだわった。そのせいで**松本案はGHQから受け取りを拒否**された。

マッカーサーはその後、マッカーサー3原則（天皇は国家元首・戦争放棄・封建制廃止）を記したメモ（＝マッカーサー＝ノート）をGHQ民政局長ホイットニーに渡し、民主的な草案作成を依頼した。民政局は急ピッチで作業を進め、日本の憲法研究会の「憲法草案要綱」や各国憲法を参考にしながら、**わずか10日ほどでマッカーサー草案を作成**した。

マッカーサー草案は日本政府に渡され、それをたたき台に「憲法改正草案要綱」が作成され、天皇に奏上された。その後同案は枢密院で**一部修正**されたのち帝国議会に提出され、そこで**旧憲法の改正手順（73条の規定）にのっとって日本国憲法は制定**された。

つまり今日の日本国憲法は、**内容的には「新憲法」**だが、**手続き的には「旧憲法唯一の改正」**によって生まれたものなんだ。だから「大日本帝国憲法に改正例はありますか？」と問われたときには「あります」と答えなければならない。覚えておこう。

あと、この日本国憲法が誕生した第90回帝国議会は、最後の帝国議会であると同時に、初選出の女性議員も39名参加していたことを覚えておこう。

政治編

第1章
第2章
第3章
第4章
第5章
第6章
第7章
第8章
第9章
第10章
第11章
第12章

経済編

第13章
第14章
第15章
第16章
第17章
第18章
第19章
第20章
第21章
第22章
第23章
第24章
第25章
第26章

時事
問題編

第27章

❷ 日本国憲法

　日本国憲法では「主権者は国民、天皇は**日本国の象徴**」となった。だから天皇には国政に関する機能はなく、儀礼的な**国事行為**を「**内閣の助言と承認**」に基づいて行うのみだ。

　その天皇にかわり、今度は我々国民が主権者となった。これによって我々の基本的人権は「**侵(おか)すことのできない永久の権利**」として、国政上最大限尊重されることになった。

　ただしあくまで「**最大限の尊重**」であって、「**無制限の保障**」ではない。なぜなら国民すべてが主権者である以上、**他者の基本的人権もまんべんなく尊重しないといけない**からだ。

　そこで必要になってくるのが「**公共の福祉**」原理だ。これは先にふれたように（→ p.35）、人権相互の衝突を調整する原理で、**万人(ばんにん)の人権尊重という観点から見た「国や社会全体の利益」**という考え方だ。

　この考えに基づくと、**個人の権利行使が公共の福祉に反する場合には、時として人権が制限**されることもあり得る。つまり我々は、たとえ憲法で表現の自由が保障されていても、世の人々に不快感を与えるわいせつ文書をむやみに頒布(はんぷ)してはいけないし、居住の自由や財産権が保障されていても、人々の電力確保に必要なダム建設の妨(さまた)げになるなら、立ち退きを求められることもあり得る。これらは**万人の人権のバランスよい保障をめざす「公共の福祉」の観点上、起こり得る人権の制限**だ。

❸ 憲法改正をめぐる動き

　今日の日本国憲法は、民主主義と平和主義の理念に貫(つらぬ)かれた、世界に誇れる近代憲法だ。

　しかし問題はある。なんといっても制定されたのは1946年（1947年施行）。時代は今や21世紀であることを考えると、そろそろ**内容が古すぎて時代に合わない点が出てくる**のは当然だ。

　これらの点を総合して、今日**与野党を含めて、憲法を総合的に見直す動きが活発化**している。つまり従来のように**改憲(かいけん)をタブー視せず、足すべき内容は足し、改めるべき内容は改めていこう**という考え方が主流になってきているんだ。

　これは**従来までの復古(ふっこ)主義的な自主憲法制定論とは一線を画(かく)した、かなり建設的な方向での改憲論議**だ。　**Point整理**　にくわしくまとめておいたので、しっかり押さえておこう（→ p.54〜56　**Point ⑤** 〜 **Point ⑦** ）。

平和主義

Point整理

Point① 日本国憲法における平和主義の規定

前文	「日本国民は…**平和を愛する諸国民の公正と信義に信頼して**、われらの安全と生存を保持しようと決意した」（＝**国際協調主義**）
	「われらは、全世界の国民が、ひとしく**恐怖と欠乏から免かれ**、平和のうちに生存する権利を有することを確認する」（＝**平和的生存権**）
9条	「…国権の発動たる戦争と、武力による威嚇又は武力の行使は、国際紛争を解決する手段としては、**永久にこれを放棄**する」
	「…陸海空軍その他の**戦力**は、これを保持しない。国の**交戦権**は、これを認めない」

◎**徹底した平和主義** → but **アジアの冷戦激化**を受け、GHQは方針転換。
GHQの意向 → 日本に「**反共防壁**」としての**再軍備を要求**。

Point② アジアにおける冷戦の激化

● **ベトナム社会主義の拡大**…**インドシナ戦争期**（1946〜54）

仏からの独立をめざす**インドシナ戦争**後、**ジュネーブ休戦協定**に基づき、北緯**17**度線を境にベトナムは分裂。南が資本主義国（バオ＝ダイ国王→ゴ＝ディン＝ジエム大統領）、北が社会主義国（**ホー＝チ＝ミン大統領**）として独立。その後、米が南ベトナム支援のため、北ベトナムへの爆撃（＝北爆）を開始し、1965〜73年まで軍事介入（＝ベトナム戦争）するも、**パリ和平協定**を経て撤退（＝米敗北）。ベトナムは社会主義国として統一。

● **中華人民共和国**の建国（1949）

第二次世界大戦中、国民党（資・**蔣介石**）と共産党（社・**毛沢東**）は、抗日民族統一戦線で協力体制（＝**国共合作**）をとるも、終戦と同時に衝突し内戦（＝**国共内戦**）に突入。1949年共産党が勝利し、**中華人民共和国建国**。国民党一派は台湾に亡命して**中華民国を樹立**。

ただし国連代表権は、1971まで台湾にあり。その後**交代**

● **南北朝鮮の分裂〜朝鮮戦争**（1945〜53）

第二次世界大戦後、朝鮮半島は北緯**38**度線を境に南北に分断され、南が**大韓民国**（資・**李承晩大統領**）、北が朝鮮民主主義人民共和国（社・**金日成主席**）として独立。1950年、両国間で**朝鮮戦争**が勃発するも、**板門店**での朝鮮休戦会談を経て、**現在は「休戦」中**。

朝鮮戦争はまだ「終戦」していない。そもそも平和なら国境が「軍事境界線」であるわけがない

Point ③ 日本の再軍備への歩み

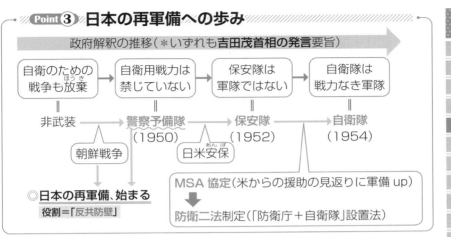

政府解釈の推移（＊いずれも**吉田茂首相の発言**要旨）

自衛のための戦争も放棄	→	自衛用戦力は禁じていない	→	保安隊は軍隊ではない	→	自衛隊は戦力なき軍隊
‖		‖		‖		‖
非武装	→	警察予備隊(1950)	→	保安隊(1952)	→	自衛隊(1954)

朝鮮戦争　日米安保(あんぽ)

◎**日本の再軍備、始まる**
役割＝「反共防壁」

MSA協定（米からの援助の見返りに軍備up）
⬇
防衛二法制定（「防衛庁＋自衛隊」設置法）

Point ④ 自衛隊と9条

学会	**自衛戦争は憲法上OK**だが、9条には「**戦力不保持**」もある。 → 結局自衛隊は**9条違反**。 ＊公法研究者の約70％・『法律時報』より
政府	自衛隊は自衛のための**必要最小限**の「**実力**」にすぎない。 → それを超える**戦力とは別物**なので**合憲**。 ＊1972・田中内閣より
国民	自衛隊は合憲・違憲の判断よりも、**存在の必要性が高まってきている。** ＊新聞世論調査の全体的な傾向。詳細は各社バラバラ

◎政府の合憲解釈に基づき、改憲ないまま改憲同様の実態作り ＝ 解釈改憲

Point ⑤ 9条に関する政府解釈

1952「戦力の保持」に関する**政府統一見解**。 吉田内閣
⬇
戦力 ＝
◆**近代戦争遂行(すいこう)能力**。 ＊日本の実力は微弱(びじゃく)。戦力にあらず
◆**人的に組織された総合力**。 ＊兵器だけでは戦力とは言わない
◆**米軍駐留(ちゅうりゅう)は「戦力保持」にあらず**。 ＊わが国主体の保持のみ

1957 **攻撃用核兵器**の保持は9条違反。 岸内閣
自衛用なら核の保持も可能

1972 自衛のための最小限度を超える「**戦力**」はダメ。 田中内閣
＊自衛隊は「自衛のための必要最小限の実力」だからOK

1979 自衛用の核保有は憲法上可。**but** 非核三原則のため保持し得ない。 大平内閣(おおひら)

1990 国連協力に関する統一見解（➡ Point ⑥ 参照）。 海部内閣(かいふ)

政治編
第1章
第2章
第3章
第4章
第5章
第6章
第7章
第8章
第9章
第10章
第11章
第12章
経済編
第13章
第14章
第15章
第16章
第17章
第18章
第19章
第20章
第21章
第22章
第23章
第24章
第25章
第26章
時事問題編
第27章

Point ⑥ 国連協力統一見解の内容（海部内閣）

◎国連の軍事活動への「参加」と「協力」の違い

◆「参加」＝国連の武力部隊の**指揮下**。

→「自衛のための最小限」を超え、**9条違反**。

> ただし武力部隊ではなく、中立的な警察活動を行う組織である PKF（平和維持軍）へは、「PKO 参加5原則」の枠内で参加可能

◆「協力」＝広い意味での**関与**。各種支援含む。

→国連の武力行使と一体にならなければ**憲法上 OK**。

のちの PKO 協力法に、表現的につながる

Point ⑦ 砂川事件（1957）

内容 東京立川町（現・立川市）にあった砂川の米軍飛行場に、基地拡張反対のデモ隊が、柵を壊して侵入、逮捕。安保条約に基づく刑事特別法違反として起訴された。

判決

◆東京地裁：在日米軍は「**違憲**」（＝「**伊達判決**」）

> ◇9条は自衛権を否定せず。**but**「自衛戦争 ＋ 戦力保持」は違憲。
> ◇在日米軍は9条で禁止する「戦力」であり、保持は認められない。

◎高等裁判所審理を省略し、最高裁へ 跳躍上告

◆最高裁：在日米軍は「**合憲**」

> ◇米軍は「**わが国の**」戦力ではないので、戦力保持にあたらず。
> ◇安保条約の是非については、**裁判所の司法審査の対象外**とする。
> **高度に政治性を有する問題は、司法判断の対象外＝「統治行為論」**

Point ⑧ 恵庭事件（1962）

内容 北海道恵庭町で、自衛隊演習場の騒音に悩む住民が、隊の通信回線を切断。防衛器物の損壊（自衛隊法121条）で提訴された。

判決

◆札幌地裁：被告人の行為は「**無罪**」→無罪のため**違憲判断は不要**（確定）

「憲法判断回避のための無罪判決」の疑いあり＝「肩すかし判決」

Point ⑨ **長沼ナイキ基地訴訟**（1968）

内容 北海道長沼町に航空自衛隊のミサイル基地を建設するため、保安林の指定を解除（＝洪水の危険発生）。地元住民が保安林解除の取り消しを求め提訴。

判決
◆札幌地裁：自衛隊は「**違憲**」（＝「**福島判決**」）

◇自衛隊は規模・装備・能力から見て「**陸海空軍**」に該当。
◇よって保安林の指定解除は「公益上の理由」を欠き違法。

◆高裁判決：憲法判断を**回避**。（→「**統治行為論**」が根拠）

◇明白に侵略目的でないかぎり、自衛隊保持は統治行為に属する。
◇保安林解除による不利益は、代替施設完成で解消。 **訴えの利益なし**

◆最高裁判決：二審判決を支持。 **憲法判断は示さず**

Point ⑩ **百里基地訴訟**（1977）

内容 航空自衛隊百里基地（茨城県）の建設予定地をめぐり、地主は反対派住民と売買契約を結んだが、支払い遅れを理由に契約を解除し、防衛庁（現・防衛省）に売却。所有権をめぐる訴訟が発生。

判決
◆水戸地裁：国側勝訴。自衛隊が戦力か否かについては、一見きわめて明白に違憲無効でないかぎり、司法審査の対象にはなり得ない。
（＝統治行為論）
◆高裁・最高裁：控訴・上告を棄却。契約の有効・無効は自衛隊の合憲・違憲の判断なしでも結論づけられる。 **判断回避**

Point ⑪ **自衛隊の規模・役割**

規模
◆防衛予算：**世界第9位**（約539億ドル）…国連常任理事国＋独に次ぐ規模。
◆兵力：**中の上クラス**…**中国・アメリカ・ロシア・韓国**などより下。
　　約26万人　　299万人　149万人　136万人　66万人

役割
❶：防衛出動…**外敵からの武力攻撃**への防衛。
　　　　　　おもに戦争行為
❷：治安出動…**警察力で抑えきれない事態**への対処。
　　　　　　クーデターやテロ
＊**自衛隊施設や在日米軍へのテロ**行為が予想される場合には、治安出動の前段階として「**警備出動**」もあり。
　　▶施設警備用の出動

政治編
第1章
第2章
第3章
第4章
第5章
第6章
第7章
第8章
第9章
第10章
第11章
第12章

経済編
第13章
第14章
第15章
第16章
第17章
第18章
第19章
第20章
第21章
第22章
第23章
第24章
第25章
第26章

時事問題編
第27章

❸：災害派遣…**天災その他の災害時**の人命・財産の保護（一番多い）。

┌ ❶・❷：内閣総理大臣の命令＋**国会承認**（原則事前承認。緊急時は事後）
└ ❸：知事の要請 ＋ 防衛大臣の命令

Point ⑫ 日米安全保障条約

内容 **米軍の日本への駐留**を認める条約。

目的 「**極東の平和と安全の維持**（6条・極東条項）」のため。

┌ ◆**旧安保**・1951：<u>サンフランシスコ平和条約</u>と同時に締結。
│ 　　　　　　　　▶**西側のみ**との<u>片面講和</u>**条約。日本の独立**
│ 　　　　　　　　 問題 米軍による**日本防衛義務がなかった**点。
│ ◆**新安保**・1960：単なる「**基地提供条約 ➡ 軍事同盟色 up**」へ。
│ 　　　　　　　　＊岸内閣が強行採決
│ ┌◇**軍備増強義務**…「憲法上の規定に従い」とはあるが、**9条違反の疑い**あり。
│ │◇**共同防衛義務**…「憲法上の規定に従い」日米双方は共同防衛。
│ │　　　　　　　ただし「**日本の領域への武力攻撃時**」に限定
│ │◇**経済協力**／◇基地の供与
│ │◇**事前協議制度**…米軍の重要な配置 or 装備変更／米軍基地からの作戦行動
│ └　　　　　　　→ 日米は前もって話し合い（**but** 実施例なし）。
│ 　　　　　　　＋
└ <u>日米地位協定</u>…┌◇基地内に日本の法律は適用されず。 ┐→ 従属的
　 ▶旧日米行政協定 └◇米軍人犯罪者は起訴前に拘禁できず。┘

Point ⑬ 日米安全保障条約・その他の批判

●**安保ただ乗り論**

　日本の軍事大国化への欲求に栓をするためにも、ある程度安保で守って
やることは必要（＝ビンのふた論）だが、現状では米の負担が大きすぎ。日
本が明確な再軍備をしないかぎり、無賃乗車と同じ（米・ダレス国務長官）。

●**同盟強靭化予算**（2021年までは「思いやり予算」と呼ばれていた）

　日米地位協定に経費負担の項目があるのに、さらに**条約上の義務以外に、
法的根拠なく日本が多額の費用を負担**するのはおかしい（＊金額は2022
〜27年までは、年平均2110億円）。

●**沖縄への基地偏在**

　米軍基地の**70%**が集中。1995年の**少女暴行事件**などトラブル多発。そ
の後、**大田昌秀**知事が米軍の土地使用に関する**代理署名**を拒否するなど、
反米気運が高まる。

　→ 2006年、**宜野湾市**の**普天間**飛行場を日本に全面返還し、**名護市辺野**

古(キャンプ＝シュワブの沖合)に代替ヘリポートを建設することで、日米合意。

→ but 2010年、民主党(当時)の鳩山首相は選挙時に「最低でも県外、できれば国外」移設と発言。結局迷走のすえ、名護市案に戻った。

Point ⑭ 日米間の安全保障政策の転換

●冷戦後の日米安保

…条約改正はなく、極東条項も残ったままだが、よりアジアに的を絞った意義の再定義が必要に。

※敵国ソ連消滅のかわりに、北朝鮮の核開発疑惑が浮上したため

●日米首脳間で日米安全保障共同宣言(橋本・クリントン間)発表(1996)。

→「アジア太平洋の平和と安全」が最重要課題に。

＊これに伴い「ガイドライン」(「日米防衛協力のための指針」)も見直しへ。

┌ ◆旧ガイドライン(1978)… 冷戦期の対ソ用。「日本有事」のみを想定。
│　　　　　　　　　　　　　　　　　　▶日本への武力攻撃
│
│　ソ連からの攻撃に備えて
│　┌ 陸自：人員の3分の1＋戦力の半分を北海道に配備。
│　│ 海自：商船保護のため、近海1000カイリをつねにチェック。
│　└ 空自：日本の防空。　▶シーレーン防衛
│　　　　※ただし極東有事には日本は関与せず(米軍への基地使用許可だけ)
└ ◆新ガイドライン(1997)…冷戦後の新しい防衛協力のための指針。
　　　　　　　　　　　　対ソ不要→かわりに 対北朝鮮や中国・台湾問題 用

◎日本有事より「周辺有事(＝周辺事態)」に備える必要あり。
　　　　　　　　　　　▶日本が巻き込まれるおそれのある事態

→ 対処具体化のため、ガイドライン関連法成立へ(1999)。

◆周辺事態法……周辺事態発生→ ┌ ◇自衛隊は米軍を後方支援。
　　　　　　　　　　　　　　　　 └ ◇民間・自治体への協力要請。

◆自衛隊法改正…在外邦人の救出。艦船・ヘリも可。

◆日米物品役務相互提供協定(ACSA)改正
　　　　　…日米間の物品・役務の相互提供。
　　　　　　平時のみ→「周辺事態時含む」へ

＊ただし事前に国会承認が必要(緊急なら事後も可→否決されれば撤収)

政治編
第1章
第2章
第3章
第4章
第5章
第6章
第7章
第8章
第9章
第10章
第11章
第12章

経済編
第13章
第14章
第15章
第16章
第17章
第18章
第19章
第20章
第21章
第22章
第23章
第24章
第25章
第26章

時事問題編
第27章

Point ⑮ テロ対策特別措置法（2001～の時限立法。2010失効）

*2008からは新テロ対策特別措置法

内容 アフガニスタンでテロ掃討に従事する米英軍を**海上**自衛隊が**インド洋上**で**後方支援**。

背景 同時多発テロ後の国連安保理決議
…「テロは**国際的平和・安全への脅威**」
日本も積極・主体的貢献の必要あり

● 自衛隊派遣・活動の手順
┌ ◆一定の条件満たす…相手国の**同意あり**／戦闘行為のない地域。
│　　　↓
│ ◆自衛隊を派遣… ┌ ◇基本計画を閣議決定。
│　　　　　　　　└ ◇派遣命令から**20日以内に国会承認**が必要。
│　　　　　　　　　国会に事後承認を求める（PKO協力法・周辺事態法は事前承認）
│　　　↓
└ ◆諸外国の部隊を後方支援
　　　　┌ ◇医療・救援・**補給**活動。
　　　…│　　　武器・弾薬はダメ
　　　　└ ◇自衛官自身だけでなく、「**自衛官の管理下に入った者**」を守るためにも武器使用可。

● 自衛隊の活動範囲：日本周辺の公海まで → **外国領域まで拡大**
　　　　　　　　　　　ガイドライン関連法　　　テロ対策特別措置法

Point ⑯ イラク復興支援特別措置法（2003～の時限立法。2009失効）

内容 陸上自衛隊を、戦闘行為の続く**外国領土**に派遣する初の法律（海自・空自も）。

背景 イラク戦争後の国連安保理決議
…┌ ◆米英占領軍のイラク統治を認める。
　└ ◆国連加盟各国への復興支援要請。

● 自衛隊派遣・活動の手順
┌ ◆一定の条件満たす…相手国の**同意不要**／「非戦闘地域」を指定。
│　　　↓
│ ◆自衛隊を派遣 ＊テロ対策特措法同様「閣議決定＋国会の事後承認」が必要
│　　　↓
└ ◆米英軍への後方支援
　　　　┌ ◇安全確保支援活動：**米英軍への補給・輸送の実施。**
　　　…│　　　米英兵や武器・弾薬の輸送も法律上可能
　　　　└ ◇人道復興支援活動：被災民に生活物資を供給。

●その他 ＋ 問題点

　┌ ◆**文民派遣**の規定も明記。
　│ 　　自衛官以外の公務員や民間人などの国際貢献も可能
　│ ◆大量破壊兵器処理支援活動
　│ 　…兵器未発見のため、**規定されず。**
　│ ◆派遣先は<u>サマワ市</u>に。
　│ 　　　治安は比較的安定
　└ 　…ただし領土に上陸しての活動のため、つねに戦闘に巻き込まれる危険あり。

Point⑰　有事法制の歴史

●国家総動員法…戦時の国防のため、国の総力を有効活用し、**人的・物的資**
　（1938）　　　**源を統制運用**する有事法制。
　　　　　　　＊労働争議の禁止／企業活動・物価の統制／学生の軍需工場への動員など

●新体制運動……全国民を総力戦体制に導く、**ナチスのような** 指導的国民組織
　（1940〜）　　を作ろうとした運動。

　┌ ◆**大政翼賛会**：戦争協力用の政治組織。**全政党が解散**し、ここに合流。
　└ ◆**大日本産業報国会**：戦争協力労働を指導。**全労働組合を解散**させ設立。
　　戦後、自衛隊幕僚の有事立法研究（＝「三矢研究」）が、「総動員法の再現」として問題視されたことあり

Point⑱　有事関連3法（2003年6月成立）

❶：武力攻撃事態対処法

　　有事発生 …┌ ◆**武力攻撃事態**　　（＝日本が攻撃されている）
　　　　　　　 └ ◆**武力攻撃予測事態**（＝日本が攻撃されそう）

　┌ ◆安全保障会議後、「**対処基本方針**」を**閣議決定**する。
　│ 　　　　　　　　自衛隊への「防衛出動待機命令」or「防衛出動命令」含む
　│ ◆閣議決定後、**ただちに国会承認**を求める。
　│ 　　　　　　不承認ならただちに終了
　└ ◆「武力攻撃事態対策本部」（首相が長）設置
　　　→ この下で「**対処措置**」を実施。

　　　┌ ◇**国民の協力**を得て万全の措置（**武力行使**も必要最小限ならOK）。
　　　│ ◇基本的人権は最大限尊重（ただし**必要最小限の制限**はあり）。
　　　└ ◇**安保条約に基づく米軍との協力**（国連や国際社会との協調も）。

●その他：武力攻撃事態に準ずるほどの大規模テロや武装不審船の出現
　　　　　などは「**緊急対処事態**」とし、ほぼ同様の対応をとる。

政治編
第1章
第2章
第3章
第4章
第5章
第6章
第7章
第8章
第9章
第10章
第11章
第12章

経済編
第13章
第14章
第15章
第16章
第17章
第18章
第19章
第20章
第21章
第22章
第23章
第24章
第25章
第26章

時事
問題編
第27章

❷：改正安全保障会議設置法…補佐機関として<u>事態対処専門委員会設置</u>。

▶**自衛隊や防衛庁（現・防衛省）・外務省幹部らで構成**

❸：改正自衛隊法…有事の際、**自衛隊を動きやすくする**法整備。

有事の防衛出動時…

◆私有地の強制収用可に（防御施設構築用で）。
◆自衛隊員の武器使用可に（必要に応じて）。
◆道路交通法・建築基準法などの適用除外。

信号無視や道路逆走、家屋の形状変更も OK

Point⑲ 有事関連7法（2004年6月成立）

●国民保護法…………避難・救援手順に関する**国や地方の役割**明記。
自衛隊も避難誘導や救援を行える。
●米軍行動円滑化法…米軍が円滑に動けるよう、弾薬や民有地を提供。
●外国軍用品等海上輸送規制法
…自衛隊が領海および日本周辺の公海で敵国に軍用品を運ぶ船の、強制積荷チェック可（従わなければ危害射撃可）。
●交通・通信利用法…自衛隊や米軍が、空港や道路、電波を優先利用。
●改正自衛隊法………自衛隊施設に一時滞在する米軍に、物品・役務を提供。
●捕虜等取り扱い法…捕虜の拘束・抑留手続きを規定。
●国際人道法違反処罰法…重要文化財破壊、捕虜送還遅延などに刑罰。

コラム　領土トラブルと民主党

　旧民主党政権時代は、領土トラブルがやたら多かった。
　2010年9月には、<u>尖閣諸島沖</u>で中国漁船が日本の海上保安庁の船に衝突してきたし、11月には<u>メドベージェフ</u>が、**ロシア大統領**として初めて<u>国後島</u>に上陸した。また2012年8月には**韓国の李明博大統領**が<u>竹島</u>に上陸し、"独島 大韓民国 大統領李明博"と記された標示石を設置した。
　思えば民主党政権は、外交力を相当軽視していた。たぶん最初に発生した中国漁船衝突事件のせいだ。あの時の菅内閣は、現行犯逮捕した船長を、外圧に負けて釈放してしまったのだ。あんな形で被疑者を釈放すれば、そりゃ軽く見られる。「日本の海保には、体当たりしても無罪ですよ」と宣伝しているようなものだ。
　で、今度は2012年、野田首相がいきなり「尖閣諸島の国有化宣言」。これもちょっと極端すぎ。それまで沈黙していた国がある日突然「国有化だ！」と叫び始めても、相手国の同意なしで納得されるわけがない。
　2024年現在、尖閣諸島沖では、日本の海保と中国公船が互いに「ここはうちの領海だから出ていくように」とやり合ってるらしい。やっぱこうなるよな。

■■米軍普天間飛行場の移設問題

きっかけ：米兵による**少女暴行事件**（1995）

これを機に沖縄では基地反対運動が盛り上がり、**大田昌秀**知事は土地使用に関する**代理署名**を拒否。➡その後1996年、宜野湾市の普天間飛行場の移設**で日米合意**。

その後：国際情勢の変化…冷戦対応型 ➡「◎**新たな脅威**」への対応へ。
▶アラブ系のテロなど

◆対策：ロードマップ（2006）…**日米で合意**した米軍再編の報告書。
‖
▶ブッシュー自民党間

◆2014までに
┌ ◆**普天間飛行場**を名護市**辺野古**へ移設。
│ **宜野湾市** ➡ **キャンプ=シュワブの沖合**
├ ◇在沖縄海兵隊8000人を**グアム**へ移転。
└ ◇「**厚木** ➡ **岩国**」への部隊移転。

民主党時代の迷走（2009〜12）

鳩山発言「**最低でも県外、できれば国外**」➡ 迷走のすえ、**結局辺野古**に。
▶マニフェスト外だが、選挙時発言　　　　　自民と同じ「県内たらい回し」

安倍政権（2013）：**辺野古の埋め立て申請** 仲井眞弘多知事（推進派）、**承認**。

→この時政府は「沖縄の負担軽減策」発表

◆普天間基地の**5年以内の運用停止**。
◆日米地位協定の見直し。
◆**オスプレイ**（新型輸送機。トラブル多い）の県外分散配備。
◆沖縄振興予算（2021まで年3000億円）。

2014：**名護市長**選、沖縄県知事選で◎**移設反対派が当選**。
▶稲嶺進　　　▶翁長雄志

2015：翁長知事、**辺野古埋め立て承認を取り消し** ➡ 国は知事を提訴。

2016：最高裁で**国の勝訴**が確定（承認取り消しを撤回しないのは違法）。

2017：政府は**辺野古埋め立て**を開始。➡ **翁長雄志**沖縄県知事は猛反発。

2018：翁長知事、死去。➡ 新知事は玉城デニー（移設反対派）に。

2019：沖縄**県民投票で埋め立て反対が多数**になるも、**埋め立ては続行**。
71.7%が反対 → ただし拘束力なし

2023：国が初めて「**代執行**」（県に代わって一部の工事変更を承認）を実施。

政治編
第1章
第2章
第3章
第4章
第5章
第6章
第7章
第8章
第9章
第10章
第11章
第12章

経済編
第13章
第14章
第15章
第16章
第17章
第18章
第19章
第20章
第21章
第22章
第23章
第24章
第25章
第26章

時事
問題編
第27章

◆積極的平和主義…自国＋アジア太平洋の平和のため、**従来より積極的に行動。**
　　　　　　→国際協調主義／一国平和主義は捨てる／軍事貢献も視野に

◆集団的自衛権：**同盟国が攻撃されたとき、自国は攻撃されていなくても同盟国を防衛**する権利（＝親しい国への助っ人）。
　　➡ 従来は**9条違反扱い**だったが、◎**2014年より条件付きで「行使OK」**に。

＊**武力行使の**新三要件

❶ わが国 or 密接な関係国への**武力行使発生** → そのせいでわが国の**存立が脅かされ**国民の生命・自由・幸福追求権に**明白な危険** ＝「存立危機事態」
　　　　　　　　　　　　　　　　　　　　　　　　　　　　　　‖
　　　　　　　　　　　　　　　　　　　　　　　　▶このときだけ集団的自衛権に基づく武力行使可に

❷これを排除する**ほかの適当な手段なし。**
❸**必要最小限**の実力行使にとどめる。

◆ガイドライン（**日米防衛協力のための指針**）の見直し（2015）…18年ぶりに。

従来 ：「周辺事態用…「日本＋その周辺」でしか自衛隊は活動不可。
　　　　　▶放置すれば日本に波及
　↓
2015 ：**重要影響事態用**へ…**地理的な制約消滅** ➡ 自衛隊は**世界中どこでも活動可**に。
　　　　　▶日本の平和と安全に重要な影響を及ぼす事態

◆平和安全法制…　マスコミから：**安保関連法案**　とよばれたもの。
　▶2015.9成立　　共産党から：戦争法案 ➡ SEALDs の（学生運動
　　　　‖　　　　　　　　　　　　　　　　　　　団体）反対運動も激化。

◇国際平和支援法…**国連決議に基づき活動**する外国軍隊に**随時後方支援可。**
　＋ 新法　　　　　＝国際平和共同対処事態

◇平和安全法制整備法…◎**10本の法律をまとめて改正**するための法。
　　　　　　　　　　　　　　　↓
おもな改正

◇**武力攻撃事態法：存立危機事態に対処可**に。集自衛権で武力行使OK[唯一]
　•武力攻撃発生事態（日本への武力攻撃）➡ 個自衛権で**武力行使可。**
　•武力攻撃切迫事態（明白な危機が切迫）→ 武力行使は不可。
　•武力攻撃予測事態（事態が切迫）　　　→ 武力行使は不可。
◇自衛隊法：在外邦人や米艦防護可に ＋ 武器使用の緩和。
◇PKO協力法：**PKO以外**の海外**復興活動**可に。
　•駆けつけ警護（PKO中に現地の邦人が襲撃 → 保護）
　•宿営地の共同防護（他国軍との共同宿営地を共に守る）　も可に。
◇**重要影響事態法**：**日本の平和と安全のために活動**する米軍や他国軍
　▶周辺事態法の改正　への後方支援可に。　→地理的制約は消滅

政治編
第1章
第2章
第3章
第4章
第5章
第6章
第7章
第8章
第9章
第10章
第11章
第12章

経済編
第13章
第14章
第15章
第16章
第17章
第18章
第19章
第20章
第21章
第22章
第23章
第24章
第25章
第26章

時事
問題編
第27章

❶ 自衛隊

憲法9条と前文を素直に読むかぎり、現行憲法で可能な戦争は「国権（＝国家権力）の発動」でない戦争、つまり自衛戦争だけだ。しかしその自衛戦争も9条2項で「戦力の不保持」をうたっている以上、戦力なしでしか行えない。

つまり**事実上、あらゆる戦争を放棄したところから、戦後の日本政治はスタート**したと解釈することができる。1946年の吉田首相の国会答弁でも、「自衛権の発動としての戦争も放棄。正当防衛による戦争という考え方自体が有害」と、明言している。この徹底した平和主義は、**戦勝国アメリカの意向が反映した結果**であるといえる。つまりアメリカ側から見れば、9条は大戦中手を焼かされた日本に対し、完全武装解除と不戦の誓いを求めたものなのだ。

ところがそのアメリカが、今度は**日本に再軍備を要求**してきた。憲法施行からわずか3年後、1950年の話だ。なぜか？―原因は「**冷戦の激化**」だ。

Point整理（⇒ p.60 **Point❷**）を見てもわかるように、アジアでは第二次世界大戦後短期間で、驚くほど社会主義勢力が拡大した。しかも1950年には朝鮮戦争が勃発し、社会主義の脅威はもう日本の目と鼻の先にまで迫ってきた。これはマッカーサーでなくてもあせる。

こうなった以上、**日本にもアジアの資本主義の砦として戦ってもらうしかない**。こう考えた**マッカーサーは警察予備隊の創設を指令**し、ついに日本に自衛隊の前身組織・警察予備隊が設置されたんだ。

その後、警察予備隊は1952年に保安隊になり、最終的には1954年、自衛隊になっていく。ここから日本には、**自衛隊と憲法9条の並存**という、奇妙な状況が生まれたんだ。

でもこれ、いいんだろうか？ だって自衛隊は、どう見ても9条で保持が禁じられている「戦力」に見える。今の状態を日本全体が納得しているとは思えない。

それでは今度は、自衛隊と9条についての解釈を見てみよう。

Point整理（⇒ p.61 **Point❹**）を見るかぎり、「**学会は違憲、政府は合憲、国民は違憲だがあったほうがいい**」となっている。

しかし、政府解釈はかなり強引だね。たしかに吉田首相のころから自衛隊を「実力部隊」とよんではいたけど、字面だけ戦力を実力にして「戦力不保持はこれでクリア」なんて言われても、素直には納得できない。

一方国民からは、**合憲・違憲よりも必要性の観点**から、**自衛隊を容認**する声が年々高まっている。

自衛隊の必要性についての世論は、**国防よりも震災復興時に高まる**傾向にある。我々は1995年の阪神・淡路大震災、2011年の東日本大震災で、自治体すら壊滅するほどの被害を経験した。道路の寸断、電力や物資供給の停止、多くの行方不明者……。そんな中、自衛隊の災害救助を、だれもが頼もしく感じていた。

　さらに、国防に関していえば、自衛隊必要の世論は1998年に高まった。いわゆる北朝鮮の「テポドン疑惑」だ。
　日本のすぐ近くに、日本を核ミサイルでねらっている国があるかもしれない――この事実は、日本人にとって衝撃だった。
　この事件以降、日本人の危機意識は急速に高まり、自衛隊容認論はさらに高まったんだ。
　これら諸々から判断した結果、政府は自衛隊が9条違反である可能性を残したまま「中期防衛力整備計画（＝中期防。2023年より「防衛力整備計画」に）」を積み重ね、着実に自衛隊を増強している。つまり**改憲なしに自衛隊を増強する「解釈改憲」**が行われているのが、自衛隊と9条の現状なのだ。
　このように存在根拠があいまいなのが自衛隊なのだが、このままでは今度は裁判官が苦労することになる。つまり裁判官は、何かトラブルが起きたとき、「自衛隊は9条違反」と判断すべきなのか否かという問題だ。

　というわけで、次は9条をめぐる裁判について見てみよう。
　<u>Point整理</u>（⇒ p.62～63 **Point⑦**～**Point⑩**）にあるように、砂川事件、恵庭事件、長沼ナイキ基地訴訟、百里基地訴訟などがおもな裁判だ。どの裁判も裁判官が法と政府の板ばさみに苦しみ、なるべく当たり障りなくやり過ごそうとしているように見えるが、全然やり過ごせていない。「米軍は“わが国の”戦力ではないから戦力保持にあたらない（砂川事件）」「通信回線の切断は自衛隊法違反ではないから無罪（恵庭事件）」などと言われても、多くの国民は納得できない。
　さらには「統治行為論」だ。これは**高度な政治性を有する問題は、裁判所の審査にはなじまず、司法判断を回避すべき**とする考えで、たとえば「法的な正しさだけを追求したら、かえって条約違反になる」ようなデリケートな外交問題などでは必要な考え方だ。
　しかしこの統治行為論、**9条問題では濫用しすぎ**だ。ここまで濫発されると、何のために司法権が存在するのかわからなくなる。
　今や9条がらみの裁判は、裁判官にとってババ抜きのババと同じだ。「オレの地元に来るな！」と祈るしかない。この観点からも、そろそろ9条問題は、全国民

政治編

第 1 章
第 2 章
第 3 章
第 4 章
第 5 章
第 6 章
第 7 章
第 8 章
第 9 章
第 10 章
第 11 章
第 12 章

経済編

第 13 章
第 14 章
第 15 章
第 16 章
第 17 章
第 18 章
第 19 章
第 20 章
第 21 章
第 22 章
第 23 章
第 24 章
第 25 章
第 26 章

時事
問題編

第 27 章

の合意形成に向け、本格的に話し合う必要がありそうだ。

❷ 日米安全保障条約

　日本の安全保障を考えるうえで、自衛隊とともにもう１つ問題となってくるのが日米安全保障条約（日米安保条約／安保条約）だ。これは**米軍の日本駐留を認める条約**で、日本に米軍基地が存在する根拠となっている。

　条約上、米軍駐留の理由は安保条約第６条の「極東条項」によると「極東の平和と安全の維持」のためだが、その極東がどこをさすのかはわかりにくい。政府統一見解によると、極東とは「フィリピン以北、日本及びその周辺で、韓国・台湾も含む」地域なのだが、日本の米軍基地からはフィリピン以南にも出動している。しかも最初に結んだ旧安保条約では、**米軍による日本防衛義務すらなかった。**

　この日米安保条約が、1960年に改定された。いわゆる新安保条約だ。この改定は「旧安保条約のパワーアップ版」といった内容だったため、学生や市民団体による激しい反対運動（＝安保闘争）が起こり、最終的には**岸内閣が強行採決で成立**させたといういわくつきの条約となった（＊安保条約は、この**1960年の改定を最後に、その後は一度も改定されていない**）。

　Point整理（➡ p.64　**Point ⑫**）でその内容を見てみると、まず軍備増強義務は９条にふれる疑いがあるし、共同防衛義務は日本の領域とそこにある米軍基地が攻撃されたとき、共同して防衛行動をとらなきゃならない。これはあとでもふれるけど「集団的自衛権の行使」という、当時ならば９条違反と解釈される行為であった疑いがある。

　それに加えて事前協議制度。これは米軍が重要な配置変更や装備変更を行う場合と、日本の米軍基地から実際に戦争に向かう場合には、**日米両国は必ず前もって話し合いをしましょう**というもので、**米軍の暴走に日本がノーと言うための、歯止めのシステム**だ。しかしその**事前協議、これまで一度も実施例がない**。ベトナム戦争、湾岸戦争、イラク戦争……、米軍は今まで何度も日本の基地から作戦行動を行っている。なのに一度も事前協議がないのが現実だ。

　さらに新安保には「日米地位協定」というおまけがついている。これは旧安保にあった「日米行政協定」の改称で、基地の提供範囲や経費など、基地運営のための具体的条件を盛り込んだ協定だけど、その中には「**基地内に日本の法律は適用されない**」「**米軍人犯罪者は、起訴前に日本で拘禁できない**」などの規定がある。
　この規定のせいで、1995年沖縄での少女暴行事件の際も、犯人の身柄を拘束

できなかった。この事件に沖縄県民は怒り、大田昌秀知事による基地使用の代理署名拒否につながった。

❸ 防衛政策の諸原則

集団的自衛権の禁止

集団的自衛権とは「親しい国への助っ人」をさす。つまり、**自国と密接な関係にある国が武力攻撃を受けた場合、自国が攻撃されてないにもかかわらず、その国を助けるための防衛行動をとる**ことだ。

日本は従来、その行使は憲法9条違反にあたるとしてきた。

従来までの日本政府の見解

- 日本にも集団的自衛権は「ある」。
- ただしそれを「行使」することは憲法9条違反扱い。
- 憲法上の明記はなし(内閣法制局長の国会答弁が根拠)。
- 集団的自衛権の行使を禁止する国会決議もなし。

ところが**安倍内閣は2014年、それを**「"武力行使の新三要件"を満たした場合に限り行使することを合憲とする」**という解釈変更**を行った。くわしくは p.70 にまとめてあるが、この解釈変更、賛否両論あって国民的な合意が十分できているとは言いがたいのが現状だ。

専守防衛

専守防衛とは、自国が攻撃されたときに専ら守るのみの防衛、つまり、**相手国から攻撃を受けたときに初めて自衛力を行使**することで、こちらから先制攻撃してはいけないという考え方だ。

ところが2023年、政府は初めて「国家安全保障戦略」(p.76参照)を改定し、そこに「反撃能力」の保有を明記した。反撃能力とは「敵基地攻撃能力」のことだが、ここまでやると「守るのみの防衛」を逸脱し、専守防衛を踏み外すのではないかとの懸念が出ている。

非核三原則

核兵器を「**持たず・作らず・持ち込ませず**」——佐藤栄作内閣時に閣議決定され、1971年に衆議院でも決議されたこの原則を「非核三原則」といい、以後、**日本の核政策の国是**とされている。

政治編

第1章
第2章
第3章
第4章
第5章
第6章
第7章
第8章
第9章
第10章
第11章
第12章

日本政府は従来、「**憲法上、防衛用**核兵器の保持は可能」だが、**非核三原則を優先させて保持はせず**、のスタンスでやってきたはずだった。しかし2010年、旧民主党鳩山由紀夫内閣の調査により、**日米間に核持ち込みを容認する**「密約」が存在したことが確認され、国内は騒然となった。

● 防衛装備移転三原則

従来まで「武器輸出三原則」として「共産圏・国連での禁輸決議国・紛争当事国」への武器輸出が禁じられてきたが、2014年からこれが「防衛装備移転三原則」に改められた。

これによると、今後は「❶**紛争当事国に該当しない**」国に対し、「❷**わが国の安全保障に資する**と判断できる」場合に「❸**目的外使用や第三国への移転をしないと相手国が約束**」したならば、武器輸出や国際共同開発ができるようになった。

● シビリアン＝コントロール（文民統制）

自衛隊を統括する最高責任者は文民、すなわち**職業軍人でない者**という考え方。日本の場合、**現職自衛官はダメ**ということだ。憲法の文民規定は66条2項にあり、「内閣総理大臣その他の国務大臣は、文民でなければならない」と書かれている。

ちなみに自衛隊の最高責任者は、内閣総理大臣だ。防衛大臣も、自衛隊への命令権を若干もっている（不審船への対処用の警備行動など）が、テロ・クーデター・戦争など、国防の際の命令権は、すべて総理がもっている。つまり、**防衛大臣は、自衛隊を行政管理・運営する防衛省の主任大臣**だが、「自衛隊を統括する最高責任者」は内閣総理大臣ということになる。

● 防衛関係費のGNP1%枠とその転換

毎年度の防衛費は、その年のGNPの1%以内に収めるという原則。防衛予算の目安として、1976年の三木内閣時に設定された。

しかし**日本の防衛予算は、基本的に5年単位で決める**。例えば今日ならば「まず国家安全保障戦略で国防の**基本方針**を決める→次に国家防衛戦略（2022年までは「防衛大綱」）でそのための**手段と方法**を決める→最後に防衛力整備計画（2022年までは「中期防衛力整備計画（中期防）」）でそこにかかる**5年間の総額と装備量**を決める」といった具合に。

でも「5年単位」と「毎年のGNP1%枠」とでは、うまくかみ合わない。そこで1987年から**GNP1%枠は廃止**され、かわりに「総額明示方式」（防衛計画に従って予算を計上）になった。これ以降、事実上GNPの1%を超える年も出たが、

経済編

第13章
第14章
第15章
第16章
第17章
第18章
第19章
第20章
第21章
第22章
第23章
第24章
第25章
第26章

時事
問題編

第27章

それでもだいたい例年１％の枠内に収まっていた。

　ところが、「専守防衛」でも触れたように、2023年に国家安全保障戦略が改定されたことで、日本の防衛費は**2027年度には**「対 GDP 比２％（約11兆円）」**まで増額**されることになった。

　これは、**中国・北朝鮮・ロシアなどに囲まれた厳しい国際環境を受けての転換**で、実際2023年度の防衛費は、前年（5.4兆円）比で1.3倍にもなる6.8兆円へと、すでに大幅増額が始まっている。これは対 GDP 比だと1.2％強になる。

● 自衛隊の海外派兵の禁止

　「派兵」とは、**武力行使を前提**として自衛隊を海外に赴かせることをさす。ということは、**武力行使を伴わない**「派遣」**なら OK** というふうに解釈されている。

❹ 近年の安全保障政策

　自民党は2012年末、旧民主党からほぼ４年ぶりに政権を奪回し、第二次安倍内閣が誕生した。

　その安倍内閣が、**新たな外交・防衛政策の司令塔**として2013年に作った組織が「国家安全保障会議（日本版 NSC)」であり、そこが示した方針が「国家安全保障戦略」だ。

　それによると、今後日本は「国際協調主義に基づく積極的平和主義」の立場から、わが国およびアジア太平洋の平和と安定に「これまで以上に積極的に寄与」していくこととなった。

　この考えに基づいて、安倍内閣では2014年、まず武器輸出三原則が「防衛装備移転三原則」になり、これまで「禁輸メイン」だった表現が「輸出前提」の表現へと改められた。さらに同年、今度は集団的自衛権に基づく武力行使が、限定的ではあるが可能となった。

　これらを受けて2015年には「ガイドライン（日米防衛協力のための指針）」も**18年ぶりに見直され**、日米の守備範囲も「周辺事態」から「重要影響事態」へと、飛躍的に広げられた。そしてそれらの集大成として作られたのが「平和安全法制」（俗に「安保関連法」）だ。

　くわしくは p.70にまとめてあるが、**１つの新法と10本の改正法**からなるそれは、安倍内閣が行った安全保障政策の大転換を、矛盾なく具体化するための法整備と考えてくれればいい。

　ただ、この関連諸法は、法案段階で日本共産党から「戦争法案」とよばれて批判されたり、学生運動団体「SEALDs」の反対運動も盛り上がったりと、国民の

合意形成が不十分なままで成立した感は否めない。

　同法案閣議決定の際の記者会見で、安倍首相は「もはやどの国も一国のみで平和を守ることはできない。これは世界の共通認識であります」と発言している。これはつまり「一国平和主義」から脱却しようということだ。たしかにそれは正論ではあるが、だからといって国民的な合意が不十分なままバタバタと法案を可決させていい理由にはならない。

　今後拙速さが目立つような事態になれば、いろんな部分にしわ寄せがくる可能性はある。

基本的人権の尊重

Point ① 靖国神社公式参拝問題

● **概要**

靖国神社は、**戊辰戦争戦没者を合祀**し、国家が祈念するために造られた「東京 招 魂社」が前身（大村益次郎［長 州 藩士］が創設・1869）。

1978年、**神社側が独自に「A 級戦犯＝昭和 殉 教 者」として合祀**。自民党は分祀を求めたが、靖国神社側は「憲法20条違反」と拒否。今日に至る。

1945 GHQ の「**神道指令**」…国家と神社神道を分離せよ。
　　　　▶戦後民主化政策の１つ

1980 宮澤官房長官発言…「**公式参拝は違憲の疑いあり**」→ 政府統一見解に。
　　　　　　　　　　　　　　　20条：政教分離

1985 **中曽根首相、公式参拝強行**→ **アジア諸国が反発**。

◆終戦記念日にあたる**8月15日**に参拝。
◆玉ぐし（神前に捧げる 榊 の枝）料を**公費から支出**。
◆公職名（たとえば「内閣総理大臣○○」）を記帳。

→ 歴代総理で中曽根首相のみ実施

＊その後の首相の参拝は、8月15日を避けた「**私的参拝**」

● 国際社会への配慮

対策 教科書検定の基準に「**近隣諸国条項**」加わる。

アジア諸国との歴史的事象の扱いを、国際協調の見地から配慮

反発 「**自虐史観は歴史教育を歪める**」（「新しい歴史教科書を作る会」）

→ 2001年より『**新しい歴史教科書**』出版開始。

Point ② 在日外国人と少数民族の扱い

● 指紋押捺……**外国人登録法**に基づく押捺はまず**特別永住者**で**廃止**（1992）。
　　　　　　同法は2012廃止
　　　　　→ その後、**制度そのものを全廃**（1999）。
　　　　　→ ただし**テロ対策で**、「**入管法に基づく指紋採取**」開始（2007）。

● 参政権………**国・地方ともにいっさいなし。**
　　　　　　→ ただし**住民投票権**なら認めている自治体あり。

● 公務員採用…地方で、**技術職中心**（測量や水質管理）に、**国籍条項の撤廃**進む。
　　　　　　→ 一般職の採用も若干あり。**国ではほとんど採用なし。**
　　　　　　　　　　国立大や国立病院の教員・医師・看護師などでの採用はあり

● 難民…………受け入れに**消極的**。難民認定はかなり厳しめ。

● 少数民族……2019年の**アイヌ新法**によるアイヌ民族保護のみ。

★ 「**代表的な憲法裁判**」は **Point 講義**（⇒ p.85～）で説明する。

Point ③ 近年出された違憲判決

● 郵便法規定違憲訴訟（2002）

内容 郵便局員のミスで配達に遅れが出て損害発生。これは**公務員の不法行為**だから、本来なら国家賠償請求権（17条）の対象。
→ **but** 郵便法での賠償規定は「**紛失 or 棄損**」時のみ。不十分？

判決 郵便法の賠償規定は不十分で違憲（17条違反）。

● 在外日本人選挙権制限規定訴訟（2005）

内容 **在外邦人に衆参比例区でしか投票を認めない**公職選挙法の規定は、「選挙権の平等」を定めた44条などに違反？

判決 同規定は違憲→2007年より**衆参選挙区でも投票可**に。

● 国籍法婚外子差別訴訟（2008）

内容 フィリピン人女性と日本人男性の間に生まれた子が、父から認知（＝法的な親子関係の成立）されたにもかかわらず、**嫡出子**（＝**婚姻者の子**）でないことを理由に、**日本国籍取得を拒否**された。

争点 国籍法のこの規定は、**法の下の平等**（14条）**違反**か。

判決 父母が婚姻してないことに関し、子どもは何の責任もなし。
→ 国籍法の同規定は違憲。

＊子どもの国籍に関する国籍法の基本的な扱い

◇従来：父系血統優先主義…日本国籍取得には「**日本国籍の父**」が絶対必要。

> **but** 米は**出生地主義**（生まれた国＝国籍国）
> →「**日本生まれで米人が父**」の子は無国籍に

◇1984：父母両系血統主義…**父母いずれかが日本人**なら日本国籍取得可に。

● 砂川私有地神社違憲訴訟（2010）

内容 北海道砂川市が、**市の土地を空知太神社に無償で貸与**。
→ **政教分離の原則**（20条・信教の自由）違反か。

判決 砂川市の行為は違憲。

● 非嫡出子法定差別訴訟（2013）

内容 **結婚した男女間以外の子の法定相続分は2分の1**。不平等？

判決 法定相続分を区別する合理的根拠なし。違憲。

● 夫婦別姓・再婚禁止期間訴訟（2015）

内容 「夫婦別姓ダメ＋**女性だけ離婚後6か月再婚禁止**」の民法規定は違憲？

判決
◆夫婦同姓規定には合理性あり→こちらは合憲。
◆100日超の再婚禁止は**過剰な制約**→こちらは違憲。
→2016年より「**再婚禁止100日に短縮**」→2024年より「**再婚禁止期間廃止**」

政治編
第1章
第2章
第3章
第4章
第5章
第6章
第7章
第8章
第9章
第10章
第11章
第12章

経済編
第13章
第14章
第15章
第16章
第17章
第18章
第19章
第20章
第21章
第22章
第23章
第24章
第25章
第26章

時事
問題編
第27章

Point④ 人権の扱いが問題視されたおもな法律

◎1999年の超巨大与党（＝自自公連立政権）時の三法

●国旗・国歌法…「国旗は日章旗とする／国歌は君が代とする」
→ **日の丸・君が代の強制**は思想・良心の自由（19条）を侵害？

●通信傍受法…**組織犯罪**がらみの疑いのある通信は、**警察が盗聴可**。
→ 表現の自由（21条）の中の「通信の秘密」を侵害？

●**改正住民基本台帳法**
全国民の住民票に11ケタのコード番号をつけ、中央で一元管理。
住基ネット（＝住民基本台帳ネットワーク）として2002年より具体化。
　　　問題：◆プライバシー侵害の疑い／◆一種の「国民総背番号制」

＊2016年より「マイナンバー制度」への移行始まる。
　　　▶マイナンバー交付時に住基カードは返却

◎それ以外の法律

●改正教育基本法（2006）…「**わが国と郷土を愛する…態度を養う**」と明記。
→ 愛国心教育強制は、思想・良心の自由（19条）を侵害？

●特定秘密保護法（2013）
特定秘密＝**日本の安全保障に支障を与えるおそれ**のある情報。
　　　防衛／外交／スパイ防止／テロ防止
「漏らした公務員／不正入手者」 は、懲役10年以下の刑に。
　　　問題：◆秘密内容の判断・期間（一応上限5年）は**大臣裁量で変更可**。
　　　　　　◆表現の自由（21条）・知る権利を**侵害**する可能性あり。

●少年法の改正…「少年保護」をめざす法律。

従来までの少年法
〈凶悪犯罪以外〉　　送致
警察 ➡ 検察庁 ━━━━━▶ **家庭裁判所** ➡ 原則「保護処分（＝刑罰なし）」
　　　　　　　　　審判→非公開　　　　　　保護観察 or 少年院

〈凶悪犯罪〉[◆刑法：14歳以上に刑事責任生じる。　　　] → 少年法
　　　　　　 [◆少年法：**16歳以上** にしか刑事処分下せず。]　　が優先

◇16歳未満：「凶悪犯罪以外」のケースと同じ。
◇16歳以上：家裁から検察庁へ「逆送」→ 地裁 → 刑罰もあり。
　　＊どちらのケースも本人を特定できる記事や写真の掲載は禁止 → but 罰則なし

2000改正：刑事罰適用年齢を「16 → 14歳以上」に引き下げた。

政治編

第1章
第2章
第3章
第4章
第5章
第6章
第7章
第8章
第9章
第10章
第11章
第12章

経済編

第13章
第14章
第15章
第16章
第17章
第18章
第19章
第20章
第21章
第22章
第23章
第24章
第25章
第26章

時事
問題編

第27章

Point ⑤ その他・覚えておいたほうがいい裁判

●マクリーン事件…ベトナム戦争や日米安保条約反対デモに参加していた外国人が、日本への在留延長許可を求めてきたが、法務大臣が却下した事件。

判決 外国人の人権は「外国人在留制度」の枠内で保障(つまり「無制限の自由」があるわけではない)。

●税関検査事件…わいせつな映画フィルムの輸入を税関検査で止められたが、税関検査は「検閲」ではないのか?

判決 検閲とは「公権力が発表禁止を前提として表現物を審査」することだが、外国映画は「すでに外国で発表済みの物」なので、検閲ではない。

●北方ジャーナル事件…月刊『北方ジャーナル』が北海道知事候補を中傷し、裁判所から出版・販売差し止め処分を受けた事件。

判決 「個人の名誉を侵害してでも伝えるべき公共性がある」なら出版差し止めはダメだが、本件は単なる名誉の侵害だから差し止めOK。

●博多駅フィルム提出命令事件…裁判所がテレビ局に、裁判の証拠として事件を撮影した映像提出を命じたが、局は「報道の自由侵害」として拒否。

判決 報道の自由は尊重するが、公正な刑事裁判実現に必要な場合は、取材の自由へのある程度の制約もやむを得ない。

●猿払事件…猿払村の郵便局員が、職場の掲示板に支持政党の選挙用ポスターを掲示したが、これが「公務員の政治活動(＝国家公務員法違反)」にあたるとして起訴。

判決 公務員の政治活動への制限は、合理的でやむを得ない範囲なら許容される。

●全逓東京中郵事件＋全逓名古屋中郵事件…公務員のストが認められるか否か。

東京の判決 :公務員の労働基本権は原則保障。制限は最小限にすべき。

名古屋の判決 :「公務員のスト一律禁止」は合憲。

●苫米地事件…吉田内閣が行った抜き打ち解散(初の7条解散)で失職した苫米地議員が、69条に基づかない解散は無効として提訴。

判決 解散決定は高度な政治判断を要する「統治行為」のため、司法審査の対象外になる(判断回避)。

●レペタ事件…米国人弁護士レペタ氏が、日本の裁判研究のため法廷内でメモを取ろうとしたが認められず。

判決 裁判傍聴は権利ではない(法廷メモもしかり)。

●エホバの証人訴訟…「エホバの証人」は**輸血禁止の宗教団体**。その信者の手術で、**本人に無断で輸血**したことは、信者の「自己決定権(憲法13条を根拠とした「新しい人権」の1つ)」を侵害？

判決 原告勝訴…人格権の一部を侵害(「**自己決定権**」の**言葉は使われず**)。

> ＊二審では「インフォームド゠コンセント(＝医師の説明と患者の同意)」の前提として患者の「自己決定権」を認めたが、最高裁ではこの文言はなし。

● 旭川学力テスト事件…全国一斉学力テストへの反対者が、テスト阻止で公務執行妨害罪に。

判決 国民に「学問の自由(23条)」はあるが、「**教育機会の均等(26条)**」の立場から、**国にも教育内容の決定権あり**(学力テストは合憲)。

＊参考：戦前の学問弾圧事件…言葉に反応できる程度に覚えておく。

〈社会主義への弾圧〉　　　〈その他の思想弾圧〉

◆森戸事件(1920・東大)　　◆河合事件(ファシズム批判で弾圧・東大)
◆河上事件(1928・京大)　＋　◆津田左右吉事件(神国思想批判で弾圧・早大)
◆滝川事件(1933・京大)

Point⑥ 女性や児童の人権を守るための法

●ストーカー規制法(2000)

つきまとい等 ＋ **ストーカー行為** → 「警察の警告→公安委員会からの
待ち伏せや無言電話　その繰り返し　　禁止命令」を経た後、**刑罰**
　　　　　　　　　　　　　　　　　　2年以下の懲役 or 罰金200万円以下

● DV(ドメスティック゠バイオレンス)防止法(2001)

◆配偶者の身体への暴力　　　→　◆裁判所から接近禁止命令(6か月間)。
◆心身に有害な言動　　　　　　　◆同自宅からの退去命令(2か月間)など。

　　＊2014より「事実婚」も含む　　　＊違反者は1年以下の懲役 or 罰金100万円以下

●児童虐待防止法(2000)

◆児童の心身への暴力　　　→　◆学校や病院は早期発見に努める。
◆わいせつ行為　　　　　　　　◆発見者は**児童相談所に通告**義務。
◆世話の拒否(ネグレクト)　　　◆立入調査・強制捜査・逮捕もあり。

＊児童を守るため、2012年の**民法改正**で「**最長2年間の親権停止**」も可能に。

●児童買春・児童ポルノ規制法(1999)

◆児童買春者＋あっせん者。　　　→　懲役 or 罰金刑
◆児童ポルノの製造・提供やネット配信者など。　3〜7年　300万〜1000万円

＊上記目的のための**人身売買**。→10年以下の懲役。

Point ⑦ 生命倫理関連

●クローン…無性的に増殖した、遺伝子組成が同一の個体や細胞群。

規制：クローン規制法（2000）で、**ヒトクローンの作製禁止**（欧州も）。

→ただし日欧とも「**ES 細胞 ＋ iPS 細胞**」は OK。

◆ ES 細胞：受精卵から作る**万能細胞**。特定の臓器や組織のみの培養可。

◆ iPS 細胞：**受精卵を使わずに作れる**人工多能性幹細胞（倫理的問題クリアー）。 開発者・山中教授に2012ノーベル生理学・医学賞

Point ⑧ 安楽死と尊厳死

●安楽死…不治の末期患者の苦痛緩和のため、死を早めること。

❶：**積極的**安楽死：薬物投与等で「殺してあげる」→ 日本では**殺人**。

❷：**消極的**安楽死：延命治療放棄で「治すのをやめる」→ 日本でも**合法**。

●尊厳死 ・「**人間らしい死**のために、死を早める」という考え方。
　　　　 ・ただし刑法上の表現では「尊厳死＝消極的安楽死」のこと。

＊ ・オランダとベルギーに**安楽死法**、仏に**尊厳死法**あり。→すべて❶を容認。
　 ・フランスの**尊厳死法**は「**❷を容認**」する法。

Point ⑨ 脳死と臓器移植

●従来までの人の死 ＝ 心臓死のみ…「**死の三徴候**」に基づく死。

心拍停止／自発呼吸停止／瞳孔散大

but 新鮮な臓器移植の観点から、**脳を人の死と認めよ**との声高まる。

脳の機能が不可逆的に喪失

対策：臓器移植法（1997）…今後は**条件付き**で「脳死＝人の死」に。

「臓器提供＋脳死判定受入」意思を事前に書面で明示＋家族の同意。 書面はドナーカードでも可

→ **but** 条件厳しすぎ臓器移植進まず。 12年間で81例

2009改正： ◆親族への優先提供が、条件付きで OK に。
　　　　　　 ◆臓器提供は「家族の意思」だけでも OK に。 ただし「本人の生前の拒否」ありならダメ
　　　　　　 ◆臓器提供は「**15歳未満からでも OK**」に。 0歳児からでも可

政治編
第1章
第2章
第3章
第4章
第5章
第6章
第7章
第8章
第9章
第10章
第11章
第12章

経済編
第13章
第14章
第15章
第16章
第17章
第18章
第19章
第20章
第21章
第22章
第23章
第24章
第25章
第26章

時事
問題編
第27章

Point ⑩ 同和(どうわ)問題

1922：水平社宣言(すいへいしゃ)（西光万吉(さいこうまんきち)）…「人の世に熱あれ、人間に光あれ」

＊全国水平社 ＝ 現「部落解放同盟」

1965：同和対策審議会答申… 部落差別解消は「**国民的な課題／国の責務**」と明記。

＝同対審答申

1969：同和対策事業特別措置法…「環境改善＋差別解消」をめざす一連の事業を規定。

福祉施設・公営住宅・減税・補助金など

政治編
第1章
第2章
第3章
第4章
第5章
第6章
第7章
第8章
第9章
第10章
第11章
第12章

経済編
第13章
第14章
第15章
第16章
第17章
第18章
第19章
第20章
第21章
第22章
第23章
第24章
第25章
第26章

時事
問題編
第27章

❶ 代表的な憲法裁判

　我々には今日、5つの基本的人権が保障されている。すなわち**自由権・平等権・参政権・請求権・社会権**だ。

　ここでは、これらの基本的人権にからむ事件と、その裁判の結果を見ていこう。ではまずは、平等権から。

平 等 権

◆法の下の平等（14条）　◆両性の本質的平等（24条）
◆教育機会の均等（26条）◆選挙権の平等（44条）

Point　尊属殺人重罰規定

尊属とは「父母と同列以上にある血族」のこと。尊属殺人はおもに「親殺し」。日本の刑法200条には「**尊属殺人は死刑か無期懲役**」のみという、著しく不平等な尊属殺人重罰規定があった。

内容：実父に性的暴行を受け、5人の子を産まされた娘による父親の殺害。
　　　（→刑法200条だと、娘は死刑か無期懲役）
争点：刑法200条は処罰に差をつけ、法の下の平等（**憲法14条**）を侵害していないか。
判決：刑法200条は違憲。→ 1995年、国会で削除へ。

　ここまで一方的に非道な父親であっても、刑法200条だと娘さんは絶対に死刑か無期懲役。これはある意味、刑法200条のおかしさを浮き彫りにしてくれる、非常にわかりやすい事件となった。当然判決では、刑法200条が憲法違反と判断された。

　しかしこの刑法200条、じつは**違憲判決から削除まで、なんと20年以上かかった**。これは、裁判所の**違憲立法審査権**が「その事件に限って」の「合憲・違憲の判断だけ」しかできず、法の削除は国会の手に委ねることしかできないことから発生したタイムラグだ。

Point　衆議院議員定数違憲訴訟

内容：選挙の際、都市部と地方で**有権者の数に著しい不均衡**があるにもかかわらず、**当選者数が同じになるなどの不平等**。
争点：公職選挙法の定数規定は**法の下の平等（憲法14条）違反**か。
判決：1972年の格差（**4.99倍**）と1983年の格差（**4.40倍**）は違憲。ただし**選挙自体の無効は避けた（＝事情判決）**。

選挙で投票権をもつ有権者の数は、都市部のほうが圧倒的に多い。なのに**当選者の数が有権者の少ない地方と同じでは、都市部の立候補者はやってられない。**

この「1票の格差」問題では、衆議院で2回違憲判決が出ている。裁判所は明言はしていないが、どうやら「格差3倍（1：3）」を、この当時の合憲・違憲の判断の1つの目安としていたようだ（つまり格差3倍を超えたら違憲、という目安）。ただし2回とも、**選挙のやり直しには至っていない。**選挙のやり直しはお金もかかるし、有権者にも迷惑だからだ。選挙という特殊事情を考慮したこの判決を「事情判決」という。

「1票の格差」問題では、近年新たな判例や是正措置が続々と出ている。くわしくは「第9章　政治の諸問題」（⇒ p.125〜）で学ぶことにしよう。

平等権については、他にも国籍法・非嫡出子・夫婦別姓などに関する判決が近年出されている（p.79）ので、確認しておくように。次は自由権だ。

自由権その① 精神的自由

◆思想・良心の自由（19条）　◆信教の自由（20条）
◆表現の自由（21条）　　　　◆学問の自由（23条）

Point 三菱樹脂事件

内容：学生運動の過去を理由に、試用期間後企業から本採用を拒否された。

争点：学生の思想・良心の自由（憲法19条）を侵害する企業の一方的な決定は、許されるのか。

判決：学生にも自由権はあるが、企業にも「雇用の自由」あり。
　　　→そもそも**19条は、人権の中でも公法（国 vs 個人や企業）の性格が強いため、私人間（民間同士）の直接規律は予定せず。**

公法の性格が強いということは、19条は「私は政府からの弾圧で、思想・良心の自由を侵害されました」みたいな状況を避けるためのものということだ。私人間だと、両方とも「最大限尊重」だから、優劣をつけられなくなる。結局本件も、どちらかを優先することはできず、企業の決定はそのまま認められた。

Point 津地鎮祭訴訟

内容：三重県津市が市民体育館の建設時に地鎮祭を行い、担当神主に市の公費から謝礼（7,000円強）を支払った。

争点：宗教の主体への公費支出は、信教の自由（憲法20条）の一部である「政教分離の原則」に違反していないか。

政治編

第1章
第2章
第3章
第4章
第5章
第6章
第7章
第8章
第9章
第10章
第11章
第12章

判決： ◆地鎮祭の 目的：**世俗的行事**（宗教行事にあらず）。
　　　◆支 出 の 効果：特定宗教の援助にあたらず。 → 合憲
　　　　　　　　　　　└─→ ＊「目的・効果」基準

政治と宗教は切り離すべきという「**政教分離の原則（20条）**」だ。

この裁判では「**国家と宗教の完全分離は不可能に近いので、行為の目的と効果から、違憲性を判断するべき**」と判示し、政教分離に「**目的・効果基準**」という**モノサシ**を示した。実際その後の自衛官合祀訴訟（殉職自衛官を自衛隊員の協力で神社に合祀）でも箕面忠魂碑訴訟（忠魂碑の移転費用を市が負担）でも、同基準を用いて最高裁は合憲判決を下している。

さあそうなると、気になるのが靖国神社がらみだ。果たして**靖国神社への公費支出**も、ここまでの判例同様認められるのか。これは注目だね。

Point 愛媛玉ぐし料違憲訴訟

内容：愛媛県知事が、靖国神社に奉納した玉ぐし料を公費支出。
争点：靖国神社への公費支出も「目的・効果基準」で認められるか。
判決：社会的儀礼としての支出ではなく、
　　　◆支出の**目的**：玉ぐしは神事に使う道具（宗教的意義**あり**）。
　　　◆支出の**効果**：特定宗教への**援助・助長**にあたる。
　　→ 相当とされる限度を超えており、違憲。

靖国神社は、**戦没者を"英霊"として祀り、極東国際軍事裁判でA級戦犯とされた人々を合祀している神社**であることもあって、この訴訟は注目されたが、ここでは「**目的・効果基準**」に沿い、**違憲判決**が下された。

次は「**表現の自由**」だが、これは「集会、結社及び言論、出版その他一切の表現の自由」に加え、「**検閲の禁止**」と「**通信の秘密**」まで含む、とても幅広い自由権だ。だから戦前の滝川事件（京大の滝川教授の講演に対する弾圧事件）のようなわかりやすい「表現の自由」の侵害ばかりではないから、気をつけよう。

Point 『チャタレイ夫人の恋人』事件

内容：ロレンスの小説『チャタレイ夫人の恋人』に露骨な性描写があるとして、出版社社長と翻訳者が「わいせつ文書頒布罪」（刑法175条違反）に問われた。
争点：わいせつか、表現の自由（＝出版の自由）か。
判決：善良な性的道義観念を守ることは「**公共の福祉**」に合致。有罪。

経済編

第13章
第14章
第15章
第16章
第17章
第18章
第19章
第20章
第21章
第22章
第23章
第24章
第25章
第26章

時事
問題編

第27章

なるほど、**わいせつ文書が節度なく氾濫している社会は、多くの人にとって不快**（＝国や社会全体の不利益）**な社会**という判断か。

ついでにもう1つ、「公共の福祉」にからむ裁判を見てみよう。

> ◇ **Point** **東京都公安条例事件**
>
> **内容**：学生運動における無許可のデモ行進が、東京都公安条例違反とされ、起訴された。
>
> **争点**：**デモの許可制**は「**集会の自由**」の侵害か。
>
> **判決**：集団行動から発展する不慮の事態に備えること。
> →「公共の福祉」に合致。（＝合憲）

たしかに、**デモの暴徒化を防ぐのは「公共の福祉」に合致**する。

しかしこの考えは、濫用されるとよくない。なぜなら、何か集まりがあるたびに、機動隊から「この集会には届け出が出ていない。すぐに解散せよ」などと言われることになるからだ。逆らえば放水車から強烈な水攻撃……。そう考えると、**「公共の福祉」原理も濫用につながらないよう注意**することが求められそうだ。

では次は、**「検閲の禁止」**にからむ裁判、**「家永教科書訴訟」**だ。ただしこの裁判は、ほかの権利ともからんでくるので、注意しよう。

> ◇ **Point** **家永教科書訴訟**
>
> **内容**：家永三郎氏の執筆した高校日本史の教科書中、日本軍の残虐行為・細菌兵器の実験部隊（七三一部隊）などに関する記述が、旧文部省（現文部科学省）の教科書検定をパスしなかった。
>
> **争点**：◆**教科書検定制度**は「**検閲**」にあたるのではないか。
> ◆執筆内容に対する幾度もの修正要求は、「**学問の自由**」「**教育を受ける権利**」の侵害にもあたるのではないか。
>
> **判決**：教育内容・範囲に対して、必要かつ合理的な規制を施すことは禁止されていない。（＝検定制度は合憲）
> ＊ ただし本件では、**文部省の裁量**に一部逸脱あり。
>
> **家永氏が部分的には勝訴**

「検閲」とは、**公権力が発表禁止を前提として表現物をチェック**すること。こんな思想統制につながる行為は、当然憲法21条で禁止されている。家永裁判は非常に長く続き、一審レベルでは家永氏全面勝訴（＝杉本判決）というのもあったけど、結局最終的には、検定内容の一部行きすぎは認められたが、検定制度そのも

のが検閲とは認められなかった。

では、精神的自由の最後は「学問の自由」にからむ裁判から。

政治編
第1章
第2章
第3章
第4章
第5章
第6章
第7章
第8章
第9章
第10章
第11章
第12章

Point 東大ポポロ劇団事件

内容：東京大学のサークル「劇団ポポロ」が、松川事件（国鉄労組・共産党員による列車転覆疑惑。全員無罪に）を題材にした劇を上演中、私服警官の内偵に気づき、身柄拘束のうえ、若干の暴行を加えた。

争点：警察の内偵は、**大学の自治・学問の自由**（23条）の侵害か。

判決：本件集会は、政治的社会活動であって、学問研究ではない。
→本件により大学本来の学問の自由は侵されていない。（＝合憲）

平たく言うと、「**学生運動は学問ではない**」ということか。それを言われちゃ返す言葉もないか。

コラム　国鉄三大事件

　1949年には、国鉄でミステリアスな事件が、7〜8月の間に立て続けに3つも起こった。下山事件は、下山国鉄総裁の轢死事件、三鷹事件は無人列車が暴走し死者が6名も出た事件、そして松川事件は、線路のレールが外され脱線・転覆した事件。どの事件も国鉄労組や共産党員がからんでいるとされた。
　あまりにも謎だらけの事件だ。しかも真相は未だに不明。ただこの年、三大事件前の総選挙で日本共産党が躍進し（4→35議席へup）、事件の翌年にGHQ主導でレッド＝パージ（＝赤狩り。共産党員の公職追放）が行われた。これって陰謀？

自由権その②　経済的自由

◆居住・移転及び職業選択の自由（22条）
◆財産権（29条）

Point 薬事法距離制限違憲判決

内容：薬事法の規定に基づき、広島県で**半径100m以内に2つ以上の薬局を併設させない**配置基準を設定。

争点：薬局開設希望者の**職業選択の自由**（憲法22条）を侵害か。

判決：距離制限規定に**合理性なし**。（＝違憲）

経済編
第13章
第14章
第15章
第16章
第17章
第18章
第19章
第20章
第21章
第22章
第23章
第24章
第25章
第26章
時事
問題編
第27章

薬局が近くに何軒もあると、激しい安売り競争につながる。そうすると競争力のない薬局がコストを下げるため不良医薬品を販売し、我々の健康に悪影響をもたらす。

　これが距離制限の趣旨_{（しゅし）}だけど、少し考えすぎに見えるね。少なくとも、<u>職業選択の自由を制限するほどの合理性は感じられない</u>。最高裁もそう判断して違憲判決を出した。

Point 共有林分割制限違憲判決

内容：森林法の規定により、他者と共有する山林のうち、自己の**持ち分50％以下の山林の自由処分が認められなかった。**

争点：財産の自由処分を認めないのは、財産権（憲法29条）の侵害ではないのか。

判決：共有林分割制限規定に**合理性なし。**（＝違憲）

　せっかく父親から譲り受けた山林も、山全体の過半数を持たないと自分の持ち分を自由に売れないのでは、財産権の侵害だ。

　森林の細分化を防止したかった森林法の規定も、やはり我々の**財産権を制限するほどの合理性は感じられない**。

　ただし、この２つの裁判では違憲判決が出たが、じつは**経済的自由は**、ほかの**人権と比べて「公共の福祉」の制約を受けやすい**んだ。

　なんといっても直接国民の利益にからむ権利だから、どうしても利益と利益のバッティングが起こりやすい。そこで利益の調整原理としての公共の福祉が多用されるというわけだ。必ず覚えておこう。

自由権その③　人身の自由

◆（18条）：奴隷的拘束_{（どれい）}及び苦役_{（くえき）}からの自由
◆（31条）：法定手続きの保障
◆（33条）：逮捕_{（たいほ）}には司法官憲_{（かんけん）}（＝裁判官）発行の令状が必要
◆（34条）：不当な抑留_{（よくりゅう）}・拘禁_{（こうきん）}の禁止
◆（35条）：住居不可侵_{（ふかしん）}（捜索_{（そうさく）}・押収_{（おうしゅう）}には司法官憲の令状が必要）
◆（36条）：拷問_{（ごうもん）}及び残虐_{（ざんぎゃく）}な刑罰の禁止
◆（37条）：刑事被告人_{（ひこくにん）}の権利（公平な公開裁判／証人を呼ぶ／弁護人依頼）
◆（38条）：不利益な供述_{（きょうじゅつ）}・自白の強要の禁止
◆（39条）：遡及処罰_{（そきゅうしょばつ）}の禁止、二重処罰の禁止、一事不再理_{（いちじふさいり）}

人身の自由とは、正当な理由なく身体を拘束（こうそく）されない自由権だ。**国家権力による不当な逮捕や拷問から自分を守る権利**と考えればいい。

　人身の自由の基本となるのは、18条の「奴隷的拘束及び苦役からの自由」と、31条の「法定手続きの保障（＝デュー゠プロセス）」だ。特に31条は**罪刑法定主義を具体化したもの**として重要で、これがあるから**犯罪の被疑者（ひぎしゃ）や被告人（ひこくにん）は、無罪の人と同様の扱いを受けられる**んだ。犯罪の疑いの段階ではまだ処罰しない。あくまで処罰は刑が確定してから。この刑事裁判の大原則を「**疑わしきは罰せず**」という。

　　　＊被疑者…裁判上まだ起訴（きそ）されていない人。　＊被告人…すでに起訴された人。

　この自由権では、具体的な裁判事例は出てこないので、わかりにくい言葉である「遡及処罰（そきゅうしょばつ）の禁止」と「一事不再理（いちじふさいり）」だけ見てみよう。

> ◆遡及処罰の禁止…法制定前の行為を、事後にできた法で処罰するな。
> ◆一事不再理………一度確定した無罪判決については、再度審議はしない
> 　　　　　　　　　　（＝あとで 覆（くつがえ）されない）。

　遡及処罰とは「**さかのぼって処罰**」すること。つまり、あとからできた法を根拠に、昔やった行いを処罰することだ。これを許すと、我々は**今日突然できた法律を根拠に、昨日までの行為を処罰されてしまう**。たとえば今日突然「歩きスマホは死刑」の刑法改正があれば、昨日まで歩きスマホをしたことのある人も全員死刑だ。そんな理不尽（りふじん）な状況、絶対イヤだ。

　一事不再理はどうか？　もしこれがないと、せっかく長い年月をかけて裁判で無罪を勝ち取っても、**検察官が「納得いかん。もう一丁！」などと言い出したら、裁判は永遠に終わらなくなってしまう**。結局、人身の自由を守るには、これらの原則は必要だということだね。

請求権（せいきゅうけん）

　次は請求権だ。人身の自由同様、憲法内容だけ頭に入れておこう。

> ◆（16条）：請願権（せいがん）…国や地方に苦情や希望を申し出る権利。
> ◆（17条）：**国家賠償請求権**（ばいしょう）…**公務員の不法行為**で損害が発生すれば、国や地
> 　　　　　▶損害賠償請求権　　　　　　方に損害賠償請求可。
> ◆（32条）：裁判を受ける権利
> ◆（40条）：刑事補償請求権（ほしょう）…えん罪（＝無実の罪）による人身拘束
> 　　　　　　　　→　**無罪確定後に、損害賠償請求**可。

政治編
第1章
第2章
第3章
第4章
第5章
第6章
第7章
第8章
第9章
第10章
第11章
第12章

経済編
第13章
第14章
第15章
第16章
第17章
第18章
第19章
第20章
第21章
第22章
第23章
第24章
第25章
第26章

時事
問題編
第27章

　戦後すぐのころは、まだ戦前同様の取り調べが多く、とにかくえん罪が多かった。旧憲法には「拷問・残虐刑の禁止」も「自白の強要禁止」もなかったからね。これでは「被疑者はバンバン拷問して自白を強要しろ」と言われているようなものだ。

　でもえん罪で捕まっても、よほど明白な無実の証拠がないかぎり、再審請求は通らない。だから「開かずの扉」などと言われるんだ。

　でもこれが、1975年の最高裁「白鳥決定（警官射殺事件である白鳥事件の公判で示された決定）」から大きく変わった。ここで最高裁は「疑わしきは被告人の利益に」という方針を、明確に示したんだ。

　これからは、明白な証拠がなくても、疑わしい点さえあれば再審請求が通る——ここから再審は飛躍的に増え、そのおかげで1980年代には免田事件・財田川事件・松山事件・島田事件の４つで「死刑→逆転無罪判決」が続いたんだ（＝四大えん罪事件。徳島ラジオ商殺し事件と梅田事件は「長期刑→逆転無罪」）。

　そして彼らには、憲法40条に基づき刑事補償がなされる。たとえば免田さんは「１日7500円×32年間の投獄期間≒9000万円」の補償金を受け取った。でも、いつ死刑執行されるかわからない32年もの恐怖は、決してお金で清算できるものじゃないよ。

社 会 権

◆生存権（25条）　　◆教育を受ける権利（26条）　　◆労働基本権（27〜28条）

　社会権の中心は、なんといっても生存権だ。日本国憲法では「健康で文化的な最低限度の生活を営む権利」と、25条に記されている。

Point　朝日訴訟

内容：約60年前、肺結核で療養中の朝日茂さんが、兄から仕送り（月1500円）を受けたことを理由に生活保護（月600円）を打ち切られ、医療費（月900円）まで請求された。

争点：月600円で「最低限度の生活」（憲法25条）は可能か。
　50年前の平均月収は、約２万円（現在の約20分の１）

判決：25条は、単に国の政治的指針（＝プログラム）を示したものにすぎず、国民に具体的権利を保障したものではない。

　生存権が争点となったこの裁判では、最高裁は「プログラム規定説」で原告の訴えを退けた。これはわかりやすく言うと、25条は法律みたいに具体的権利の保障を規定しているわけではなく、「国としてはこういう指針でやっていくつもりです」という政治の方向性・努力目標を示したものだという考え方だ。

政治編
第1章
第2章
第3章
第4章
第5章
第6章
第7章
第8章
第9章
第10章
第11章
第12章

経済編
第13章
第14章
第15章
第16章
第17章
第18章
第19章
第20章
第21章
第22章
第23章
第24章
第25章
第26章

時事
問題編
第27章

結局この考えだと、25条を具体的に実現する道筋は立法権の裁量（つまり国会が具体的な法律を作ること）に委ねられることになり、政府に責任追及はできないことになる。同種の裁判となった堀木訴訟（＊堀木さんは障害福祉年金と児童扶養手当をもらっていたが、片方打ち切られた）でもプログラム規定説が示され、やはり堀木さんは勝てなかった。

❷ 新しい人権

「新しい人権」とは、**憲法上に明文規定のない人権**をさす。

日本国憲法は1947年に施行されてから、すでに70年以上が経過している。これだけ年数がたつうちには、昔は想定できなかった人権問題も発生する。そこで、新しい人権という考え方が必要となったわけだ。

ただし、憲法に載っていないと裁判が困難だ。だから新しい人権にからむ裁判の多くでは、**憲法13条の**「**個人の尊重・幸福追求権**」を根拠にすることが多い。

「オレはあいつに幸福追求権を侵害された」——これなら、どんな事件にでもあてはまる。**13条は非常に便利な**「人権の包括的規定」だ。

プライバシーの権利

プライバシーはかつて「私事・私生活をみだりに公開されない権利」だけだったが、近年、情報化の進展に伴って**個人情報流出の危険性**が高まったことから、**「自己の個人情報をコントロールする権利」**という意味も付加されている。君たちも軽率に、よく知らない人に携帯番号やメールアドレス、ライン ID などを教えてはダメだよ。個人情報は自分でコントロールしないと。

Point 『宴のあと』事件

内容：三島由紀夫の小説『宴のあと』が、**特定政治家の私生活を題材**にしたとされた。

争点：表現の自由か、**プライバシーの侵害**か。

判決：**三島由紀夫の敗訴**・損害賠償。（＝プライバシーの権利は**判例として確立**）

三島由紀夫の敗訴で、プライバシーの権利は判例として確立した。つまり「**憲法には載ってないが、裁判では認められる権利**」となったわけだ。ただしこれは「プライバシーのほうが表現の自由より上」という意味ではない。判決によると**両者はあくまでも同格**。どちらを優先するかはケース＝バイ＝ケースということだ。

なお、プライバシーについては、2002年9月の『石に泳ぐ魚』事件で、画期的な判決が出た。作家・柳美里の書いた小説が、公的立場にない女性のプライバシー

を著しく侵害したとして、出版差し止め請求が最高裁に認定されたんだ。この裁判のポイントは2つ。

◆最高裁が判決理由の中で、**初めて「プライバシー」という文言を使った**点。
◆プライバシー保護のための**出版差し止めを、初めて認めた**点。

環境権

環境権とは「快適で人間らしい環境を求める権利」のこと。つまり憲法**13条の幸福追求権と25条の生存権をミックス**したような権利だ。

Point 大阪空港騒音公害訴訟

内容：公共事業の欠陥で、多くの住民が基準値を超える騒音に悩まされた。
争点：◆**環境権**は人権として認められるか。
　　　　◆騒音への賠償と夜間飛行の差し止め請求は認められるか。
判決：◆騒音被害への賠償請求は認められた。
　　　　◆**環境権 + 夜間飛行の差し止め請求は認められず。**

夜間飛行の差し止め請求は、「**司法による航空行政への侵害**」だからダメなんだそうだ。過去の類似の裁判を見ても、損害賠償はOKだが差し止め請求はダメというケースが多い。

知る権利

情報保有者にその公開を求める権利。ただし「**行政機関（国や地方公共団体）の保有情報**」を知る権利をさし、**個人情報は含まない。**

Point 外務省公電漏洩事件（＝西山事件）

内容：沖縄返還に関する外務省の機密文書の内容を、外務省の女性職員に接近し、新聞記者が違法に入手。国家公務員法違反容疑で逮捕。
争点：記者の行為は違法でも、**結果的に国民の「知る権利」に貢献**しているのではないか。
判決：記者は有罪。（→ただしその後、情報公開を求める動きが活発化）

違法であっても知る権利には貢献、か。この形は2004年に閣僚や議員の**年金未納問題**が発覚したとき（社会保険庁職員の情報漏洩）や、2010年に**尖閣沖で中国漁船が海保巡視艇に衝突**してきた映像がYouTubeで流された（海保乗組員がアップ）のと同じ構図だ。

こうなると、知る権利を具体化するためにも情報公開法（1999年制定。くわし

くは「第9章 政治の諸問題」 ⇒ p.125〜）の必要性を感じる。でも日本では、情報公開法も作りながら、一方でそれに逆行するかのような「特定秘密保護法」も制定している（2013年制定）。知る権利は、まだまだ問題が多い。

　ちなみに、アメリカの情報公開法は、最初に制定された1966年の情報自由法が有名だが、**1976年の政府会議公開法を「サンシャイン法」とよんで以来、情報公開にからむ法律を、内容に応じて「〜サンシャイン法」とよぶ**ようになった。

アクセス権

マスメディアに「接近」し、**意見や反論を述べる権利。**

> **Point　サンケイ新聞意見広告事件**
>
> **内容**：サンケイ新聞紙面に、**自民党から共産党への批判記事**が掲載された。
> 共産党はこれに抗議し、サンケイ新聞側に**反論記事の無料掲載を要求したが拒否**された。
>
> **争点**：共産党のアクセス権は認められるか。
>
> **判決**：産経新聞社の**編集権侵害（＝21条違反）につながる**ため、認められず。
> （＝共産党の敗訴）

　共産党が敗訴したことにより、**アクセス権は未確立**のままとなっている。

　しかし、一方的な批判に対して、反論も認めず甘受せよという判決には批判も多く、議論の余地が残る。

❸ 近年の人権尊重の動向

　ここでは **Point❷** 〜 **Point❹**（⇒ p.78〜80）に載っている内容の、大事な箇所や追加内容だけを、かいつまんで説明するね。

　まず、1999年に全廃された「指紋押捺制度」の根拠となった**外国人登録法**は、**2012年廃止**された。今日は**新しい「在留管理制度」**になり、**外国人もマイナンバーに登録**されることとなった。

　非嫡出子（＝婚姻者以外の子）の扱いに関しては、2008年の国籍法婚外子差別訴訟と、2013年の非嫡出子法定差別訴訟という、2つの大きな最高裁判決があった。これらに共通して言えることは、どちらも親の都合で非嫡出子になったのであり、生まれてきた子には何の責任もないということだ。**平等権は、そのような本人の努力でカバーできない理由に基づく差別は、原則認めない。**

　1999年には、人権侵害の疑いのある法律が3法、立て続けに成立した。この年誕生した自民党・自由党・公明党による「自自公連立政権（小渕恵三首相）は超

政治編
第1章
第2章
第3章
第4章
第5章
第6章
第7章
第8章
第9章
第10章
第11章
第12章

経済編
第13章
第14章
第15章
第16章
第17章
第18章
第19章
第20章
第21章
第22章
第23章
第24章
第25章
第26章

時事
問題編
第27章

巨大与党だったため、どんな法案でも数の力で国会審議を押し切れる状態にあった。そのため「国旗・国歌法」や「通信傍受法」、「改正住民基本台帳法」といった、本来ならもっと時間をかけて慎重に審議すべき法案が、短期間の審議や強行採決を経て成立した。

　人権侵害の疑いのある法律といえば、2013年成立の「特定秘密保護法」も見逃せない。防衛・外交・スパイ防止・テロ防止の4つに関する情報を「特定秘密」とし、漏らした公務員は最長10年、民間人なら最長5年の懲役刑とする法律だ。この法律は、一見すると日本の安全保障上、当然必要な法律に見える。

　ただ問題は、**何を秘密にするかを決定するのが、防衛大臣・外務大臣・警察庁長官といった「行政機関の長」**ということだ。ということは、官僚や大臣にとって都合の悪い情報が全部恣意的に「特定秘密」と指定され、ふれられなくされてしまう可能性がある。

　ほかにも同法は、表現の自由や知る権利を侵害する可能性が高い。安倍首相は2013年、アメリカと同様日本にも「国家安全保障会議（日本版NSC）」を発足させた。そしてアメリカのNSCとの連携のため、特定秘密保護法が必要なのだと説明したが、国民の基本的人権を大きく侵害してまでその連携を保つべきかどうかについては、疑問の声も上がっている。

　最後に、少年法の改正については、近年の「少年犯罪の凶悪化・低年齢化」に対処するため、刑事罰適応年齢を14歳以上に引き下げる形で、2000年に少年法が改正されている。

コラム　指紋採取

　僕は学生時代、おまわりさんから指紋を採られた経験がある。

　当時僕は大学近くにある、留年生のたまり場みたいな下宿に住んでいた。すぐ裏には「1階パチンコ屋・2階麻雀荘」という "搾取の殿堂" みたいなホールがあった。僕はそこで、パチンコで負けた客に空き巣に入られ、3万円盗まれてしまったのだ。

　当然パトカーが来て大騒ぎになったが、その時、鑑識のおまわりさんからこう言われた。「泥棒の指紋と区別するため、あなたの指紋も採らせてもらえますかね」

　僕は当然協力し、10本指全部に墨をベッタリつけて指紋を採られた。

　警察の面々が帰る時、表に集まっていたやじ馬が、僕を見て小さくどよめいた。

　パトカーとおまわりさんと指が墨だらけの大学5年生──違う違う、僕じゃない！

政治編

第7章
日本の政治機構

出題頻度 **A**

Point 整理

Point ① 国会の憲法上の地位

●国会：国権の最高機関 + 唯一の立法機関（41条）
●国会議員：全国民の代表（43条）→ 地元や支援団体に拘束(こうそく)されない。

Point ② 国会の種類

種　類	内　　容	会　期
通常国会 （常会）	1月に召集(しょうしゅう)し、予算を審議(しんぎ)。	150日間 ＊延長1回可
臨時国会 （臨時会）	◆議員の要求（衆参いずれかの1/4以上）。 ◆衆任期満了選挙後（30日以内に）。 ◆参通常選挙後（30日以内に）。 ◆必要に応じて。	議決で決定 ＊延長2回まで可
特別国会 （特別会）	◆衆解散総選挙後30日以内。 ◆内閣総理大臣を指名。	議決で決定 ＊延長2回まで可
緊急集会 （参議院のみ）	衆議院解散中の緊急時。 ＊次の国会で10日以内に衆議院の同意が必要	な　し ＊案件処理と同時に閉会

Point ③ 国会会議運営の原則

●定足数…議決に必要な最少出席者数 → 総議員の3分の1以上。
●表　決…原則過半数。可否(かひ)同数の場合は議長が決定。

　　　↓

＊例外的に特別多数決を要する表決
┌ ◆議員の資格争訟(そうしょう)（国会内で自律的に裁判）（55条）
│ 　　　被選挙権の有無／公務員との兼職(けんしょく)／比例区選出議員の政党移動
└ ◆議員の除名決定時（議員懲罰(ちょうばつ)の1つ）（58条）
　　　　　懲罰：院内秩序乱せば、戒告・陳謝(ちんしゃ)・登院停止・除名
　　→ 出席議員の3分の2以上の賛成で議員資格を失う（これら以外の辞職強制不可）。
　　　　　　　　　　　　　　　　　　　　　　↓
　　　　　　　＊国会での「議員辞職勧告決議」には拘束力(こうそく)なし。
　　　　　＋
┌ ◆秘密会の開会要求（57条）
└ ◆法律案の再可決（衆議院の優越の1つ）（59条）
　　→ 出席議員の3分の2以上の賛成で実現。
　　　　＋
　◆憲法改正の発議（96条）
　　→ 総議員の3分の2以上。

政治編

第1章
第2章
第3章
第4章
第5章
第6章
第7章
第8章
第9章
第10章
第11章
第12章

経済編

第13章
第14章
第15章
第16章
第17章
第18章
第19章
第20章
第21章
第22章
第23章
第24章
第25章
第26章

時事
問題編

第27章

●公　　開…両議院は原則公開（必要に応じて、秘密会も可）。
●会期不継続…会期中に審議未了の案件は、 例外：継続審議の議決 → 閉会中も委員会審議は可に。成立させたければ
　　　　　　　次回再提出し、最初から審議のやり直し。

| 例外 |：継続審議の議決 → **閉会中も委員会審議は可に。**

Point④ 国会の委員会中心主義

◎日米は委員会中心の国会運営（英は本会議中心）。
　●常任委員会…衆参両院に常設。各院に17ずつの委員会。

　　　　　　　◆各省庁に対応させた委員会(例：衆議院法務委員会など。計13)
　＋　　　　　◆(それ以外)：予算／決算行政監視／懲罰／議院運営委員会(計4)
　　　　　　　◆議員は必ずいずれかの常任委員会に参加。
　　　　　　　　　例外：衆参議長や首相・閣僚など

　●特別委員会…法案など個別の案件ごとに設置。
　　→ 公聴会を開いて、**学識経験者の意見を聴く**こともできる。
　　　＊国会法の規定で、予算や重要な歳入法案では必ず公聴会を開く

Point⑤ 衆議院の優越

ⓐ：総理大臣の指名／ⓑ：条約の承認／ⓒ：予算案の議決／ⓓ：法律案の議決
　　　＊ⓐ〜ⓓでは「**衆議院の議決が参議院より優越**」

| [ⓐ：総理]　　[◇㊽否決後、両院協議会も不一致]　　[㊽の議決]
　ⓑ：条約　…(㊽可決)→　(or)　　　　　　　　　→　‖
　ⓒ：予算]　　　　[◇㊽議決なし(ⓐ:10日／ⓑⓒ:30日)]　[国会の議決]

[ⓓ：法律…(㊽可決)→㊽否決 or ㊽議決なし(60日以内)→ 　㊽出席議員の
　　＊衆議院だけの権限＝内閣不信任決議権、予算先議権。　　**3分の2以上の
　　　　　　　　　　　　　　　　　　　　　　　　　　　　　　再可決**で成立]

Point⑥ 国会・その他の仕事

❶：憲法改正の発議（憲法96条の改正手続きに基づく）

| 各議院の総議員の3分の2 |　→　| 国民投票 |　→　| 天皇が改正を公布。 |
| 以上の賛成で、国会が発議。 |　　　| 過半数の賛成 |

❷：弾劾裁判所の設置（不適格な裁判官を解任する制度）

非行のあった裁判官	→	訴追委員（衆参各10名）が訴えを起こす。	国会内に弾劾裁判所を設置して、弾劾裁判。
職務上の義務違反か威信失墜の非行			衆参各7名の裁判員。9回中7名が罷免

❸：国政調査権（国政全般〔立法・行政・司法〕に対する調査権）
　　　→ 証人喚問や記録の提出を要求可。

❹：国会審議活性化法（1999）…近年の国会改革の動き。

> ◆政府委員の廃止…大臣の国会答弁補佐の官僚は不要。
> ◆週1回の党首討論…英の「**クエスチョンタイム**」がモデル。
> ◆政務次官の廃止…かわりに各省庁に**副大臣・大臣政務官**を設置。

Point ⑦ ねじれ国会（＝衆参で与野党逆転）の影響

●法案成立への影響…
- ◆新テロ特措法で「**衆院再可決**」（57年ぶり）
- ◆改正租税特別措置法で「**参院議決なし60日**」（56年ぶり）
  - ▶「**みなし否決**」という

　　　＋

●国会同意人事への影響…日銀総裁・行政委員会人事などは衆参**両院の同意**必要。
　　　優越なし→一方の否決で廃案に

＊この状況は野党には
- ◆問責決議を可決しやすい。
  - ＊個々の大臣対象／拘束力なし
- ◆国政調査権を行使しやすい。
  - ＊参院独自の証人喚問可

→ 衆の行きすぎを抑制できる。

Point ⑧ 証人喚問

●証人喚問：国政調査権の具体化。**政治的疑惑の解明**などで行う。
　　　＝　　常任委員会 or 調査特別委員会で

●根拠法：
- ⓐ：憲法62条… 憲法上の権利だから、**強制的に呼び出せる。**
  - 理由なき拒否は「1年以下の禁固 or 10万円以下の罰金」
  - ＋
- ⓑ：議院証言法…ウソの答弁がバレれば**偽証罪**に問われる。
  - 3～10年の懲役

（1988改正）：**尋問中の撮影禁止。** ＊TVも静止画像のみ
偽証罪の告発には出席議員の**3分の2以上**の賛成必要。
→ **but**「知る権利」に応えてないとの批判。

（1998改正）：**TV中継もOK**に。

政治編
第1章
第2章
第3章
第4章
第5章
第6章
第7章
第8章
第9章
第10章
第11章
第12章

経済編
第13章
第14章
第15章
第16章
第17章
第18章
第19章
第20章
第21章
第22章
第23章
第24章
第25章
第26章

時事問題編
第27章

＊参考人招致は「衆 参 規則＋国会法」が根拠。

↓

［ ⓐに基づかないから、**強制呼び出し不可**（任意に「来てもらう」だけ）。
  ⓑに基づかないから、**偽証罪も成立しない**（道義的な責任のみ）。

Point ⑨ 内閣の憲法上の地位

● 「行政権は、内閣に属する」（65条）→ 行政権の主体。

　◆総理大臣…**国会議員の中から国会の議決で指名。** → 天皇が任命。
　　　　戦前：同輩中の首席　→　**戦後**：内閣の首長
　◆国務大臣…総理が任命。天皇が認証。**過半数は国会議員。**
　　　　原則14名以内（最大17名。3名まで無任所大臣を設置可）。
　　＊ただし復興大臣と万博担当大臣が置かれている間は**16名**以内（最大
　　　19名）。
◎意思決定は、閣議における「**全会一致制**」。

Point ⑩ 内閣の仕事

●最高裁長官の指名、その他の裁判官の任命。
●条約の締結、外交処理、予算作成、政令制定。
●恩赦の「決定」（天皇は「認証」）、天皇の国事行為への「助言と承認」。

Point ⑪ 行政委員会

●行政委員会：「**中立・公平**」を要する任務を担当。独立性高い。

　◆公正取引委員会（独占禁止法のチェック）　　　◆準司法的機能あり。
　◆国家公安委員会（警察行政のチェック）　→　　独自の審判実施
　◆中央労働委員会（労使対立のチェック）　　　　◆準立法的機能あり。
　◆人事院（公務員の労働条件のチェック）　　　　独自の規則を制定
　　　　　　　　　　　　　　　　　　　　　など

Point ⑫ 議院内閣制

●内閣は「国会に対し**連帯して責任を負う**」（66条）
　＊起源は18C. 英の**ウォルポール内閣。**
　→ 内閣と国会の**協力関係を維持**するための制度。

　　◆協力維持のために：総理と過半数の大臣は国会議員を兼任。
　　◆維持不可になると：「内閣**不信任決議** vs 衆 **解散**」で **関係解消**。

◎その後の選挙を通じて、**新たな協力関係を作り直す。**

政治編

第 1 章
第 2 章
第 3 章
第 4 章
第 5 章
第 6 章
第 7 章
第 8 章
第 9 章
第 10 章
第 11 章
第 12 章

経済編

第 13 章
第 14 章
第 15 章
第 16 章
第 17 章
第 18 章
第 19 章
第 20 章
第 21 章
第 22 章
第 23 章
第 24 章
第 25 章
第 26 章

時事
問題編

第 27 章

Point ⑬ 内閣総辞職

● (69条)：衆議院が内閣不信任決議を可決した場合。
　　　　　→ 10日以内に衆議院を解散しないと、総辞職。
● (70条)：内閣が衆議院を解散した場合。
　　　　　→ 解散総選挙後の特別国会 召 集 時に総辞職。
● (70条)：内閣総理大臣が欠けた場合（辞任や死亡）。
　　　　　→ 自動的に総辞職。

Point ⑭ 裁判所の法律上の地位

●「司法権は最高裁判所及び下級裁判所に属する」(76条)

◆最高裁判所：**15名の裁判官**。最終裁判を扱う**終審**裁判所。
　　　　　　　40歳以上で識見が高く法律の素養のある者。ただし10名は裁判官、
　　　　　　　検察官、弁護士などの経験を持つ者から選出
◆高等裁判所：全国主要都市に8か所。通常、第二審を扱う。
　　　　　　　＊内乱罪（革命目的の暴動）では第一審／簡易裁判所からの民事事件では第三審
◆地方裁判所：全国50か所。通常、第一審を扱う。
◆家庭裁判所：地方裁判所に併置。少年事件と家庭内事件。
◆簡易裁判所：**少額軽微な事件用。**
　　　　　　　＊刑事：罰金刑以下／民事：訴額140万円以下

＊禁止されている裁判(76条)
　　┌◆特別裁判所設置…上記以外の裁判所。
　　│　　　　　　　　　　事件解決用の「通常裁判所」
　　└◆行政機関の終審裁判… 確定判決の出る最終裁判権は認めず。
　　　　→ ただし前審としての行政審判なら OK。
　　　　　　　▶行政委員会の審判＝地裁判決と同じ効力

Point ⑮ 裁判の種類

❶：民事裁判…**私人間の利害対立**。刑罰なし。…「原告 vs 被告」
❷：刑事裁判…**刑法違反**。刑罰あり。 …………「原告（＝検察官）vs 被告人」
❸：行政裁判…違法な行政行為。………………「原告（住民）vs 被告（国・地方）」
　　┌◆裁判官が主導する裁判 …… 職権主義　＊戦前の訴訟の主流
　　│◆弁護士・検察官・被告人が主導……当事者主義　＊戦後強化
　　└◆貧者救済の制度…┌刑事：国選弁護人制度
　　　　　　　　　　　　└民事：法律扶助制度　＊法律扶助協会が立て替える

Point 16 裁判の形態：三審制

●三審制…「慎重＋公平」な裁判のため。

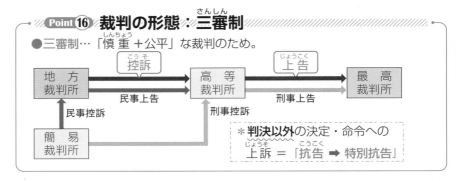

Point 17 司法権の独立

●裁判所がいかなる干渉も受けず、公正・独立性を確保する原則。

↓

- ◆対外的独立：**他の国家機関**の干渉を排除。 → 大津事件（1891）
  ＋ 立法・行政など
- ◆対内的独立：**司法内部**における干渉を排除。 → 平賀書簡問題（1969）
  上級裁・上司など

↓

＊これらを保つための憲法上の規定。

- ◆裁判官の独立：「裁判官は良心に従い独立して職権を行い、憲法・法律にのみ拘束される」（76条）
- ◆身分保障：
  - ◆所得保障…相当額を保障。**在任中**減額なし。
  - ◆定年制……最高裁・簡易裁は70歳。他は65歳。
  - ◆罷免は「ⓐ 心身の故障／ⓑ 公の弾劾／ⓒ 国民審査」のみ。

- ◆ⓒは**最高裁裁判官のみ**。10年ごとに衆議院選挙と同時に審査。「罷免を可とする者」（＝×印をつけた者）**が過半数**に達すればその裁判官は罷免される。 ＊罷免例なし
- ◆罷免までいかない裁判官の懲戒処分。 ＊罷免は不可
  - ◇行政機関は行えない。（78条）
  - ◇司法内部で行う。＝「分限裁判」

Point 18 違憲立法審査権（81条）

●「いっさいの法律・命令・規則・処分」が憲法に違反しないかどうかを審査する裁判所の権限。
全裁判所にあり → 最高裁が最終決定

●日・米：付随的違憲審査制…「**具体的事件解決のついで**」でのみ違憲審査可。
●独・伊：抽象的違憲審査制…法制定時、憲法裁判所がただちに違憲審査。

Point⑲ 再審制度

●再審制度…確定判決に誤り → **裁判のやり直し**。

従　来：開かずの扉…**明白な無実の証拠**がないかぎり、請求通らず。
　　　　　　　真犯人、アリバイなど
　↓
1970's：「疑わしきは被告人の利益に」(=最高裁の「白鳥決定」)

明白な証拠なしでも可 → 広く再審開始

◎1980's「**死刑 → 逆転無罪**」多発(免田事件、財田川事件など)。

Point⑳ 司法制度改革〈裁判員制度〉

●司法制度改革 → **司法制度改革審議会(1999)設置**より本格化。

●裁判員制度…**重大な刑事事件の一審のみ、裁判員の参加を義務づける。**
　(2009〜)　裁判員は裁判官とともに「**事実認定**(=評決) + **量刑決定**(=判決)」
　　　　　　　　　　　　　　　　　　　　有罪 or 無罪　　　　懲役何年か

◆18歳以上の日本国籍を持つ者
　　…**国会議員・自治体首長・自衛官・司法関係者**などは選ばれず。
　　　＊辞退可能者…**70歳以上／地方議員／学生／事情あり**

◆候補者が正当な理由なく裁判所に行かないと、**10万円以下の罰金**。

◆形のうえでは陪審制(米・英など)よりも「**参審制(仏・独・伊など)**」に近い。

┌　◇陪審制：陪審員が**評決のみ**／裁判官は法解釈&**判決**
│　　　　　→ 陪審員は事件ごとに選出。日本にも昭和初期に存在した。
│　　　　　　＊英米の陪審制…**12名**の陪審員が**全員一致**で事実
│　　　　　　　　　　　　　　　認定のみ行う。
│　◇参審制：裁判官と参審員が合議体を形成し、一緒に「**法解釈・事実**
│　　　　　**認定・量刑決定**」のすべてを行う。
│　　　　　→ 裁判員は「**任期制＋法解釈は裁判官のみ**」。
│　　　　　　＊独の参審制…**すべての刑事事件**対象。
└　　　　　　＊仏の参審制…**重大な刑事事件のみ**。

◆**終身の守秘義務**あり…破ると刑罰もあり。

◆「**裁判官3名＋裁判員6名**」の合議体 → 有罪評決には過半数の賛成が必要。
　　　　　　　　　　　　　　　　　　　ただし双方各1名は賛成必要

◆「**被告人から報復のおそれあり**」の例外的な事件では、裁判員は**関与しない**。

◆「**裁判員制度そのものは合憲**」との最高裁判決(2011)もあり。

●裁判員制度導入に合わせて整備された制度
┌　◇公判前整理手続き…裁判前に**弁護士と検察官**が、それぞれの持つ証拠を示し合う。
│　　　　　　　　　　＊審理期間短く／裁判員にわかりやすい裁判に(2005〜)
└　◇被害者参加制度…**被害者本人や遺族**が、法廷で意見を述べる(一定の重大事件で)。
　　　　　　　　　　　＊裁判員へのわかりやすさなど念頭に(2008〜)

政治編
第1章
第2章
第3章
第4章
第5章
第6章
第7章
第8章
第9章
第10章
第11章
第12章

経済編
第13章
第14章
第15章
第16章
第17章
第18章
第19章
第20章
第21章
第22章
第23章
第24章
第25章
第26章

時事
問題編
第27章

·///// Point ㉑ その他の改革 ///

● **公訴時効の廃止**

…刑法 ＋ 刑事訴訟法改正で、「人を死亡させた罪」で法定刑の上限が
死刑である犯罪（殺人、強盗殺人など）は、時効廃止に（2010〜）。

◆その他の「人を死亡させた罪」は、**時効期間**が**延長**（倍増が多い）。

◆**法制定時時効になってない全事件**に適用。

→ 「**遡及処罰の禁止（39条）**」違反には**ならず**。

▶さかのぼっての「処罰」ではなく「捜査期間の延長」

＊公訴：刑事訴追を国家機関である検察官が行うこと。検察官が刑事訴追を行う原則
＝国家訴追主義。

● **検察審査会**…有権者から選ばれた検察審査員が、検察官の下す**不起訴処**

＊くじで11人選出　　　　　　　　▶証拠不十分

分・起訴猶予処分の妥当性をチェック。

▶裁量で起訴せず→これも「不起訴処分」の一種

◎2009年改正より「**起訴相当**」が**2回出れば強制起訴**されることに。

◆審査手順：検察官の不起訴の決定に対し、11人中

1回目 の審査

（過半数が Yes）＝**不起訴相当**（検察の判断は正しい）→ 終了。
（過半数が No）＝**不起訴不当**（もう1回捜査）→ この後また不起訴なら終了。
（8人以上が No）＝**起訴相当**（起訴すべき）→ この後また不起訴なら…

2回目 の審査

…ここで**再び起訴相当**が出れば、**強制起訴**。

→ この場合、裁判所指定の「**指定弁護士**」が、**検察官にかわ
って起訴人**になる。

＊**検察官の裁量による不起訴**（＝起訴猶予）を認める原則＝**起訴便宜主義**。

● **即決裁判手続き**（2006〜・刑事訴訟法改正）

軽い罪で本人が罪を認めた。→ ┌ ◆**公判1回で結審**。（裁判官1名）
　　　　　　　　　　　　　　 └ ◆ **懲役**には必ず執行猶予がつく。

● **裁判迅速化法**（2003）

…第一審を**2年以内**のできるだけ**短い期間**に終わらせることをめざす。

民事・刑事とも。95%以上の訴訟で実現

● **計画審理**（2003）

…民事訴訟の迅速化のために、訴訟の早い段階から**尋問**や判決の時期な
どを当事者間で話し合い、計画的に決めておくこと。

● **労働審判法**（2006）…リストラなどの労働紛争を迅速に解決するため。

┌ ◆労働者側の専門家 ┐
│ ◆使用者側の専門家 │ → 三者で**労働審判員**を構成し、紛争処理。
└ ◆職業裁判官 ┘

地裁に設置

┌ ◆**円滑 & スピーディ**に解決すればよし。
└ ◆当事者から**異議**が出れば訴訟手続きへ。

● **知的財産高等裁判所設置法**　＊東京高裁内のみに2005設置

…著作権や特許権に関する訴訟を専門に扱う。

●法科大学院（ロースクール・2004～）…修了者に司法試験受験資格を与える。
●弁護士職務経験法（2004）　＊法曹一元化。市民感覚を養う
　　　…判事補及び検事が、**一定期間弁護士となり経験を積む。**
●日本司法支援センター（＝法テラス・2006）
　　　…全国どこにいても法律相談ができる社会をめざしてスタート。
●裁判外紛争解決手続き（ADR）…**裁判以外で民事の解決**を図る手続き。

政治編

第1章
第2章
第3章
第4章
第5章
第6章
第7章
第8章
第9章
第10章
第11章
第12章

経済編

第13章
第14章
第15章
第16章
第17章
第18章
第19章
第20章
第21章
第22章
第23章
第24章
第25章
第26章

時事
問題編

第27章

コラム　裁判官と検察官は転勤族？

　司法試験に合格した人は、1年間の司法修習期間中に、裁判官・検察官・弁護士のいずれかの道を選ぶことになる。そのうち、裁判官だけは司法試験上位合格者に対し、裁判所修習の際に「うちに来ない？」と声がかかるらしいが、基本的には本人の希望や適性で、どの道に進むかは決まる。

　ただ、気をつけないといけない点は、裁判官と検察官は、非常に転勤が多いということだ。というより彼らは、転勤を前提として働いている。実際裁判官になると3年ごと、検察官になると2～3年ごとに転勤し、全国を飛び回ることになる。

　なぜ彼らは転勤が多いのか？　それは、ずっと同じ地域にいると、地域の有力者や権力者とつながりができてしまい、癒着や圧力が生じる危険があるからだ。

　これは、職業に誇りを持って取り組む本人にはよくても、家族（特に子ども）にとっては大変だ。せっかく友だちができても、すぐ転校転校になる。

　そういう意味では、弁護士はありがたい。弁護士だけは公職でないため自由度が高く、自分の好きな場所でいつまででも働くことができる。ただしそのせいで、みんな東京や大阪などの大都市で働きたがる結果、都市部で就職難や低所得に甘んじるケースも少なくないという問題が起こる。

　ならばどうすればいいか？　答えは「地方で弁護士をやる」だ。この後のコラムにも出てくる僕の友人は、東京の大学を出た後、非常に苦労して司法試験に合格した。そして、わき目もふらず地元・愛媛に帰って弁護士になった結果、今や彼は同じ人類の所得とは思えないほど悪どく稼いでいる。

　地方はいまだ圧倒的に弁護士が足りていないし、君らはお金を稼ぎたい。なら迷うことはない。田舎に行け！

❶ 国　会

　国会は国民が選挙で選んだ代表者が集まる、国民の代表機関だ。ここでは全国民の代表たる議員が議決を行い、法律を作る。国会は**立法権の主体**であり、さまざまな機関の中で**国会だけが法律を作れ**（＝国会中心立法の原則）、その法律制定は他の外部機関を介在させず、**国会の手続きだけで作る**ことができる（＝国会単独立法の原則）。

　さて、この国会、新憲法下では勅選（＝天皇が選出）の貴族院を廃し、**衆議院と参議院どちらも**民選（＝国民が選出）という、**衆参二院制を採用**している。両院議員の兼任はできない。

各議院の議員資格ほか

	人　数	任　　　期	被選挙権
衆 議 院	465人	4年（ただし任期途中での解散もあり）	25歳以上
参 議 院	248人*	6年（解散なし。3年ごとに半数改選）	30歳以上

　衆議院は任期が短く解散もある。ということは、**衆議院のほうが「選挙」という国民の審判にさらされる機会が多いため**、民意を敏感に反映することになる。

　ではなぜ、参議院は任期が長く解散もないのか。それは、期待される役割が衆議院とは違うからだ。

　参議院の大事な仕事は、長期的な視点で国政および衆議院の行きすぎをチェックすること。つまり、参議院に期待されているのは、民意の反映よりもむしろ、衆議院の独善を抑制する「良識の府」としての機能なんだ。

　ただし現状の参議院を見ると、衆議院同様主要政党に属する議員が大多数で、その判断や議決には政党の意向が強く反映していて（＝参議院の政党化）、残念ながら参議院ならではの独自色は見られない（＝衆議院のカーボンコピー）。

　では次は、議員特権について説明しよう。

　国会議員にはさまざまな特権がある。一見それらは議員だけをひいきしているように見えるが、じつはそうでもない。議員にはつねに「**全国民の代表**」として**働く義務**がある。その義務が果たせなくなれば、これは全国民にとって不利益だ。そうならないためにも、国会議員には３つの特権が与えられている。

　会期中の不逮捕特権はなぜ認められるのか。それは仮に**行政による不当逮捕が**あっても、**少なくとも国会の会期中は、全国民の代表としての活動を続けられる**

政治編
第 1 章
第 2 章
第 3 章
第 4 章
第 5 章
第 6 章
第 7 章
第 8 章
第 9 章
第 10 章
第 11 章
第 12 章

経済編
第 13 章
第 14 章
第 15 章
第 16 章
第 17 章
第 18 章
第 19 章
第 20 章
第 21 章
第 22 章
第 23 章
第 24 章
第 25 章
第 26 章

時事
問題編
第 27 章

ためというのが大きな理由だ。ただし「院外での現行犯」と「所属する院の許諾あり（＝逮捕許諾請求（行政ではなく国会から出された「会期中も逮捕しといてください」との請求）の可決時）」の場合は、不逮捕特権は使えない。

院内発言の院外無責任（＝免責特権）はなぜ必要か。それは議員の発言がいちいち処罰の対象になると、だれも踏み込んだ発言をしなくなるからだ。議員は国民の利益のためにも、言いたいことは全部言える形が求められる。

歳費給付はなぜ必要か。それは所得保障があるからこそ、つねに国会活動を優先させることができるからだ。

では次は、国会の種類と、会議運営の原則について見てみよう。

細かい内容は、**Point 整理**（⇒ p.97　**Point ❷**　**Point ❸**）で学んでもらうとして、面白いのは例外の多さと、原則にまつわる与野党の駆け引きだ。

特に、法案成立をめぐっての与野党の攻防は面白い。野党は今国会での成立さえ阻めば、「会期不継続の原則」により次の国会までに対抗策を練る時間稼ぎができるし、与党は「そうはさせじ」と踏ん張る。

でもその手段が、与党は「強行採決」（審議を途中で打ち切り、強引に与党だけで採決）で、野党は「牛歩戦術」（ゆ～～～～っくり歩いて投票に向かい、採決に果てしない時間をかける）では、ちょっとお粗末だけどね。

コラム 「議員辞職勧告決議」の無意味さ

議員辞職勧告決議は、有罪が確定した議員などに時々出されるけど、**「有罪」は資格争訟や懲罰の対象外**だから、それを根拠に議員資格の剥奪はできない。

つまりこの勧告は、ホームルームで「○○君は悪い人だから、辞めたほうがいいと思います」って騒ぐぐらいの意味しかない。でも、当の○○君は、意地でも辞めない。だって辞めたら、自分が悪い人だと認めたことになるもんね。

結局こうやって、ムダな歳費が塀の中の○○君に支給されることになるんだ。

では次は、日米共通の特徴、「委員会中心主義」についてふれていこう。

委員会は本会議の下部組織として作られているが、本会議より実質的な審議が行われる場だ。そして日本の国会では、**委員会のほうが本会議よりも事実上重視**されている――奇妙に聞こえるかもしれないけど、じつは日本では、さまざまな法案や案件は、本会議で最終的な議決を行う前に、委員会で細かい内容のチェックをすべて済ませてしまうんだ。

つまり我々がテレビで見る国会中継（**本会議**）は、**事前にあらかた段取りが決まってしまっている「予定調和」**に近いものだ。だから本会議場の議員たちは、妙に緊張感が感じられないことが多い。真の緊張感は、委員会のほうにあるんだ。

Ⓒ 「議運」と「国対」

> 　議院運営委員会（議運）は正式な常任委員会、国会対策委員会（国対）は各政党の私設機関、どちらも国会運営を円滑に進めるための調整機関だ。
> 　しかし、「**表の議運、裏の国対**」という言葉が示すように、どちらがより露骨な根回しの場かというと、これはもう間違いなく国対。
> 　「今度の法案成立にもしご協力いただけるなら、例の件も悪いようにはしませんよ」「明日の本会議で審議に応じてくれれば、少ないですがこれを……」——赤坂の料亭あたりで、今日もこんなやりとりが、各党の国会対策委員長同士で行われているかもしれない。これが「国対政治」だ。
> 　こんな露骨なやりとり、いくら非公開とはいえ、議事録の残る議運ではできない。やはり政治は寝技の世界だ。

　次は「衆議院の優越」だ。

　衆議院は参議院に対し、議決の面でいくつかの優越権が与えられている。その理由は、衆議院のほうが

> ◆**人数が多い**（衆）465人 vs（参）248人）➡ **多数決の原理に適う**
> ◆**任期が短い**（衆）4年 vs（参）6年） ⎤➡ **選挙機会が参議院より多い**
> ◆**解散がある**（参議院はなし）　　　⎦　　落選しないためには、責任ある仕事が必要

からだ。つまり、**衆議院のほうが参議院よりも民意を反映している**と考えられているわけだね。

　ただし、この衆議院の優越、`Point整理`（⇒ p.98 `Point⑤`）をよく見ると、案件ごとに微妙に違う。**まったく同じはⓑとⓒだけ**だ。ではⓐとⓓはなんで違うのか？

　まずⓐの「総理大臣の指名」で参議院の議決を10日しか待たない理由は、総理が「内閣の首長」だからだ。

　総理は内閣の首長として、他大臣の任免権をもつ。その総理がいつまでも決まらないと、他大臣も決まらない。これは政治的空白だ。それを避けるためにも、総理の指名は急を要するのだ。

　そしてⓓの「法律案の議決」で60日も待ち、再可決まで要求する理由は、**法律を作る仕事が国会の最重要任務だからだ。**

　法律は我々の自由と安全を守る最も大切な規範だ。つまり、大事な仕事なんだ

から慎重にいきましょうってことだね。

CHECK! C 証人喚問と参考人招致

> 国政上の疑惑解明のために国会で展開される一大政治ショー、これが「証人喚問」だ。
> 証人喚問は憲法62条で規定された国政調査権の一環なので、疑惑の関係者は出頭を拒否することができない。さらには議院証言法のしばりもキツく、正当な理由のない証言拒否や偽証は、たちまち罪に問われることになる。
> 証人喚問の光景はテレビ中継されるが、そこに映し出されるのは、鋭い追及で名を売ろうとはやる、野心丸出し（というか空回り気味）の野党議員と、「記憶にございません」（これは証言拒否でも偽証でもないからセーフ）を連発する、タヌキ丸出しの与党議員であることが多い。一見よってたかってのイジメだが、実際は茶番劇に近い。
> でもここで、よけいな言質を取られると困る。だから追及される側は、出頭も任意で証言も罪に問われない「参考人招致」で、なんとかお茶をにごそうとするんだ。

❷ 内 閣

　内閣は行政権の主体で、そこを仕切るトップが内閣総理大臣だ。明治憲法下では他大臣と同格扱いの「同輩中の首席」にすぎなかった総理も、今日の日本国憲法では「内閣の首長」として他大臣の任免権をもち、他大臣より上位にある。

　そして、その内閣総理大臣の下で行政事務を担当するのが、各大臣だ。少し前までは「1府21省庁の長」だった国務大臣も、2001年の省庁再編を経て、今日では「1府12省庁の長」となった。その数は「原則14名以内」となっているが、**必要に応じて最大17名まで増やすことができる**（＊この場合は省庁の長ではない「無任所大臣」となる）。なお、2012年からは「復興担当大臣」が、2015年からは「東京オリンピック・パラリンピック担当大臣（現在は万博担当大臣）」が置かれたため、それぞれの部署がなくなるまでは、大臣数は「16名以内（最大19名）」となる。

　続いて、内閣の外局、行政委員会について見てみよう。

　行政委員会は、**独立性の高い機関**で、その独立性を保つために独自の権限が与えられている。

　それが準司法的機能と準立法的機能だ。準司法は**「裁判所を通さなくても独自の審判ができる」**機能、準立法は**「国会を通さなくても独自の規則を作れる」**機能だ。これらがあるから、行政委員会は外部の国家機関との接触を極力避け、独立性を保つことができるんだ。

政治編
第1章
第2章
第3章
第4章
第5章
第6章
第7章
第8章
第9章
第10章
第11章
第12章

経済編
第13章
第14章
第15章
第16章
第17章
第18章
第19章
第20章
第21章
第22章
第23章
第24章
第25章
第26章

時事問題編
第27章

次は、議院内閣制の説明だ。

議院内閣制とは、**内閣の存立を国会の信任に依存**する制度、つまり**国会**から**信頼された内閣だけが内閣たり得る制度**だ。

内閣と国会は、非常に関係の近い国家機関だ。国会は法律を作り、内閣はその法に基づき政治を執行する。この**両者が協力し合うことは、円滑な政治運営には不可欠な要素**だ。

だから、両者は協力を保つため、おたがいの構成メンバーを混合させる。だから**総理は必ず国会議員**でもあるし、**その他の国務大臣も過半数は国会議員**の中から選出される。こうしておけば、片方がもう一方を裏切ることはなくなるはずだ。

でもそれでも、協力が保てないくらい関係が悪化することはある。そういうときは「**内閣不信任と衆議院解散**」で関係を解消し、**選挙でリセット**して新しい協力関係を築き直す。

この「**不信任と解散**」こそが、つねにいい関係を保つことが求められる議院内閣制の核心部分なんだ。

❸ 裁 判 所

憲法76条には「司法権は**最高裁判所及び下級裁判所**に属する」とある。文字どおり司法権の主体だ。戦前の日本には、**特定の事件や特別な身分の人だけを裁く特別裁判所**（行政裁判所・皇室裁判所・軍法会議）が存在したが、今日では設置が禁止されている。

そして司法権が裁判所にある以上、**ほかの国家機関に確定判決を出させるわけにはいかない**。これが「**行政機関の終審裁判の禁止**」だ。

ただし、これは逆に言うと、**行政機関でも一、二審相当の決定なら可能**ということだ。いい例が**行政委員会の審判**（＝準司法的機能）。その決定には、**裁判の一審判決と同じ効力**が認められている。

では次に、裁判の種類について見てみよう。

民事裁判に求められるものは、**私人間の利害調整**だ。だからこの裁判に刑罰はなく、争う内容は損害賠償請求や、行為の差し止め請求などになる。

刑事裁判は、犯罪行為を裁くわけだから、当然刑罰はある。そして大事な点は、**刑事事件の原告には、犯罪被害に遭った人がなるわけではないという点**だ。

刑事事件とは犯罪、つまり国のルールに対する侵害行為だから、**原告には公益を代表して犯罪捜査・公訴を行う行政機関**（＝検察庁）の人間、**検察官がなる**んだ。ちなみに、検察官は司法試験合格者だが、検察庁は組織上、法務大臣の指揮

下にある行政機関に区分される。

　なお、刑事裁判の大原則は「当事者主義」といい、**裁判に必要な証拠集めは、被告人や弁護士、検察官ら、事件の当事者が行う**（＊民事・行政裁判も、原則的には当事者主義）。これは昔の「職権主義」（裁判官が職権で証拠調べに介入）に対比する語だ。覚えておこう。

　最後に行政裁判とは、国や地方を相手どった裁判全般をさす。

　さあ、次はいよいよ最大の山場、司法権の独立について見てみよう。

　公平な事件解決は裁判官にとって最大の任務だ。そのためには内外からの圧力に屈してはならない。司法権の独立は、裁判の独立性を保つのに不可欠の要素といえるだろう。

　しかし実際には、その独立性を脅かす事件というのもある。その代表的なものが、大津事件と平賀書簡問題だ。

　大津事件は明治時代、来日中の**ロシア皇太子に刀で切りつけた男を死刑にせよとの圧力が、政府から裁判所にかけられた事件**だ。理由は、強国ロシアとの戦争を避けるためだ。

　でも、どんな理由があるにせよ、行政から司法への圧力は司法権の独立の侵害だ。だから当時の大審院長（＝最高裁長官）・児島惟謙は圧力をはねのけ、結局事件は普通の殺人未遂罪として、無期懲役の判決になったんだ。

　ただしその際、児島惟謙は**下級裁に対し「お前らも政府の圧力に屈するなよ」**と、別の圧力をかけてしまった。これはこれで内部の独立性の侵害だ。結局大津事件は「外部の独立性を保つために内部の独立性を若干侵害してしまった事件」ということになるね。

　平賀書簡問題は「平和主義」に出てきた長沼ナイキ基地訴訟での事件で起こった問題だ。この時、地裁所長が担当裁判官に対し、国側の主張に沿った判決にするよう促す書簡を送ったが、いくら上司でも部下の判決に干渉するのは、内部の独立性の侵害だ。

　裁判官はこういう圧力をはねのけるために、**憲法上厳重な身分保障がなされている**。所得保障（**相当額／在任中**減額なし）は裁判官がカネで転んで判決をねじ曲げないための抑止力だし、定年制は判決が原因でクビになったりしないための抑止力だ。そして罷免の要件も、すべて判決が原因とならないよう規定されている。これで司法権の独立は守れるわけだね。

　次は違憲立法審査権だ。

政治編
第1章
第2章
第3章
第4章
第5章
第6章
第7章
第8章
第9章
第10章
第11章
第12章

経済編
第13章
第14章
第15章
第16章
第17章
第18章
第19章
第20章
第21章
第22章
第23章
第24章
第25章
第26章

時事
問題編
第27章

違憲立法審査権は「いっさいの法律・命令・規則・処分」が憲法に違反していないかを審査する権限で、憲法81条によると、**最高裁がその権利を有する終審裁判所**だ（最高裁＝「憲法の番人」）。ただし、審査権限そのものは簡裁から高裁も含め、**全裁判所にある。**

　そしてもう１つ、日本の違憲立法審査権は弱いということも覚えておこう。じつは日本では、この権限は**具体的な事件解決裁判のついで**でないと行使できないんだ（＝付随的違憲審査制）。

　つまり、**裁判所の最優先の仕事は事件解決**であり、法律が憲法違反かどうかのチェックなんて二の次だという理屈だ。付随的違憲審査制は**アメリカと同タイプ**の審査制で、アメリカでは世界初の違憲審査が行われた1803年の「マーベリー対マディソン事件」以来、このやり方がとられている。

　もっともドイツやイタリアみたいに違憲チェック専用の憲法裁判所があれば、**法律は事件がなくてもただちに違憲審査できる**（＝抽象的違憲審査制）けど、これは日本では無理だ。なぜなら、**憲法裁判所は、憲法で規定されている通常裁判所以外の裁判所、つまり**特別裁判所にあたるから。そして特別裁判所の設置は憲法76条で禁止されている以上、日本では作れないんだ。

　まとめると、日本の司法権は、立法の不備に気づいてもすぐには違憲立法審査権を行使できないうえ、「平和主義」で見た「統治行為論」のように、高度な行政判断への介入は避ける傾向が強い。このように、裁判所が立法・行政の判断を尊重し、違憲性が明白でない限り違憲審査を行わない日本のようなあり方を「司法消極主義」という。

　最後に、近年の司法制度改革についても、少しふれておこう。

　司法制度改革の目的は、❶ 司法関係人口の増加、❷ 裁判への市民参加、❸ 裁判の迅速化などをめざしたものだ。

　このうち、❶と❷の原因は共通している。旧司法試験のあまりの難しさと合格率の低さだ。そのせいで法曹界では、**合格者数そのものの不足と、合格者に市民感覚が欠如する問題**などが起こってきた。

　そこで対策として、まず司法試験のシステムそのものを変革する**ロースクール（法科大学院）**制度の導入で合格者数の増加をめざし、さらには裁判への市民参加のあり方として裁判員制度の導入が実現した。

　司法制度改革は、非常に内容が多くて大変な項目だ。でも **Point整理**（➡ p.103 **Point⑳**～）にまとめておいたので、しっかり勉強しておこう。

■■ 参考 旧憲法下での国会・内閣・裁判所

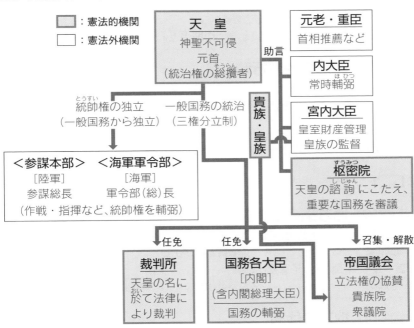

凡例:
- ▨ ：憲法的機関
- ☐ ：憲法外機関

天　皇
神聖不可侵
元首
（統治権の総攬者）

元老・重臣
首相推薦など

内大臣
常時輔弼

宮内大臣
皇室財産管理
皇族の監督

貴族・皇族

助言

統帥権の独立（一般国務から独立）　一般国務の統治（三権分立制）

枢密院
天皇の諮詢にこたえ、重要な国務を審議

＜参謀本部＞ ＜海軍軍令部＞
［陸軍］　　　［海軍］
参謀総長　　軍令部（総）長
（作戦・指揮など、統帥権を輔弼）

任免　　任免　　召集・解散

裁判所
天皇の名に
於て法律に
より裁判

国務各大臣
［内閣］
（含内閣総理大臣）
国務の輔弼

帝国議会
立法権の協賛
貴族院
衆議院

コラム　嫁さんは弁護士

　僕の嫁さん（僕よりだいぶ若い）は法科大学院（ロースクール）を出て新司法試験に合格し、数年前に弁護士になった。

　今のシステムは、まず「ロースクールに入るのが狭き門」で「勉強量の多さと試験の難しさは昔と同じ」だが、合格率は当初48.3％と「頑張れば報われる」試験になった。しかしその後、合格率は下げられ、現在は30％程度と初期よりは合格が難しくなったが、それでも旧司法試験の「合格率2～3％」よりはぜんぜんマシで、旧試で弁護士になった僕の友人に言わせると「今の奴らはみな死んだらええんじゃ‼」だそうだ。9浪の副作用で人格が荒廃した彼の憎しみは、次世代へと向かっている。

　世間ではよく「今は弁護士が余って就職難だ」と言われるが、それはその人次第だ。身の丈に合わないプライドとエリート意識を捨て、やりがいメインで職場を探せば、いい事務所はいっぱいある。ただし仕事は忙しい。僕の嫁さんは毎晩1時2時まで働き、職場の近くに部屋を借りて、週5日はそこで寝泊まりしている。

　週末に会った時、債権回収の話や地裁で同期と会った話、覚醒剤常習者と接見した話などをする彼女は、とても楽しげだ。いい人生選んだなと、ちょっとうらやましくなる。

政治編
第1章
第2章
第3章
第4章
第5章
第6章
第7章
第8章
第9章
第10章
第11章
第12章

経済編
第13章
第14章
第15章
第16章
第17章
第18章
第19章
第20章
第21章
第22章
第23章
第24章
第25章
第26章

時事問題編
第27章

政治編

第**8**章
地方自治

出題頻度 **A**

Point 整理

Point① 地方自治の本質とは

- 「地方自治は民主主義の学校である」（ブライス・英）
- 「自治と自由の関係は、小学校と学問の関係と同じ」（トクヴィル・仏）

Point② 戦前の地方行政

- **戦前** 中央集権…内務大臣の指揮監督権が強い。**憲法に地方自治の規定なく**、市制・町村制・府県制など法律が根拠。

  - ◆版籍奉還（1869）…「土地＋人民」の返還（大名 → 天皇へ）。
  - ◆廃藩置県（1871）… 地方は「大名のもの → 国の行政単位」へ。

- **戦後** 地方分権…憲法92条で「地方自治の本旨」（＝団体自治＋住民自治）

Point③ 地方議会と首長

- **議 会**… 条例・予算の議決、「100条調査権」の行使、**首長の不信任決議**。
  - 議決機関　　　　国政調査権の地方版　　　3分の2出席＋4分の3同意
- **首 長**… 条例執行、予算提出、解　　　散、 条例・予算などへの拒否権。
  - 執行機関　　　　不信任への対抗のみ　　3分の2以上の再可決で無効に

Point④ 地方の仕事

- 地方の仕事： シビル゠ミニマムの整備。… ◆固有事務（本来業務）
  - 地方が整備すべき最低基準　　　　　　 ◆委任事務（国 → 地方）

- ◎特に機関委任事務（首長や行政委員会に委任）が増加 → **中央集権化**。
  - **対策** 地方分権推進法（1995〜2000）…**機関委任事務の統廃合**など目標。
  - 地方分権一括法（2000〜）…機関委任事務は廃止へ。
    - ◆法定受託事務…国の仕事を法に基づき地方が事務処理
    - ◆自治事務………法定受託事務以外すべて（国＋地方 の仕事含めて）　　　に再編。
  - ＊国の関与に不服 →「国地方係争処理委員会」（総務省）で審査

Point⑤ 地方財政

（歳入）2023年度	地方税 43.9%	地方譲与税 2.6%	地方交付税交付金 20.0%	国庫支出金 16.4%	地方債 7.4%	その他 9.7%
	ここだけ自主財源		国 に 依 存		要協議	

地方間の格差を是正用　国が使い道を指定　地方の借金

政治編

第1章
第2章
第3章
第4章
第5章
第6章
第7章
第8章
第9章
第10章
第11章
第12章

経済編

第13章
第14章
第15章
第16章
第17章
第18章
第19章
第20章
第21章
第22章
第23章
第24章
第25章
第26章

時事
問題編

第27章

問題 ┌ ◆自主財源の地方税がたったの3〜4割 → 「三割自治」。
　　　　└ ◆国庫支出金が少なく、地方の「超過負担」多い(摂津訴訟 など)。

Point ⑥ 地方分権の流れ

第1期＝(1995〜2000) ………… **地方分権推進委員会**による。

┌ ◆地方分権推進法〜一括法 → **機関委任事務の廃止**など実現。
└ ◆**市町村合併特例法** ……… 「平成の大合併」始まる。

第2期＝(2001〜8) ………… **地方分権改革推進会議**による。

◆構造改革特区 ………… 地域単位での規制緩和。
◆三位一体改革 ┌ ◆地方交付税カット
　　　　　　　 ├ ◆国庫支出金カット
　　　　　　　 └ ◆**税源を一部移譲**

◆市町村合併の継続
◆ふるさと納税 ………… 「出身地 or 応援したい市町村」へ寄付。
　(2008〜) → **現住所での住民税＋所得税を減税**。

第3期＝(2009〜) ………… 「地域主権」めざす。 ※民主党政権時のフレーズ

Point ⑦ 地方自治をめぐる近年の動き

● 地方の財政破綻 ┌ ◆**財政再生団体** ＝国の管理下：北海道夕張市のみ。
　　　　　　　　 └ ◆**早期健全化団体** ＝警告受けて自主的再建：21市町村。
　　　　　　　　　　　＊ 2013年には米**デトロイト市**も財政破綻。

● 近年成立したリコール
┌ ◆銚子市の岡野市長… 医師不足解消の公約守れずリコール(2009)。
├ ◆阿久根市の竹原市長… ┌ ◇ブログで「辞めてもらいたい議員」投票。
│ 2010リコール成立 　　 └ ◇「専決処分」(首長の独断での決定)の濫発。
└ ◆名古屋市議会………… 河村市長主導の市議会解散請求が成立(2010)。

● 住基ネット… 福島県矢祭町のみ未接続だったが、**2015年ついに接続**。

● 政務調査費問題…**100条調査権行使のために**、議員に支給。
　2012より「政務活動費」 → 自治体ごとに扱い異なり、**一部自治体での乱脈が問題**に。

● 首長がらみの官製談合…2006年、福島・和歌山・宮崎県で相次いで**知事が逮捕**。
　＊宮崎県に 東 国原英夫知事が誕生するきっかけ

● 大阪都構想 … ┌ ◆大阪府と大阪市には二重行政(同じ地域で同種のサービス)の問題あり。
　　　　　　　 └ ◆一方東京では「都：広域行政／23の特別区：地域密着」と役割分担。
　　　→ なら大阪も「**大阪府：広域行政 ／ 大阪市：解体して4つの特別区に**」
　　　をめざそう。 ▶これで二重行政は解消

but ┌ 2度の住民投票 … ┌ (2015)：賛成49.6%／反対50.4%
　　 └ でどちらも否決 　 └ (2020)：賛成49.4%／反対50.6%

イギリス人ブライスは、地方自治を「民主主義の学校」と表現し、フランス人トクヴィルは「自治と自由の関係は、小学校と学問の関係と同じ」と表現した。つまり**地方には、身近なテーマを通じて「民主主義とは何か」を学ぶための"学校"的な教育機能がある**といえる。

ふつう我々は、国政よりもまず地域の身近な問題（たとえば「燃えないごみの出し方」や「商店街での迷惑駐車」など）に出くわし、それに取り組むことになる。こういう地域に根ざした取り組みを「草の根民主主義」というが、こうした**身近なテーマへの取り組みが、最終的には国家レベルの問題に取り組む力につながる。**これが民主主義の学校であり、地方自治を貫く基本理念だ。

日本は現在、「何をするにも国家主導」だった時代から、「地方の時代」へと移りつつある最中なのだ。

❶ 地方公共団体のしくみ

江戸時代までの日本は、徳川将軍家に支配されてはいたものの、各地の大名たちもそれなりに力をもっていた。いわゆる「**地方分権**」だ。ところが明治維新後の版籍奉還（1869）で、大名たちは土地と人民を天皇に返還し、その後の廃藩置県（1871）では、全国の藩は「県」に改められ、完全に国の行政単位となった。ここから日本は、**天皇中心の中央集権国家**となる。

大日本帝国憲法当時は、**憲法に地方自治の規定すらなく**、地方行政はすべて府県制・市制・町村制などの法律に基づいていた。府県知事は天皇に任命され内務大臣が監督する「官選知事」であるうえ、**内務大臣が地方に対してもつ権限は大きく**、議会の解散や首長の解任を命じたり（＊今日のような「議会—首長」間での不信任と解散はなかった）、予算原案の作成指揮を行うことができた。

また、市町村議会議員選挙では**等級選挙**が実施されたが、これはたとえば「市議会議員10人を選出する場合、納税額300円以上の有権者たちが5人、150円以上の有権者たちが3人、100円以上の有権者たちが2人の議員を選ぶ」ような、制限選挙をさらに階級分けした差別的な選挙方法だった。

つまり戦前の地方で執行されたのは、**国政の延長としての地方行政**であり、そこには政府と一部の富裕層の意向だけが反映していたのだ。ふつうの地域住民の声が反映するしくみになっていないうえ、そもそも知事がその地域社会とは縁もゆかりもない「国から送り込まれた役人」では、どうしようもない。

しかし今日は、**中央集権から地方分権の時代に移行**し、地方自治は「**地方自治の本旨**」という言葉で、憲法92条に明記されている。

「地方自治の本旨」という言葉の意味は、憲法には書かれていないが、今日「**地**

方の本来あるべき姿」と解釈されている。ではその本来あるべき姿とは何か？
それは団体自治と住民自治だ。

　団体自治とは「地方公共団体が、ある程度独自の権限をもつべき」という意味
で、**地方独自の条例制定**などのことだ。また住民自治は「地方公共団体は、地域
住民の意思を尊重すべき」という意味で、国家単位では実現が難しい直接民主制
の要素、すなわち直接請 求 権がこれにあたる。なお、直接請求権は、憲法ではな
く「地方自治法上の権利」。気をつけよう。

▓▓ 地方自治法に見られる直接請求権

請求の種類	必要署名数	請求先	請求後の動き
条例の制定・改廃	有権者の50分の1以上	首　長	20日以内に議会召集
事務の監査		監査委員	監査の実施・公表
議会の解散 議員・首長の解職	有権者の3分の1以上	選挙管理 委員会	住民投票を実施

　監査以外は、署名後も手続きが残っているので、注意すること。なお、2002年
と2012年の地方自治法改正により、**リコール請求の際の署名数は、大都市だけ違っ
てくる**。この形は、2010年の名古屋市議会リコールの際の住民投票で、初めて
実施された。

▓▓ 大都市でのリコール請求に必要な署名数

有40万人超～80万人以内	：40万 × 1/3 ＋（残りの有権者数）× 1/6（2002年改正）
有80万人超	：40万 × 1/3 ＋40万×1/6＋（残りの有権者数）× 1/8

　地方で行う**法的根拠のある住民投票**は、「リコール成立時（地方自治法）」、「合
併協議会の設置要求（市町村合併特例法）」、「地方特別法の制定時（憲法95条）」
など限られたケースだけ。しかし実際の住民投票はこれら以外、すなわち**米軍基
地や原発、産廃処理施設の是非などをめぐる住民投票**などのほうが多い。ではそ
れらは、いったい何を根拠に投票しているのか。

　答えは「住民投票条例」だ。つまり、まず有権者の50分の1以上から署名を集
めて「住民投票条例の制定要求」をし、それで制定された条例を根拠に住民投票
を実施する。**この形での住民投票に拘束力はない**が、議会への心理的圧力にはな
る。なお住民投票条例には、その**1回の投票のためだけに作られる「個別設置型」**
と、**条件さえ満たせばその条例に基づき何回でも投票できる「常設設置型」**があ

政治編
第1章
第2章
第3章
第4章
第5章
第6章
第7章
第8章
第9章
第10章
第11章
第12章

経済編
第13章
第14章
第15章
第16章
第17章
第18章
第19章
第20章
第21章
第22章
第23章
第24章
第25章
第26章

時事
問題編
第27章

ることも覚えておこう。

■■ 住民投票条例を制定したおもな自治体

★ 特に重要
☐ 実施した自治体

巻原発
（新潟県西蒲原郡巻町・現新潟市）

プルサーマル計画
（新潟県刈羽郡刈羽村）

中海淡水化
（鳥取県米子市）

産業廃棄物処理場
（岐阜県可児郡御嵩町）

原発誘致
（三重県北牟婁郡海山町・現紀北町）

吉野川可動堰
（徳島県徳島市）

海上航空基地
（沖縄県名護市）

串間原発
（宮崎県串間市）

産業廃棄物処理場
（宮崎県小林市）

在日米軍基地
（沖縄県）

▶ **プルサーマル計画**：原発の使用ずみウランやプルトニウムを再使用する、「核燃料サイクル」の一環

　では次に、地方議会と首長の関係について見てみよう。
　地方議会は一院制の議事機関で、任期は４年。条例や予算の議決がおもな仕事だけど、ほかにも100条委員会を設置しての100条調査権（＝国政調査権の地方版）の行使や首長の不信任決議権（ただし議員の３分の２以上の出席と４分の３以上の賛成が必要）などがある。
　これに対して首長は執行機関とよばれ、同じく任期は４年。条例執行や予算提出がおもな仕事だが、ほかにも議会の解散権（不信任への対抗のみ）、条例・予算などへの拒否権（ただし議会の３分の２以上の再可決で無効）などをもつ。
　地方議会と首長の関係は「**対等・平等**」なものだが、**権限面では首長のほうがやや強い**のが実情だ。

政治編

第１章
第２章
第３章
第４章
第５章
第６章
第７章
第８章
第９章
第１０章
第１１章
第１２章

経済編

第１３章
第１４章
第１５章
第１６章
第１７章
第１８章
第１９章
第２０章
第２１章
第２２章
第２３章
第２４章
第２５章
第２６章

時事
問題編

第２７章

CHECK!

C 首長の不信任決議後の選択肢は３つ

❶：10日以内に**議会解散**………40日以内の選挙後、再度不信任案が出されると、今度は
「**3分の2以上の出席**＋**過半数の賛成**」で可決。
（→ 対抗手段なし）

❷：10日以内に**みずから辞職**…50日以内の首長選後、**残任期間のみ継続可**。

❸：10日後に自動的**失職**………50日以内の首長選後、新たに４年間首長。

＊2002年、「脱ダム宣言」で長野県議会から不信任を受けた田中康夫知事は❸を選択。
→ その後の知事選で圧勝し、新たに４年間知事に。

　次は地方公共団体の仕事だ。従来まで地方の仕事は、地方の本来業務である**固有事務**と、国から委任される**委任事務**とに分かれていた。さらに前者は、住民の福祉向上用の**公共事務**と治安維持用の**行政事務**に、そして後者は、地方公共団体そのものに委任してくる**団体委任事務**と、首長や行政委員会に委任してくる**機関委任事務**とに分類されていた。
　ちなみに地方の行政委員会には、これらがある。

●地方の行政委員会　◆市と県両方：教育・選管・人事・監査　委員会
　　　　　　　　　　◆市町村のみ：農業・固定資産評価審査　委員会
　　　　　　　　　　◆都道府県のみ：公安・都道府県労働・収用　委員会

　機関委任事務は、従来から問題視されていた。たしかに、行政委員会はともかく、**地方の首長が国から仕事を押しつけられては、地方は自治権を発揮することなどできない**。では地方は、なぜこんな押しつけ仕事を断れないのか？——それは地方が、慢性的に予算不足だからだ。だから自分で調達する<u>自主財源が弱く、多くの部分を国の援助に依存</u>している。そのため、**国から仕事を押しつけられても、断りにくくなっている**んだ。
　でもこれは、非常にマズい。機関委任事務は、**地方の自主性を侵害**し、国と地方の間に上下・主従関係を作ってしまう。これでは地方分権の逆、**中央集権**になってしまう。早急に対策が必要だ。
　というわけで、1990年代の終盤から、地方分権改革が始まった。まず1995年には５年間の時限立法である<u>地方分権推進法</u>が制定され、**地方の財源強化、機関委任事務の統廃合**などの目標が掲げられた。そしてそれらを具体化するため、2000年（1999年成立）には<u>地方分権一括法</u>が施行された。
　同法の目的は、**国と地方の関係を「上下・主従」から「対等・協力」に転換す**

ることだ。これにより**機関委任事務は廃止**され、現在は法に基づいて国から地方に委任する**法定受託事務**か、それ以外のすべての仕事である**自治事務**（国からの仕事も、地方独自の仕事も含む）かのいずれかになった。そしてその上で、地方が国からの関与に不服があるときには、総務省内に設置した**国地方係争処理委員会**に不服の申し立てができるようになった。

　でも正直、機関委任事務の廃止だけでは、国と地方の間にある事実上の上下・主従関係はなくならなかった。なぜなら**財政面で国に依存している関係が、まだ解消されていない**からだ。なら財源の強化も図らなければならない。そのしくみを理解するためにも、次は地方財政について説明しよう。

Point ## 地方財政

（歳入） 2023年度	地方税 43.9%	地方交付税 交付金 20.0%	国庫 支出金 16.4%	地方債 7.4%	その他 9.7%

地方譲与税 2.6%

●**地方税**…地方の**自主財源**かつ**一般財源**。
　▶自分で調達した財源　　▶自由に使える財源

「◆おもな内訳：住民税、（法人）事業税、固定資産税など。
　◆自主財源の逆＝「依存財源」／一般財源の逆＝「特定財源」
　◆**条例を根拠とする自治体独自の税目**設定も可。（＝法定外の税・2000〜）
　　「◇自由に使える税＝**法定外普通税**
　　「◇特定用途に使える税＝**法定外目的税**

●**地方交付税交付金**…**地方間の格差是正**用に、国が支給。
　＊東京都は都道府県で唯一の不交付団体

●**国庫支出金**…国が**使い道を指定**したうえで、地方に支給。俗に「補助金」とよばれる。

●**地方譲与税**…**国税として集める**が、地方に譲与するお金。
　＊自動車税の一部や、地方道路税（これも国税）など

●地方債………地方の借金（発行は2006より「許可制 → 協議制」へ）。

　上のグラフ、一見すると自主財源の地方税がグラフ幅最大（43.9%）で、とても大きく見える。実際この数値は、近年実施された「**三位一体改革**」のおかげで、だいぶ大きくなってはきた。しかしよくよく考えてみると、**これでは全然足りていない**ことに気づく。なぜなら、**地方が本当に自主性を発揮したいのならば、自主財源は100%でないといけない**からだ。それが30〜40%程度しかないから、足りない部分を国に依存し、その分、仕事を押しつけられる。

　このように、**自主財源である地方税が3〜4割程度しかないため、自主的にで**

きる仕事もその程度にとどまってしまう地方の現状を「三割自治」という。このため、機関委任事務がなくなったあとも、強引な自治事務や法定受託事務が減らず、国と地方の関係は、あまり改善されなかった。

しかしその問題が、近年実施されている「三位一体改革」のおかげで、ずいぶんと前進した。その改革内容も、ぜひ押さえておこう。

> **Point ▶ 三位一体改革**
>
> ●「骨太の方針2003」に基づき、実施。
>
> ▶小泉内閣の経済運営の指針
>
> ❶：国庫支出金を減らす。
> ❷：地方交付税を減らす。
> → 地方が国に依存していた「依存財源」。
> これらを減らせば押しつけ仕事も減る
>
> ＋
>
> ❸：税源の一部を地方に移 譲。→ 2007年より「所得税減税＋住民税増税」開始。
> 国税→減らす　地方税 →増やす
>
> ◎特に❸が実現すれば、国民のトータルの税負担額は変わらないまま地方の取り分だけ増やせるため、地方は自主性を回復できるはず。

❷ 地方分権改革・その他

ここでは近年着実に進行している、その他の地方分権改革について見てみよう。

まず2003年に始まった構造改革特区だが、これは地域の特性を生かすため、まず特定地域のみで規制緩和を実施し、うまくいけば全国展開も視野に入れるというもの。ただしこれは、地方から自発的に提案しなければならないうえ、国からの財政補助もないため、あまり意欲的でない消極的な自治体も多いのが現状だ。

なお、安倍内閣は、この構造改革特区を残したまま、これとは別に「"世界で一番ビジネスをしやすい環境"を作るための地域限定規制緩和」である「国家戦略特区」を2014年に創設し、さらに2015年からはその第2弾として、志の高いやる気がある自治体を、より踏み込んだ規制緩和地域である「地方創生特区」に指定した。医療や農業などに見られる、なかなか改革が進まない規制を「岩盤規制」というが、安倍内閣はそれを崩そうと努力したんだ。

次に市町村合併だが、1995年に改正された市町村合併特例法に基づき、1999年より明治・昭和に次ぐ第3次合併ブーム（＝「平成の大合併」）が始まった。目標は当時3000以上あった市町村を1000以下にすることで、そのため2005年までに合併すれば、国から財政補助（特例債の発行許可）を受けられることとなった。

また同法に基づき、住民から合併協議会設置の直接請 求（有権者の50分の1以

上の署名）が可能となり、それが議会で否決された場合には、住民投票で設置を決することも可能となった。同法はさらに5年間「合併新法」として継続されたのち、2010年に終了した。最終的に市町村数は、1999年の3232から1718（2024年現在）にまで減少した。

　その他の注意すべき用語についても見ておこう。
　政令指定都市（人口50万人以上で市内に行政区を設置）の数が、市町村合併の流れと相まって、近年急激に増加した。今世紀に入ってからでも、2003年のさいたま市を皮切りに、静岡市（2005）・堺市（2006）・新潟市と浜松市（2007・この両市から人口100万人未満でも認められ始めた）・岡山市（2009）・相模原市（2010）・熊本市（2012）と増え、2024年現在20都市。
　なお、政令指定都市に準ずるものとして、人口30万人以上の「中核市」（＝第二政令指定都市）、人口20万人以上の「特例市」などもある。また数個の都道府県を1つの州に束ねて高い自治権を与える「道州制」案も、現在検討中である。
　事務処理だけ協力し合うような「部分的な合併自治体」を広域連合という。これは、介護保険制度が導入された2000年以降増加した。

　「国・地方・民間共同出資の事業体」を第三セクターという。これは、バブル期のリゾート開発で多く見られたが、ブームに乗ったあまい見通しの法人が多かったため、バブル後相次いで破綻した。
　石原都知事の時代、銀行税と称して、銀行からの法人事業税の徴収方法だけ外形標準課税方式に切り替えた。これは課税の基準（＝課税標準）を、「所得」ではなく「資本金や建物面積や従業員数」など外形的企業規模にして徴収するやり方で、自治体からすれば所得が冷え込む不況時でも税収を確保できるという利点がある。ただしそれを銀行だけに導入することに合理性はなく、銀行側が都を提訴した結果、一・二審で都が敗訴し、最終的には両者和解となった。

　長引く不況により、自治体の財政破綻が懸念されている。2007年成立の自治体財政健全化法より、財政破綻した自治体を「財政再生団体（旧「財政再建団体」）」、破綻が懸念され早期健全化計画の提出が必要となる自治体を「早期健全化団体」とよぶが、前者に北海道夕張市が、後者に21もの市町村が指定された（2009年。2020年時点、後者は0）。いったん総務省から指定を受けると、無理やり黒字化をめざす強引な財政再建プログラムが強要され、市民の生活を圧迫することになる。アメリカでも2013年にデトロイト市が財政破綻しており、憂慮すべき事態だ。

その他特筆すべき点は、近年は非常に元気な「**モノ言う首長**」が増えてきたこと。学生運動が盛んだった1960〜70年代にも、**社会党・共産党系首長のいる**「**革新自治体**」がはやったことがあったが、近年はそれとは違ったものだ。

　国政から地方に"降りてきた"首長が、東京都の石原慎太郎氏、小池百合子氏、横浜市の中田宏氏、名古屋市の河村たかし氏などで、タレント・文化人としての知名度と実際の政治手腕を兼ね備えた首長が、宮崎県の東国原英夫氏、大阪市の橋下徹氏、東京都の猪瀬直樹氏などだ（＊現職・元を含む）。どの首長も国とケンカばかりして全然言いなりにならず、つねに地域住民や地域活性化のための斬新な改革を前面に打ち出して、それぞれ大きな実績を残してきた。古いタイプの首長が官製談合事件で次々と逮捕されたり、議員たちが政務調査費（＊2012年より政務活動費）の無駄づかいで問題視されているのと、非常に対照的だ。

　近年の地方分権改革は、地方の自主性を徐々に拡大させつつある。中には鹿児島県阿久根市の竹原市長みたいに専決処分（議会を通さず首長が独断で政治的決定を下す処分）を濫発する首長もいたが、全体的にはこの自主性がいい意味での地方の活性化につながっているようだ。

政治編
第1章
第2章
第3章
第4章
第5章
第6章
第7章
第8章
第9章
第10章
第11章
第12章

経済編
第13章
第14章
第15章
第16章
第17章
第18章
第19章
第20章
第21章
第22章
第23章
第24章
第25章
第26章

時事問題編
第27章

みなさんはこれを覚えているだろうか。

「せ、政務活動費の報告……もう一生懸命ほんとに……高齢者問題は、わが県のみ……ウゥアアア……わが県のみなら……ウアアア……わが県のみならず、西宮……日本人の問題じゃないですか！」

そう、兵庫県議会のＮ議員が2014年に見せた、伝説の「号泣会見」だ。彼は使途不明の政務活動費（2012年までは政務調査費）の釈明会見で、この姿を見せた。完全に賞味期限切れのネタだが、その後の政務活動費の全国的な動きを書くために、あえて残す。決して僕がこのフォトジェニックな男を気に入っているからではない。

政務活動費は地方議員の「調査研究その他の活動」のための費用として、議員報酬とは別に地方公共団体から前払いされる。金額は自治体によりさまざまで、いちばん多くくれる東京都で月額60万円、少ない徳島県で月額20万円といったところだ。

この「給料以外にくれるお金」、かつては議員が使い切るのが当たり前だったが、Ｎ議員の事件以降、返納者が増えている。

「えっ？　議員の先生たち、もしや心を入れかえたの？」と思いきや、どうやらそればかりではないらしい。じつは事件をきっかけに、多くの自治体で「政務活動内容報告書」の提出が義務づけられたのだ。そこには活動内容・日数・経路・交通費などを事細かく書き、当然領収書も提出しないといけないため、今までみたいに「カラ出張で着服」などという小遣い稼ぎはできなくなったのだ。

ちなみにＮ議員は日帰り温泉に344回行き、合計910万円の政務活動費をだまし取ったという詐欺容疑で逮捕された。しかし裁判では堂々と「いっさい記憶にない」と主張。裁判官にブチ切れられて懲役3年（執行猶予4年）の判決をもらった。面白すぎる。

政治編 第9章 政治の諸問題

出題頻度 **A**

Point 整理

Point ① 行政権の拡大

背景 20世紀、国家のあり方は「**夜警 → 福祉**」国家へ。
→ 不平等は是正されたが、行政機関の役割が増大。

中央省庁など

政治の実権は「**国 会 議 員** から **官 僚** へ」
▶選挙された国民の代表 ＜ ▶単なる一部の公務員

● 官僚制(ビューロクラシー)：マックス゠ウェーバーの分析(『支配の社会学』より)

◆ 明確な職務権限 … 各部所ごとの「**縄張り主義(セクショナリズム)**」強い。
＊省庁間や部所間など、横の連絡・協力のない「タテ割り行政」に

◆ **階 層 制** ………… 厳格に作られた、**ピラミッド型の上下の序列**。
▶ヒエラルヒー ＊巨大な組織で混乱を避けるには、命令系統は少ないほどよい

◆ 文書主義 ………… 混乱を避けるため、指示などは**必ず文書で通達**。
＊柔軟性のない形式主義・規則万能主義・前例主義に

◆ 職務の専門性 …… 能力の高い専門的技術官僚(テクノクラート)が、
複雑化した社会の行政事務を適切に処理。

特徴 … 委任立法／内閣提出法案／許認可／天下り などの増加。

その他の問題

◆ 機密費 …… 使途公表不要の巨額予算。
→ ◆ **官房機密費** 内閣官房長官。年10億円以上
◆ **外交機密費** 外務省。過去に不正が発覚

◆ 審議会 …… 行政機関が、**民間の有識者に意見を聞く**ために設置。
→ ただし恣意的な人選により、偏向することあり。

◆ 官官接待 … 地方の役人が国の官僚を、補助金目当てで接待。

Point ② 行政の民主化に向けての取り組み

● **オンブズマン制度** … 行政機関を監視し、改善勧告などを行う公職。
▶行政監察官 19世紀スウェーデンよりスタート。

◆ 通常は**議会の下部機関**として設置。 ＋ **民間人**から登用。
◆ (市町村)：川崎市(1990)より。／(都道府県)：沖縄県(1995)より。
◆ 国では未制定。→ **行政監視委員会**(国会の常任委員会)で代用。
＊1995年、全国市民オンブズマン連絡会議が「官官接待」の実態を公表

● 行政不服審査法(1962) … 行政への不服申し立てについて定めた法。
● **行政手続法**(1993) ……… 許認可や行政指導に**統一ルール**(審査基準・理由など)。
● 国家公務員倫理法(1999) … 国民の疑惑や不信を招くような行為を防止。
→ 贈与・接待の報告義務／国家公務員倫理審査会設置。

●あっせん利得処罰法(2000) … 政治家や秘書が官僚に「口利き」。
→ これで報酬を得れば処罰。
●情報公開法 ……………… **地方の条例化より遅れたが**、1999年スタート。
　┌ ◆**国の行政機関の情報**が対象(地方・国会・裁判所は含まず)。
　│ ◆政府の「説明責任(アカウンタビリティ)」を明記。
　│ ◆**不開示**あり(個人・外交・犯罪捜査・裁判中の情報など)。
　│ ◆外国人でも請求可。
　└ ◆国民の「知る権利」は**明記されず**。

Point ③ 行政改革の歩み

●第一次臨時行政調査会(1961〜64) … 池田内閣が設置。行政運営上の問題
　　　　　　　　　　　　　　　　　　　点を指摘するも、改革には至らず。
●第二次臨時行政調査会 … 鈴木内閣が設置。「増税なき財政再建」のため、
　　▶第二臨調・1981〜83　　**今後の行政改革の方向性**を示す。
　　　　　　　　　　　　　行政機関の整理・3公社改革など
＊これを受け、さらに具体的検討を進めるための機関として**行政改革推進**
審議会(行革審)を首相の下に設置。
　┌ ◆第一次行革審 …… **方向性**：「**財政再建**」
　│ 　(1983〜86)　　規制緩和・税の不公平是正・国債発行減など。
　│ ◆第二次行革審 …… **方向性**：「**バブル & 貿易摩擦対策**」
　│ 　(1987〜90)　　土地税制の見直し・市場開放・規制緩和など。
　│ ◆第三次行革審 …… **方向性**：「**官の押さえ込み**」
　└ 　(1990〜93)　　内閣の権限強化・省庁再編・地方分権など。
　　　　　　　　　　＋
●その他・行革を審議・検討した機関
　┌ ◆**行政改革委員会**　**情報公開**・規制緩和・特殊法人の見直しなどを首相
　│ 　1994・村山内閣　　に提言した第三者機関(官僚込み)。
　│ ◆**行政改革会議** …… **首相みずからが会長**となり、**中央省庁の再編**を検討
　└ 　1996・橋本内閣　　した、首相直属の審議機関(**官僚を排除**)。

成果

●(1980's)：3公社の民営化
　┌ ◆電電公社 → NTT　まず民営化(1985) → 次いで事業・地域分割(1990's)
　│ ◆専売公社 → JT　民営化のみ(1985)
　└ ◆国　　鉄 → JR　分割・民営化(1987)
●(1990's)：中央省庁の再編
　　…行政改革会議の提言を受け、1990年代後半より着手。
　　　→ 2001年より「**1府22省庁** ➡ 1府12省庁」に移行。

Point ④ 省庁再編

内　閣

内　閣　府 ◀━━━━━━

- ●総理府＋経済企画庁＋沖縄開発庁の統合。
- ●長は首相（＝他省庁より上位）／実務は内閣官房長官。

＜下部機関＞

民主党時代：┌◇国家戦略室……予算の骨格や中長期の国家ビジョン策定。
　　　　　　└◇行政刷新会議…事業仕分けによる予算配分検討。

自民党政権：「重要政策に関する会議」を５つ設置。

┌◇経済財政諮問会議…経済財政・予算編成の方針を定める場。
│　　　　毎年「骨太の方針」発表。財政運営の方向性を示す。
│◇男女共同参画会議…男女共同参画社会基本法（男も女も、あ
│　　　らゆる分野で活躍できる社会づくりをめざす法）具体化
│　　　のための政策提言。
│◇中央防災会議／◇国家戦略特区諮問会議
└◇総合科学技術・イノベーション会議

- ●再編で
変わった省庁
- ●**名称だけ
変わった省庁**

復興庁
（2012〜。ただし
設置期限は2031
年までの予定）

（再編前）	（再編後）	備考
国家公安委員会 → 国家公安委員会		内閣府の外局扱いのまま（主任大臣は首相）。
総務庁 → 総務省		
自治省		
郵政省 →	2003年郵政省が、日本郵政公社に。2007年には民営化により日本郵政株式会社に。	
沖縄開発庁 → 経済企画庁		
総理府 → 法務省		
外務省		
大蔵省 → 財務省		
通商産業省 → 経済産業省		
北海道開発庁 → 国土庁 → 建設省 → 運輸省 → 国土交通省		
農林水産省 → 農林水産省		
科学技術庁 → 文部省 → 文部科学省		
労働省 → 厚生省 → 厚生労働省		
防衛庁 → 防衛省	「省に格上げ＝内閣府から独立」を意味する（主任大臣は防衛大臣＆環境大臣）。	
環境庁 → 環境省		

*省と庁の違い

┌◆省：独立して行政事務を担当。責任者は各省大臣。
└◆庁：内閣府の外局（≒一部）として行政事務を担当。
　　　事務責任者は各庁長官。最高責任者は内閣総理大臣。
　　　消費者庁／金融庁／宮内庁など（＊今は大臣がいる庁はない）

政治編
第1章
第2章
第3章
第4章
第5章
第6章
第7章
第8章
第9章
第10章
第11章
第12章

経済編
第13章
第14章
第15章
第16章
第17章
第18章
第19章
第20章
第21章
第22章
第23章
第24章
第25章
第26章

時事
問題編
第27章

Point ⑤　その他の行政改革

● 市場化テスト：官民競争入札制度。公共サービス改革法(2006)より官業
　　（＝公共サービス）の一部を民間との競争入札にし、最もすぐれた条件提
　　示者がサービスを担う。

● パブリック゠コメント
　　行政上の意思決定に、広く国民から意見を求めて反映させてゆく制度(1999～)。

● 行政改革推進法
　　小泉改革の総仕上げとして、2006年制定。

　　┌ ◆総人件費改革：全国家公務員を対象に「人数削減 & 給与水準見直し」
　　│　　　　　　　　　　┌ ◇8つの政策金融機関中、5つを新設機関に一元化。
　　│ ◆政策金融改革：　│　「～金融公庫」など　　日本政策金融公庫(2008～)
　　│　　　　　　　　　　│ ◇日本政策投資銀行と商工組合中央金庫は完全民営化。
　　│　　　　　　　　　　└ ◇住宅金融公庫は独立行政法人化。住宅金融支援機構に(2007)
　　│　　　　　　　　　＊公営企業金融公庫は2008年廃止
　　│ ◆特別会計改革：31あった特別会計を3分の1に削減する。
　　└ ◆国の資産・債務改革：未利用国有地の売却など。

● 独立行政法人整理合理化計画(2007)
　　独立行政法人は「天下り／無駄金づかい／官製談合」の温床に。
　　→ 16法人を削減して85法人に整理することに。

● 道路公団の民営化(2005)
　　道路4公団(日本道路公団／首都高速道路公団／阪神高速道路公団／
　　本州四国連絡橋公団)を民営化。

● 郵政民営化 … 郵政3事業(郵便・郵便貯金・簡易生命保険)の民営化。
　　形態 2007年、郵便局を4分社化(→ 日本郵政株式会社の子会社に)。
　　　　　　　　　　　　　　　　　　政府が作る持株会社

　┌───┐
　│ ゆうちょ銀行／かんぽ生命保険／郵便事業会社／窓口ネットワーク会社 │
　│ 郵便貯金　　　　簡易生命保険　　　郵便　　　　　窓口サービス   │
　└───┘

　　問題
　　┌ ◆民業圧迫(特に宅配業者や銀行業務とバッティング)
　　│ ◆ユニバーサル゠サービス(＝全国一律のサービス)消滅への不安。
　　│ 　＊郵貯・簡保は、金融機関のない地方には必要
　　│ ◆民営化で、不必要・不採算部門が閉鎖される可能性。
　　└ 　→ 特定郵便局長会(自民の圧力団体)の抵抗。

Point ⑥ 選挙制度

- ●四大原則 ……… 普通選挙・平等選挙・直接選挙・秘密選挙
- ●憲法上の規定 … 公務員の選定罷免権（15条）
  - → 「成年者による普通選挙」を保障。

Point ⑦ 選挙権の拡大

1889	25歳以上の男子 ＋国税15円以上の納税者	有：45万人 比：1.1%	
1900	25歳以上の男子 ＋国税10円以上の納税者	有：98万人 比：2.2%	制限選挙 納税規定あり
1919	25歳以上の男子 ＋国税3円以上の納税者	有：307万人 比：5.5%	
1925	25歳以上の男子 ＊普通選挙	有：1241万人 比：20.0%	
1945	20歳以上の男女 ＊完全普通選挙	有：3688万人 比：48.7%	普通選挙 納税規定なし
2016	18歳以上の男女 公職選挙法改正で2016年より	有権者数が新た に240万人増加	

有：有権者数
比：総人口比

◎被選挙権は 戦前：30歳以上の男子 → 戦後：25歳以上の男女へ。

参議院と知事だけ30歳以上

Point ⑧ 小選挙区制の特徴

- ●小選挙区制：1区1名のみ当選。

- ① A氏（自民）… 80,000票 → 当選
- ② B氏（立民）… 79,000票
- ③ C氏（公明）… 35,000票 → ＝ 死票
- ④ D氏（共産）… 6,000票

落選 計12万票
ここでは当選者の得票より多い

- ◆人気政党以外の当選困難。 → 大政党が安定的に議席確保。
  - ▶自民党や立民党など ＊二大政党制につながりやすい
- ◆死票（＝落選者への票）が多い。→ 民意が十分に反映されず。

＊区割が小さいため、運動費用は安くすむが、選挙区数が多すぎ、どさくさまぎれにゲリマンダー（区割の不正なねじ曲げ）発生の危険あり。

区割作業に影響力をもつ議員がいると、自党有利な選挙区にされかねない

政治編
第1章
第2章
第3章
第4章
第5章
第6章
第7章
第8章
第9章
第10章
第11章
第12章

経済編
第13章
第14章
第15章
第16章
第17章
第18章
第19章
第20章
第21章
第22章
第23章
第24章
第25章
第26章

時事
問題編
第27章

Point ⑨ 大選挙区制の特徴

●大選挙区制：1区2名以上当選。
→ 中選挙区制も特徴は同じ。

例：3名当選のケース

❶　A氏（自民）… 80,000票 ┐
❷　B氏（立民）… 79,000票 ├→ 当選
❸　C氏（公明）… 35,000票 ┘
❹　D氏（共産）… 6,000票 → 落選 … 死票が少ない

◆**小政党にもチャンス。** → ただし**大政党の安定多数は困難。**
多党制を促進　　　　　　　　　政局が不安定に
◆死票が少ない。　　→ **民意を十分に反映**する。
◆中選挙区との違い。
… 大選挙区のほうが「選挙区・当選者数」が大きい。
＊昔の参議院全国区（日本列島全体が1選挙区。100名当選）が典型

Point ⑩ 比例代表制の特徴

●比例代表制：**ドント式**（整数割配分）に基づき、**議席を比例配分。**

例：定員7名の比例代表選挙

政党名	自　民	立　民	公　明	共　産
得票数	80,000	79,000	35,000	6,000
÷1	❶80,000	❷79,000	❺35,000	6,000
÷2	❸40,000	❹39,500	17,500	3,000
÷3	❻26,666	❼26,333	11,666	2,000

＊ドント式はこのように得票数を整数で順に割って、商の大きい順に議席を割り振る

↓

〈選挙結果〉：自民3議席／立民3議席／公明1議席／共産0議席

＊個人ではなく、政党あての議席配分となる

◆非常に公平。小政党にもチャンス。→ ただし政局は不安定に。
◆衆議院には**立候補者名簿**があり、名簿順位上位者から当選。

↓

衆：拘束名簿式 …… 名簿順位あり。政党名のみで投票。
参：非拘束名簿式 … 名簿順位なし。政党名 or 個人名で投票。

↓

◇政党名でも個人名でも、**その政党への1票**として扱われる。
◇ドント式での配分議席に、**個人あて得票の多い者から当選。**

政治編

第1章
第2章
第3章
第4章
第5章
第6章
第7章
第8章
第9章
第10章
第11章
第12章

経済編

第13章
第14章
第15章
第16章
第17章
第18章
第19章
第20章
第21章
第22章
第23章
第24章
第25章
第26章

時事
問題編

第27章

+
◆参院比例代表では2019年より「特定枠」が導入された。

> 枠内に記載された候補者に**優先順位**がつけられ、ドント式で割り振られた議席は、**まずその人たちに優先的に与えられる**(つまり**枠内だけ拘束名簿式**の形に)。

＊2019年の参院選では、山本太郎代表率いる新政党「れいわ新選組」から、この**特定枠**で2名の重度身体障害者を当選させた。

Point ⑪ 国政選挙の変遷

● 参議院議員選挙：1982年に公職選挙法改正。

昔 全国区と地方区 … ┌ ◆全国区：日本列島が1つの選挙区。100名選出。
└ ◆地方区：各都道府県から1～4名選出。

⬇

今 比例代表と選挙区 … ┌ ◆比例代表：全国1ブロックから98名選出。
→ **2022年から100名。**
◆選挙区：合区＊を含む各都道府県から2～12名選出(計147名)。
→ **2022年から148名。**
＊**選挙区と比例代表の重複立候補は不可**

＊合区(＝合同選挙区)…2016年の参院選より、人口の少ない「鳥取・島根」と「徳島・高知」の選挙区が、それぞれ合区となった。

● 衆議院議員選挙：1994年に公職選挙法改正。

昔 中選挙区制 … 各都道府県を分割。各区から2～6名選出。

⬇

今 小選挙区比例代表並立制 … ┌ ◆小選挙区：全国289ブロックから289名選出。
└ ◆比例代表：全国11ブロックから176名選出。

● 重複立候補のパターン
◆比例代表者名簿に同一順位なし：⑪で落選しても、⑯で復活当選可。
◆比例名簿に同一順位が2名以上：⑪で落選しても、**惜敗率**次第で、⑯で復活可。

> 惜敗率計算： $\dfrac{自分の票数}{最多得票者の票数} \times 100(\%)$ → (100%に近い人から復活当選)

Point ⑫ 他国の選挙方法

- ●小選挙区 ……………………… 英・米・仏・加　など。
- ●小選挙区比例代表並立制 … 日・伊・ロシア
- ●**小選挙区比例代表併用制** … ドイツ
  - まず⽐で各党への議席配分決定 → ここへ⼩の当選者を割り振る

Point ⑬ 選挙・その他の用語

- ●等級選挙 ……… 納税額が多いと投票権も大きい(戦前の地方選)。
- ●コスタリカ方式 … 衆院選で、同政党の2名の候補者が、⼩と⽐に交互に立候補するやり方。＊⼩での同士討ちを避ける工夫
- ●三　バ　ン ……… 選挙に必要な「地盤(後援組織)・看板(知名度)・カバン(資金)」
- ●**どぶ板選挙** ……… 路地裏に入り込んでまで行う**地域密着型**選挙運動。
- ●落下傘候補 ……… 地元以外の、他所から舞い降りてきた候補者。
- ●陣中見舞い ……… 選挙費用の応援(派閥のボス、後援組織からの応援)。
- ●振り子現象 ……… 選挙のたびに、票が**二大政党の間を行ったり来たり**。
- ●地滑り現象 ……… 選挙の票が、**世論の風に大きく左右**。

Point ⑭ 公職選挙法(1950)選挙に関する総則

- ●選挙運動への規制
  - **制限** ポスター・ビラの枚数、選挙費用　など。
  - **禁止** 事前運動、戸別訪問、立会演説会、金品・飲食物の提供　など。

  > **立候補者が集まり、同じ会場で順に行う演説会**。今日的には政見放送で間に合うなどの理由から、**1983年より廃止**に。なお、候補者個人が選挙運動のためみずから開催する個人演説会は、**法定費用内であれば、回数・場所ともに自由**。

- ●連座制 … 選挙違反への罰則(1994拡大強化＝「**拡大連座制**」)。
  - **内容** 関係者の**選挙違反**で刑確定 → **候補者の当選も無効**。
    - その後5年は同区より立候補禁止

  > 百日裁判:「中心的運動員の選挙違反事件は、**起訴後100日以内の判決をめざす**」という公選法の規定に基づいた、刑事裁判の俗称。

- ●選挙公営化 … 国や地方が**平等な運動機会を保障**。
  - → ポスター掲示場所の提供・政見放送など。

Point ⑮ 1票の格差是正に向けた動き

●選挙に関する近年の動向

従来の目安 …
- 衆：格差３倍超 → 違 憲
- 参：格差６倍超 → 違憲状態 → 「放置すれば次は違憲」というイエローカード的判決

過去の判例より判断

↓

政府の対策 衆議院議員選挙区画定審議会の設置（1994）。
⇒「格差２倍以内」の区割り作りをめざす。

2011 ：

最高裁判決　　　　　　　　　**是　正**

- 参：5.00倍は違憲状態 → 2012「４増４減」
  （都市で４増／地方で４減）
- 衆：2.30倍は違憲状態 → 2013「０増５減」
  （地方のみ５減〔衆475名に〕）
- ◆一人別枠方式（まず各県に１議席配分）は違憲状態 → 2013廃止

↓

but

- 参：4.77倍は違憲状態 → 2015「10増10減」＋ 合区 の新設。
  ▶2014　＊合区…人口少の県 → 合同選挙区に（島根と鳥取／高知と徳島）
- 衆：2.13倍は違憲状態 → 2016「小で０増６減／比で０増４減」
  ▶2015　　　　　　　合わせて０増10減 → 衆は465名に

＊「参3.08倍（2016）／衆1.98倍（2017）／参3.00倍（2019）／衆2.08倍（2021）」は「合憲」の最高裁判決（2017〜20）。

Point ⑯ インターネット選挙運動解禁

●インターネット選挙運動
「ネット投票」ではなく ＨＰ・ブログ・X（旧 Twitter）・メールでの「**選挙運動**」（2013の参院選より解禁）。

従来 HP の開設は可。ただし
- ◆選挙期間中の更新ダメ。
- ◆投票依頼もダメ。
＊公選法142条

↓

2013〜
- ◆期間中の HP 更新可。「投票依頼＋有権者との**直接対話**（＝双方向対話）」も可に。
  → 「政党＋候補者＋支援者（**未成年者はダメ／外国人は OK**）」が実施可。
- ◆メールを使った投票依頼も可に。→
  「政党 ＋ 候補者（支援者はダメ）」
  - ◇届いたメールの転送はダメ。
  - ◇受け手側の「**受信拒否**」は OK。

政治編
第１章
第２章
第３章
第４章
第５章
第６章
第７章
第８章
第９章
第10章
第11章
第12章

経済編
第13章
第14章
第15章
第16章
第17章
第18章
第19章
第20章
第21章
第22章
第23章
第24章
第25章
第26章

時事
問題編
第27章

Point ⑰ その他の選挙に関する近年の動向

●定住外国人の参政権 … 現状では**いっさい認められていない。**

＊最高裁の見解 ┌ ◆国政：国家意思の形成に直接かかわるから×。
　　　　　　　 └ ◆地方：居住地域の意思決定のみだから　　〇。
　　　　　　　　　　　　　＊ただし認める法律が制定されていないからなし

●二重国籍者の参政権…**国籍法**だと「**不適切だが違法にはならない**」。
　　旧民進党の蓮舫代表など　　　　　　　　→努力義務を怠っただけ
　┌ ◆22歳までに「**どちらかの国籍を選択**」する必要あり。
　│　　放っておけば自動的に日本国籍になる
　└ ◆日本国籍取得後は、もう**片方を放棄**する「**努力義務**」。
　　　　　　　　　　　　　　罰則なし

＊議員の場合、資格剥奪はあり得るか？：**なし。**

→ 二重国籍者は「**日本国籍のない人**」ではないから、資格争訟の対象にはならない。

●在外邦人の参政権 … **衆参比例代表のみ投票可**に（1998〜）。

┌───┐
│ ただし国民の選挙権を侵害することは憲法15条違反として、2005年**最高裁**
│ で公職選挙法に**違憲判決**。→ 2007年より在外邦人の選挙区投票も OK に。
└───┘

●投票率の低下 … 近年は「衆：60〜65％／参：50％以下」も多い。
　対策 ┌ ◆1998〜：**投票時間延長**　　＋　不在者投票の**要件緩和**。
　　　　　│　　　　「18：00 → 20：00まで」に　「レジャーによる不在」も可に
　　　　　└ ◆2016〜：駅前や商業施設内に「**共通投票所**」を設置。

┌───┐
│ ◆不在者投票と期日前投票の違い
│ 　◇不在者：仕事先や旅行先の選挙管理委員会への事前投票。手続きや
│ 　　　　　や面倒。
│ 　◇期日前：現住所（＝選挙管理委員会の名簿登録地）での事前投票。手
│ 　　　　　続き簡単。
└───┘

●電子投票法（2002）… 地方選挙の一部で、**投票所設置の端末で投票可**に。

❶ 行政機能の拡大

　20世紀初頭、自由放任主義が社会の不平等を拡大させた結果、政府のあり方は「夜警国家」から「福祉国家」へと変質した。夜警国家は、各省庁の役割の少ない（その分議会の役割の大きい）立法国家だ。対して福祉国家は、不平等是正のために各省庁が整備された（その分官僚が力をもった）行政国家であるといえる。

　でも、これはまずい。なぜなら**官僚は国民が選挙で選んだ代表者ではないから**だ。彼らが変に力をもつと、「国民の自由と安全なんか知るか！」ということにもなりかねない。**官僚に力が集まりすぎて議会の力が弱まり、議会が形骸化**する。これを行政権の拡大というが、現状は拡大どころか肥大化だ。では、この行政権の拡大・肥大化とはどのようなものか、見てみよう。

行政権の拡大

❶官僚制（ビューロクラシー）の発達

　官僚制とは「**巨大化した組織の管理・運営システム**」のことで、ドイツの社会学者**マックス゠ウェーバー**の分析が有名だ。定義上民間企業も含むが、一般的には、**省庁などの行政機構**をさす言葉として使われる。

　大きな組織が混乱しないよう、官僚機構では命令系統や指示の出し方、各部所ごとの役割分担など、**徹底的に合理性が追求**されている。しかし、そのせいで規則万能主義や文書中心主義、前例主義が生まれたり、**縄張り主義（セクショナリズム）が省庁間の横への連絡がない「タテ割り行政」**を生んだりと、いわゆる「お役所仕事」とよばれる効率の悪さを生んでいるのも事実だ（＝**官僚制の逆機能**）。

❷委任立法の増加

　委任立法とは、**細かい部分を官僚に作ってもらった法律**だ。立法作業は国会の仕事なのに、なぜ官僚が介入するのか。それは社会が複雑化しすぎて、議員だけでは細部の判断が難しくなってしまったからだ。

❸内閣提出法案の増加

　国会中心立法・国会単独立法の原則がある以上、法律を「作る」作業は国会にしかできないが、**法律案を国会に「提出」するだけなら、ほかの機関でもできる。**

　内閣法では「**内閣総理大臣は、内閣を代表して内閣提出の法律案、予算その他の議案を国会に提出**」できると定められている。これを内閣提出法案という。しかしこれ、**細部から大枠まですべて官僚が作った法律案**であることが非常に多い。

国会議員がいわゆる「議員立法」案を提出するには「**衆議院なら20人以上／参議院なら10人以上**」の議員の同意（＊予算を伴う法律案なら「衆50人／参20人」になる）が必要だ。しかし内閣提出法案ならこれは不要。内閣を形成する与党の「事前審査」だけで国会提出できる。

　今日、**1年間に作られる法律の80%前後が、この内閣提出法案**だ。

❹許認可の増加

　許認可とは省庁が設けるルール、いわゆる「規制」のことで、省庁からの助言・指導である「行政指導」同様、**法的根拠がない。立法作業に官僚が食い込むほど、そのすきまに許認可は増えていき、省庁独自の権限となる。** 民間企業は各省庁から必要な許認可をもらわないと、経済活動すら満足にできなくなる。

❺天下り

　官僚は許認可や行政指導で民間企業の活動を規制する。そうすると、官民の間で規制を逃れるための癒着が生まれやすくなる。その癒着の大きな問題が「天下り」だ。

　官僚は役所を退職後、大手民間企業や特殊法人に、役員待遇で再就職することが多い。この**高級官僚の民間再就職を天下りというんだ。**

Point 「天下り」への規制

従来 国家公務員法に、以下のような制限だけあった。

> 「離職前5年間、密接な関係にあった営利企業への再就職」をすることは、少なくとも離職後2年間は原則禁止。

but これでは天下りは減らなかったため、**規制を強化。**

2008 国家公務員の再就職あっせん禁止 ＋ 現職公務員の求職活動制限。

> つまり公務員の再就職に関して、企業へ名前・職歴を提供したり、企業の求人情報を照会したりする行為は禁止に。　＊退職後の求職活動は OK

◆今後こういう活動は官民人材交流センター（2008設置）に一元化。
　公務員の求職情報提供／民間の再就職支援会社を活用した再就職支援
◆違反の有無を監視するため「再就職等監視委員会」を設置。

2014 内閣人事局設置。**官僚の幹部人事を内閣が一元的に統括**することに。
（官僚から内閣への「忖度」の原因に）

政治編
第1章
第2章
第3章
第4章
第5章
第6章
第7章
第8章
第9章
第10章
第11章
第12章

経済編
第13章
第14章
第15章
第16章
第17章
第18章
第19章
第20章
第21章
第22章
第23章
第24章
第25章
第26章

時事
問題編
第27章

行政の民主化

現状では肥大化した行政権が立法権の領域にまで侵食し、まさに官僚たちのやりたい放題になっている。その意味では「行政権の肥大化」は、議会制民主主義の形骸化ともいえる。この現状を放置することはできない。だから今日、これらの弊害をなくすための「行政の民主化」の動きが進行中だ。くわしくは**Point整理**（→ p.125 **Point ②**）で見てもらうけど、オンブズマン制度や情報公開法、国家公務員倫理法など、おもに**不透明な行政を透明化する試み**が中心となっている。

行政改革

行政権が肥大化すると、予算や事務手続きの拡大も問題になる。そこで政府は、特に石油危機後の国債で作った借金を返さないといけない**1980年代あたりから、財政削減重視の行政のスリム化に、本格的に取り組み始めた**。ここまで含めた取り組みが行政改革だ。

ここは第二次臨時行政調査会（第二臨調）だの行政改革推進審議会（行革審）だの行政改革委員会と行政改革会議の違いだのと、覚える気力が萎えそうな用語ばかり出てくるけど、こういう箇所こそ入試で得点差につながるので、手を抜かず完璧に覚えてしまおう。

❶ **3公社の民営化**：電電公社・専売公社・国鉄の「3公社」は、1985〜87年（中曽根内閣期）に民営化された。これにより3公社は今日の運営形態、すなわち電電公社はNTTに、専売公社はJTに、国鉄はJRになった。

❷ **省庁再編**：官僚たちの砦・中央省庁にもとうとうメスが入り、ついに2001年より「1府22省庁 → 1府12省庁」へと削減された。

この再編で実現したいのは、**財政削減と官僚の権限の縮小**だ。だから各省庁の仕事はできるかぎり「**企画・立案**」のみに限定し、行政執行は独立行政法人**（公的部門の一部に民間の市場原理を導入。「エージェンシー制度」［英の制度］の日本版）**に委ねる形をめざしている。

そして、各省庁が企画・立案した政策は「**各省庁みずから＋総務省**」が有効性を評価し、その結果からさらなる効率化をめざすという「政策評価制度」も、2001年より導入されている。

省庁再編は、**リストラなき「単なる肥大化」**と陰口をたたかれることも多いけど、とにかく第一歩を踏み出せた点は、おおいに評価できる。

なお行政改革には、ほかにも**道路公団の民営化**や**郵政民営化、パブリック゠コメント**など、重要な改革が数多くある。これもしっかり見ておこう。

最後に、日本の公務員制度についても覚えておこう。

Point **日本の公務員制度**

戦前 天皇の官吏（国家公務員）・公吏（地方公務員）
… 主権者・天皇に仕える存在だから、**国民に対しては尊大**だった
（＝官尊民卑）。

戦後 全体の奉仕者（15条）→ 公僕として全国民に奉仕する責務あり。
　　　　　　　　　　　　　　　　　ストはダメ／正確な事務処理能力必要

◎採用は成績主義（＝資格任用制）→ コネ採用（＝猟官制）はダメ。
▶メリット＝システム　　　　　　　　　▶スポイルズ＝システム

---

❷ 選挙制度

　選挙制度は、**Point整理**（⇒ p.129 **Point ❻**～）でていねいにまとめたから、そこからしっかり学んでもらおう。ここでは、近年の選挙制度で注目すべき2つの事柄だけ見てもらうことにする。

　1つめは、「1票の格差是正」に向けた動きだ。従来は「衆院で格差3倍、参院で格差6倍」まで、事実上許容されていた（＊裁判所が明言したわけでなく、判例から判断）。しかし2011年の最高裁判決で、衆院選に対し「格差2.30倍は違憲状態／一人別枠方式（どんなに人口の少ない都道府県にも、まず最低1議席は配分）は違憲状態」という新たな判決が示された。たしかに一人別枠方式は、人口の少ない地域の声も国政に届ける意味では大切だが、小さな自治体をえこひいきしているという目で見れば、不平等だ。この判決は、国会議員たちがいつまでたっても抜本的な法改正をしてこなかったことに対し、ついに司法がメスを入れた形だ。

　これを受け、2012年には公職選挙法が改正され、衆院で「0増5減（都市部の議席は増やさず地方だけ5つ減らす）」、参院で「4増4減（都市部で4議席増やし、地方で4議席減らす）」、そして一人別枠方式の廃止が実現することになった。

　そして2つめは、インターネット選挙運動の解禁だ。これは、インターネット上で投票するのではなく、あくまで「ネットを使った選挙運動」だけだが、これで戦術や支持層に大きな変化が出る可能性が出てきた。投票率の上昇に貢献できるか、要注目だ。

政治編

第1章
第2章
第3章
第4章
第5章
第6章
第7章
第8章
第9章
第10章
第11章
第12章

● 主要政党の**マニフェスト**（＝政権公約）

　マニフェストとは、**イギリスの主要政党が選挙の際に公表する政権公約**で、日本でも2003年の統一地方選挙や衆院選あたりから使われ始めた言葉だ。

　ふつうの選挙公約との違いは、なんといっても具体性。マニフェストには、自分たちの政党が政権を取った場合の「**実行すべき政策・財源・時期・数値目標**」**などが明記**されている。そして有権者は、これを見比べて投票するため、「だれに入れるか」よりも「どの党に入れるか」という選挙になりやすい。

　そう、マニフェスト選挙は「政権選択選挙」だ。特に政権交代が頻繁にある二大政党の国では、マニフェストに基づく政権選択・政権交代は、かなり現実的な意味をもち始めている。

コラム　官僚になった友人

　キャリアとよばれる官僚がいる。彼らは超難関・国家公務員採用Ⅰ種試験（国Ⅰ、現在の国家公務員採用総合職試験）を突破したエリートで、その多くが東大卒だ。

　その世界に、ワセダから挑んだ奴がいる。友人のMだ。Mは、頭は切れるが、そのつねに人を見下したような態度から"人類共通の敵"とよばれ、仲間内では火星人なみの扱いを受けていた。

　奴は大学4年の時に国Ⅰに合格し、労働省に採用が決まった。ところがこの男、あろうことかその内定を蹴り、1年浪人することにしたのだ。

　「オレが行きたいのは厚生省だ。労働省なんか××だ。ヘッ」

　我々は"お前のほうこそ××だ！"と言いたい気持ちをぐっと抑え、ただひたすら、この男に天罰が下ることを願った。しかし我々の願いも虚しく、奴は翌年、本命の厚生省に採用された。やはりこの世に神はいないのか⁉

　しかしその後、神の実在が証明された。中央省庁の再編だ。これで厚生省と労働省は合体して「厚生労働省」となり、奴の1年間を無駄にしてくれた。ありがとう神様。

経済編

第13章
第14章
第15章
第16章
第17章
第18章
第19章
第20章
第21章
第22章
第23章
第24章
第25章
第26章

時事
問題編

第27章

日本の政党政治

Point① 政党の機能

- ●利益増進 … 国民的利益の増進をめざす団体(バーク・英)。
- ●政治媒介 … 社会と政治の媒介者(バーカー・英)。
- ●政治運営 … 政党なしの代議政治は運営不可(ブライス・英)。

Point② 政党の歴史

(制限選挙下)
名望家政党
ブルジョアジー用

英・名誉革命期の
- ◆トーリー党(現保守党) などが起源。
- ◆ホイッグ党(現**自由民主党**)

> 20世紀、労働党に二大政党の座を奪われたが、現在は連立政権必要時にキャスティングボート(**議決を左右する少数派の票**)をにぎるという新たな存在意義が生まれている。

←産業革命

(普通選挙下)
大衆政党
労働者も含む
→ 現代
- ◆国民政党(全国民の利益を調整)
- ◆**階級政党**(特定階級の利益のみ)
- ◆**圧力団体**(政党外の社会集団)

Point③ 代表的な圧力団体

団 体 名	構 成 員	圧力手段
日 本 経 団 連	大企業の社長	献 金
日 本 商 工 会 議 所	中小企業の社長	献金+集票
日 本 医 師 会	国内の開業医	献 金
日 本 遺 族 会	戦没者の遺族	集 票
特 定 郵 便 局 長 会 ▶「大樹の会」	地方の本局以外の郵便局長 ▶郵便事業開始時、地元の有力者が業務請負	集 票
農 業 協 同 組 合 (JA)	農 家	集 票
ゼ ネ コ ン	大手建設会社	献金+集票
連合(2019より支持政党明示せず)	労働組合員	集 票
創価学会(公明党支持)	創価学会員	集 票

- ●連合と創価学会以外は、**すべて自民党支持**の圧力団体。
- ●欧米の圧力団体には専属代理人(ロビイスト)がいるが、**日本にはいない**。
- **長所** 選挙で反映する「地域代表制」とは別の「職能代表制」的利益の実現。
- **短所** 金権政治につながりやすい。

Point ④ 政治改革関連４法

対策 政治改革：政治改革関連４法 … 1994年、細川内閣時に実現。

❶：公職選挙法改正 … 衆議院で小選挙区比例代表並立制導入。

❷：衆議院議員選挙区画定審議会設置法

　　… 衆議院で「1票の格差2倍以内」の区割り作りをめざす。

❸：政治資金規正法改正（下に詳述）

❹：政党助成法制定（下に詳述）

---

❸：政治資金規正法（1948制定 → 1994改正）

内容
- ◆政治家は**資金管理団体**を作り、そこが**政治献金の受け皿**となる。
  - 1人1団体のみ作れる／作らないと献金はもらえない
- ◆献金は原則「**個人 → 資金管理団体**」間で行う。 ＊直接個人あてはダメ
- ◆資金管理団体あてでも「**企業や圧力団体から**」は禁止。 ＊「政党あて」は OK
- ◆**外国人**からの献金は禁止。

●献金の流れの全体図

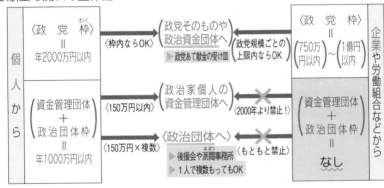

●2007〜08年改正
- ◆事務所経費5万円以上の支出に領収書の添付が必要に。
- ◆資金管理団体の**不動産取得・所有禁止**に。
- ◆**1万円以上の領収書は公開**／1円以上の領収書はすべて保管。
- ◆第三者機関として「政治資金適正化委員会」設立。

問題
- ◆議員同士のやりとり …… **無制限** 派閥内部に不透明な流れあり
- ◆パーティー券収入 ……… 20万円以上の購入者のみ公開。
- ◆政党あて献金 …………… 政党規模により額は違うが、**どこからも受取可**。

---

❹：政党助成法制定 … 献金を得にくくなった国会議員の活動費を**税金でサポート**。
　　→「政党交付金」として**政党あて**に配分。

政治編
第1章
第2章
第3章
第4章
第5章
第6章
第7章
第8章
第9章
第10章
第11章
第12章

経済編
第13章
第14章
第15章
第16章
第17章
第18章
第19章
第20章
第21章
第22章
第23章
第24章
第25章
第26章

時事
問題編
第27章

Point ⑤ 日本の政党政治に見られる特色

- ●国会議員中心の議員政党。
- ●地元や圧力団体への利益誘導。
- ●厳しい党議拘束／派閥争い。
- ●自民党に族議員が多い。 ▶省庁とつながりの深い議員

Point ⑥ 政党の形態

- ●二大政党制 … 英・米などで実施。
  - **長所**：有力野党が与党の独善を阻止。つねに大政党支配による政局の安定。
  - **短所**：二大政党以外の支持者の声が政治に反映せず、民意不十分。

- ●多党制 … 独・仏・伊などで実施。
  - **長所**：投票先が分散し、独善につながる多数党が生まれにくい（＝民意が反映）。
  - **短所**：他党との連立政権になり、政策に一貫性がなくなる（＝政局の不安定化）。

- ●一党制 … 中国や北朝鮮・旧ソ連などの社会主義国。
  - **長所**：政権交代がなく、連続性のある強力な政治を実現（＝政局が非常に安定）。
  - **短所**：批判政党がないため、非民主的な独裁や腐敗につながりやすい。

Point ⑦ 戦後のおもな汚職事件

- ●昭和電工疑獄事件（1948）
  復興金融金庫にからむ汚職。福田赳夫（当時大蔵官僚）や総理辞任後の芦田均の逮捕などにつながった。 ＊両者とも無罪に

- ●造船疑獄事件（1954）
  造船業界が国会議員・官僚に大規模な贈賄。71名の逮捕者が出た。佐藤栄作（当時自由党幹事長）の逮捕中止、吉田茂（当時首相）の証人喚問拒否など混乱した。
  ＊佐藤はその後在宅起訴されたのち恩赦／吉田の議院証言法違反は不起訴処分に

- ●ロッキード事件（1976）
  米航空機製造会社ロッキード社が旅客機受注をめぐって起こした汚職事件。田中角栄は首相退陣後ではあったが「現職首相時代の犯罪」として世界的に注目され、その後逮捕・有罪判決。 ＊首相経験者では初の有罪判決

- ●リクルート事件（1988）
  リクルート社から政・官・財界への大規模な贈賄事件（子会社・リクルートコスモス株の譲渡）。竹下（当時現職首相）・中曽根・宮澤・森など首相経験者の多くにも譲渡ありと発覚。 ＊逮捕者多数だが、これら重鎮は立件されず

Point ⑧ 戦前の日本政党史

戦前 …「憲政の常道」を求める動き

　　　　▶政党政治

明治期

●愛国公党(1874) … **日本初の政党。**自由民権運動が盛り上がる中、政府に
　　　板垣退助ら　　　▶憲法制定 ＋ 国会開設を
　　　民撰議院設立建白書を提出。→ 約１か月で解党。

　　　　▶選挙で選んだ代表者による政治を

（その後、「立志社 → 愛国社 → 国会期成同盟」と継承し……）

　　　　▶国会開設運動の全国的団体

┌ ●自由党誕生(1881) … 板垣退助。豪農層の支持。
│　＋
└ ●立憲改進党(1882) … 大隈重信。資本家や知識人の支持。
　　（1896年に複数政党と合同して進歩党に）

◎国会開設時(1890)の選挙で、両党合わせて過半数。
　→ **but** 政府の超然主義と対立。
　　　　藩閥・官僚らで組閣。議会・政党とは無関係

┃

┃単独過半数がほしい┃

┃

1898年両党合体 → **憲政党**による初の政党内閣誕生。
　　　　大隈首相 ＋ 板垣内相の「隈板内閣」

大正デモクラシー期 … 政党政治の開花期。

●第一次護憲運動 …（スローガン）：「憲政擁護・閥族打破」
　(1912～13)
　　　　　　　　▶政権を藩閥・官僚から政党に
　　　　　　→ **政友会・国民党**による、桂太郎藩閥内閣の打倒。
　　　　　　　尾崎行雄　犬養毅
　（1918年、立憲政友会[原敬]による初の**本格的政党内閣**誕生）
　　　　　　　　　　　　　軍部・外相以外はすべて立憲政友会員

●第二次護憲運動 … **立憲政友会・革新倶楽部・憲政会**の連立。
　(1924)　　　　　高橋是清　　犬養・尾崎　　加藤高明
　　　　　　→ 清浦奎吾内閣に圧勝し、護憲三派内閣誕生。
　　　　　　　貴族院中心　　　　　　加藤高明首相

昭和戦中期 … 軍部の台頭で、全政党は解散。大政翼賛会に統合。

政治編
第1章
第2章
第3章
第4章
第5章
第6章
第7章
第8章
第9章
第10章
第11章
第12章

経済編
第13章
第14章
第15章
第16章
第17章
第18章
第19章
第20章
第21章
第22章
第23章
第24章
第25章
第26章

時事問題編
第27章

Point ⑨ 戦後の日本政党史

1945〜50
- ●大政翼賛会の解散 … 「政党復活 ➡ 多党化」の時代。
  　決め手となる政党はまだなし
- ● GHQ の占領統治 … 民主化・非軍事政策の進行。

◆民主化：五大改革 …
- ◇女性解放 … 男女普通選挙
- ◇労働者の団結権 … 労働三法の制定
- ◇教育の自由主義化 … 六・三制、軍国教育廃止
- ◇専制からの解放 … 天皇の人間宣言
- ◇経済民主化 … 農地改革、財閥解体

◆非軍事：日本軍の解体、公職追放（＝軍閥系政治家を追放）

1950 ◆朝鮮戦争で GHQ 方針転換。
- → 公職追放解除 ＋ 共産党員を公職から追放。
  　▶レッド=パージ

◆この後、日本独立を機に、戦中政治家の政界復帰加速。
- → 民主自由党に合流し単独過半数。
  　のちの自由党

◆憲法改正をめざす動き …「自主憲法・独自の軍隊・天皇元首化を」
- → 革新系政党、この動きを逆コースと批判 → 改憲阻止のため合流。

1955
- ●分裂中の社会党左派と右派が再合一。 → ●日本社会党誕生
  　　　　　　　　　　　　　　　　　　両院の3分の1を確保
  （VS）
- ●保守合同…
  - ◆日本民主党（改憲・再軍備）
  - ＋
  - ◆自由党（親米・経済再建）
  → ●自由民主党誕生
  　両院の3分の2をめざせ

◎自民党と社会党による二大政党的な体制 ＝「55年体制」始まる。
　実際は「1と½」≒ 自民の1党支配

1960〜70's
- ●多党化（民社党・公明党・新自由クラブなど） → 票の分散
- ●学生運動（＝社会主義系政党に人気） → 野党株 up
- ●自民の政争・汚職／高度成長終了 → 与党株 down

◎この流れで、地方に多数の革新自治体（社会・共産系の首長）が誕生。

1980's 自民復調するも腐敗進行。

> ◆**国対政治** … **自民・社会の国会対策委員長**同士で、料亭などで
> ひんぱんに根回しを行う**なれ合い政治**(→ **最大野**
> **党が批判政党として機能せず**)。
>
> ◆**派閥争い** … 自民の有力議員が、首相になるため派閥拡大をめ
> ざす(→ **金権政治が助長**され、**リクルート**事件な
> どにつながる)。

◎リクルート事件後、政治不信から国民の投票率 down。

1993 ●自民党の分裂   自民の過半数割れ →   宮澤内閣不信任
   ▶小沢一郎の造反   ↓
●新党ブーム … ┌ ◆日本新党(細川) ┐   細川連立内閣誕生
            │ ◆新生党(小沢・羽田) │   非自民+非共産の連立政権
            └ ◆新党さきがけ(武村) ┘

◎自民党の1党支配は終わり、**55年体制は終了**。

(その後):細川内閣への失望 + **社会・さきがけの連立離脱**。
       → この機を自民がとらえ、**両党との連立で政権復帰**。

1994 村山連立内閣誕生 … 自民・社会・さきがけの連立政権。
                    片山哲以来、**2人目の社会党首相**。

┌ *連立のため方針転換 … ┌ ◆**安保・自衛隊を容認** ┐
│   └ ◆**日の丸・君が代容認** ┘
└ → 社会党、**支持者激減で1995年の参院選惨敗**

1996 橋 本 内 閣 誕生 … **社民党**(*党名変更)・**さきがけは閣外協力へ**
      3年ぶりの自民単独   *一部議員が両党を見限り合流。民主党誕生

┌ 以後自民党は、おもに**公明党との連立**で政権の座を守るが、小泉
│ 内閣後は人気が低迷し、**2009年衆院選で民主党に敗北**し、**下野**
│ (=野党に転じること)。しかし**2012年衆院選で政権奪回**。2013
└ 年には参院選も圧勝し、**ねじれ国会も解消**。

政治編
第1章
第2章
第3章
第4章
第5章
第6章
第7章
第8章
第9章
第10章
第11章
第12章

経済編
第13章
第14章
第15章
第16章
第17章
第18章
第19章
第20章
第21章
第22章
第23章
第24章
第25章
第26章

時事
問題編
第27章

第10章 日本の政党政治

❶ 政党と圧力団体

政党とは、**共通の主義・主張**に合意し、**政権の獲得・維持**を目標として結成された社会集団だ。

各政党の主義・主張は、「綱領」(＝**基本理念や方針を示した「党の憲法」的な文書**)にまとめられている。そしてその下に、各党は「規約」(＝党運営の具体的細目を定めた「党の法律」的な文書)を定め、有権者はこれらを判断材料に、支持政党の決定などを行う。

ちなみに**日本国憲法には、政党に関する条文は存在せず**、国会では国会法に基づき、政策を同じくする議員2人以上の院内団体を「会派」とよぶ(＊連立政権は「統一会派」)。なお、1人会派は認められていない。

C 会派と「絶対安定多数」

> 国会運営をスムーズに進めたい与党会派にとって、ぜひとも確保したい衆議院の議席数がある。もちろん単なる過半数(単純多数)ではない。
> その数は244議席。これは、**与党会派が国会のすべての委員長ポストを独占し、さらには各委員会で「与党委員数 ≧ 野党委員数」**(＊同数も含む)となった場合の最低数だ。この数を「安定多数」とよぶ。
> でもできれば、同数は含まず、**各委員会で完全に与党委員数が上になるのが理想**だ。その数は261議席。これが「絶対安定多数」だ。
> こうなれば、どんな議案も与党会派の完封勝ちだ。逆に選挙でこの数を切ると、総理の責任問題にもつながりかねない。そう考えると、与党は与党で必死だ。

では、次は政党の歴史的発展について見てみよう。

まず、最初に発展したのは**名望家政党**だ。これは市民革命後、まだブルジョアジー(＝一部の金持ち市民)にしか参政権がなかったころ、彼らの利益だけを実現するために作られた。その代表格が、イギリスの**トーリー党**(現在の保守党)と**ホイッグ党**(現在の自由民主党[英の])だ。ちなみに今日の二大政党の1つである**労働党**は、20世紀より前には存在していなかった。

ところがその後、産業革命を経て労働者の利益実現も必要になってきた。そこでブルジョアジーと労働者、この両者の利益を実現するために、新たに**大衆政党**とよばれる政党が誕生してきたんだ。

しかし今日の社会には、労働者や資本家以外の人もたくさんいる。そうなると従来の大衆政党では役不足だ。だから現代は、それぞれの人のニーズに合わせた

政治編

第1章
第2章
第3章
第4章
第5章
第6章
第7章
第8章
第9章
第10章
第11章
第12章

経済編

第13章
第14章
第15章
第16章
第17章
第18章
第19章
第20章
第21章
第22章
第23章
第24章
第25章
第26章

時事
問題編

第27章

多党化の傾向が顕著になっている。

　それと同時に近年では、**政府に圧力をかけることで自分たちの利益を実現させる圧力団体**とよばれる社会集団も増えてきた。

　Point整理（⇒ p.140　**Point ③**）からわかるとおり、圧力団体は別に特殊な集団ではない。しかし、彼らには「**構成員が多い or お金がある**」のどちらかの特徴があり、それが圧力手段になる。つまりふだんから投票や献金で恩を売っておけば、いざというときには「我々の要求を聞かないと、投票しない（or 献金を止める）ぞ」のひと言が、圧力として機能するわけだ。

　しかし、献金に依存する体質は、汚職などの金権政治につながる。だから1994年、自民党が一時的に政権を離れている隙に、非自民の細川内閣が金権政治の打破をめざす政治改革に着手したんだ。

　ここでは、その中でも、特に大事な政治資金規正法と政党助成法について説明しよう。

　政治資金規正法は、政治献金の流れを透明化する法律だ。同法によると、献金をもらう意思のある国会議員は必ず受け皿として資金管理団体を作り、そこを通した献金のみを受け取れる。つまり、**だれかから議員が直接献金をもらってはいけない**わけだ。また、資金管理団体あてであっても、**企業や圧力団体からの献金は禁止**だ。さらに資金管理団体は、**5万円以上の献金は政治資金収支報告書で公開**しないといけない。あと細かい部分は**Point整理**（⇒ p.141　**Point ④**）で見てもらうとして、だいたいこういう内容だ。

　同法には抜け道も多いが、それでも同法によって政治家が献金を受け取りにくくなったことは事実だ。しかしよく考えると、**議員には全国民の代表として働く責務があるから、ある程度の活動資金は必要**だ。ではそのお金、いったいだれがフォローすればいいのか？

　答えは簡単。我々**国民が税金でフォロー**するのが筋だ。なぜなら、**国民の自由と安全を本気で考えれば、どんな政治でもお金はかかる**ものなのだから。これを「民主主義のコスト」という。

　そして、このコスト補填を具体化するための法が政党助成法だ。

　同法に基づき、毎年「国民1人あたり250円×人口 ≒ 320億円」が、政党交付金として、各政党*の規模に応じて配分されている。これで「寄付と見返り」の構図が少しでもなくなることが望まれているわけだね。

　　＊政治資金規正法と政党助成法でいう「政党」とは、「**国会議員5人以上 or 直近の国政選挙での得票率2％以上**」のいずれかを満たす団体をさす。

❷ 日本の政党政治に見られる特色

● 議員政党

日本の政党は一般大衆の党員が少なく、**国や地方の議員中心に構成**されている。言いかえれば、**大衆基盤が弱い**。

● 派閥

自民党の一党支配が続けば、「自民 No.1 の政治家 = 日本の首相」という構図ができ上がる。だから、自民党政治家の多くは派閥拡大に腐心し、そのせいで**党内の歩調が乱れたり金権政治が横行**したりすることがある。

● 党議拘束

政党が決めた法案への可否に所属議員は従う必要があり、造反者は厳しい処分（除名・離党勧告含む）の対象となる。

● 利益誘導型政治

日本の国会議員は、「全国民の代表」である以前に、「地元の代表・圧力団体の代表」という意識が強い。でもそのせいで、**地元や支持母体の利益ばかり優先**させ、国民的利益はあと回しになりがちだ。

● 族議員

自民党議員を中心に、**特定省庁とつながりの深い議員**がたくさんいる。これが族議員だ。彼らは政調会長*の指示のもと、特定の常任委員会に所属し、さまざまな部会（農林・国防・文教部会など。自民党政務調査会の下に設置）に出席して特定の省庁事務に精通し、同時に官僚と太いパイプを築く。

彼らが「政・官・財の癒着」の温床になっていると言われることが多い。

> *政調会長は、党の重要組織・政務調査会（政策の立案・調査を実施）の長で、幹事長（総裁の補佐）・総務会長（党運営と国会活動方針を決定）を合わせて、自民党の「党三役」とよぶ。

CHECK!

C 政・官・財の「鉄の三角形（腐敗のトライアングル）」

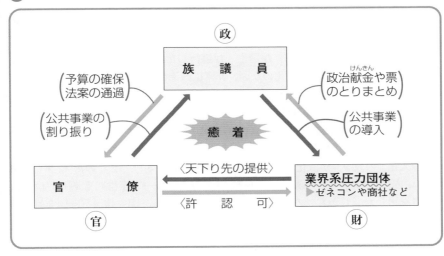

❸ 戦後の日本政党史 ～55年体制とその崩壊～

55年体制とは、**自民が与党で社会が野党No.1の体制**のことだ。

終戦直後、**大政翼賛会**解散の反動で政党が多数誕生し、日本は**多党化**が進んだ。しかしそのせいで**決め手となる大政党がない**状態となり、しばらく日本は、**不安定な連立政権の時期が続いた。**

その後、**公職追放**の解除による戦中政治家の復帰やGHQの**占領統治**終了を受け、しだいに**自主憲法制定を望む声**が高まっていく。

しかしそれを許すと、9条が改正されまた戦争への逆戻り（＝**逆コース**）になる——革新系政党はそう考え、**改憲阻止のため他党と合流**することを決意した（＊96条の改憲規定で「**両院の3分の2以上**」を相手方に取られなければ、改憲阻止）。こうして誕生したのが、**日本社会党**だ。彼らはねらいどおり、衆参両院の3分の1の議席を取り、改憲を阻止した。

しかし、改憲をめざす勢力も対抗し、**来るべき3分の2ゲットの日に備えて、大々的な合流**を行った。これが歴史的な「**保守合同**」であり、このとき合流したのが**日本民主党**（＊1998～2016年の民主党とは別）と**自由党**。つまり、ここに**自由民主党**が誕生し、「**55年体制**」が始まったんだ。

この体制は一見二大政党風だが、実際は全然違う。なぜなら**議席数が倍くらい**

政治編
第1章
第2章
第3章
第4章
第5章
第6章
第7章
第8章
第9章
第10章
第11章
第12章

経済編
第13章
第14章
第15章
第16章
第17章
第18章
第19章
第20章
第21章
第22章
第23章
第24章
第25章
第26章

時事問題編
第27章

違うからだ。だからよく「1と½政党制」などとバカにされた。つまり**55年体制とは、実質「自民の1党支配体制」**なんだ。

　この時代、両者の力関係が逆転することはなかった。**1960〜70年代に多党化**（民主社会党［1960。1969年に民社党に改称］・公明党［1964］・新自由クラブ［1976］・社会民主連合［1978］が誕生）が進行したため、一時的に不安定にはなったが、長期的にはあまり変化のない、**非常に政治の安定した時期**だった。

　でも、ここでの安定とは「自民党の天下が続く」ということだから、あまりいい意味ではない。**1党支配は腐敗を生みやすいうえ、「自民党 No. 1の政治家 = 日本の首相」となるため、党内抗争や派閥争いを助長させる原因となる。**

　実際に、1970年代には自民の党内抗争（特に三木・田中角栄・大平・福田の「三角大福」の政争）が激化したのに加え、1980年代にかけて2つの汚職事件（田中角栄内閣の**ロッキード事件**と竹下登内閣の**リクルート事件**）もあり、政治は醜さを増した。しかもこの時期、最大野党の社会党は「国対政治（=国会対策委員長同士の密室での談合）」で自民となれ合い、批判政党として機能していなかった。**国民の政治不信は、一気に高まった。**

　しかしそれでも、圧力団体の組織票をもつ自民の天下は崩れない。国民は次第に選挙への関心を失い、1980年代後半には、投票率は低下していった。

　この流れに終止符を打ったのは、国民ではなく議員だった。自民党の腐敗政治に、党内の若手議員が反乱を起こしたのだ。

　1993年、自民党期待の若手・**小沢一郎を中心に大量の議員が自民党を離党**し、のちに総理となる羽田孜らとともに新生党を結成した。これで自民党は衆議院で過半数を割り込み、**宮澤内閣の不信任が可決された。**その後の選挙でも自民は敗れ、ついにこの年、日本新党の細川護煕を首班とする**非自民・非共産の8政党連立・細川連立内閣が誕生した。**これが55年体制の終焉だ。

　でも、自民党の政権にかける執念はすごい。細川・羽田と非自民政権が人気をなくしていく中、だれもが驚く大連立をやってのけた。なんと**自民党は、宿敵・社会党と連立した**のだ。こうして1994年には**自民・社会・さきがけ（自社さ）**が連立して社会党の**村山富市**を首班とする村山連立内閣が誕生し、ついに自民は念願の政権与党に復帰したのだ。

　しかもこの村山内閣、**形のうえでは戦後2回目の「社会党首相」**だが、**主導権を握ってるのは間違いなく自民党**だった。なぜなら社会党はこの連立を組むとき、「安保・自衛隊・日の丸・君が代」を容認してるのだ。この方針転換は、社会党の支持層を大いに失望させた。だから社会党は、このとき**首相は出せたものの支持者が激減し、結局1995年の参院選に大敗**した。その責任を取って、村山首相は

政治編

第1章
第2章
第3章
第4章
第5章
第6章
第7章
第8章
第9章
第10章
第11章
第12章

経済編

第13章
第14章
第15章
第16章
第17章
第18章
第19章
第20章
第21章
第22章
第23章
第24章
第25章
第26章

時事
問題編

第27章

辞任。この後は自民党の橋本龍太郎が政権の座を引き継ぐことになる。**支持者が望んでいたのは、安保や自衛隊に反対する健全な社会党**だったのに、彼らは完全に風を読み違えたね。

　この後社会党は、リフレッシュのため党名を「社会民主党（社民党）」に変え、橋本内閣には大臣を出さなかった（「さきがけ」も）。かといって、今さら野党側に戻ることもできず、結局「**大臣は出さないが自民党に協力する**」という中途半端な"閣外協力"を続けた。こういう流れがあったから、両党に見切りをつけた議員たちが中心となって合流し、1998年に民主党が結党されたんだ。

　しかしこの橋本内閣も、長くは続かなかった。バブル後の不況時にさらに景気を悪化させる緊縮財政を続けたうえ、在任中にアジア通貨危機まで起こったため、1998年の参院選に敗北し、責任を取って辞任したのだ。

　この後自民党は、1998年成立の小渕恵三内閣の時から「自社さ連立」をやめ、公明党・自由党（小沢一郎の政党）と連立する「自自公連立政権」へと切り替えた。これがまたとんでもない超巨大与党で、なんと連立与党全体で、議席が衆議院の3分の2以上、参議院の過半数を占めた。こうなると**人数的にどんな法案でも必ず通るから、1999年の通常国会では強行採決や委員会採決省略、超短期間の法案審議などかなり乱暴な手法が相次ぎ**、最終的に国旗・国歌法、通信傍受法、改正住民基本台帳法という"人権侵害の疑いのある三法"が成立した。

　しかしこの小渕内閣の途中、自由党が分裂し、連立には小沢一郎一派を除いて結党された保守党が残った（自公保連立政権）。その後、森喜朗内閣、小泉純一郎内閣と自公保が続くが、小泉内閣の途中から保守党が離脱し、「自公連立政権」となった。この**集票力の高い公明党と連立を組み続けたことで、自民党は政権の座をキープし続ける**。

　ところが、小泉首相の人気が高すぎた反動で、その後の安倍晋三・福田康夫・麻生太郎と人気が低迷し、2009年にはついに衆院選で敗北し、民主党に政権の座を奪われてしまう。

　その民主党も、鳩山由紀夫・菅直人・野田佳彦と人気が低迷し、しかも選挙時のマニフェスト違反続出もあって、ついに**2012年末の衆院選で自民党に大敗し、自民党が安倍内閣で政権の座に返り咲いた**。その後、安倍内閣は長期政権を築き、2019年8月には大叔父・佐藤栄作を抜いて戦後最長の首相に、そして2019年11月20日には桂太郎（2886日）を抜いて歴代最長の首相になった。

　しかしその安倍晋三も2020年退陣し（＊2022年、死去）、菅義偉を経て、2021年からは岸田文雄が首相となって、自民党政権を維持している（2024年5月現在）。

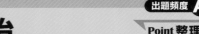

政治編 第11章 **国際政治** 出題頻度 **A** / **Point 整理**

Point 1 国際社会と国際法

●国際社会の成立:「三十年戦争(1618〜48) → ウェストファリア条約(1648)」を経て。
→ ここから欧州に多数の**主権国家（独立国家）**誕生。

◎主権国家間に必要なもの

┌ ●国 際 法 … 普遍的な自然法としての、**主権国家間のルール。**

↓　　　　　　　条 約 ▶成文法 ／ **国際慣習法** ▶不文法

│ きっかけ ： **グロチウス**による三十年戦争への反省。

▶国際法の父

┌ ◆『戦争と平和の法』…戦時と平時に守るべきルール。

│　　　　　　　　　　　戦時国際法と平時国際法

└ ◆『海洋自由論』…公海自由の原則／植民地先占の法理 早い者勝ち

●平和維持を図る手段… 紛争防止＆処理システムの確立。

┌─────────────────────────────────────┐
│ ◆勢力均衡方式：軍事同盟同士のにらみ合い。

│　　ユトレヒト条約(1713)よりスタート。→ ウィーン会議(1814)で拡大。

│　　スペイン継承戦争　　　　　　　　　　ナポレオン戦争

│　　 問題 軍備増強合戦につながりやすい。→ 第一次世界大戦で崩壊。
└─────────────────────────────────────┘

◆集団安全保障方式：**国際平和組織の協力**で平和維持。 平和の敵に集団制裁

Point 2 国際連盟の組織

●国際連盟 … 初の集団安全保障の実現。
　◆本　　　　部：ジュネーブ／（原加盟国）：42か国
　◆常任理事国：英・仏・伊・日（＋非常任理事国も４か国）
　◆自 治 機 関：国際労働機関、常設国際司法裁判所
　 欠点 … 大国の不参加／全会一致制／経済制裁のみ

　◆**米の不参加**…モンロー主義(欧との**相互不干渉**。伝統的な孤立外交)のため

　◆ソ連の除名(フィンランド侵攻で)／◆日独伊の脱退(世界恐慌後)

┌─────────────────────────────────────┐
│ ＊参考：ヴェルサイユ体制…国際連盟時代の国際秩序。
│ ●大枠：ヴェルサイユ条約…国際連盟の設立／独の「賠償義務＋軍縮」規定
│ ●軍艦の保有制限…各国の保有比率を制限。
│ 　┌◆ワシントン海軍軍縮条約(1921・主力艦) → (米英)5：(日本)3：(仏伊)1.67
│ 　└◆ロンドン海軍軍縮条約 (1930・補助艦) → (米英)10：(日本)7
│ ●侵略の防止：┌◆領土保全：四か国条約(1921・太平洋)＋ 九か国条約(1922・中国)
│ 　　　　　　　└◆独 仏 間：ロカルノ条約(1925)…両国の国境を、相互の侵略から守る。
│ ●不戦の誓い：ケロッグ=ブリアン協定…武力によらない紛争解決への誓い。
│ 　　　　　　　＝パリ不戦条約(1928) 　　ただし「自衛戦争は OK ／罰則なし」
└─────────────────────────────────────┘

Point ③ 国際連合の成立と目的

●国際連合 … より完全な集団安全保障をめざして。

成立

大西洋憲章（国連の構想・1941）
→ ダンバートン=オークス会議（国連憲章草案・1944）
→ ヤルタ会談（大国一致の原則・1945.2）
→ サンフランシスコ会議（国連憲章採択・1945.6）

3つの目的

❶：国際の平和と安全の維持
❷：諸国間の友好関係の発展
❸：国際問題の解決と国際協力の推進

＋

7つの原則

❶：主権平等
❷：憲章の義務の誠実な履行
❸：紛争の平和的解決
❹：武力による威嚇・行使を慎む
❺：国連の行動への全面的協力
❻：非加盟国との協力
❼：各国の内政への不干渉

Point ④ 国際連合の組織

本部 ニューヨーク
第1回総会のみロンドン

原加盟国 51（＊2024年現在は193か国）
2011年加盟の南スーダンが最新

◆原加盟国は大戦時の連合国のみ。
「枢軸国（日独伊など）」は含まず
◆世界のほとんどの国が加盟。＝「普遍主義の原則」
◆独立国のうち、バチカン・コソボ共和国・クック諸島などは未加盟。
◆永世中立国スイスは2002年加盟。
◆北朝鮮は1991年、韓国と南北同時加盟。
◆台湾は1971年、**中国の国連代表権が承認されたとき、国連から脱退。**
　[◇正確にはアルバニア決議（＝台湾追放決議）を受け、脱退。
　[◇台湾は中国の一部という考え方＝「1つの中国」論。
◆**国連総会に投票権なしで参加する国や組織は「オブザーバー」とよばれる。**
パレスチナ国／ EU ／議題に関連する NGO など

政治編
第1章
第2章
第3章
第4章
第5章
第6章
第7章
第8章
第9章
第10章
第11章
第12章

経済編
第13章
第14章
第15章
第16章
第17章
第18章
第19章
第20章
第21章
第22章
第23章
第24章
第25章
第26章

時事
問題編
第27章

●事務局 … 事務担当。

事務総長は**5大国以外**
からの選出が慣例。
＊現在はアントニオ＝グテ
ーレス（ポルトガル）

●信託統治理事会

未開発地域の独立。
1994年、パラオ独立
を最後に、現在は**活動**
を停止中。

●経済社会理事会

非政治分野での国際協
力をめざす。**専門機関**
と連携。

●安全保障理事会 ┐
●国際司法裁判所 ┘（→ Point **5 6** 参照）

●国連総会

◆全加盟国が参加する「国連の**最高機関**」。
◆**投票は「1国1票制」**（＝主権平等）。
　IMFやIBRDでは出資額に応じ投票 ＝ 加重投票制
議決方法
◇重要事項：加盟国の3分の2以上の賛成。
◇一般事項：加盟国の過半数の賛成。

↓

＊**総会により設置**されたおもな下部機関
UNCTAD、UNHCR、UNICEF、IAEA など。
→ **専門機関と別**／ UN から始まる**機関が多い**。

＊代表的な専門機関

◆ ILO（国際労働機関）／ WHO（世界保健機関）
◆ IMF（国際通貨基金）／ IBRD（国際復興開発銀行）
◆ UNESCO（国連教育科学文化機関）　など。

＊**専門機関** … 国連の下部機関ではなく「政府間の協定で作られ、
　経済社会理事会を通じて国連と協力する国際機関」

◎**6つの主要委員会** … 総会採択前に、まずテーマ別に討論するための場。

◆第一委員会（軍縮・安保）　　◆第四委員会（政治・非植民地化）
◆第二委員会（経済・金融）　　◆第五委員会（行政・予算）
◆第三委員会（社会・人道・文化）　　◆第六委員会（法律）

Point **5** 安全保障理事会

●紛争処理の中心機関。
任務 国連憲章 に基づく、国際の平和と安全の維持。

6章：平和的解決 … 停戦命令・事務総長による仲裁・国際司法裁判所へ
　　　　　　　　　 の要請など。　＊**拘束力なし**
↓
7章：強制的措置 … 経済制裁、**集団的な軍事行動**など。　＊**拘束力あり**

本来は事前の特別協定（43条）に基づく「**正規の国連軍**」を派遣すること
になっているが、**正規の国連軍は組織例なし**。
　→ かわりに**加盟国協力の連合軍や地域機関の軍事力**などを活用。
　　　　　特別協定なしの多国籍軍　　　　　NATO軍など
　→ 紛争処理のための「**すべての必要な措置**」が OK に。
　　　＊その際の軍事行動は、全面的に参加国の管理下で行う。安保理は承認のみ

組織

●常任理事国：米・英・仏・中・ロ(俗に「五大国」)
　　　　↓　　　→ 重要な議決には拒否権の行使可。

　常任理事国の増加案 … 現在検討中。日・独などが参加意思を表明。
　　→ 実現時に「旧敵国条項」(53条など)削除の見通し。
　第二次大戦中の敵国(日独伊など)に対してのみ、必要ならば安保理のOKなしでの武力行使も可

●非常任理事国：10か国(2年ごと・地域ごと)を選出。拒否権なし。
　　　当初6か国だったが、1965年国連憲章改正で10か国に

議決

●手続き事項(非重要) … 9理事国以上の賛成で可決。
●実質事項(重　要) … 五大国すべてを含む9理事国以上の賛成が必要。
　　　　　　　　　　　拒否権行使で議決不可に

その他

●武力行使は「原則全面禁止(安保理制裁決議があれば可)」。
　→ ただし制裁決議が間に合わない緊急時には、例外的に個別的・集団的自
　　衛権の行使も可(51条)。
●安保理は任務の遂行に必要と認める補助機関を設けることができる。
　　　旧ユーゴスラビア国際戦犯法廷(1993)、ルワンダ国際戦犯法廷(1994)など

Point⑥ 国際司法裁判所

設立の流れ

●常設仲裁裁判所 ……… ハーグ平和会議(1899)後、ハーグ条約に基づき創設。
　　　　　　　　　　　　ただし裁判官名簿のみを作成し、裁判所そのものはなし。
　　↓
●常設国際司法裁判所 … 第一次世界大戦後設置、初の本格的国際裁判所。ハーグ。
　　↓
●国際司法裁判所(ICJ) ……… 任期9年の15名の裁判官。裁判は「一審終結」
　オランダのハーグ　　　　　3年ごとに5名ずつ改選　　　　上訴は不可

任務 裁判／勧告的意見の提供(総会や安保理の要請に応じて)
　　　1996年に示した「核の使用は国際法上違法」が有名

┌◆当事国の同意(= ICJの管轄権[裁判を行う権限]の受入)がないと裁判不可
│　　→ ただし裁判になれば、判決には拘束力あり。
│　　　　　　　　　　　不服従 → 安保理の強制措置
└◆対象は国家のみ → 個人用に国際刑事裁判所(ICC)を設立(2003)。
　　　　　　　　　↓　日本は2007年批准(米は未批准)

　対象 以下の4つが、ICCの管轄犯罪。

　戦争犯罪／人道に対する罪／集団殺害(=ジェノサイド)／侵略の罪

政治編

第1章
第2章
第3章
第4章
第5章
第6章
第7章
第8章
第9章
第10章
第11章
第12章

経済編

第13章
第14章
第15章
第16章
第17章
第18章
第19章
第20章
第21章
第22章
第23章
第24章
第25章
第26章

時事
問題編

第27章

Point ⑦ 国連平和維持活動（PKO）

（活動）

国連休戦監視機構(1948)より開始 ➡ ノーベル平和賞(1988) ➡ **冷戦後、急増**
▶UNTSO・パレスチナにて　　　　　　　　　　　　　　　　　　　　米ソ協力の実現

●国連憲章上の規定：なし…┌ ⌈6章⌉：平和的解決 ┐ の中間 ＝「6章半活動」
　　　　　　　　　　　　└ ⌊7章⌋：強制的措置 ┘　　　▶憲章外活動

（組織）┌ ◆平和維持軍（PKF）… 中立的な警察活動。**軽武装部隊**。
　　　　│
　　　　│ ┌──────────────────────────────────┐
　　　　│ │ 軍という呼称、武装組織である点から、憲法9条にふれる疑いがあり、**日本は当初参加** │
　　　　│ │ **を凍結**していた。しかし2001年の米同時多発テロを受け、同年より**参加凍結を解除**。 │
　　　　│ └──────────────────────────────────┘
　　　　│
　　　　├ ◆停戦監視団 ………… 国連加盟国の**非武装軍人**で構成。
　　　　└ ◆選挙監視団 ………… 民主的選挙の監視。**民間からも参加**。

Point ⑧ 平和執行部隊（PEU）＝「第3世代のPKO」

（冷戦期）：第1世代 PKO…停戦監視、兵力引き離しなど。
（冷戦直後）：第2世代 PKO…選挙監視団や国作り支援も含む。
（1993〜96）：第3世代 PKO を創設。

（きっかけ）『平和への課題』レポート … ガリ事務総長が発表(1992)。

（テーマ）冷戦後の国連機能の強化のために
　　　　　　…┌ ◆予防外交と**平和創造**　◆紛争後の平和建設 ┐ などをめざす。
　　　　　　　└ ◆調　　停　　　　　　◆**制裁的措置**の発動 ┘

（具体化）平和執行部隊（PEU）の創設 … ┌ ◆**7章**に基づく**重武装**の部隊。
　　　　　　　　　　　　　　　　　　　│ 　　　　武力行使が前提
　　　　　　　　　　　　　　　　　　　│ ＋
　　　　　　　　　　　　　　　　　　　└ ◆当事国の**同意なしでも**展開。

　　＊ソマリア・旧ユーゴなどに派遣実績あり。
　　　→ but **非難集中** ＋ **機能不十分**で挫折。1995年に**構想は事実上撤回**。
　　　　内政干渉／予算のムダ／被害大／停戦失敗

●日本の PKO … 湾岸戦争時の「**国際貢献論**」→ PKO 協力法**成立**(1992)
　　　　　　　　自衛隊の派遣可に・1992年、カンボジア PKO（UNTAC）が初派遣

● PKO 参加5原則 ┌ ❶：停戦合意
　　　　　　　　　├ ❷：受け入れ同意　　　────→ 世界共通の原則
　　　　　　　　　├ ❸：中立・公平　　　　　　　　　＋
　　　　　　　　　├ ❹：❶〜❸が崩れれば撤収。┐→ 日本独自の原則
　　　　　　　　　└ ❺：武器の使用は最小限に。┘

Point ⑨ 冷戦の流れ

●冷戦とは … 米ソを中心とする資本主義国(西側) vs 社会主義国(東側)のにらみ合い。

きっかけ

ヤルタ会談 … 戦後処理をめぐる**米英ソ首脳会談**。
(1945.2)　　　　　　　　F＝ローズベルト・チャーチル・スターリンが集まる

↓
> 会談後、ソ連が東欧に進軍し、社会主義化。
> → 米がこれに反発し、対立始まる。

「鉄のカーテン」演説 … ソ連による欧州分断の現状を演説。
1946・チャーチル　　→ 冷戦対立の表面化。

ベルリン封鎖 … ソ連がベルリンを交通封鎖。→ 対立は決定的に
(1948)　　のちに東独が「ベルリンの壁」を造る

その後の対立

政治：**トルーマン＝ドクトリン**　vs　**コミンフォルム**
　　　対ソ封じ込め政策　　　　　　東側共産党の結束

経済：**マーシャル＝プラン**　vs　**COMECON**(経済相互援助会議)
　　　米→西欧への援助　　　　　　ソ→東欧への援助

軍事：**NATO**(北大西洋条約機構) vs **WTO**(ワルシャワ条約機構)
　　　西側軍事同盟　　　　　　　　東側軍事同盟

◎ことごとく対立 → **but** 実際の米ソ戦までは至らず。
　　　　　　　　　　　「代理戦争」のみ

Point ⑩ 緊張緩和(デタント)の動き

●ジュネーブ会議(1954) … 極東和平(朝鮮戦争・インドシナ戦争処理)に
　　　　　　　　　　　　向け、東西初の本格顔合わせ(米・英・仏・中・ソ)。

●ジュネーブ四巨頭会談(1955) … ドイツ統一問題や軍縮をテーマに会談
　　　　　　　　　　　　　　(米・英・仏・ソ)。

●平和共存路線(1956) …… **フルシチョフ**が提唱。→ ケネディも呼応。
　　　　　　　　　　　　ソ連・スターリンを批判

but この時期キューバ危機発生。
　→ ソ連のキューバへのミサイル基地建設から米ソ間緊張(核戦争のピンチ！)。

↓
話し合いで解決したあと、両国間に**ホットライン**設置。
　　　　　　　　　　　　▶米ソ首脳間の直通電話

政治編
第1章
第2章
第3章
第4章
第5章
第6章
第7章
第8章
第9章
第10章
第11章
第12章

経済編
第13章
第14章
第15章
第16章
第17章
第18章
第19章
第20章
第21章
第22章
第23章
第24章
第25章
第26章

時事問題編
第27章

Point⑪ キューバ危機前後の世界の動き

●**多極化**：キューバ危機前後より、**米ソ二極優位の崩壊**。

●**西側の動き**
- ◆米の経済的優位の後退 … **日本・EC**を含む**三極体制**へ。
- ◆仏の独自外交 … 「仏の栄光回復」めざす**ド゠ゴール大統領**の路線。
  - 米主導への反発　**中国を承認(西側唯一)／ NATO の軍事機構から脱退／独自の核開発**

●**東側の動き**
- ◆中ソ対立 … **毛沢東** vs フルシチョフの対立。
  - → 1969年、**国境紛争**(＝ダマンスキー島事件)に発展。
- ＊この後**中国は米に急接近** →
  - 「敵の敵は友」的発想
  - ◇**国連代表権 get**(1971)。
    - かわりに台湾は脱退
  - ◇ニクソン訪中実現(1972)。
- ◆**チェコ事件** … ドプチェク政権による**反ソ的自由化路線**(＝プラハの春)。
  - チェコ・1968　→ **but** ソ連が弾圧(**ブレジネフ゠ドクトリン**が根拠)。

  > 社会主義全体の利益のためには、1国の主権制限もやむなしという「制限主権論」の考え(内政干渉・軍事侵攻を正当化)。

●**非同盟主義**：東西どちらにもつかない、途上国の動き。
- → 代表的人物：**ネルー・周恩来・チトー・ナセル・スカルノ**
  - インド　中国　ユーゴ　エジプト　インドネシア

背景
- ◆**第三世界の台頭** … 「Ａ・Ａ諸国(＝アジア・アフリカ)」などの途上国。
- ◆**平和五原則発表** … 相互の領土保全・主権尊重・内政不干渉・平和
  - ネルー＋周恩来・1954　的共存など(→ のちに「平和十原則」に拡大)。

●**活動の流れ**
- ◆**アジア・アフリカ会議**(1955) … インドネシアのバンドンに29か国代表が集結。結束固める。「平和十原則」採択。
- ◆「**アフリカの年**」(1960) ………… アフリカ**17か国が独立・国連加盟**。
- ◆**非同盟諸国首脳会議**(1961〜) … ユーゴのベオグラードにて。**チトー**大統領が主導。ほぼ3年ごとに開催。

  - | 初 期 | = 政治重視：**ベオグラード宣言** |
    - 冷戦期の戦争回避がテーマ
  - ↓
  - | 冷戦後 | = 経済重視：**新ベオグラード宣言へ** |
    - 途上国救済用に南北経済サミットを

Point ⑫ 冷戦の終結

1980's：新冷戦 … ┌ ◆ソ連：アフガニスタン侵攻 … 親ソ政権支援のため進軍。
　　　　　　　　　　　│ 　　　→ 西側は抗議し、モスクワ五輪(1980)をボイコット。
　　　　　　　　　　　└ ◆米：戦略防衛(SDI)構想 … **軍事衛星・ハイテク兵器**など。
　　　　　　　　　　　　　　　　　　　　　　　▶スターウォーズ計画

　　　　◎米ソ、**新たな緊張局面**へ（→ ゴルバチョフまで続く）。

1985：ゴルバチョフ、ソヴィエト共産党の新書記長に就任。

　　　　ソ連の大改革に着手 … ┌ ◆ペレストロイカ(改革)
　　　　　　　　　　　　　　　│ ◆グラスノスチ(情報公開)
　　　　　　　　　　　　　　　└ ◆**新思考外交**(西側との協力外交)

1989：**東欧革命**(とうおう) … ソ連の改革が東欧諸国にも波及(はきゅう)。

　　　┌─────────────────────────────────┐
　　　│ ◆ポーランド：自主労組「連帯」のワレサ議長、選挙で勝利。│
　　　│ ◆東 ド イ ツ：ホーネッカー議長、逮捕(たいほ)。　　　　│
　　　│ ◆チ ェ コ：反体制劇作家ハベル氏、大統領に。　　　│
　　　│ ◆ルーマニア：チャウシェスク大統領、処刑。　　　　　│
　　　└─────────────────────────────────┘

◎**ベルリンの壁**(かべ)、**崩壊**(11月)
　　　→ マルタ会談(12月)で**冷戦終結が宣言**される。
　　　　　　　ブッシュ・ゴルバチョフ間

1991：ソ連邦解体 → 独立国家共同体(CIS)へと移行。
　　アルマ=アタ宣言　　ソ連は EU 型のゆるやかな結合へ

　　┌ ◆COMECON・ワルシャワ条約機構も解体。
　　└ ◆バルト三国(エストニア・ラトビア・リトアニア)は CIS に入らず独立。

ポスト冷戦
● 旧東欧諸国はすべて民主化。市場経済へ移行。
● 民族紛争の激化。

政治編
第1章
第2章
第3章
第4章
第5章
第6章
第7章
第8章
第9章
第10章
第11章
第12章

経済編
第13章
第14章
第15章
第16章
第17章
第18章
第19章
第20章
第21章
第22章
第23章
第24章
第25章
第26章

時事
問題編
第27章

Point 講義

❶ 国際連盟

ヨーロッパに今日型の国際社会（＝独立した主権国家同士のつき合い）が成立したのは、17世紀と意外に新しい。

きっかけは三十年戦争（1618〜48）だ。ドイツに始まるこの戦争は、いつの間にか全欧規模の領土争いとなり、その結果、ウェストファリア条約を経て、ヨーロッパに約300の主権国家が誕生した。

独立国家が増えれば、国家間で守るべきルールが必要になってくる。そう考えたオランダ人グロチウスは、国際法の必要性を訴えた。

そして、こうして生まれてきた国際法という概念が、今日ではこんな形で整備されている。

Point　今日の国際法

- ⓐ：国際慣習法 … 国家間の暗黙の合意。長年の慣習で成立。
  ▶不文法　　例：公海自由の原則／外交官特権など。
- ⓑ：条　　約 … 国家間の明示の合意。国家間の文書で成立。
  ▶成文法　　例：条約／憲章／協定／規約／議定書など。
  当事者間で任意に名称を決めているだけ。効力上の区別なし

＊条約の成立過程
- ◆締　結 ……… 全権委員が署名・調印。
  日本なら内閣
- ◆批　准 ……… 国会承認＋内閣の確認・同意。
  → その後内閣が批准書を作成。
- ◆批准書交換 … これで国際的効力が発生。

→ ただし国際社会では
ⓐのほうをより重視

＊ⓐ＞ⓑと扱われる理由
- ⓐ：国際社会全体に適用
- ⓑ：締約国だけを拘束

しかし、国際法だけでは不十分だ。独立国家が増えた以上、日ごろから戦争回避を意識して、各国間で平和維持のシステムを構築することも必要になってくる。

そこでこの時代、最初の平和維持システムとして、勢力均衡方式が採用された。これは仲のいい国同士で軍事同盟を形成し、敵対する軍事同盟とにらみ合うというやり方だ。

これで双方が同等の力バランスを保てば、共倒れをおそれて戦争はなくなるはず。こういうやり方が、1713年のユトレヒト条約以降、ヨーロッパに急速に拡大していった。

だがこのやり方はあやうい。双方の力バランスが崩れれば、ただちに戦争に突

入する危険がある。結局**勢力均衡方式は、際限ない軍備拡張競争を招き、最終的には第一次世界大戦における**三国同盟（独・オーストリア・伊）vs 三国協商（英・仏・ロ）**の対立で大爆発した。**

　結局このやり方では、かえって大戦争につながってしまった。だから第一次世界大戦後は、まったく違った平和維持方法が採用された。これが今日の国連型システム・**集団安全保障方式だ。つまり、すべての国が１つの国際平和組織に参加し、平和の敵には集団制裁**をかけるというやり方だ。

　第一次世界大戦後の1920年、初めてこの集団安全保障システムが完成した。それが国際連盟だ。

　設立のきっかけは、アメリカ大統領ウィルソンの提唱した「平和原則14か条」だ。彼はこの中で、世界平和確立の基盤として、**民族自決の考えとともに国際平和機関設立の必要性を訴えた。**これを具体化させたものが国際連盟というわけだ。

　ただし**国際連盟には３つの致命的な欠点**があり、そのせいで、うまく機能しなかった。つまり、**発案国アメリカが**モンロー主義の孤立外交**で参加できず**（＝大国の不参加）、**１国でも反対があれば何も決められず**（＝全会一致制）、**できるのは経済制裁だけ**（＝制裁手段の不備）だったんだ。

　これでは世界平和は守れない。結局この不完全な組織には、第二次世界大戦を阻止することはできなかった。

❷ 国際連合

　第二次世界大戦後には、国際連盟の失敗を教訓に、**より完成度の高い国際平和組織**が作られた。これが今日の国際連合だ。

　国際連合については、くわしく **Point整理**（➡ p.153　**Point❸**〜）に載せたので、そちらで学んでおくこと。特に安全保障理事会（➡ p.154　**Point❺**）と国際司法裁判所（➡ p.155　**Point❻**）は頻出だから気をつけて。

　しかし、その国連にも欠点はある。いや、欠点だらけだ。国連はそれら数多の欠点が複雑にからみ合い、思ったほど役に立ってないのが現状だ。こちらも整理しておいたので、必ず覚えておこう。

政治編

第1章
第2章
第3章
第4章
第5章
第6章
第7章
第8章
第9章
第10章
第11章
第12章

経済編

第13章
第14章
第15章
第16章
第17章
第18章
第19章
第20章
第21章
第22章
第23章
第24章
第25章
第26章

時事
問題編

第27章

▪▪ 国連の問題点

❶：冷戦期の安保理マヒ … 米ソ中心に、**拒否権240回以上。**
❷：総会の決定事項に**拘束力なし** … 各国の主権のほうを尊重。
❸：財政難 … 米中心に**分担金の滞納国**多い。
　　　　　　2年以上の滞納で投票権失う → ただし「制裁なし」が現状
❹：予算規模が小さい … PKO込みで年約98億ドル(2022／23)
　　　　　　　　　　　▶東京都の約7分の1

中でも当初、最も問題視されたのが❶だ。世界平和の維持を目的に作られた国連において、安全保障理事会は最重要機関だ。それが大国の拒否権のせいで機能しないのでは、何のための国連だかわからなくなってしまう。

この問題を解決するために1950年、国連総会で「平和のための結集」決議が採択された。これは機能マヒに陥った**安保理の機能を総会が代行できるようにするシステム**だ。

実際にこれまでこのシステムに基づいて、**十数回の緊急特別総会が開会されている**（2022〜23年にはウクライナ戦争でも開会）。このおかげで国連は、冷戦期でもなんとか最小限の機能を維持することができたんだ。

●●●●●●●● ❸ PKO（国連平和維持活動） ●●●●●●●●

本来、国際連合は、国際連盟の失敗への反省もあって、**世界平和のためなら武力制裁も厭わない目的で設立**された。だから**国連憲章43条には、安保理との特別協定に基づく正規の国連軍に関する規定も存在**している。

ところが、実際には、冷戦期に米ソが牽制し合った結果、ついに**一度も、国連憲章に基づいた正規の国連軍は組織されなかった。**

しかし、このままでは、世界平和は守れない。だから、世界平和構築のための国連軍にかわる活動、PKO（国連平和維持活動）が必要になったんだ。

PKOは「中立・非軍事」を原則とする活動で、やる仕事は軍事活動ではなく警察活動だ。その活動の歴史は古く、冷戦初期の1948年から、その地道な活動を開始している。

そしてこの活動が、近年急増している。その理由は冷戦の終結だ。**冷戦終結で米ソ両大国の協力も実現**し、今日ではPKO活動は、国連の最も重要な任務とさえいわれている。

しかし、そのPKOの内容を Point整理 （⇒ p.156　Point❼）で見てみると、なんだかとても半端な活動に見えてしまう。だが、これは仕方がない。なぜなら**国連**

は発足当初、PKOなどという任務は想定していなかったのだから（＊だから**国連憲章には、PKOに関する規定は存在しない**）。先にも述べたとおり、国連が想定していたのは、あくまで積極的な7章活動で世界平和を創造する「国連軍」だ。

しかし1990年代、PKOの範疇（はんちゅう）で、**より積極的な平和創造をめざす組織が結成**された。それが**ガリ**事務総長時代の「平和執行部隊（PEU）」だ。

平和執行部隊は、**国連憲章7章活動を前提（ぜんてい）とする重武装部隊**で、相手国の同意がなくても武力介入できる。まさに「戦うPKO」だ。

しかし、平和執行部隊の暴れ方は国連の原則にもはずれ、国際社会からあまり歓迎されなかった。しかも、最も肝心（かんじん）な紛争処理の任務に失敗とくれば、もうアウトだ。結局、**平和執行部隊は構想が撤回（てっかい）され、その後組織されていない。**

● 日本とPKOとのかかわり

日本は当初、憲法9条を慎重に守るためにも、PKOには参加しない方針をとっていた。

ところが1991年の湾岸（わんがん）戦争を機に、日本に対する国際貢献（こうけん）論が高まった。つまり「**金だけでなく、人もよこせ**」ということだ。

外圧に弱い日本は、仕方なく**海上自衛隊の掃海艇（そうかいてい）をペルシア湾に派遣（はけん）し、機雷（きらい）除去の任務**を担当した。そして今後の要請（ようせい）に備えて、急きょ法整備を開始した。

もちろんこれには野党が猛反発したが、最終的には自民党が数の力で押し切り、1992年、ついに**PKO協力法**が成立したんだ。

さらに9条との整合性を考えて、**当初は平和維持軍（PKF）への参加を凍結（とうけつ）**していたが、2001年のアメリカの同時多発テロをきっかけに法改正が実現し、今日では**PKF本隊業務への参加も可能**となっている。

同法に基づいて自衛隊が海外派遣されたおもな地域は、次のとおりだ。

● PKO協力法に基づく自衛隊の派遣先

◆**カンボジア**（PKO協力法に基づく初の派遣先）
◆モザンビーク
◆ゴラン高原
◆東ティモール
◆ハイチ
◆スーダン
◆南スーダン

政治編
第1章
第2章
第3章
第4章
第5章
第6章
第7章
第8章
第9章
第10章
第11章
第12章

経済編
第13章
第14章
第15章
第16章
第17章
第18章
第19章
第20章
第21章
第22章
第23章
第24章
第25章
第26章

時事
問題編
第27章

その他、自衛隊以外の人間も、選挙監視団の活動等で派遣されている。それらも含めた日本からの派遣実績は、下図のとおりだ。

:: PKO　日本からの派遣実績

（2022年5月現在）

ボスニア・ヘルツェゴビナ☆
ゴラン高原▲
アフガニスタン
コソボ☆
ハイチ▲
スーダン▲☆
エルサルバドル
南スーダン▲
イラク★
東ティモール▲★☆
ネパール★
コンゴ（民）☆
カンボジア▲
アンゴラ▲
東ティモール避難民★
モザンビーク▲　ルワンダ難民★

▲国連平和維持
★人 道 支 援
☆選 挙 監 視

（国連平和協力本部事務局HPを参考に作成）

コラム　湾岸戦争と報道

　湾岸戦争が人々に与えた衝撃は大きかった。
　闇夜の中を光の筋がビュンビュン飛び交う。スコープの中で標的がロックオンされ、ピンポイント爆撃が次々と成功する。それらがすべて、リアルタイムでテレビ中継される。その映像の斬新さは、僕らの心を強烈に惹きつけた。
　でも、1つだけ問題があった。現地特派員のコメントが、すべて英語だった点だ。多国籍軍が機密漏れを防ぐため、チェックしやすい英語報道に統一させたためだが、見てて疲れるうえ、何言ってんだかわかんない。僕はげんなりして、唯一湾岸戦争以外を放送していた、マイペースな民放局にチャンネルを変えた。
　翌日、新聞の隅に小さく「『楽しいムー○ン一家』、視聴率で他局を圧倒」とあった。

政治編

第1章
第2章
第3章
第4章
第5章
第6章
第7章
第8章
第9章
第10章
第11章
第12章

経済編

第13章
第14章
第15章
第16章
第17章
第18章
第19章
第20章
第21章
第22章
第23章
第24章
第25章
第26章

時事
問題編

第27章

❹ 冷　戦

冷戦とは、アメリカ中心の資本主義陣営（＝西側諸国）と、ソ連中心の社会主義陣営（＝東側諸国）の、にらみ合いの構図のことだ。

なぜこんな対立が発生したのか、順を追って見ていこう。

1945年２月、チャーチル（英）・F＝ローズベルト（米）・スターリン（ソ）の３首脳がクリミア半島のヤルタに集まり、国際連合の構想など、戦後の国際秩序作りなどについて話し合った。

その際、米ソ間の密約でソ連の対日参戦が決まるなど、終戦に向けての動きがかなり加速した。ところがその後、ソ連は日本に宣戦布告するどころか、**まったく無関係な東ヨーロッパに進軍し、東欧諸国を次々と軍事力で併合、社会主義化**していった。

ソ連のねらいはこうだ。「オレたちが日本へ宣戦布告すれば、戦争はあっという間に終わる。ならば今のうちに、どさくさ紛れに社会主義の子分を増やして、勢力拡大しといたほうが得だ」。

アメリカはこれに怒った。ここから冷戦は始まったわけだ。

その後、両国はことあるごとに対立し、ついに1950年代には核対立にまで発展した。ここまでくると、もう米ソだけの問題じゃない。人類滅亡の危機だ。このころを境に両者の対立はいったんゆるみ、しだいに「雪解け」（緊張緩和）の動きが広がっていった。

しかしそこに、再び緊張が走った。キューバ危機だ。幸い、ケネディとフルシチョフは対話を重ね、なんとかこの危機を乗り切った。そしてこのキューバ危機あたりを境に、だんだんと**米ソ以外の国が力をもち始めてくる**ことになる。つまり、米ソ二極優位が崩れ、「多極化」が進行し始めたんだ。

多極化とは簡単に言うと、東西両陣営内で米ソの言うことを聞かない国が出てきたり、途上国が「非同盟主義」という新たな動きを示したりすることだ。

もうだれも米ソの言うことを聞いてくれない。こうなると、米ソの意地の張り合いもむなしい。しかもお金も無駄づかいしすぎた。というわけで、この後**1970年代は、SALT などの核軍縮を中心とする米ソ共存体制へと移行**していく。この時期の緊張緩和を米ソデタントという（➡ くわしくは「第12章　軍縮と民族紛争」）。

しかし、やはり冷戦の根は深い。このまま終わるかと思いきや、**1980年代前後には、またまた米ソは新たな緊張局面を迎える**ことになった。いわゆる「新冷戦」の勃発だ。

きっかけはソ連の**アフガニスタン**侵攻だ。アフガニスタンで親ソ政権が誕生したため、それを支援するためにソ連は軍事侵攻し、反政府ゲリラ掃討に協力した。

これに西側は抗議し、その翌年の**モスクワ五輪をボイコットした**。加えてアメリカは、資本主義勢力を守るため、ソ連に対抗して反政府ゲリラを支援した。まさに**代理戦争の復活**だ。

しかもこのころ、同時期に誕生したアメリカの**レーガン**政権が、ハイテク兵器や軍事衛星を利用した戦略防衛構想（＝ SDI 構想）を発表し、再び軍拡路線に戻す方向性を示した。

また冷戦は激化するのか——人々がそう思い始めたその時、**1人の人物の出現によって、冷戦は突如終わりを迎える**こととなる。その人物こそソ連の新しい指導者・ゴルバチョフだ。

彼が始めたソ連の大改革・ペレストロイカは、ソ連のみならずほかの東欧諸国も動かし、これが1989年の**東欧革命**へとつながった。そしてついに同年末には、ベルリンの壁が市民の手により壊され、**ブッシュ・ゴルバチョフ間の**マルタ会談で**冷戦終結が宣言**された。

冷戦後の今日、ソ連の強い締めつけがなくなったため、**昔のケンカの復活（＝民族紛争）**が多発している。また東欧諸国では民主化が進み、悪戦苦闘しながらも、市場経済への道を歩み始めている。**2004年には EU や NATO への加盟も実現**したので、今後は東西の壁を取り払った安全保障や経済体制が構築されていく。

冷戦の説明は以上だ。この項目は戦後の国際政治の根幹にかかわる大事な箇所なので、じっくり理解しながら学んでいこう。

コラム　ドイツ統一の難しさ

ベルリンの壁が壊された翌年の1990年、東西ドイツ統一が実現した。40年来の悲願が、ついにかなったのだ。

しかしその後、統一ドイツは苦しんだ。資本主義と社会主義に分断されて40年、その間に両国の経済力の差は、残酷なほど広がってしまっていたのだ。西ドイツは世界最強の経済大国の1つ、東ドイツは「東側諸国の中では優秀なほう」。その差はちょうど悟空と天津飯ぐらい。この2人が二人三脚すればどうなる？　悟空は天津飯がジャマでうまく進めず、天津飯は悟空に振り回されて転倒しまくる。

実際に統一後、旧東独側では急速な市場経済化に企業の倒産や失業が増加し、西独側はそれに引きずられて経済が伸び悩んだ。国家の分断は悲劇だが、「再統一は民族の悲願」という言葉だけに酔って事を急ぎすぎると、高い税金を払わされることになる。

■■ 国連加盟国数と地域別推移

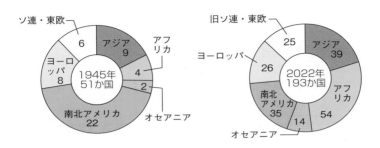

■■ 国連の予算規模（他の国との比較）

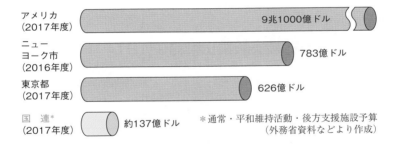

■■ 主要国の国連分担金

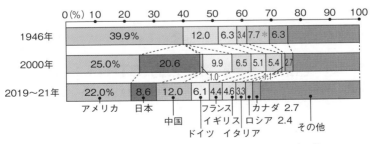

＊旧ソ連の値

（国連・外務省資料などより作成）

政治編
第1章
第2章
第3章
第4章
第5章
第6章
第7章
第8章
第9章
第10章
第11章
第12章

経済編
第13章
第14章
第15章
第16章
第17章
第18章
第19章
第20章
第21章
第22章
第23章
第24章
第25章
第26章

時事
問題編
第27章

Point 1 国連の取り組み

背景 パグウォッシュ会議(1957〜) … 核兵器と戦争廃絶(はいぜつ)をめざす科学者の会議。
　　　　　　　　　　　　　　ラッセル・アインシュタイン宣言を受けてスタート

◎これら国際世論の高まりを受け

- ◆**国連総会での軍縮(ぐんしゅくとうぎ)討議**が実現。
  国連軍縮特別総会・1978
- ◆さまざまな**軍縮審議機関**が整備。

❶：国連軍縮委員会(UNDC) … 国連設置の軍縮機関。**全加盟国**の交渉の場。
❷：ジュネーブ軍縮会議(CD) … **主要65か国の政府間交渉の場**。国連の下部機関ではないが、**主要な軍縮討議はほとんどここで行う**。
❸：国連軍縮会議 … 民間レベルの意見交換の場。毎年日本で開催。
＊❶は冷戦期、米ソ対立で機能マヒ多発。そこで❷が作られ、現在も重視

世界の取り組み

Point 2 部分的核実験禁止条約(PTBT・1963)

きっかけ 第五福竜丸事件(1954)／キューバ危機(1962)
　　　　　▶米の水爆実験で日本の漁船が被爆　　　　米ソ核戦争のピンチ
内容 「大気圏内・宇宙空間・水中」での核実験禁止。(けん)
問題 地下実験は OK。／保有国の**仏・中**が不参加。

Point 3 核拡散防止条約(NPT・1968、1992仏・中も参加)

- ●条約加盟の非保有国が新たに核保有することを禁止。
- ●加盟非保有国には、IAEA(国際原子力機関)の査察受け入れ義務あり。
  ＊2005、IAEA とエルバラダイ**事務局長にノーベル平和賞**
- ● NPT 再検討会議で
  1995より5年ごと開催
  - ◆「条約の無制限・無期限延長」決定(1995)。
  - ◆保有国による核廃絶への明確な約束(2000)。

Point 4 包括的核実験禁止条約(CTBT・1996採択)(ほうかつ)

内容
- ◆あらゆる**核爆発実験**の禁止(爆発なければ OK)。
- ◆「保有国 + 開発能力のある国」(44か国)の批准(ひじゅん)が必要。

問題
- ◆米・中・印・パなど未批准 → 発効のメド立たず。
- ◆未臨界核実験(りんかい)(核分裂手前までのシミュレーション実験)は OK。
  (米ロなど実施)

政治編

第1章
第2章
第3章
第4章
第5章
第6章
第7章
第8章
第9章
第10章
第11章
第12章

Point ⑤ 非核地帯条約

● 「この地域での核使用に反対」という趣旨の条約。

```
┌ ◆トラテロルコ条約(中南米・1967)
│ ◆ラロトンガ条約(南太平洋・1985)         ┐ ただし加盟国
│ ◆ペリンダバ条約(アフリカ・1996)          ├ → 以外の拘束は
│ ◆バンコク条約(東南アジア・1995)          │ できず。
└ ◆中央アジア非核兵器地帯条約(中央アジア・2006) ┘
```

Point ⑥ 核以外の軍縮

● 対人地雷全面禁止条約 … NGO「地雷禁止国際キャンペーン(ICBL)」の努力
  ▶オタワ条約・1999発効   ＋ カナダ政府の協力で採択。

  内容 ┌ ◆締約国は地雷破壊義務(→ 日本の自衛隊も2003年廃棄完了)。
       │ ◆NGO から地雷禁止賛成国に働きかけ実現(= オタワ＝プロセス)。
       └ ◆ICBL とジョディ＝ウィリアムズ代表にノーベル平和賞。

  問題 地雷大国の米・中・印・ロが不参加(→ 実効性低い)。

● クラスター爆弾禁止条約 … NGO の連合体「クラスター爆弾連合」の努力で
  ▶オスロ条約・2010発効   実現(→ オタワ＝プロセスがモデル)。

  内容 ┌ ◆保有爆弾の廃棄(8年以内に)／被害者支援などの義務。
       └ ◆こちらも NGO から各国に働きかけ(= オスロ＝プロセス)。

  問題 大量保有国の米・中・ロなどが不参加。

経済編

第13章
第14章
第15章
第16章
第17章
第18章
第19章
第20章
第21章
第22章
第23章
第24章
第25章
第26章

[米ソ(米ロ)の2国間軍縮]

Point ⑦ 戦略兵器制限交渉(SALT)

● 核弾頭運搬手段(= ミサイル本体部分)数の上限設定。
  ＊核弾頭そのものの削減や上限設定ではない

● SALT Ⅰにおける制限：1972年、米ソ両国とも調印 ＋ 批准。
  ◆攻撃用
    ┌ ❶：大陸間弾道ミサイル(ICBM)   ┐
    │ ❷：潜水艦発射弾道ミサイル(SLBM)   ├ → 現状の保有量で5年間凍結。
    └ ❸：多核弾頭ミサイル (MIRV) → 規制なし(開発激化)。
    ＋
  ◆防衛用：弾道弾迎撃ミサイル(= ABM)制限条約
        … ABM は米ソ各「100基以内 ＋ 1か所のみ」の設置 OK。
● SALT Ⅱ：❶～❸すべて、米ソ等量の形で、保有量の上限設定。
        → 1979年米ソ調印。but 米が未批准のまま1985年失効。
        ソ連のアフガニスタン侵攻を非難

Point ⑧ 中距離核戦力（INF）全廃条約（1987）

● 中距離核（射程500〜5500km）の全廃。
　　ソ連の SS20／米のパーシングⅡ型
　　意義 米ソ軍縮史上**初の全廃**条約。
　　問題 ロシアに条約違反ありと主張し、**米が離脱**。2019年、失効。

Point ⑨ 戦略兵器削減条約（START）

● 核弾頭そのものの**削減**。
　　　　　　　史上初の核弾頭の廃棄
● START Ⅰ：1991調印 ＋ 1994批准。
　　　　　　　 Point ⑦の❶〜❸を**米ロ各6000発ずつまで削減**（→ 2001完了）。
● START Ⅱ：1993調印 ＋ 2000批准。さらに約3000発ずつ削減。
　　　　　　　 ただし**ロシアが未批准**のため**未発効**。

Point ⑩ クリントン時代の新構想

● BMD 構想 … 弾道ミサイルから、アメリカ本土や同盟国を防衛するための
　　▶弾道ミサイル防衛　　システム作りをめざす構想。
　　　　　↓
　　[◆米本土用：NMD（全米ミサイル防衛）　] → ABM 条約の制限があるため、
　　[◆同盟国用：TMD（戦域ミサイル防衛）　]　　 **TMD のほうを重視**。

　　but テポドン疑惑（1998）より、**NMD を TMD と同列に格上げ**。
　　　　北朝鮮も ICBM 開発か!?　　　　ラムズフェルド国防長官の報告を受けて
　　　　　　　　＋
2001 同時多発テロ発生（世界貿易センタービル・国防総省［ペンタゴン］などで）
　　　 →「今やテロと**ならず者国家**こそが核の**脅威**だ」（ブッシュ）
　　　　　　▶悪の枢軸 … イラン・イラク・北朝鮮
　　◎米、ABM 条約脱退を表明 → **START Ⅱは未発効**に。
　　代替案：モスクワ条約（2002）… START とは別条約で、核弾頭
　　　　　　　　　　　　　　　を削減することで合意 ＋ 調印。
2010 新 START … オバマ・メドベージェフ間で調印。
　　　↓　　　　**モスクワ条約よりもさらに核軍縮を**。
　　背景[◆ START Ⅰが2009年で失効（新 START・2011発効）。
　　　　　 [◆**オバマ**が「核なき世界」演説（プラハ演説）でノーベル平和賞。
2023 プーチン、**新 START の履行停止**を表明。

Point ⑪ 欧州の安全保障（冷戦期〜後）・その他

● CSCE（全欧安保協力会議・1975）── OSCE（全欧安保協力機構・1995〜）

◆**ヘルシンキ**で開かれた会議	◆**ウィーン**に事務局を置く国際機関
◆全欧（アルバニア以外）＋米・加	◆全欧＋米・加＋日本など
◆冷戦期の欧州緊張緩和	◆冷戦後の包括的安保（軍事以外も）

● ワッセナー協約（＝ワッセナー゠アレンジメント・1996〜）

- ◆「**通常兵器**の"**輸出管理**"」に関する協定。（拘束力なし）
- ◆通称「**新ココム**」／**全地域向け輸出**が対象。（テロ組織への輸出等も含む）
- ◆冷戦期の「**対共産圏輸出統制委員会（COCOM）**」廃止を受けて締結。
- ◆参加国：ロシア・旧東欧を含む欧州 ＋ 日米韓豪 など41か国。

● CFE（欧州通常戦力条約・1990）

- ◆「**通常戦力**の"**削減**"」に関する条約。（「NATO—WTO間」で）
- ◆時期的に「**冷戦が再開することを前提**」として締結。（＊冷戦終結は1989）
  → 条約の適合化交渉（1997〜）→「**CFE適合条約**」作成（1999）。
  　冷戦後の国際環境に合わせる…保有制限を「東西ブロック別→国別」へ
- ◆ただしロシアは旧NATO諸国の態度に不満 → 条約脱退（2015）へ。

＊通常兵器・通常戦力 ＝ 核兵器以外 or 大量破壊兵器（WMD）以外
　　　　　　　　　　　　「**NBCR兵器**」の総称

- ◇N（Nuclear）…核兵器 → ◎さまざまな規制やルールあり。
- ◇B（Biological）…生物兵器（細菌など）→ 生物兵器禁止条約（1975）あり。
- ◇C（Chemical）…化学兵器（毒ガスなど）→ 化学兵器禁止条約（1997）あり。

　　＊BC兵器（生物・化学兵器）＝「貧者の核兵器」とよばれる
- ◇R（Radiological）…放射能兵器（劣化ウラン弾など）→ 規制なし。
　　原発で使用済みウランの軍事転用

● **カットオフ条約**（＊案のみ）…兵器用**核分裂性物質の生産禁止**条約。

比較
- CTBT：核爆発実験の禁止 → **目的** 核兵器の**性能 up**を防ぐ。
- **カットオフ条約**：高濃縮ウランやプルトニウムの生産を禁止。
　　　　　　目的 核兵器そのものを作らせないこと。

1993米が提案。「ジュネーブ軍縮会議で交渉」と国連総会で決議。
⇒ **but** 米中間で内容面での対立が発生し、**交渉はまだ始まらず**。

政治編
第1章
第2章
第3章
第4章
第5章
第6章
第7章
第8章
第9章
第10章
第11章
第12章

経済編
第13章
第14章
第15章
第16章
第17章
第18章
第19章
第20章
第21章
第22章
第23章
第24章
第25章
第26章

時事問題編
第27章

Point⑫ 戦後日本の外交

＊戦後日本の外交3原則

❶国連中心主義
❷自由主義諸国との協調
❸アジアの一員としての立場を堅持

＋

●福田ドクトリン（1977）…福田赳夫首相発表の「**東南アジア外交3原則**」

❶日本は**軍事大国とならず**、世界平和と繁栄に貢献。
❷ ASEAN 各国と「**心と心の触れ合う信頼関係**」構築。　＝ASEAN 外交原則
❸日本と ASEAN は「**対等なパートナー**」。

＝

●日ソ共同宣言（1956）

❶戦争状態の終了。国交回復。
❹**日本の国連加盟を支持。**
❺抑留中の旧**日本兵の送還**。
❻「**ソ→日**」の**賠償請求権の放棄**／その他すべての請求権の相互放棄。
❾**歯舞諸島・色丹島の引き渡し**（平和条約**締結後**に）

●日韓基本条約（1965）

❶条 国交の回復
❷条 旧条約は**もはや無効**

＊この表現だと「日韓併合条約は"**かつて有効**"だった」かに見えると、日韓でトラブル。

❸条 韓国政府が「**朝鮮にある唯一の合法政府**」であることの確認

＋

「日韓請求権協定（韓国との**請求権・経済協力協定**）」を同時に締結。

❶条 韓国への「**経済協力金**」支出。（「無償3億＋有償2億の計5億ドル」）
❷条 両国政府と国民・法人のすべての請求権問題が、完全かつ最終的に解決されたことを確認。　＊**日韓の請求権問題は、これで解決したはず**
❸条 （この協定に関する紛争は）：（まず外交で解決）→無理なら「仲裁委員会」が裁定。（日韓＋第三国で構成）

●日中共同声明（1972）…＊台湾との間の「日華平和条約」は無効に。

❶国交正常化の宣言。
❷「**中国が唯一の合法政府**」の承認。
❸「**台湾が中国の領土の一部**」の理解・尊重。（➡「1つの中国」論）
❺中国政府は**友好**のため、日本への「**戦後賠償請求の放棄**」を宣言。
❽平和条約に向けての交渉。（➡1978の「日中平和友好条約」へ）

おもな民族紛争

政治編
第1章
第2章
第3章
第4章
第5章
第6章
第7章
第8章
第9章
第10章
第11章
第12章

経済編
第13章
第14章
第15章
第16章
第17章
第18章
第19章
第20章
第21章
第22章
第23章
第24章
第25章
第26章

時事
問題編
第27章

Point ⑬ 旧ユーゴスラビア問題

オーストリア
ハンガリー
スロベニア共和国
②
クロアチア共和国
ルーマニア
③
ボスニア＝ヘルツェゴビナ共和国
①
セルビア共和国（旧セルビア＝モンテネグロ）
ブルガリア
（2006年に独立⇒国連に加盟）
アドリア海
モンテネグロ共和国
コソボ共和国
北マケドニア共和国
イタリア
（2008年に独立宣言）
アルバニア
ギリシア

●ボスニア＝ヘルツェゴビナ紛争

チトー大統領の死後、最大派の①から大統領が出たが、②と③が反発。1991年に相次いで独立したが、ボスニアは出遅れた。①はボスニアの独立を阻止しようとして1992年より紛争。

＊ボスニアの住民
- セルビア人 ⇒ 当然①とつながりが深い
- クロアチア人 ⇒ セルビア人と以前から対立
- ムスリム ⇒ イスラーム教徒。中心勢力

● <u>セルビア人</u>・クロアチア人・ムスリムが、ボスニア内部で激しい内戦。
どうやら彼らが騒ぎを大きくしているらしい

⬇

● <u>NATO</u> 軍が国連に協力し、ボスニア内部の**セルビア人勢力**を空爆。

＋

● 国連による<u>新ユーゴスラビア</u>への経済制裁（ボスニア内のセルビア人を支持したから）。

⬇ ＊新ユーゴ＝セルビアとモンテネグロを合わせた呼称（1992〜2003）

1995年、和平合意。ただし同紛争中にセルビア人が行った「**民族浄化**（異民族排除のための迫害や殺害）」が旧ユーゴスラビア国際戦犯法廷と国際司法裁判所から<u>ジェノサイド</u>と認定された。

Point ⑭ コソボ紛争

背景
セルビア（新ユーゴ）内<u>コソボ自治州</u>の90%を占める<u>アルバニア系住民</u>が、独立を要求してセルビアと対立。それをセルビアの<u>ミロシェビッチ大統領</u>が軍事制圧。米主導の NATO 軍、**国連安保理を通さず新ユーゴへの空爆を実行**（1999）。

1999 和平成立。→ 翌年、国連設置の<u>旧ユーゴスラビア国際戦犯法廷</u>に<u>ミロシェビッチ大統領</u>起訴される（→ 出廷拒否）。

2001 <u>ミロシェビッチ氏、逮捕</u>。→ 2006年、拘置所内で死亡。

2008 <u>コソボ、独立宣言</u>。→ ただし国連 & EU に2022年現在まだ加盟せず。
→ 国際司法裁判所も「**コソボ独立は合法**」の勧告的意見。

Point 15 東ティモール問題

●**インドネシア**からの**分離独立**を求める闘い。

背景 旧ポルトガル領ティモール島東部（地理的にはインドネシア）で、ポルトガル政変を機に1970年代より独立運動始まるが、反独立派とインドネシア政府軍に制圧され、76年インドネシア領に併合される。

1999 東ティモール独立の是非を問う住民投票（国連主導の下）。
→ 賛成多数により**独立**が決定。→ **but** 反独立派の **抵抗激化**。

同年、**PKO派遣** … 国家機構が整い、抵抗が鎮まるまでは PKO の全
日本も参加 面的な統治下に。

2002 東ティモール独立 & 国連加盟。
首都ディリ／国民の99%がカトリック信者

Point 16 チェチェン紛争

●**ロシア共和国内のチェチェン自治共和国**の、独立をめぐる軍事対立。

背景 旧ソ連には15の共和国があり、ロシア共和国もその1つ。チェチェンはさらに、その「**ロシア共和国内にあったいくつかの自治共和国**」の中の1つ。
→ ソ連解体で独立の共和国となったロシアは、自国内の**自治共和国を共和国に昇格させ、自国が頂点のロシア連邦共和国を形成するも、チェチェンが反発**した。

●ロシアがチェチェンを独立させたくない理由
┌ ◆チェチェンは鉄道や幹線道路の通る、交通の**要衝**。
│ ◆チェチェンは**産油国** + パイプラインの経由地。
└ ◆チェチェンはロシア文化圏外（イスラーム教国）。

2000 プーチンは首都**グロズヌイ**を制圧し、大統領**マスハドフ**を指名手配。
→ **but** ゲリラ化して抵抗。紛争は泥沼化。 **2005年殺害**

2009 その後もチェチェンはゲリラ化して抵抗したあと、**紛争は終了**。

Point 17 パレスチナ紛争

●ユダヤ人 vs アラブ人の、**パレスチナ地方（現イスラエル）への居住権**をめぐる争い。

1C ユダヤ人、祖国パレスチナを追放される（ローマの迫害のせい）。

19C シオニズム運動 … ユダヤ人がパレスチナに帰る運動。
「シオンの丘（パレスチナ）へ帰ろう」

but パレスチナには、すでに周辺のアラブ人が居住。 トラブル発生

第一次世界大戦中 英の**三枚舌外交**のせいで、さらにこじれる。

◆対アラブ：戦争協力すれば、アラブ人の国家と認める(フサイン゠マクマホン協定)
◆対ユダヤ：資金協力すれば、ユダヤ人の国家と認める(バルフォア宣言)
◆対　　仏：終戦したら、英仏でアラブを二分割しよう(サイクス゠ピコ協定)

◎**英は全部無視** → 両者対立のまま、ユダヤ人の移住進む。

1948 ユダヤ人の国家**イスラエル**建国。
→ その翌日より**中東戦争**始まる。
イスラエル vs エジプト・シリア・ヨルダンなど

◆つねにイスラエル優勢(米の支援のため)。
… パレスチナ難民、周辺のアラブ諸国へ。
のちに PLO(パレスチナ解放機構)組織。ゲリラ戦へ
◆**イスラエル在住アラブ人**による**インティファーダ**頻発。
▶これもパレスチナ難民の一種　　　▶大衆蜂起

1978 キャンプ゠デービッド合意 … **エジプトとイスラエルの和平合意。**
サダト大統領　　ベギン首相
内容 **カーター米大統領の仲介で、シナイ半島をエジプトへ返還。**
サダトは米と仲良くした(アラブの裏切り者)として、のちに暗殺

1993 パレスチナ暫定自治協定(=オスロ合意) … **イスラエル**と**PLO**の歩み寄り。
ラビン首相　　アラファト議長

内容 イスラエル国内の「ガザ地区 + ヨルダン川西岸」の2か所に、パレスチナ人居住区の形成を認める。
パレスチナ自治政府を認める → 自治政府議長にはアラファトが就任

その後 ラビン首相暗殺、パレスチナ系テロ組織「ハマス」の自爆テロ横行。
→ イスラエルも 強 硬派政党「リクード」が台頭。PLO との交渉中断や、アラファト監禁などを行う。

2000 中東和平首脳会談
… クリントン米大統領の仲介で、バラク(イスラエル首相)とアラファト、米のキャンプ゠デービッド山荘で会談。
→ but エルサレムの帰属などで対立し、合意には至らず。

政治編
第1章
第2章
第3章
第4章
第5章
第6章
第7章
第8章
第9章
第10章
第11章
第12章

経済編
第13章
第14章
第15章
第16章
第17章
第18章
第19章
第20章
第21章
第22章
第23章
第24章
第25章
第26章

時事
問題編
第27章

`2003.4` 「中東和平構想」発表。

   ▶ロードマップ

   ↓ … 米・ロ・EU・国連などが、**段階的な問題解決への道筋**を提示。

◆第一段階（〜2003.5）   ：即時停戦。
◆第二段階（〜2003.12）：パレスチナ新国家の樹立。
◆第三段階（〜2005）   ：全問題の決着。

`2003.6` ◎「**2つの国家として平和共存をめざす**」旨を宣言。

   シャロン(イスラエル)・アッバス(パレスチナ)両首脳間で

`2004` アラファト死去（＋「ハマス」の指導者・ヤシン師も死去）

   → ロードマップの実現も含め、**今後の方向は不透明**に。

◎その後の動き … **パレスチナ自治政府内では、2つの勢力**が中心に。

   ◆親イスラエル： ファタハ … **アッバス議長**（アラファトの後継者）
         vs   ＋   のいる勢力。
                  → アラファト死後は、**求心力が低下**。
   ◆反イスラエル： ハマス   … テロ勢力だが、自治政府内では人気
                      で選挙圧勝。
                      → **but** そのせいで**欧米から援助停止**。

`2007.3` 両者が手を組み**挙国一致内閣**

   … アッバス大統領（ファタハ）＋ハニヤ首相（ハマス）の「**コアビタ**
   シオン」**的組閣**が実現（➡ p.43、p.49参照）。

but   ◆わずか3か月後に**ハマスがガザ地区を制圧**し、崩壊。
その後   ◆**ファタハもヨルダン川西岸を制圧**し返し、 **パレスチナ分裂**

`2011` ◆両者は和解し、**連立政権**を作ることで合意。 ※**現状未成立**
     ◆パレスチナが初の国連加盟を申請。
        → 2012年より参加資格「オブザーバー組織」から「オブザーバ
        ー国家」に**格上げ**。
        国名も2013年より「パレスチナ国」へ

●イスラエル側の動き
   ◆2006年までレバノンの軍事勢力「ヒズボラ」と**紛争**（＝レバノン侵攻）。
   → 国連安保理決議に応じて、停戦。
   ◆2009年、右派リクード**党**のネタニヤフ、**10年ぶりに首相**に。

`2023` ハマスとイスラエルがガザ地区で激しく衝突（11月に戦闘休止）。

●中東・北アフリカでの、一連の民主化運動（2011）。
→ Twitter（現X）・Facebook などの SNS が、有効に機能。

きっかけ ジャスミン革命（チュニジア・2011）

◆失業中の青年が、政府批判で抗議の焼身自殺。
　→ 一部市民ブログで反政府運動呼びかけ。
　→ **ベン゠アリ大統領亡命**へ。
　23年の独裁

◆直後にエジプトで大規模反政府デモ。
　→ **ムバラク政権崩壊**。
　　30年の独裁

◆その後リビアもカダフィ退陣を求めるデモ激化。
　→ 武力で弾圧。
　→ 首都トリポリ陥落 + カダフィ**死亡**。
　　42年の独裁

⇒ ＊この流れでシリアでも2011年より「政府軍 vs 反体制派」が衝突。
　アサド政権（シリア）は、**親子2代にわたって、非人道的政治**を展開。

◆親シリアの国や勢力　◇**イラン：同じシーア派**の国。
　VS　◇**ヒズボラ**：レバノンのシーア派武装組織。
　◇**ロシア**：軍事同盟関係。**軍港タルトゥース**をロが使用
◆反シリア国：**欧米＋サウジやエジプト**（イスラーム教スンニー派の国）

英米はアサド大統領が**化学兵器（サリン系神経ガス）を使用**したと断定し、安保理で制裁を求めるも否決。→ **but** その後ロシアの働きかけで、**シリアは化学兵器禁止条約に参加**し、OPCW（＝化学兵器禁止機関・2013ノーベル平和賞）の査察受入。

＋

●内戦の混乱に乗じ、**イスラーム国（IS）**が台頭。

◆もとはアルカイダ系の武装集団。イラクで誕生。（指導者：アル゠バグダディ）
◆イラク・マリキ首相のシーア派優遇に反発し「**イラクのイスラーム国（ISI）**」を名乗る。
◆シリア内戦の混乱で同国に潜入。「**イラクとシリアのイスラーム国（ISIS）**」を名乗る。
◆2014年、「**イスラーム国（IS）**」建国を宣言。イラク〜シリアの広範囲を制圧。
◆オイルマネーを背景に、資金は潤沢。（油田を制圧）
◆**シリア難民急増の原因**。
◆web 上で海外から戦闘員を公募。
◆アラブを含めた**ほぼ全世界が IS をテロ組織とみなし**、米が中心となって空爆。
◆2019年、バグダディ、米軍急襲を受け、死亡。（ただし IS は存続）

Point ⑲ クルド難民問題

黒海
トルコ
アルメニア
クルド人居住地域
カスピ海
イラン
地中海
シリア
イラク

背景

イラン・イラク・トルコなどに居住地域（＝クルディスタン）がまたがり、どこの国でも迫害を受ける「国なき民」・クルド人の扱いに関する問題。大量の難民を生む深刻な国際問題になっている。

◆イラク：フセインと衝突。湾岸戦争直後に反乱（→ but 鎮圧）。
　　　　→ イラク軍の報復をおそれ、数百万人が国外逃亡。難民に。
◆トルコ：政府から存在を否定され、「山岳トルコ人」とよばれる。

↓

クルディスタン労働者党（PKK・オジャラン党首）中心に、激しい独立闘争。
→ but 1999年、オジャラン氏はトルコ政府により逮捕。

＊死刑判決が出たが、EU加盟をめざすトルコは、加盟条件の1つ「死刑制度の廃止」を実行したため、終身刑に。現在も服役中。

Point ⑳ その他の中東情勢

●イラク … フセイン処刑（2006）後の状況。

フセイン処刑後、米主導のCPA（連合国暫定当局）がイラクを占領統治。その後、首相マリキ・大統領タラバニ（イラク初のクルド人大統領）の親米・穏健体制で、新生イラクをめざす。
but マリキのシーア派優遇政策がイスラーム国台頭につながったとの批判高まり、2014年マリキ退陣。アバディ首相に。（大統領もマアスーム［クルド人］に）

＊イラクがクルド人大統領になった理由

イラクのクルド人は、かつてフセインから弾圧されていた。だからイラク戦争でフセインを倒す時、彼らは米軍にメチャクチャ協力的だった。そのため米主導の新生イラクでは、クルド人が大統領になったんだ。

178 政治編

●イラン核合意とアメリカの離脱

イランは1979年のイラン革命後、米と国交断絶し、**イスラーム教シーア派の最高指導者が統治の実権**を握ってきた（ホメイニ師より。1989年からはハメネイ師）。政治の表舞台には大統領が立つが、実際にはその時々の**イスラーム指導者（今日ならハメネイ師）の意向に沿った大統領の選出と政治・外交の展開**がなされている模様。

2002 イランにウラン濃縮施設発見（ここから核疑惑）。

2005 アフマディネジャド、大統領に就任、◎**核開発を宣言。**
　　　対米・対イスラエル強硬派

2006~10 安保理、**対イラン制裁決議（4回）**も、イランは濃縮ウラン製造。

2012 米とEU、対イラン経済制裁を開始。
　　　→ これを受け、イランは IAEA の核査察に合意（ただし**非協力的**）。

2013 ロウハニ大統領（穏健派＋親米）誕生。「**イスラーム国に敵対する親米のイラン**」とみなされ、次第に米と関係修復 → オバマと電話会談。
　　　　　　　　　　　　　　　　　　▶国交断絶後初

2015 イラン核合意…イランが核開発施設を「**縮小**」& IAEA の査察受け
　　　米英仏独ロ中　　入れ → 欧米などは**経済制裁を緩和。**
　　　＊なぜ制裁国は、核開発「禁止」ではなく「**縮小**」で許したのか？
　　　┌ ◆E U：イランの**石油が必要**
　　　│ ◆ロシア：イランはシリアと仲がよく、　　　　　→ 厳しい
　　　│ 　　　　　ロシアはシリアの同盟国　　　　　　　　制裁は
　　　└ ◆中 国：「**一帯一路**」にイランも含みたい 　　　したくない

　　　but ┌ トランプ… ┌ ◆オ バ マ：「問題児をふつうの国に」
　　　　　│ はイラン │ ◆トランプ：「**敵性国家 を 許 さ な い**」
　　　　　└ に厳しい └ →**米のみ核合意を離脱（2018）**

2019.4 米は◎**イランからの原油全面禁輸** → イランは**核合意一部停止**で対
　　　最高レベルの制裁で追いつめる　　抗。　低濃縮ウラン貯蔵量を増やす

2019.8 米、国連安保理で各国に「**有志連合**」への参加を呼びかけ。
　　　　　　　　　　　▶各国は反発 or 消極的（日本も）

対イラン包囲網。イランの脅威から各国の石油航路を守るための**ホルムズ海峡**での**共同軍事行動。**

2021 イラン、ライシ大統領（保守強硬派）誕生（＊2024年死去）。米バイデン政権が核合意復帰（つまり制裁の緩和）をほのめかすのに対し、ウラン濃縮加速で反発。

政治編
第1章
第2章
第3章
第4章
第5章
第6章
第7章
第8章
第9章
第10章
第11章
第12章

経済編
第13章
第14章
第15章
第16章
第17章
第18章
第19章
第20章
第21章
第22章
第23章
第24章
第25章
第26章

時事問題編
第27章

Point ㉑ アフガン情勢／同時多発テロ関連

背景 ソ連がアフガニスタンから撤退した1989年、ナジブラ・親ソ政権は崩壊
し、反政府ゲリラ「ムジャヒディン(聖戦士)」がアフガニスタンを支配した。
　→ その支配に反発したのが、オマル師率いる武装グループ「タリバン」だった。彼らは
　　 ムジャヒディンを制圧し、1996年、アフガニスタンにタリバン政権を樹立した。

```
┌ ◆ タ リ バ ン  … 狂信的に徹底したイスラーム主義で、アフガニスタンを統治(1994~2001)。
│      ＋              ▶イスラーム超原理主義
└ ◆ ビンラディン  … 国際テロ組織「アルカイダ」の長(おもに反米テロ活動)。
                        → タリバンに資金提供。→ 見返りに潜伏させてもらう。
```

ビンラディンはサウジアラビアの大富豪の息子で、イスラーム至
上主義者。反米テロをたびたび仕掛け、国外追放処分となっていた。

2001 米で同時多発テロ
　　　　 米はビンラディン引き渡しを要求。
　　　　 → **but** タリバンは拒否

```
米軍に ┌ ◆ NATO軍(集団的自衛権) ┐ が協力・攻撃→タリバン政権
       └ ◆ 北部同盟(反タリバン勢力) ┘              崩壊。(2001.12)
```
＊日本の海上自衛隊もインド洋上から後方支援(テロ対策特別措置法)

2004 北部同盟の**カルザイ**が大統領に。(~2014)
2011 パキスタン潜伏中のビンラディンを、米軍が殺害。

テロ後 カルザイ大統領が民主化を進めていたが、**ゲリラ化したタリバ
ンは、米主導のカルザイ政権を認めず内戦状態**に。ISAF(国際治安支
援部隊)に治安維持を頼らざるをえない状態が続く。→ 2014年、
ISAF大幅縮小 → 2021年、バイデン米大統領の決定で**駐留米軍撤退**
開始。それを受けて**タリバンが再び活性化**。同年8月以降は**アフガニ
スタン全土がタリバンの支配下**に。

＊ISAF…安保理決議に基づいて作られた、アフガニスタンでの7章活動(=軍事的強制
措置)実行のための組織。米主導のNATO軍が、タリバンの残党討伐にあたった。

Point ㉒ イラン・イラク問題

●イラン革命後の混乱に乗じ、イラクから侵攻。

```
┌ ◆イスラーム教 ┌ ❶:スンニー派 … マホメットの後継者(=カリフ)を選定する派。
│               └ ❷:シーア派 …… マホメットの後継者(=イマーム)を、血縁者が世襲。
└ ＊アラブ全体では❶が多数派。 but イラン・イラクでは❷が多数派。
```

1968 イランでパーレヴィー国王の**近代化路線**（米が支援）、始まる。
→ シーア派の反政府活動、活発化。

1978 国王、新聞で<ruby>中傷<rt>ちゅうしょう</rt></ruby>。→ **大規模な抗議デモ**発生。

ホ メ イ ニ 師を <ruby>中傷<rt>ちゅうしょう</rt></ruby>

▶**イスラーム教シーア派の最高指導者**　　第二次石油危機**に発展**

1979 イラン革命 → ホメイニ政権誕生（パーレヴィー国王は米に<ruby>亡命<rt>ぼうめい</rt></ruby>）。

> この後、亡命した国王引き渡しを求め、過激派学生たちが**テヘラ**
> **ンのアメリカ大使館を<ruby>占拠<rt>せんきょ</rt></ruby>**し、1年以上人質をとって立てこもる
> （＝アメリカ大使館占拠事件）→解放後、米とイランは国交断絶。

*フセイン大統領の読み：「今こそ**イランをたたくべきチャンス**だ」

▶**スンニー派を中心とする**バース党**党首**

> ◆イランは革命で弱体化 ＋ 米との関係も切れた。
> ◆イラク国内のシーア派も活性化（＝イラクでも革命の危険）。
> ◆周辺アラブ諸国も自国の革命を心配（イラクに味方するはず）。

1980〜88 イラン・イラク戦争 → 国連の<ruby>仲裁<rt>ちゅうさい</rt></ruby>へ。

> 戦争が長期にわたったため、その間に周辺のアラブ諸国がイラク
> の石油生産<ruby>枠<rt>わく</rt></ruby>を勝手に分配したり、国境油田の無断開発を実施。
> → これに**フセイン激怒**。

「無断採取分を現金でよこせ。さもなくば……」

1990 イラクによる**クウェート**侵攻。→ <ruby>湾岸<rt>わんがん</rt></ruby>戦争へ。

Point 23 印パ紛争

●もと単一国家だったインドとパキスタンによる、国境地域**カシミール地方**
の領有権をめぐる争い。

> 戦後インドから追放されたイスラーム教徒により、パキスタン建国。
> 国境のカシミール地方は、**人口の80%がイスラーム教徒**で構成。

●国連は住民投票実施を勧告。→ **but** インド側が拒否。
→ 1998年、両国による**核実験競争**（＋核保有宣言）にまで発展。

印パはともに NPT 条約に加盟していない

政治編
第1章
第2章
第3章
第4章
第5章
第6章
第7章
第8章
第9章
第10章
第11章
第12章

経済編
第13章
第14章
第15章
第16章
第17章
第18章
第19章
第20章
第21章
第22章
第23章
第24章
第25章
第26章

時事
問題編
第27章

Point **㉔** **北アイルランド紛争**

●北アイルランドの帰属をめぐる、カトリック系とプロテスタント系住民の争い。

　┌ ◆多数派：プロテスタント系 … イギリスに帰属したい（＝ユニオニスト）。
　└ ◆少数派：**カトリック系** …… アイルランドに帰属したい（＝ナショナリスト）。
　　　　　　　　↓

`1969~96` **カトリック系武装組織 IRA（アイルランド共和軍）のテロ激化。**

`1997` 英・ブレア首相の和平案を受け入れ、**両者停戦。**

　　　　シン＝フェイン党（IRA の政治部門）のアダムズ党首も、和平会議に参加

`1998` ベルファスト合意：┌ ◆アイルランド：北アイルランドの領有権放棄。
　　　　　　　　　　　　└ ◆イギリス：アイルランド統治法廃止。

┌───┐
│ カ系・プ系の両者による**アイルランド自治政府**樹立。2000年までに IRA
│ の武装解除をめざす。**トリンブル氏**（自治政府首相。アルスター統一党［プ系］
│ の党首）と**ヒューム氏**（社会民主労働党［カ系］の党首）、**ノーベル平和賞**受賞。
└───┘

`その後` IRA の武装解除がなかなか**実現せず**、ブレア英首相による自治権凍
　　　　結などあったが、2005年 **IRA** は「**武装闘争放棄**」を声明。2007年、
　　　　自治政府再開で現在に至る（→ 不安定だが一応和平）。

Point **㉕** **中台問題**

┌ ◆台湾：中台関係は、特殊な**国と国との関係**（**李登輝**・国民党元総統）。
│　　　　　　　　　▶「**2つの中国**」論
└ ◆中国：**台湾は中国の一部。一国二制度**で統一を（**江沢民**・元総書記）。
　　　　　　▶「**1つの中国**」論
　　　　　　　　　　　↓

┌───┐
│ **社会主義と資本主義の並存**。返還後の**香港・マカオ**に**50年間**適用。
│ 統一後は「**特別行政区**」となり、**外交・国防以外**は原則的に**自治**。
└───┘

`2000` **台湾独立を訴える政党・民進党（民主進歩党）の陳水扁が総統に。**
　　　　ただし党内融和のため「**4つのノー・1つのない**」で**独立問題を棚上げ。**

┌───┐
│ 「独立を宣言せず／国号（国の名）を変更せず／二つの中国論を憲
│ 法に加えず／統一か独立かの住民投票はせず」　　（**4つのノー**）
│ ＋
│ 「国家統一綱領（中国統一に関する基本政策）の廃止もない」
│ 　　　　　　　　　　　　　　　　　　　　　　（**1つのない**）
└───┘

`2005` 中国「**反国家分裂法**」制定。台湾が独立宣言すれば「**非平和的手段**」
　　　　OK に。（→また両者の緊張高まる）

`2008` 国民党の**馬英九**が総統に。「**三不**」（＝統一せず・独立せず・武力行
　　　　使せず）を訴え、現状維持ながらも**中国との宥和政策**をとり、一時的

政治編
第1章
第2章
第3章
第4章
第5章
第6章
第7章
第8章
第9章
第10章
第11章
第12章

に中台関係は安定。経済交流もさかんになる。

2016 民進党の蔡英文(ツァイインウェン)(親日派 + 対中国強硬派)が総統に(2020年、再選)。

2024 民進党の頼清徳(ライチントー)が総統になるも、議会第一党は**国民党**に。

Point 26 北朝鮮(きたちょうせん)の核問題

● 南北対立のきっかけ : 朝鮮戦争…1953年、板門店(パンムンジョム)で「**休戦**」協定(**終戦はしていない**)

▶以後、北緯38°線は「軍事境界線」に

冷戦後 ◆中ソの後ろ盾減 → 北朝鮮は**核を外交カード**に(＝瀬戸際外
◆南との経済格差 交)▶1993年より**ノドンミサイル**発射実験始まる

1993 米主導の IAEA、**特別査察**を要求 → **but** 北は**拒否**後、**NPT 条約を脱退**。

▶米朝間緊張

1994 カーター・**金日成**(キムイルソン)会談で**核開発凍結**の合意(＝ 米朝枠組み合意)

→ 1995年、米主導で**KEDO**(ケド)(＝ 朝鮮半島エネルギー開発機構)
　＝
設立。

北朝鮮の原発原子炉を「**黒鉛炉**(こくえんろ)(軍事転用しやすい) → **軽水炉**
(けいすいろ)(しにくい)」に作り変えさせる + その間**日韓で北に重油を提
供**(そくしん)する事業を促進する組織。

その後 ◆1998年より韓国の「**太陽政策**(＝北朝鮮との融
和政策)」金大中(キムデジュン)〜盧武鉉(ノムヒョン)・李明博(イミョンバク)で終了 あるも…。
◆2000年、**初の南北首脳会談**(金大中ー金正日(ジョンイル))

1998 日本への**テポドン**発射疑惑 → **2005**「**核保有宣言**」へ。
2003 再び **NPT 条約を脱退** ここで KEDO 解散

↓

＊同2003年より「**6 か国協議**(日韓北 + 米ロ + 中)」スタート(〜
2007) ▶ここで米は「**完全かつ検証可能で不可逆的な廃棄／非核化(CVID)**」求める
→ **2005** 保有宣言後の協議で「**核放棄の共同宣言**」出す。

but 2006「**地下核実験＋テポドン2号発射実験**」→
＊強行。 ▶国連安保理で「非難決議」出る

2011 金正日死去。後継は**金正恩**(ジョンウン)に。

2016 水爆実験に成功。

2017 北初の**大陸間弾道ミサイル**「**火星14号**」発射実験
に成功。ICBM。米も射程に入る→安保理で制裁決議出る

2018.4 板門店で**南北首脳会談**(文在寅(ムンジェイン)ー金正恩)

この年より日本には**万景峰号**(マンギョンボン)(北の貨客船)の入航が禁止される

経済編
第13章
第14章
第15章
第16章
第17章
第18章
第19章
第20章
第21章
第22章
第23章
第24章
第25章
第26章

時事問題編
第27章

→「板門店宣言」発表(半島の完全非核化／2018年内の「終戦」めざす)。

2018.6 初の米朝首脳会談…シンガポールにて(トランプ－金正恩)。

◇トランプ：[北 の 体制 を 保証 してやる] → ◇正恩：[半島の完全非核化に 向けて努力する]

●その他の北朝鮮ワード

[◆主体(チュチェ)思想…優れた指導者による政治を説く思想(金日成)。
◆先軍政治…軍事優先の政治。]

Point 27 ルワンダ内戦

[◆フツ族 … 多数派(人口の90%)。先住民。
VS
◆ツチ族 … 少数派(人口の10%)。人口的には少ないが、**ベルギーによる植民地支配**期に権力と結び、**フツ族を支配**。]

1962 フツ族が逆転支配する形で、ベルギーからルワンダ独立。

1994 フツ族大統領暗殺 → 報復で**フツ族がツチ族を大虐殺**。

but

その後 ツチ族が政権奪回し、今度は大量の**フツ族が難民化**。

Point 28 カンボジア内戦(紛争)

●**三派連合政府** vs **ヘン＝サムリン**政権の戦い。

反ベトナム　　親ベトナム

↓

[◆ポル＝ポト派(親中国。**虐殺で有名**)
◆シアヌーク派(元国王)
◆ソン＝サン派(反共産主義)] → [旧ソ連の影響下にあったヘン＝サムリン政権に対抗するため**立場の違う三者が協力**した。]

結果 1991年、パリ和平協定成立(＝内戦終了)。
国連カンボジア暫定統治機構(UNTAC)の下、総選挙を実施。

▶カンボジアPKO…PKO協力法に基づき自衛隊が初派遣されたPKO

Point㉙ その他の国際紛争

● **フォークランド紛争**

1982年、英の植民地となっていた**フォークランド諸島（マルビナス諸島）**奪回(だっかい)をめぐって起こった、英とアルゼンチンの戦争。

→ 1990年、両国は**外交関係を修復**。

● **キプロス紛争**

地中海のキプロス島で「**ギリシア系 vs トルコ系**」住民のトラブル。

● **スーダン南北対立**

アフリカのスーダンで「**北部のアラブ系 vs 南部のアフリカ系**」が対立。

→ ◆激しい内戦（＝ダルフール紛争）を経て、**和平合意**(2005)。
　◆南スーダンは独立し、**2011年国連に加盟**（193番目）。

● **スリランカ内戦**

多数派の**シンハラ人** vs 少数派の**タミル人**の対立。
　　　仏教徒　　　　　　　　　ヒンドゥー教徒

→ 「タミル＝イーラム解放の虎(LTTE)」がテロで独立をめざすも、2009年に制圧され、**内戦終了**。

Point㉚ ミャンマー情勢

1948 英から独立（**アウン＝サン**主導）するも、1962年ネ＝ウィン将軍が軍事クーデター。仏教を軸とする**特殊な社会主義の鎖国国家**となる。

1988 ネ＝ウィン退陣と民主化を求める運動激化。→ 軍は総選挙を約束。

1990 **アウン＝サン＝スーチー**の「国民民主連盟(NLD)」が選挙に圧勝。
but 軍は認めず、**スーチーは自宅軟禁状態に**（その後「軟禁→解放」のくり返し）。

▶**結局軍政は継続。欧米は経済制裁**

1991 スーチーに**ノーベル平和賞**。

2008 新憲法が国民投票で可決。

2010 ミャンマーの民政移管…┏◆新憲法に基づく総選挙
　　　　　　　　　　　　　　┗◆ティン＝セイン首相が軍籍を離れ、政党を結成

but 軍は自宅軟禁中のスーチーの政治参加を認めず NLD も選挙不参加だったため、**軍政側が圧勝**（→ 投票6日後、スーチーの軟禁解除）。

2011 ティン＝セイン、大統領に就任し、**経済開放**政策を開始。
　＊経済発展には**制裁解除**が必要

政治編
第1章
第2章
第3章
第4章
第5章
第6章
第7章
第8章
第9章
第10章
第11章
第12章

経済編
第13章
第14章
第15章
第16章
第17章
第18章
第19章
第20章
第21章
第22章
第23章
第24章
第25章
第26章

時事
問題編
第27章

→ **スーチーとの対話・協力**始まる。

→ 政治参加も認め、2012年の補欠選挙で**スーチー**政界復帰。

2015 総選挙で**NLD圧勝** → 55年ぶりに選挙による民主的政権樹立。

→ **スーチーは大統領にはなれない**が「大統領を超える存在になる」と公言。

▶子どもが英国籍のため　　　　▶事実上スーチー政権

2019 スーチー国家顧問兼外相、**国際司法裁判所に出廷**。

ミャンマー軍による少数派民族ロヒンギャに対するジェノサイド（集団虐殺）をめぐる審理、始まる。

2020 国際司法裁判所、ミャンマーにロヒンギャ迫害停止を求める仮処分命令。

2021 軍によるクーデター。**スーチーは**また自宅軟禁。

2022 スーチー、**有罪判決を受け**、刑務所に収監（2023年より自宅軟禁に）。

Point ㉛ 中国がらみの領土問題

●基本方針：　自治区などの**自決権・独立は認めない**。

⬇

◆**少数民族が多い**ため、1つを認めると一気に火が点く危険性。
◆2000年より「西部大開発」と称して、**エネルギー資源開発**。

●**チベット**問題

1949　　　「解放」と称して、**中国がチベットに侵略・占領**。
　　　　　　漢民族の移住・寺院の破壊

1959　ダライ゠ラマ14世をインドへの亡命に追い込む。

近年の傾向 どんどん**沿岸部との所得格差**が拡大。

→ ｜不満から or 独立を求めて暴動頻発｜

◎ダライ゠ラマは「**武力での独立より平和と自治**」を訴え続け、1989年ノーベル平和賞。

→ but 中国政府の弾圧厳しく、実現困難。

●**ウイグル**問題

新疆ウイグル自治区は、元々は**イスラーム教の独立国家**「東トルキスタン共和国」。

（ but 中国の侵攻を受け、1949より中国の自治区に）

◆**シルクロードの要衝**
　（東西文明の交通路）

⇒ 漢民族の侵略と、**それへの抵抗の動き**。
　（→この抵抗を中国政府はテロと呼び弾圧）

◆中国の核実験場
◆天然資源（石油など）が採れる

⬇

◎**2009年の大暴動へ**（＝ウイグル騒乱）

（※中国では侵略＝「解放」／それへの抵抗＝「テロ」と呼ぶ）

政治編

第 1 章
第 2 章
第 3 章
第 4 章
第 5 章
第 6 章
第 7 章
第 8 章
第 9 章
第 10 章
第 11 章
第 12 章

経済編

第 13 章
第 14 章
第 15 章
第 16 章
第 17 章
第 18 章
第 19 章
第 20 章
第 21 章
第 22 章
第 23 章
第 24 章
第 25 章
第 26 章

時事
問題編

第 27 章

2014 ウルムチ駅爆発事件…習近平（シーチンピン）が同地区を視察した直後に発生。
⇒ 事件後、同地区に「ウイグル再教育収容所」設置される。
（中国側は「職業訓練センター」と呼ぶ）

その後 ウイグル内で、**ウイグル人の逮捕・投獄者が急増**。
収容所に収容され、そこで**深刻な人権蹂躙（じゅうりん）の疑い**。
（拷問・洗脳・強制労働など）

2021 ◆国連人権理事会で、40か国が「**深刻な懸念**」の共同声明。
◆米は国内法で「ウイグル強制労働防止法」を可決。
（ウイグル産＋ウイグル人が関与した製品の輸入禁止）

●南シナ海紛争…天然資源の豊富な海域での、中国の領有権トラブル。
　◆西沙（せいさ）諸島：2014より中国が石油採掘を開始
　　▶パラセル諸島　→ ベトナムが抗議し、中国撤退。
　◆南沙（なんさ）諸島：現在中国が人工島を造成中 → フィリピンとトラブル。
　　▶スプラトリー諸島　　　　　　　　　　ハーグ常設仲裁（ちゅうさい）裁判所に提訴
　判決：中国は**南シナ海全域の領有権**を独自の境界線（= 九段線（きゅうだんせん）。俗称
　　　　「牛の舌」）で主張 →「**歴史的・法的根拠なし**」と敗訴。
　　　　　　　　　　　　　　　＋人工島造成中の場所も「島」ではなくて「岩」だからダメ
＊ただし「判決に拘束力（こうそく）はあり／それを**執行する機関なし**」
　→つまり「事実上拘束力なし」と同じ

Point 32 南オセチア紛争

ジョージアで**親米政権誕生（2004）→ NATO は将来的な加盟**を確認（2008）

（ただしロシアは、旧ソ連の国家群（CIS）の欧米接近を嫌う。そこで…）
↓
ロシアはジョージア内の**南オセチア自治州**住民（ジョージアと仲が悪い）
にロシア国籍を与え、「**自国民保護のため**」との名目でジョージアを攻撃。
その後「**南オセチア共和国**」（ロシアの傀儡（かいらい））として独立宣言させた。

（※南オセチア共和国は国連未加盟。国家承認しているのはロシア・シリアぐらい）

日本の領土問題

Point 33 北方領土問題

● 政府見解 日本固有の領土を、ロシアが不法占拠中。

◆日露和親条約(1854)では「択捉―ウルップ島間」を国境に。
◆樺太・千島交換条約(1875)では「樺太はロシア／千島は日本領」。
◆ポーツマス条約(1905)では、樺太の南半分も日本領に。
→ 4島は戦前すべて日本領だった

↓

＊その後「カイロ宣言・ポツダム宣言・サンフランシスコ平和条約」で暴力や強欲で略取した領土(樺太・台湾・満州など)は返還することに。

＊サンフランシスコ平和条約2条(c)項で日本は「千島列島・樺太の一部を放棄」としているが、同条約にソ連は署名せず → 現在の状況は国際法上「北方領土の不法占拠」に。

1951 サンフランシスコ平和条約 … **千島列島を日本は放棄**
　　　　　　　　　　　　　　→ ソ連は条約署名していないがソ連領にされる。

1956 日ソ共同宣言 … 「平和条約締結後、歯舞・色丹の2島返還」で合意。
　　　　　　　　　　　　　　　　　鳩山・ブルガーニン会談の成果

1991 日ソ共同声明 … 「4島の帰属が、解決すべき領土問題」と確認。
　　　　ゴルバチョフ

1993 東京宣言 ……… 両国間の合意文書に基づき解決。＋4島が交渉対象。
　　　　エリツィン　　　→ 1996年より元島民の「ビザなし交流」始まる。

1997 クラスノヤルスク合意 … 「2000年までに平和条約めざす」合意。

1998 川奈提案 ……… 国境線は4島の外側。施政権は当面ロシア
　　　　　　　　　　　　（ロシアは拒否）。

2000 プーチン大統領就任。→ **エリツィン時代の交渉は白紙**に。

2001 イルクーツク声明 … 共同宣言どおり、**2島返還で最終決着**を。
　　　　プーチン

＊日本側からの対案

◆同時並行協議案
　◇歯舞・色丹：引き渡し条件を話し合う。
　◇国後・択捉：どちらの帰属か話し合う。
◆3.5島返還論
　「歯舞・色丹・国後 ＋ 択捉の一部」を返還要求。
　これで面積なら半分(＝面積等分方式)

これが3.5島面積等分方式
択捉島 / 国後島 / 色丹島 / 歯舞群島 / 北海道

2010 メドベージェフ、**ロ大統領初の国後島訪問**(2015年には首相として択捉島も訪問)。

Point 34 竹島(独島)問題

● 政府見解 日本固有の領土を、**韓国が不法占拠**中。

1905 日本、竹島を**島根県**に編入。

1952 韓国、**一方的に新たな国境線**を引き、竹島を取り込む。
　　　　　　　▶李承晩ライン

1954 日本から**国際司法裁判所への付託**を提案。→ 韓国側は**拒否**。
　　　　　　　　　　　▶処置を任せること

その後 韓国側が妥協 …「**経済発展優先**のため、まず**国交正常化を**」
　　　　　　朴正熙の開発独裁 … 戒厳令で世論を抑え国交正常化
　　　　　　　　⬇

1965 日韓基本条約 … ┌ ◆竹島問題は先送り。→ ◎朴正熙が約束
　　　　　　　　　　　├ ◆李承晩ラインは廃止。　　　　　⬆
　　　　　　　　　　　└ ◆⑧:経済協力 → 韓:賠償請求しない。

その後 韓流ブームなどで友好築くが、**盧武鉉 大統領**あたりから反日再燃。
　　　　　　　　　与党・ウリ党党首

2004 ┌ 韓:「竹島記念切手」発行。
2005 └ ⑧:島根県が「竹島の日」条例。

2008 文科省、**学習指導要領**に「**日本固有の領土(北方領土同様に)**」と明記。

2012 李明博大統領、**竹島に上陸**。 韓国大統領として初

2013 朴槿恵大統領誕生 … ハンナラ党改めセヌリ党党首。**朴正熙の娘**。
　→ ◎**今までにない激しい反日**(竹島 + 従軍慰安婦)で、外交拒否。
　　　but 2017、朴槿恵大統領弾劾可決 → 文在寅大統領に(～2022)

Point 35 尖閣諸島(釣魚島)問題

● 政府見解 **東シナ海**に**領土問題は存在しない**。

1895 日本、尖閣諸島を**沖縄県(現・石垣市)**に編入。

1968 周辺海域に石油資源の可能性。

1971 中国が領有権を主張。

1992 **中国領と明記**(国内法で)。

2003 日本主張の**排他的経済水域(EEZ)境界線上のガス田**(東シナ海)近く
　　　に、**中国が無断で掘削施設**を作る。　▶2008共同開発で合意

◎このころから**海保巡視船のトラブル**増。→ 2010年には　中国漁船衝突事件

2012 野田首相、**尖閣諸島国有化**宣言。→ 中国は猛反発し、**領海侵犯増**。
　➡ 米議会「**尖閣諸島は日米安保条約の適用範囲**と再確認」の議決。
　　　but その後も領海侵犯頻発。

政治編
第1章
第2章
第3章
第4章
第5章
第6章
第7章
第8章
第9章
第10章
第11章
第12章

経済編
第13章
第14章
第15章
第16章
第17章
第18章
第19章
第20章
第21章
第22章
第23章
第24章
第25章
第26章

時事
問題編
第27章

第 2 編

経済編

　経済分野では、経済学説に需要と供給、国民所得、金融と財政、戦後の日本経済と諸問題、労働と社会保障、国際経済などを学んでいく。

　この単元は政治分野よりもなじみの薄い知識や考え方がたくさん出てくるから、「**まず理解、その後で暗記**」の順を心がけよう。ちなみに、自己の理解度の確認方法は、「**政・経**」を知らない人にたとえ**ばフローとストックの説明をして、ちゃんと相手に伝われば、その単元は大丈夫。**

Point① 資本主義（経済）の発展

●資本主義 … 私有財産制と市場での自由競争を特徴とする経済体制。
→ 英で封建制ののち、成立。

●封建制度 … 領地の農民から年貢を吸収するシステム。
- ◇農民は農奴となり、移動の自由なし（関所などが発達）。
- ◇経済基盤は労働地代 ＋ 生産物地代（= 労働奉仕と年貢）。

◆農業中心となり ………
- ◇貨幣経済と商品経済は発展せず。
- ◇資本家と労働者は現れず。

◆資本主義を阻害。

but その後、社会が安定してくると……

◆都市の発達 … 商人・手工業者の同業者組合（ギルド）が活性化。
◆十字軍遠征の失敗 …
- ◇教会権威の down … 聖地奪回できず。
- ◇封建領主弱体化 …… 領主は戦死。
- ◇貨幣経済の浸透 …… アジアとの貿易。

◆一部農民に富 … 貨幣地代制が始まり、独立自営農民（= ヨーマンリー）誕生。
▶のちの資本家の卵の１つ

◆商業の発展 … 貿易による富で商業資本家（生産手段なしの大商人）誕生。
道具・材料を貸し、売れ筋商品を作らせる問屋制家内工業

◆国王に強権 … 教会・領主への遠慮不要。
→ 中央集権化進む。

●絶対王政 … 「官僚制 ＋ 常備軍」維持のため、多額の費用がかかる。
→ 封建制は崩れ、国王が商業を保護して貨幣を獲得する重商主義へ。
→ （初期）：重金主義 →（後期）：貿易差額主義（=コルベール主義）へ。

◆輸出＞輸入をめざし
- ◇輸入品への高関税。
- ◇東インド会社の設立。
▶王の特別許可を得た商人団。国家的独占貿易企業体（特許会社）

◆中心政策：囲い込み運動 … 牧羊地 get のため、地主が農地を没収。
▶エンクロージャー　　輸出品＝毛織物　　▶ジェントリ

- ◇土地を追われた農民は毛織物工場の労働者へ転化。
＋
- ◇毛織物工場で工場制手工業（=マニュファクチュア）開始。
→ 工場（生産手段）を所有する資本家（=産業資本家）誕生。
◎資本家と労働者誕生　＊資本の本源的蓄積

●産業革命期 … 機械化の進展で工場制機械工業開始（＝競争力 up）。
　　　　　　→ 産業資本家は自由放任経済を要求し、自由競争の時代へ。
　　　　　　　　国王の保護不要の「小さな政府」

●自由競争の激化 … ┌ 勝者：独占企業と銀行が結び（＝金融資本）、帝国主義へ。
　　　　　　　　　　└ 敗者：資本主義の矛盾（失業・貧困など）に苦しむ。

●世界恐慌で大爆発 … 自由放任の限界。
　　　　　　→ 政府による積極介入 の必要。
　　　　　　　　政府の役割⑤ ＝「大きな政府」

対策 ニューディール政策（米）… F＝ローズベルト大統領が実施（1933）。

Point ② ニューディール政策

テネシー川流域開発公社（TVA）	公共事業でダム建設を行うことで、不況時の失業者救済をめざす有効需要創出策。
全国産業復興法（NIRA）	完全雇用実現のため産業統制と労働者保護。 → 企業活動の自由を侵すとされ、違憲判決。
全国労働関係法（ワグナー法）	NIRA が違憲判決を受けたあと、**労働者保護の部分を残す**ため、制定。
農業調整法（AAA）	農民を助けるため、農産物価格を引き上げ。
社会保障法 ▶世界初の「社会保障」の語	政府による養老年金と、各州政府による失業保険・公的扶助の立法化。

問題 不況時の支出大 ＝ 財政赤字 → ＊近年は再び「小さな政府」が流行。
　　　税収減　　　　　　国債増

コラム　ニューディール政策と真珠湾攻撃

　僕は政経の授業で「ローズベルト大統領は、ニューディール政策でアメリカ経済を立て直した」と教えているが、実際は「かなり不十分な立て直し」だった。

　それも仕方ない。なぜならこれは国民経済に相当口をはさむ政策だから、本来なら大統領に「独裁者レベルのリーダーシップ」がないと難しい。でもアメリカは民主主義の国。民主主義では「黙ってオレについてこい」的な政策には限界がある。

　だから真珠湾攻撃には「ローズベルトの陰謀説」がつきまとう。つまり彼は、日本からの奇襲を知っていたのに、あえて受けて開戦の口実にし、戦争の特需景気で経済を立て直したというものだ。実際アメリカは、開戦直後に景気が回復している。マジか!?

政治編
第1章
第2章
第3章
第4章
第5章
第6章
第7章
第8章
第9章
第10章
第11章
第12章

経済編
第13章
第14章
第15章
第16章
第17章
第18章
第19章
第20章
第21章
第22章
第23章
第24章
第25章
第26章

時事問題編
第27章

Point ③ 社会主義（＝マルクス主義）経済

● 社会主義 … 「平等」な社会の実現をめざす（資本主義は「自由」）。

● 空想的社会主義（初期）…「貧しい労働者を助けたい」的な社会主義。

> ◆ サン＝シモン（仏）：産業者が指導する「産業社会」作りを。
> ▶ 労使すべてを含む産業への従事者
> ◆ フーリエ（仏）：ファランジュ（農業中心の共同体）建設を。
> ▶ ファランステール。協同組合的な理想社会
> ◆ オーウェン（英）：工場主として労働環境を改善。米で共産村を実験的に運営（失敗）。

● エンゲルスが批判 … 資本家の同情・慈善的社会主義は、永続性なし。
→ 社会主義は『空想から科学へ』の転換が必要。

● 科学的社会主義 … 資本主義の運動法則や社会主義の必然性を科学的に分析。
→ マルクスが完成（エンゲルスが助力）

> ◆ 科学的だから観念的な精神活動より物質的な生産活動を重視 → （物質重視の唯物論）
> 　　　　　　　（社会の上部構造）　　　　　　（社会の下部構造）
> 「◇上部構造：精神活動によって作られる法律・学問・政治など。
> 　◇下部構造：生産活動 … その内訳は「生産関係（資 vs 労）＋生産力（機械など）」
> → 社会は下部構造が土台で、その支配者が自らのための上部構造を構築
> 　「下部構造が上部構造を規定する」（マルクス）
> ◆ 社会の発展法則：弁証法 …「対立（矛盾）こそが社会発展の原動力」という考え方。
> 　　　　　　　　　ヘーゲル　　例：資 vs 労／資本主義 vs 社会主義など

◎ 資本主義では資本家が下を支配しているから、上も資本家が形成。
→ but 革命で労働者が下を支配すれば、以後は労働者のための上（法律・政治など）に変えられる。
こういう社会主義の歴史観を「唯物史観」という

Point ④ 社会主義経済国家

●「平等」な社会作りをめざすシステム。→ パリ＝コミューンがイメージの原型。
▶ 世界初の労働者自治政府（1871）

> ◆ 私有財産の否定 … 生産手段と財産を公有することで貧富の差を解消。
> 旧ソ連のコルホーズ（集団農場）やソフホーズ（国営農場）もその一種
> ◆ 計画経済 … 国家がすべての商品を、計画的に生産・配給。
> 旧ソ連ではゴスプラン（国家計画委員会）が5か年計画など企画
> 　＊ 旧ソ連は「世界恐慌時も成長した」と、計画経済の優秀性を宣伝していたが、実際は「NEP（新経済政策）」による、市場原理の一部導入のおかげ。
> ◆ 共産党の一党支配 … 労働者の利益を代表する政党が、集中管理。

結果 ◆行きづまって旧ソ連・旧東欧の社会主義は崩壊。

◆中国・ベトナムは資本主義を一部導入。

Point⑤ 中国・ベトナムの社会主義

●毛沢東死後(＝「文化大革命(1966〜76)」後)の中国の動向。

1977 「4つの現代化(近代化)」路線 … **農業・工業・国防・科学技術**を近代化し、20世紀中に1人あたり GNP を1000ドルに。

1978 改革・開放**政策**(鄧小平) … 上記の具体化めざす。**市場原理の導入**。

- ◆**経済特区** …… 沿岸部に**外国資本導入のモデル地区**を設定。
  - ▶中国側は土地・建物を提供(＝合弁企業)
- ◆**郷鎮企業** …… 農村部で、**地域単位や個人での企業経営**を奨励。
  - ▶郷・鎮＝村や町　　　▶農村部の余剰人口を吸収
- ◆**生産責任制** … ノルマ以上の生産物は自由処分して OK。
  - ▶生産請負制　　　→「万元戸(大金持ち)」の出現へ。
  - → 毛沢東時代の「人民公社」は解体。
    - ▶集団農業方式の拠点組織

1992 南巡講話 →「社会主義の最終目的は、不平等をなくし、ともに豊かになること。**その手段は計画でも市場でもいい**」
鄧小平

1993 全国人民代表大会(全人代)で、**改革・開放路線の強化**が決定。

→「社会主義市場経済」の語が、改正憲法に明記(江沢民)。

- ◆公有制 ＋「**私有財産・株式会社・外国資本**」なども同時に発展させる。
- ◆平等が原則だが「**一部の地域や人々が先に豊かになる**」ことも奨励。
- ◆**政府の役割・介入**は、**最小限**に限定。

◎ほぼ市場経済が基本。富裕層増加のきっかけに。

＊中国はこれで躍進し

[◆GDP 総額と外貨準備高で日本を抜く(2010)。
◆対日貿易で米を抜き、総額1位に(2007)。] → BRICS 内でも急成長中

●ベトナムの動向

1986 「ドイモイ(＝刷新)」政策がスタート。

＊市場原理導入や対外開放への転換めざす

… [◆共産党への過度な権力集中の是正。
◆外国からの投資の保護・促進。
◆個人営業の奨励。]

政治編

第1章
第2章
第3章
第4章
第5章
第6章
第7章
第8章
第9章
第10章
第11章
第12章

経済編

第13章
第14章
第15章
第16章
第17章
第18章
第19章
第20章
第21章
第22章
第23章
第24章
第25章
第26章

時事問題編

第27章

資本主義と社会主義　　Point講義

❶ 資本主義経済

資本主義（経済）とは「自由」を本質とする経済体制のことだ。

そこでは生産手段を含めた財産の私有が認められ、人々はそれらを使って自由に商品を作り、売る。そして自由な販売競争の結果、いいものを安く売ることのできた人（＝市場競争力のある人）が勝者となり、さらに私有財産を増やす。

この体制が発展するには、「商品経済の発達」と「資本家と労働者の階級分化」という2つの要素が必要だ。

「そんなもの、どこにでもあるよ」——我々はついそう思ってしまう。しかしじつは、歴史的にはこれらの発展は驚くほど遅い。なぜならこれらは、時の支配階級にとってジャマなことが多いからだ。

これはいったい、どういうことか!?——ここでは特に、産業革命の国イギリスに注目して、その発展過程を見ていこう。

●第①段階：封建制の時代（6〜16C.）

封建制とは「封土の授受を仲立ちとする主従関係」だ。わかりやすく言うと、主君が家臣に土地（＝荘園）を与え、そこに農民をしばりつけて年貢を吸い上げる制度のことだ。

この制度下では、国王の支配権も荘園内までは及ばず、「領主が地域の支配者、農民は農奴（＝領主に隷属する農民）」という地方分権体制が確立する。すると必然的に、領主は国王よりも自分の利益を優先させるため、経済体制は次のようになる。

Point　封建制度下での経済体制

ⓐ：貨幣経済が未成熟。

　…領主の利益 ＝「労働地代 ＋ 生産物地代」だから。

　　　　　▶労働奉仕　　▶年貢

ⓑ：農民に移動の自由なし。

　…「農民数の減少 ＝ 領主の不利益」になるから。

　　日本にも関所や「田畑永代売買の禁」などがあった

ⓒ：商業発展が遅れる。

　… ⓐⓑより必然的。＋ 商業は栄えても年貢にならないから、領主が発展を妨害することもあった。

　◎経済は必然的に、農業中心の自給自足体制となる。

これでは資本主義なんか、発展しようがないね。

しかしこのあと社会が安定してくると、封建制の中にも商業が芽生え始め、**商品交換の場としての都市**が発達し始めた。そしてそのころ、都市を舞台に活動する**商人や手工業者は「ギルド」**とよばれる同業者組合を組織し、都市の活性化に大きく貢献した。

同じころ、ある政治的要因が契機となって、商品経済はさらに栄えることになる。**十字軍の遠征**だ。この出来事は、ヨーロッパ経済に大きな影響を与えた。

Point整理 (→ p.192 **Point①**) からもわかるように、この遠征の結果、商業発展の下地ができると同時に、**教会と封建領主が弱体化したことで、今まで影の薄かった国王が、しだいに勢力を伸ばしてきた**。ここから、ヨーロッパの経済は次なるステップ・絶対王政期へと進んでいくことになる。

● **第②段階：絶対王政期**（16〜18C.）

絶対王政とは、**国王に無制限の権力が集中する政体**のことだ。教会や領主の弱体化が進む中、国王はその勢力を着実に伸ばし、形のうえでは、ついに**封建領主の頂点に立つ**ことに成功した。

さあこうなれば、年貢は国王の取り放題……と言いたいところだが、**絶対王政にかかる莫大な維持費**は、農民からチマチマ集めた年貢などでは、全然足りなかった。

そうなると、国王は別の手を使って絶対王政の維持費を捻出しないといけない。そこで導入されたのが、**重商主義政策**だ。

重商主義とは、**国王が一部の特権商人を保護して、貿易で貨幣を獲得させるやり方**だ（→ くわしくは「第14章　経済学説」）。国王から特別の許可（＝特許）を得た商人団は「**東インド会社**」という**特許会社**を設立し、東洋貿易を独占した。そしてそこでの利益は、かなりの部分が国王に献上された。

これで絶対王政は維持され、同時に**商業が異常なほど発達**した。国王の後ろ盾を得た**商業資本家**（≒大商人。生産手段なし）が、**手工業者などに道具や材料を貸し与え、貿易用の売れ筋商品を作らせる**という「**問屋制家内工業**」が発達したのも、このころだ。

さあ、これで資本主義に必要な「**商品経済の発達**」は実現した。残るは「**資本家と労働者の階級分化**」だが、こちらはひょんなことから実現した。

このころ、イギリスの貿易売れ筋商品は**毛織物**だった。そこで**地主（ジェントリ）は牧羊地を確保するため、農民に貸していた農地を強制的に没収し、柵で囲い込んでしまう**という暴挙に出た。いわゆる「**囲い込み運動（エンクロージャー）**」だ。この時の農民の惨状を、**トマス゠モア**は『**ユートピア**』で「羊が人間を食う」

政治編

第1章
第2章
第3章
第4章
第5章
第6章
第7章
第8章
第9章
第10章
第11章
第12章

経済編

第13章
第14章
第15章
第16章
第17章
第18章
第19章
第20章
第21章
第22章
第23章
第24章
第25章
第26章

時事問題編

第27章

と表現したが、じつはこれ、資本主義発展には大きく貢献した。

　土地を追われた農民は、生きるために労働者に転化し、それを毛織物工場の所有者である産業資本家（生産手段あり）が雇い入れた。こうしてイギリスには、資本主義形成要素である資本家と労働者が階級分化した。この流れを「資本の本源的蓄積（原始的蓄積）」という。

　これで、必要な要素はそろった。あとはさらに発展するために、「手」工業の部分が「機械」工業になってくれればいい。

●第③段階：産業革命期（18C.半〜19C.半）

　イギリスで18世紀半ばに始まった産業革命は、従来までの工場制手工業（マニュファクチュア）を、一気に工場制機械工業へと引き上げた。

　機械化により大量生産と品質の均一化を実現させたイギリスは、世界で最も安くていい品を売る国（＝競争力のある国）となり、この時代「世界の工場」とよばれるに至った。

　他国と商品の販売競争をしても、絶対に負けない――この自信は、イギリス経済を自由放任主義へと向かわせた。つまり国王の保護はもう不要ということだ。ここからイギリスは「経済は自由放任、政治は小さな政府で」というスタイルを確立し、本格的に自由競争の時代へと突入していくことになる。

●第④段階：独占資本主義期（19C.後〜20C.初）

　自由競争の激化は、競争の勝者と敗者の姿を浮き彫りにした。

　勝者は市場を独占し、その莫大な生産力を最大限生かすため、政府に多額の献金をして市場の拡大に協力した。つまり、独占的大企業がスポンサーのような形になって、政府が「植民地」という新市場を獲得する流れを助長したんだ。この風潮を「帝国主義」という。これは、戦争を誘発する非常に危険な状態だ。

　一方、敗者は敗者で資本主義の矛盾に苦しんでいた。つまりむき出しの資本主義（＝弱肉強食）のせいで、失業や貧困、景気変動などに苦しんでいたんだ。でも政府は「小さな政府」だから助けてくれない。その結果、大多数の国民が不幸な状態に陥っていた。

　そして、ついに1929年、世界恐慌が発生した。次の図（「世界恐慌の見取り図」）にもあるとおり、これはまさに、資本主義の矛盾の大爆発といえるだろう。

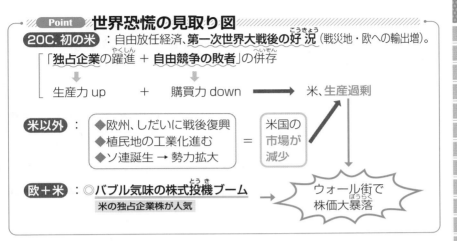

Point 世界恐慌の見取り図

20C. 初の米：自由放任経済、**第一次世界大戦後の好況**（戦災地・欧への輸出増）。

「**独占企業の躍進 ＋ 自由競争の敗者**」の併存

生産力 up ＋ 購買力 down → 米、生産過剰

米以外：
◆欧州、しだいに戦後復興
◆植民地の工業化進む ＝ 米国の市場が減少
◆ソ連誕生 → 勢力拡大

欧＋米：◎**バブル気味の株式投機ブーム**
米の独占企業株が人気

ウォール街で株価大暴落

● **第⑤段階：修正資本主義期（世界恐慌後〜）**

　もうこうなっては、自由放任も限界だ。そこで各国はさまざまな方針転換を模索し、ついにアメリカの F ＝ ローズベルト大統領が、従来になかった新たな政策を示した。それが「ニューディール（新規まき返し）政策」だ。

　ニューディール政策は、**政府が積極的に経済介入し**有効需要を創出する「大きな政府」への転換だ。

　有効需要とは、単に「ほしい」と思うだけでなく、「ほしいから"買う"」つまり**実際の財の購入（＝支出）につながる需要**のことだ。そして、財の購入につながるものはお金、需要は買い手（つまり国民）だから、有効需要の創出は言いかえれば「お金を使う国民」を作り出す政策といえる。

　つまり、有効需要の創出策とは、公共事業や社会保障で、**不況時に政府が国民にお金をバラまいてあげる政策**というわけだ。このように、**むき出しの資本主義を修正し、要所要所で政府が介入して不平等を是正するやり方**を「混合経済」といい、これがその後の経済体制の主流となった。

　しかし、このやり方だと不況時に政府の支出がかさむため、巨額の財政赤字（つまり**国債発行額の増加**）につながりかねない。だから近年では、再び「小さな政府」に回帰する方向性も注目されてきている。これはくわしくは「第14章　経済学説」で見ることにしよう。

政治編
第1章
第2章
第3章
第4章
第5章
第6章
第7章
第8章
第9章
第10章
第11章
第12章

経済編
第13章
第14章
第15章
第16章
第17章
第18章
第19章
第20章
第21章
第22章
第23章
第24章
第25章
第26章

時事問題編
第27章

❷ 社会主義経済

　まず、資本主義の「自由」に対し、**社会主義では「平等」をめざす。**

　先に発展するのは資本主義だ。しかしそこでの自由（＝弱肉強食）は社会の不平等を拡大させ、資本家（ブルジョアジー）と労働者（プロレタリアート）の対立を激化させていく。

　ここで、**労働者が資本家を打倒して支配関係を逆転（＝革命）させれば、多数者である労働者の支配が実現し、かぎりなく**平等で民主的な社会が生まれる。これが社会主義（経済）だ。

　でも、まだ完全に平等ではない。社会主義の状態は別名「プロレタリアート独裁」といって、**従来の支配関係が逆転しただけ**だ。つまり、そこにはまだ少数者として没落した「元資本家」が存在する。

　そういう階級格差が消滅して、初めて真の平等は実現する。それが実現した社会が、**社会主義思想のゴールである**共産主義社会だ。

　サン゠シモン、フーリエ、オーウェンらが唱えた初期の社会主義思想は「空想的社会主義」とよばれた。これは「**貧しい労働者がかわいそう」という"上から目線"の社会主義**だ。でも、残念ながらこの社会主義には、永続性も理論的展望もない。

　そこをエンゲルスは『空想から科学へ』で批判し、その後、マルクスやエンゲルスが唱える「科学的社会主義」が登場する。これは「科学的に**理詰めで考えていけば、必然的に平等な社会になる**」という考え方だ。

　科学的社会主義は、「**生産活動という社会の土台（＝下部構造）に内在する労使の対立が引き金となって、政治の体制（＝上部構造）も変革する**」という歴史観（＝唯物史観）を示す。実際に共産主義の実現まで可能かどうかはわからないけど、虐げられた労働者にとっては、明るい希望となる思想だ。

　それでは、現実の社会主義経済国家とはいったいどんなものになるのか、▶**Point整理**
（➡ p.194　**Point④**）から見てみよう。

　私有財産の否定、計画経済、共産党の一党支配──これらは理屈のうえでは、すべて平等をめざす政策だ。

　でもこれらには、すべて大きな欠点がある。働いても私有財産が増やせないなら、**当然労働意欲は低下**するし（＊旧ソ連では「リーベルマン方式」という利潤方式を導入したが、十分に機能せず）、計画経済も計画自体が未熟だと、**商品不足が発生**する。そして最もこわいのが、一党独裁体制の弊害だ。**一党独裁体制は腐敗しやすいうえ、批判政党が存在しない。**ということは、**共産党が誤った方向に暴走したとき、だれもそれを止められない**ってことになる。

結局、冷戦崩壊を機に、**旧ソ連と東欧諸国は社会主義を放棄**した。今や社会主義国は、アジアの一部などごく限られた地域だけにある。

アジアに見られる社会主義

中国とベトナムでは、**基本体制は社会主義のままで、そこに資本主義の要素を一部導入する**試みがなされている。いわゆる「社会主義市場経済」と「ドイモイ（＝刷新）」だ。

くわしくは **Point整理**（⇒ p.195 **Point⑤**）にまとめておいたが、特に中国では近年、さらに大きな動きが起こってきた。「一帯一路」構想だ。

2012年から習近平体制となった中国は、経済・軍事の両面から、大々的にテコ入れを始めた。その目玉となるのが「一帯一路」構想だ。一帯一路とは、「**中国―欧州**」間の貿易ルート上にある**60か国以上**を、**陸路（一帯）と海路（一路）の両方からつないでいく「現代版シルクロード」**構想だ。

その実現に向けての資金は、2016年に中国主導で設立された「**アジアインフラ投資銀行（AIIB）**」が支えることになりそうだ。どうやら中国は、この一帯一路で、**TPP**（⇒ p.337〜339 **Point②**）**に対抗する巨大経済エリアを形成**しようとしているようだ。

さらに TPP（2018年より CPTPP）とは別の枠組みとして、**2022年より ASEAN の呼びかけで中国も参加する「RCEP（地域的な包括的経済連携）**」［⇒ p.338〜339参照］」**が発効**した。RCEP は自由貿易の新たな枠組みで、参加国は **ASEAN 諸国にオーストラリア・ニュージーランド、そして日中韓**だ。東アジア3か国（日中韓）**すべてが揃う自由貿易の協定は、今回が初めて**となる。

ここまで急成長を遂げてきた**中国経済は、現在新たなステップに移ろうとしている**。「改革・開放」政策の頃、中国の最高指導者・鄧小平は「先富論（豊かになれる者から先に豊かに）**→小康社会**（ややゆとりある生活を実現した社会）」をめざしてきた。しかし2021年の中国共産党創立100周年記念式典で、**習近平は「小康社会の完成」を宣言し、次なる目標として「共同富裕（貧富の差をなくし、みんなで豊かになる）**」を掲げたのだ。ということは、一帯一路や RCEP は、まさにその共同富裕を実現するための習近平のチャレンジの一環といえそうだ。

ただ心配なのは、中国は現在、内外のトラブルを数多く抱えていることだ。南シナ海でベトナムやフィリピンともめ、尖閣諸島で日本ともめ、貿易戦争でアメリカともめているうえ、**香港民主化運動への弾圧**や国内少数民族**ウイグル人の弾圧問題**もある。はたして今後、うまく発展していけるのか!?

政治編
第1章
第2章
第3章
第4章
第5章
第6章
第7章
第8章
第9章
第10章
第11章
第12章

経済編
第13章
第14章
第15章
第16章
第17章
第18章
第19章
第20章
第21章
第22章
第23章
第24章
第25章
第26章

時事
問題編
第27章

Point アジアインフラ投資銀行（AIIB）

●習近平の呼びかけで設立（2015）。

本 部：北京 ／ **資本金**：約30％を中国が出資。

目 的：途上国の<u>インフラ（**社会資本**）整備資金</u>の貸付。

日米主導の ADB（アジア開発銀行）に対抗

参加国：100以上の国や地域（EU ほぼ全域含む）→◎**日米は不参加**。

その他：<u>BRICS 銀行</u>も設立し、同銀行との役割補完めざす（2014）。

当初はブラジル・ロシア・インド・中国・南アフリカの5カ国参加だったが、**BRICS は2024年より**「BRICS ＋6」（エジプト・エチオピア・イラン・サウジアラビア・アラブ首長国連邦・アルゼンチンが新規加盟）となったため、同銀行も11か国になる予定。

背 景：一帯一路…「中国 ― 欧州」を結ぶ新たな経済圏構想。

⬇ **習近平の目玉政策。現代版シルクロード構想**

```
◆一帯（＝陸路）：シルクロード経済ベルト     →  貿易ルート上の60か国
◆一路（＝海路）：21世紀海上シルクロード        以上で緩やかな経済協力
```

目 的：
```
◆TPP に対抗する巨大経済エリアの形成。
◆金融分野の主導権を、日米主導の ADB から奪いたい。
```
≒日本にかわり中国がアジア太平洋のリーダーに

コラム 毛沢東時代の中国

　毛沢東は、中国を独立に導いた、国家の英雄・建国の父だ。しかし、独立後の彼の政策には、思いつき的なものが多かった。

　彼は重工業化のための鉄鋼増産をめざす<u>大躍進政策</u>を実施したが、その実態は全人民総出の「鉄クズ拾い」で、農作業の妨げとなり、大飢饉の原因となった。

　また彼は、「飢えのない状態が、社会主義の理想」と考え、地域ごとに<u>人民公社</u>を設立し、そこで人民に食事をさせた。しかしその数が少なく、最寄りの人民公社まで片道100キロを超える者も出た。

　また彼は、知識人に自由な発言を推奨する「<u>百花斉放・百家争鳴</u>」を行ったが、みずからへの批判の多さに驚き、それら批判者を次々と粛清した。

　<u>文化大革命</u>（文革）では、「封建的・ブルジョア的な旧文化・思想の破壊」がめざされ、紅衛兵とよばれる少年組織が知識人や反体制政治家（鄧小平など）をつるし上げる一方、学生たちは農村へ送られ（＝下放）、新しい国家作りに協力させられた。

　毛沢東の死後、名誉を回復した鄧小平が「改革・開放」政策を主導し、中国は正常な状態に戻った。しかし文革で死んだ2000万人（推定）は、もう帰ってこない。

経済編

第14章 経済学説

出題頻度 **C**

Point 整理

Point ① 経済学説の見取り図

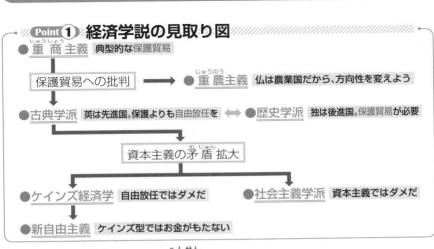

● 重商主義 典型的な保護貿易

保護貿易への批判 ➡ ● 重農主義 仏は農業国だから、方向性を変えよう

● 古典学派 英は先進国。保護よりも自由放任を ⟷ ● 歴史学派 独は後進国。保護貿易が必要

資本主義の矛盾拡大

● ケインズ経済学 自由放任ではダメだ ● 社会主義学派 資本主義ではダメだ

● 新自由主義 ケインズ型ではお金がもたない

Point ② 重商主義の変遷

- 初 期 : 重金主義 …… 鉱山開発や植民地拡大で、直接金銀を確保。
- その後 : 貿易差額主義 … 「輸出 ＞ 輸入」の形で利益を確保。

▶ コルベール主義 東インド会社など特許会社の輸出を保護。輸入品に高関税かける

◆〈英〉：トマス゠マン（東インド会社重役）が主張。

『外国貿易における英国の財宝』

◆〈仏〉：コルベール（ルイ14世の財務相）が主張。

◎高関税・特許会社の設立など、典型的な**保護貿易**。

（重商主義への批判など）
- ● 重農主義〈仏〉… 重商主義を批判し、農業保護を主張（ケネー『経済表』）。
- ● 歴史学派〈独〉… 後進国には保護貿易が必要（リスト『経済学の国民的体系』）。
- ● 古典学派〈英〉… 自由主義と労働価値説に基づく経済学派。
  - ◆アダム゠スミス（➡ Point ③ 参照）
  - ◆リカード （➡ Point ④ 参照）
  - ◆マルサス （➡ Point ⑤ 参照）
  - ◆J゠S゠ミル （➡ Point ⑥ 参照）

Point ③ アダム゠スミス

●著書『国富論(諸国民の富)』。古典学派の祖。重商主義を批判し、自由放任主義を主張。

●予定調和論 … 各人が利己心に基づき利益追求。
→ ((神の)見えざる手で調節するかのように
経済は調和的に発展。)

●労働価値説 … 商品価値 = 生産に費やす労働量で決定。
→ この労働価値説が、古典学派に共通する考え。

●分業論 ……… 生産性を高めるため、分業の必要性を主張。
→ 彼の説く国際分業論 = 「絶対生産費説」(下記参照)

Point ④ リカード

●著書『経済学および課税の原理』。古典学派の完成者。

●比較生産費説 … 各国で、自国内で比較的生産性の高いほうの財(= 比較優位をもつ財)を特化し、貿易で交換する「国際分業理論」。

	毛織物1t	ワイン1樽	生産量
イギリス	80人	90人	1t＋1樽
スペイン	120人	100人	1t＋1樽

→ 両財ともイギリスのほうが生産効率がいいが、分業すればさらに効率は up

＊まず比較優位を探し、分業すべき財を決める。

比較優位は「自国の中で比較的生産の得意なほう」という意味で、「相手国よりも絶対的に得意なほう(=絶対優位)」という意味ではない。
アダム゠スミスは絶対優位をもつ財の分業(= 絶対生産費説)を唱えたが、これはどの財の生産も得意な産業革命期のイギリスには、向かない理論だった。

[◆イギリスの比較優位は毛織物 → イギリスは毛織物に特化。
  ◆スペインの比較優位はワイン → スペインはワインに特化。

＊特化した財に、全労働者を集中させると……

	毛織物	ワイン	生産量	
イギリス	170人	——	毛織物のみ2.125 t	…… 170÷80
スペイン	——	220人	ワインのみ2.2樽	…… 220÷100

◎両財とも生産量が増え、分業での効率化は成功。あとは貿易で交換する。

＊リカードは、国際分業と自由貿易の担い手・資本家の利益を擁護

Point ⑤ マルサス

●著書『人口論』。リカードの親友でありライバル。

┌ ◆人口増加は幾何級数的(≒ かけ算)┐ → 人口増加に伴い**食糧不足**が発生。
└ ◆食糧増加は算術級数的(≒ 足し算)┘

対策 食糧増産のため、土地の提供者・**地主の利益を擁護**すべき。
　→ 穀物の輸入制限法をめぐる「穀物法論争」でリカードと対立。

◆輸入の制限に ┌ ◇リカード：反対 … 国際分業(「英は工業、他国は農業」)の見地から。
　　　　　　　　└ ◇マルサス：賛成 … 輸入が減れば、国内農家と地主がうるおう。

Point ⑥ J = S = ミル

●著書『経済学原理』。古典学派理論の大整理を行った。

┌ ●生産費説 … 商品価値 = 労働だけでなく、 生産要素 にかかる**費用全体**で決定。
│　　　　　　　　　　　　　　　　　労働価値説を補強
│
│　　　　　　◆労働：労働者への賃金
│　　　　　　◆土地：地主への**地代**
│　　　　　　◆資本：資本家への**利潤**
│
│　　　　　これらから総合的に判断して、商品価値を決める。
│　　　　　　**but** 消費者側の視点はなし
│
└ ●社会改良主義 … **不平等の是正**をめざす。
　　　　　　　　　▶資本主義の**矛盾**解消

◆生産の法則：生産のあり方そのものは、変革に限界あり。
◆分配の法則：富の分配は、資本家の**道徳水準が向上**すれば、いくらでも変更可。
　　　　　　　→ だから**道徳教育を徹底**させよう。

Point ⑦ 社会主義学派

●マルクス：著書『資本論』で、**剰余価値の搾取**理論を展開。
　　　　　　労働価値説の発展

┌ ◆剰余価値説 … **商品価値 = 投下された労働の価値**で決定。
│　　　　　　ただし「労働の価値」と「労働力の価値」は別
│
└ ◆「**労働の価値 > 労働力の価値**」→ ◎**この差額が剰余価値**
　　▶生産で生んだ全所得　▶労働者に支払われる賃金　▶資本家が搾取する分

●レーニン：著書『帝国主義論』
◆帝国主義 = 資本主義最高の発展段階 + 革命の前夜(労使対立が頂点)

政治編
第 1 章
第 2 章
第 3 章
第 4 章
第 5 章
第 6 章
第 7 章
第 8 章
第 9 章
第 10 章
第 11 章
第 12 章

経済編
第 13 章
第 14 章
第 15 章
第 16 章
第 17 章
第 18 章
第 19 章
第 20 章
第 21 章
第 22 章
第 23 章
第 24 章
第 25 章
第 26 章

時事
問題編
第 27 章

Point 8 近代経済学

（近代経済学）…新古典派やケインズ経済学。

労働価値説から離れた、新しい経済学

●**新古典派**

┌ ◆**限界効用価値説**：ワルラス・メンガー・ジェボンズがほぼ同時期に
│　　　　　　　　　　発表。
│　　　→ 商品価値 = 消費者の**最終的な満足度**（= 限界効用）で決定する。
│　　　　　　　　この新たな商品価値説の登場を「限界革命」という
│　◆**マーシャル**（ケンブリッジ学派。ケインズの 師）：**古典学派と限界効用**
│　　　　　　　　　　　　　　　　　　　　　　　　　　**を融合。**
└　　　→ **均衡理論** … 商品価値 = **供給要因** と **需要要因**のバランスで決定。
　　　　　　　　　　生産の費用 ＋ 限界効用

●**ケインズ経済学**

◆古典学派的な自由放任主義を批判したケインズの経済学。

◆著書『**雇用・利子及び貨幣の一般理論**』

◆**有効需要の原理** … 一国の経済規模や雇用水準は、**有効需要**の大きさで決定。
　　　　　　　　　　　　　　　　　　　　　　　　▶実際の支出につながる需要

考え方 不況 時に有効需要が不足し非自発的失業が増加すると、**政府
が市場介入**し、有効需要を創出。

┌ ◇**財政**：公共事業増（→ 雇用拡大で消費増）┐
│　　　　　　　　　　　　　　　　　　　　　　　　├ → │有効需要の創出│
└ ◇**金融**：低金利政策（→ 銀行融資増で投資増）┘

◎まず需要が増加　→　企業の供給量も増加　→　**完全雇用の実現**へ。
　　国民の消費が活性化　　企業も活性化し雇用が拡大　　これで不況を脱出

Point 9 新自由主義

●現代の経済学。「反ケインズ主義」が主流。

ⓐ：**新古典派総合** …………… 不況時は有効需要の創出後、自由放任に戻す。
　　サムエルソン

ⓑ：**サプライサイド経済学** … 不況時は商品供給側（= **企業**）の条件を改善。
　　フェルドシュタイン　　　　　　　　　　　　「減税 ＋ 規制緩和」が中心

ⓒ：**マネタリズム** …………… 政府の仕事は通貨供給量のコントロールのみ。
　　フリードマン　　　　　　　　　　　金融政策のみ → それ以外の介入は排除

◎ⓑⓒは、米（レーガン政権）や英（サッチャー政権）での採用や検討実績が
あり、**1980年代以降急速に注目された。**

第14章 経済学説

❶ 重商主義と古典派経済学

「第13章 資本主義と社会主義」でも見たとおり、重商主義とは**国王が商人や貿易を保護する、絶対王政期に見られたやり方**だ。初期のものは**重金主義**とよばれるが、一般に重商主義といえば、フランスのコルベールやイギリスの**トマス=マン**が説いた貿易差額主義をさす（＊仏の貿易差額主義は「コルベール主義」ともよばれる）。

しかし、**このやり方は、他国もマネし始めると、だれもよその国のモノを買わなくなり、世界貿易が縮小する**ことになる。だからこのやり方は、こののち英仏両国で見直されていくことになる。では、両国が重商主義の後どうなっていったか見てみよう。

まずはフランスだ。フランスは貿易利潤の目減りを受けて、発想を変えた。「**うちは欧州最大の農業国**だから、**農業の徹底保護で利益をあげよう**」と。

これを進言したのは、『経済表』の著者・ケネーだ。彼のこの農業重視の考え方は、「重農主義」とよばれる。

次いでイギリスだ。こちらは産業革命の国だけに、フランスとは違った批判が出てきた。「うちは工業先進国だから、どこと競争しても勝てる。だから**保護よりも自由放任（レッセ=フェール）を望む**」。

この立場を中心に論を展開した一派を「古典学派（古典派経済学）」という。代表的な人物は**アダム=スミス、リカード、マルサス、J=S=ミル**の４人。まずはまとめて Point整理 （→ p.204 Point❸ ～）で見てもらおう。

この４人の共通点は、**商品価値に関して労働価値説を採用**している点だ（＊ミルの生産費説はその発展形）。

じつは彼らが古典学派とよばれているのは、この労働価値説が後世において**「考え方が古い」と批判された**からなんだ。よく考えたら、自分で自分のことを「俺たちは古典派だ（＝考え方が古い）」なんて言うわけないもんね。

でもこの古典学派の理論、古いというよりは「産業革命期のイギリスらしい理論」という方がしっくりくる。たとえば最初の３人（スミス・リカード・マルサス）は、それぞれ**自由経済、資本家、地主を擁護**している。これらの擁護は、**経済的強者に利する発想**だ。また、ミルの弱者擁護にしても、見方を変えれば、矛盾の是正が必要なほど、当時のイギリス資本主義が発達していた証拠であるともいえる。

とにかく、この時期のイギリスの経済力の強さは、群を抜いていた。何といっ

ても、ドイツのリスト（歴史学派の祖。著書『経済学の国民的体系』）が、強国イギリス製品から自国産業を守るため、保護貿易理論を展開したぐらいだからね。

しかし、そんな古典学派の「強者の論理」も、矛盾が拡大した19世紀末あたりからしだいに後退し、時代は次なる思想へと移っていくことになる。

❷ 古典学派以後の経済学 ～社会主義と近代経済学～

古典学派全盛の時代には、資本主義の矛盾も極限まで拡大し、世の中の多くの人が不平等に苦しんでいた。

そんな中、2つの角度から、**古典学派を批判する動き**が出てきた。それが社会主義学派と近代経済学派だ。

社会主義は「**資本主義ではダメだ**」という立場から、そして近代経済学は「**古典学派ではダメだ**」という立場から、それぞれ現状打破をめざした。

社会主義のマルクスは『資本論』で「**資本家による剰余価値の搾取**」という剰余価値説を唱えて、労働者と資本家の階級対立が深まり続ける理由を説明し、レーニンは『帝国主義論』で、その両者が、**資本主義発展のピークで衝突し、社会主義へと移行**すると論じている。ただ、これらは我々日本が歩んできた道とは、一線を画する考え方だ。

それでは今度は、我々とも関係の深い、近代経済学を見てみよう。

近代経済学とは、**古典学派の労働価値説から離れた、新しい経済学説**で、大きく分けると新古典派とケインズ経済学になる。特に新古典派の限界効用価値説は、**商品価値を「消費者の満足度（＝効用）」に求める**画期的な考え方を示したため、「限界革命」ともよばれる。

しかし、それよりも画期的なのは、**自由放任経済そのものに異を唱えた**ケインズの考え方だ。**政府が経済を管理**するという発想、それも単純に商品供給量を調節するのではなく、政府がお金のばらまきでまず**需要側を刺激（＝有効需要を創出）**すれば、それが供給側（企業）を活性化し、**最終的に完全雇用に至るはずだ**という発想は従来の古典学派にはなかった*もので、「ケインズ革命」とよばれている。

このケインズの考え方が混合経済（経済に**公的要素を導入**する、**資本主義を修正した考え方**）の基礎となり、20世紀、日本を含めた**多くの国家の需要管理政策として、特に不況時に活用**されてきたんだ。

＊古典学派の時代は「供給が需要を作り出す（売られたモノは当然買われるはずだ）」と
いう、楽天的な販路法則（＝「セイの法則」）が暗黙の前提であり、需要を管理すると
いう発想はなかった。

❸ 現代の経済学
～新自由主義～

しかし、ケインズ型の需要管理政策には、構造的に大きな矛盾がある。それは、
不況の時ほど財政支出を大きくしないといけない点だ。

当然のことだが、不況時には税収が減る。しかしケインズの発想だと、そんな
ときこそ公共事業をバンバンやらないといけない。これでは不足分を借金（＝国
債発行で調達）するしかない。

結局、**ケインズ型の政策は、短期間でサッと景気が回復しないかぎり、その後
は巨額の財政赤字に苦しむことになる**。20世紀も後半になると、その弊害が随所
に見られるようになってしまった。

そこで、今日では「反ケインズ」の立場に立つ経済学者が増えてきた。つまり、
このままではお金がもたないから、「小さな政府」に回帰しましょうという考え方
だ。この方向性を「新自由主義」という。

ただし、Point整理（➡ p.206　Point❾）からもわかるとおり、今回の「小さな政
府」は、**国防と治安維持だけという自由放任時代の夜警国家とは別物**だ。いちば
ん典型的な形は、サプライサイド経済学でやる「減税と規制緩和」だ。

法人税の減税は、企業の可処分所得（＝使える金）を増やす。また各省庁が設
定するさまざまな禁止事項である規制が緩和されれば、企業活動の自由度が増す。
これらを組み合わせれば、「**金をたっぷり持った企業が、心置きなく自由に経済活
動できる**」ことになるため、元気な企業がグイグイ国を引っ張ってくれる。これ
が今日型の「小さな政府」の主流だ。

たしかに、政府による不平等の是正だけが、国民を幸せにするわけではない。
むしろ、それが国民の自由な活動のジャマになることもある。ならば国民の経済
活動のジャマにならないよう、**政府の役割を自由競争の環境整備にとどめておく**
のも大切なことだ。これで経済の自律的回復をめざす。これが近年の反ケインズ
主義者の考え方なんだ。

近年は特に、サプライサイド経済学やマネタリズムがアメリカのレーガン政権、
イギリスのサッチャー政権において検討や部分的に導入されたことで、注目を集
めている。

政治編

第1章
第2章
第3章
第4章
第5章
第6章
第7章
第8章
第9章
第10章
第11章
第12章

経済編

第13章
第14章
第15章
第16章
第17章
第18章
第19章
第20章
第21章
第22章
第23章
第24章
第25章
第26章

時事
問題編

第27章

●利害が必ずしも一致しない状況において、**複数の人（or 企業や国家）の行動の最適戦略を分析**する、新しい経済分野。

（プレーヤー）2人以上 →「対個人」「対企業」「対国家」など、組み合わせはさまざま。

（ゲームの種類）

◆**同時ゲーム**…………公共事業の入札やジャンケンのイメージ。
◆**交互ゲーム**…………将棋や囲碁、トランプなどのイメージ。
◆**ゼロサムゲーム**……「足すとゼロ」ゲーム。利得の和が一定で、「**相手が勝った分だけ自分が負ける**」ゲーム（→ 領土や資源の奪い合いなどのイメージ）。

　＊プレーヤーはこれらのゲームの中で、情報・戦略を駆使して合理的判断を重ね、利益を最大化しようとする。

（代表的なゲーム理論）

● 囚人のジレンマ……2人組の囚人が、別々に取り調べを受ける。

◇自分だけ自白→無罪（懲役0年）
◇相手だけ自白→懲役 10 年
◇2人とも自白→懲役　3年
◇2人とも黙秘→懲役　1年

〈利得表で見ると……〉

囚人a ＼ 囚人b	黙　秘	自　白
黙　秘	(−1, −1)	(−10, 0)
自　白	(0, −10)	(−3, −3)

◆囚人aから見て：囚人bが黙秘を選ぶと

囚人a ＼ 囚人b	黙　秘	自　白
黙　秘	(−1, −1)	(−10, 0)
自　白	(0, −10)	(−3, −3)

→aも黙秘なら利得−1
→aは自白なら利得　0 }→(自白が得)

◆囚人aから見て：囚人bが自白を選ぶと

囚人a ＼ 囚人b	黙　秘	自　白
黙　秘	(−1, −1)	(−10, 0)
自　白	(0, −10)	(−3, −3)

→aは黙秘なら利得−10
→aも自白なら利得　−3 }→(自白が得)

◆囚人bから見て：囚人aが黙秘を選ぶと

囚人a ＼ 囚人b	黙　秘	自　白
黙　秘	(−1, −1)	(−10, 0)
自　白	(0, −10)	(−3, −3)

→bも黙秘なら利得−1
→bは自白なら利得　0 }→(自白が得)

◆囚人bから見て：囚人aが自白を選ぶと

囚人a ＼ 囚人b	黙　秘	自　白
黙　秘	(−1, −1)	(−10, 0)
自　白	(0, −10)	(−3, −3)

→bは黙秘なら利得−10
→bも自白なら利得　−3 }→(自白が得)

＊ ◇結局２人とも「自白」を選ぶが、**その結果が最善ではない！**

「自分だけ自白」なら０年、「２人とも黙秘」なら１年なのに、相手の動きを読み間違えるリスクを考えると、結局「２人とも自白」（ともに懲役３年）を選択することに（＝「ジレンマ」）。

◇ただし、お互い納得いく状態に落ち着いた。＝「**ナッシュ均衡**」

第15章 経済主体と株式会社

出題頻度 **B**

Point整理

Point ① 経済主体と経済循環図

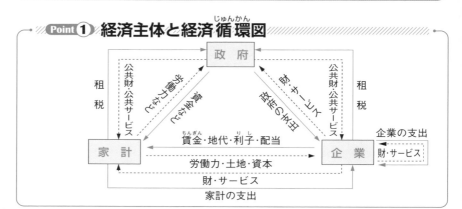

政 府

公共財・公共サービス
租税
公共財・公共サービス
租税

補助金など
政府の支出
販・サービス

家 計 ← 賃金・地代・利子・配当 → 企 業

労働力・土地・資本

財・サービス

家計の支出

企業の支出
財・サービス

Point ② 資本循環

●企業によるさまざまな資本の活用手順。

●貨幣資本 = ▶お金

◆自己資本：人に返す必要のない、**自分のお金**。
　▶株式の売却益、利潤の積立(内部留保)など

◆他人資本：人に返す必要のある、**借りたお金**。
　▶銀行からの借入分、社債での借入分など

活用 ▶

＊マルクス経済学の分類だと

●生産資本 = ▶生産要素

◆不変資本：工場・機械・原燃料などの**生産手段**。
　▶これらだけでは新たな価値は生まれない(＝不変)

◆可変資本：賃金(＝人件費)で示される**労働力**。
or ▶人の手が加われば新たな価値は生まれる(＝可変)

活用 ▶

＊近代経済学の分類だと
◇工場・機械：1回の投資(固定的)で、ずっと使える。= 固定資本
◇原燃料・賃金：生産のたび(流動的)に、投資が必要。= 流動資本

●商品資本 = 生産活動で生み出された**財・サービス**。
　▶生産物

販売 ▶

●(再び)貨幣資本 … 投下資本の回収分 ＋ 利 潤
　▶売手　　　　　　　　　　　　　　　　　　▶価値増殖の対価

◆**利潤は自己資本を増加させ**、次回生産を拡大させる(＝拡大再生産)。
◆損失が出た場合は、自己資本 ＋ 次回生産は縮小(＝縮小再生産)。
◆利潤も損失も出なければ、そのままの規模の継続(＝単純再生産)。

Point ③ 景気循環の種類

名　称	周　期	原因となる要素
キチンの波 ▶短期波動	約40か月	企業の**在庫投資**の増減。
ジュグラーの波 ▶中期波動	約10年	企業の**設備投資**の増減。 最も**基本的な循環**（＝**主循環**）。
クズネッツの波 ▶中長期波動	約20年	**住宅の耐用年数**。
コンドラチェフの波 ▶長期波動	約50年	**技術革新**（生産や流通のあり方を根底から変革）。

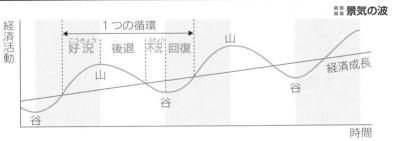

景気の波

Point ④ 企業の分類

- ●公企業
  - ◆国営企業 ……… 現在は国有林野は企業的運営を廃止、郵政は民営化、
    - ▶旧「四現業」　印刷と造幣は独立行政法人化された。
  - ◆特殊法人 ………
    - ◇公庫：公共の目的で融資を行う公的金融機関。
    - ◇公団：国家的事業（おもに公共事業）を実施。
    - ◇公社：独立採算制をとる公共事業体。
  - ◆独立行政法人 … 民間的経営手法を一部導入した公共部門。
  - ◆地方公営企業 … 交通・水道・ガス・市営　など。
- ●公私混合企業 … 日本銀行・NTT・JR・JT・第三セクター　など。
  - ▶政府 ＋ 民間出資
- ●私企業
  - ◆個人企業 … 個人商店・農家　など。
  - ◆組合企業 … 農協・生協・健康保険組合　など。
  - ◆会社企業 … **合名会社・合資会社・合同会社・株式会社**
  - ＊（2006年の会社法より）…
    - ◆有限会社の新設はできなくなった。
    - ◆既存の有限会社は法律上「**株式会社の一形態**」扱いに。
    - （「特例有限会社」とよばれる）

政治編
第1章
第2章
第3章
第4章
第5章
第6章
第7章
第8章
第9章
第10章
第11章
第12章

経済編
第13章
第14章
第15章
第16章
第17章
第18章
第19章
第20章
第21章
第22章
第23章
第24章
第25章
第26章

時事問題編
第27章

Point ⑤ 会社企業の分類

●会社企業の出資者（＝社員）

- ❶：無限責任社員：会社倒産時には、全財産あげて弁済義務。
- ❷：有限責任社員：会社倒産時、自分の出資金が返ってこないだけ。

●（会社企業の分類）**会社法**（2006年施行）の規定。

◆合名会社：１名以上の❶が出資。
◆合資会社：「❶ ＋ ❷」（各１名以上）
◆合同会社：「❷１名以上」の出資。全員が有限責任社員。

→ すべて株式会社と違い、**出資者である社員のみが経営に携わる会社（所有と経営が一致**する会社）＝「持分会社」

2006年新設。株主＆無限責任社員がいないため、対等な**社員同士の合意だけで自由かつ迅速に経営の意思決定や利益配分決定**ができる会社（＊株式会社は株主総会に逆らえない／無限責任社員は責任が重い分経営への介入権が大）。

◆株式会社 … （ **Point ⑥** でくわしく説明）

Point ⑥ 株式会社のしくみ

●中心機関

- ⓐ：**株主総会** … 株式会社の最高機関。「１株 ＝ １票」の議決権。**会社の基本方針や役員（ⓑやⓒ）を決定**する。
- ⓑ：**取締役** … 会社の**具体的な経営内容を決定**する。
  - ◆代表取締役：社長や専務など。取締役会で選任。
  - ◆取　締　役：それ以外の経営陣。株主総会で選任。
- ⓒ：**監査役** … **会計や業務を監督**する。

●近年見られる特徴 … **株主総会の形骸化**

- ◆**法人株主** … 企業・銀行・生保など、**投機目的の株主**が増加。
  ▶キャピタル＝ゲインだけが目当て
- ◆**総会屋** … **株主総会の妨害などで利益**を得るタカリ屋的株主。
  商法の改正で近年減少
- ◆所有と経営の分離の進行 … 会社経営は専門家任せに。
- ◆**株式持ち合い** … 乗っ取り防止用に、**同族企業間でたがいの発行株式を大量に持ち合う。** 過半数の買い占めを防ぐための安定株主工作

  ＊ただしバブル後、**違う企業集団間での都市銀行再編**（「三井住友銀行」など）があったことからもわかるように、**企業集団の結束も流動化**しており、今日では**株式持ち合いの解消**が進行中。

Point ⑦ 株式・その他の重要用語

●**証券取引所** … 厳しい<u>上場基準を満たす優良企業の株式のみ</u>を売買。東京(東証)・

全国4か所　名古屋(名証)・福岡(福証)・札幌(札証)の4か所。大阪証券取引
所は2014年より**大阪取引所**となり、<u>デリバティブ</u>専門の取引所に。

　　　　▶ **TOKYO PRO Market：2009年東証が開設したプロ投資家向け市場**

＊上場基準を下回る**新興企業向けの市場**

　　◆アンビシャス(札証・2000〜)／◆ Q-Board(福証・2000〜)
　　◆ネクスト(名証・1999〜)

　　　　＋

東証再編(2022)… 多くの企業が、**概ね下記のように再編**された。
〈2022年まで〉　→〈再編された市場名〉

◆東 証 一 部　→ プ ラ イ ム …｜主にグローバル企業向け。
　　　　　　　　　　　　　　　　｜時価総額100億円以上。

◆東 証 二 部｜→ スタンダード …｜主に実績ある企業向け。
◆ジャスダック｜　　　　　　　　　｜時価総額10億円以上。

◆マ ザ ー ズ　→ グ ロ ー ス …｜主に新興企業向け。
　　　　　　　　　　　　　　　　｜時価総額5億円以上。

●**東証株価指数** … 過去のある時点(1968年1月4日)における株価総額を
　▶ **TOPIX**　　　100として考えたときの、東証一部の株価指数。

＊**長期的な日本経済の成長度合いを測るための指標**

●**日経平均株価** … 日本経済新聞社が東証プライム市場に上場された銘柄か
ら選んだ、**主要225銘柄の平均株価**。

●**新株予約権付社債** … あらかじめ決めた価格で株式を得る権利の付いた社債。
旧「**ワラント債**」はこれになった(2002年商法改正)。

●**ストック゠オプション** … 自社株購入権(経営者や従業員用)。1997年自由化。

●**エクイティ゠ファイナンス** … 新株発行を伴う資金調達。1996年に自由化。

●**格付け会社** … 企業や各国債券の安全度を<u>ランク付け(AAA〜C)</u>して発
表する会社。米のムーディーズ社が有名。

●**M＆A** … **企業の合併・買収**のこと。株式の過半数買取(TOBなどを活
用)や、事業部門の資産買取で実施。

●**株式公開買付** … 株主に向けた新聞広告などで、一定期間に大量の株を取
　▶ **TOB**　　　得する方法(友好的な企業買収で多用)。

●**インサイダー取引** … 企業の内部情報に基づく、株の不正売買。

●**デイ゠トレーダー** … 利ざやねらいで、ネットでひんぱんに売買する個人投資家。

政治編
第1章
第2章
第3章
第4章
第5章
第6章
第7章
第8章
第9章
第10章
第11章
第12章

経済編
第13章
第14章
第15章
第16章
第17章
第18章
第19章
第20章
第21章
第22章
第23章
第24章
第25章
第26章

時事
問題編
第27章

C 企業防衛と買収（ライブドア vs フジテレビ［2005］）

* フジサンケイグループは、グループ内の力関係を設立当初から修正しておらず、フジテレビ（以下「フジ」）とニッポン放送（以下「ニッポン」）の株式持ち合いで、ニッポンがフジ株を大量に保有する「資本のねじれ」発生。→ **ニッポン株を過半数 get すれば、間接的にフジテレビを支配**可に。

対策1：フジがニッポン株50％超 get のため、TOB（株式公開買付）を発表。
　　　　→ **but** ライブドアは東証の時間外取引で、ニッポン株35％を get。

対策2：新株予約権をニッポンが行使し、フジ向けの大量発行を発表。

| あらかじめ定めた価格で新株を取得できる権利 | → | * 既存の株主にこの権利を渡しておけば、**敵対的買収時にすみやかに新株を発行**でき、敵の保有比率を下げられる（＝ポイズン＝ピル［毒薬条項］）。
ただし株主の長期的な利益保全のためにのみ行使可 |

　　　　→ **but** ライブドアの申し立てで、**東京地裁、同発行の差し止め仮処分を決定。**
　　　　　　　　　　　　　　　　　　　　「本件は単なる経営者の地位保全だ」

対策3：ニッポン、「第三者割当増資」を検討。…　　| * **株式発行 ＝ 増資**
　　　　　　　特定の第三者に割り当てる新株発行　　　　　**資本金の増加になるから**

　　　　→ **but** 株価 down で既存株主の利益を損ねることになるため、実施せず。
対策4：ニッポン保有のフジテレビ株、**SBI に貸し株として供与。**

[　◆ライブドアは**フジの経営に口をはさめず。**（* SBI はフジを救う「**友好的な第三者**」）
　　　　企業価値の低いニッポン放送を手に入れただけ　　▶**ホワイトナイト（白馬の騎士）**
　◆フジ側も油断はできず。（→ SBI が「敵対的買収者」に寝返る危険もあり）]
◎結局、両者「痛み分け」で**和解**へ。
　　　　　　▶ライブドアはフジにニッポン株を譲渡。かわりにフジとの業務提携の約束を取りつける

●その他の買収防衛策
　◆**黄金株** …………………… 友好的な株主に、**株主総会での拒否権**を与える
　　　　　　　　　　　　　　　株式（2006年より認可）。
　◆**焦土作戦** ……………… 優良な資産・事業を売却し、買収の魅力を損なわせる。
　◆**パックマン＝ディフェンス（逆買収）** … 敵対的買収者に対し、**逆に買収**をしかける。
　◆**ゴールデン＝パラシュート** … **「役員の退職金を莫大にする契約」**をあらかじめ結んでおくことで、買収企業が旧来からの役員解任をしにくくする。
　◆**プット＝オプション** …… **「企業の経営陣が変わったら一括返済を請求可」**との条件をつけてもらってから行う銀行借入。

Point ⑧ その他・株式会社に関する用語

●株の電子化 … 2009年より、上場企業の株券はすべて電子化。
それ以外は紙 or 電子化で選択可

●優先株 … 普通株より優先配当を受けられる株式(株主総会議決権なし)。
→ ┌ ◆銀行への「公的資金注入」でよく使われる。
　 └ ◆逆に配当の少ない株式は「後配株(劣後株)」。

●無配 … 配当金が出ないこと。無配当。

●株主代表訴訟 … 取締役が会社に損害を与えた場合、**株主が会社にかわって損害賠償を請求**する訴訟。

●特別背任罪 … 取締役などが、自己や第三者の利益 or 会社に損害を与える目的で任務に背く行為をし、会社に損害を与えたときの罪。

●ステークホルダー … 会社などの「利害関係者」のこと。

●社外取締役 … 取締役会の監督機能強化のため外部から迎える(2002~)。
2014年からは義務化。

●社外監査役 … 監査役は取締役をチェックする機関。設置は義務。さらに大企業は「**監査役会 + 最低1名の社外監査役**」も義務。

Point ⑨ 企業の社会的責任(CSR)・企業倫理に関する用語

●コンプライアンス … 「法令遵守」。企業や組織が、違法活動により失墜した信用の回復を図る際などに使われる。

●コーポレート゠ガバナンス … 「企業統治」のあり方のこと。「会社はだれのものか」という視点から、おもに経営陣の暴走や違法行為を内部統制し、防止するための機能やしくみ。

●モラルハザード … 「企業倫理の欠如」。保険制度や公的機関による救済をあてにして、慎重さを欠いた経営を行うこと。

●アカウンタビリティ … 企業や公的機関が果たすべき「説明責任」。

●メセナ … 企業が行う文化・芸術支援活動。

●フィランソロピー … 企業が行う慈善活動。

政治編
第1章
第2章
第3章
第4章
第5章
第6章
第7章
第8章
第9章
第10章
第11章
第12章

経済編
第13章
第14章
第15章
第16章
第17章
第18章
第19章
第20章
第21章
第22章
第23章
第24章
第25章
第26章

時事問題編
第27章

経済主体と株式会社

❶ 経済主体と企業の分類

　経済活動を支える３つの中心的存在を経済主体（家計・企業・政府）といい、その三者の間で人・モノ・金・サービスがどう流れているかを示す図を経済循環図という（⇒ p.212　Point ❶）。ここでは特に、企業の活動に注目していこう。

　企業は資本循環を通じて財・サービスの生産・流通を行い、利潤の最大化をめざす経済主体だ。

　資本循環は、経済循環とは別物だ。資本循環は、一見とても難しい言葉の連発に見えるけど、中身は全然難しくない。Point 整理（⇒ p.212　Point ❷）からわかるように、要はこれ、企業が「**お金を使って工場や機械を手に入れ、それで商品を作って販売し、利益を出す**」までの流れを示しただけの図だ。

　経済の本質は「人間の欲望の体系」だ。そこは**単純な損得勘定の世界**で、全然難しいものではない。あんまり身構えないこと。

　循環ついでに最後にもう１つ、「景気循環」についてもふれておこう。

　資本主義で自由な経済活動をしていると、「**好況 ➡ 後退 ➡ 不況 ➡ 回復**」の４局面が周期的に現れる。このくり返しが景気循環だ。くわしくは Point 整理（⇒ p.213　Point ❸）に書いておいたけど、周期の長さによってキチンの波、ジュグラーの波、コンドラチェフの波と呼び名が変わるので、気をつけて。

　次は企業、特に会社企業について見てみよう。

　会社企業には、合名・合資・有限・合同・株式会社の５つの形態があり（＊会社法上の分類は合名・合資・合同・株式会社の４つ）、それぞれ設立時の出資者のパターンが違うが、まずはその「出資者」について覚えておこう。

　会社設立の際の出資者を、法律上「社員」とよぶ（＊逆にその会社に勤めてはいるが、資本金を１円も出してなく、会社の登記簿の「社員欄」に名前が載ってない人は、法律上は社員ではなく「従業員」）。

　社員には無限責任社員と有限責任社員があるが、無限責任社員は会社の全債務に対して責任ありの社員だ。つまり、自分の出資額がいくらだろうと、**会社倒産時には「会社の借金＝自分の借金」になる社員**だね。これに対して有限責任社員は、**会社倒産時には、たとえば自分が出資した資本金が100万円ならば、その100万円が戻ってこないだけ**の社員だ。

　これらを頭に入れたうえで、会社企業と出資者の関係を比較すると、次のようになる。

■■「従来」の分類

合名会社	2名以上の無限責任社員が出資。
合資会社	無限責任社員 + 有限責任社員(各1名以上)
有限会社	有限責任社員のみ。(50名以内+資本金300万円以上)
株式会社	有限責任社員のみ。(1名以上+資本金1000万円以上)

⬇

*2005年制定の「会社法」以降(2006年施行)
- ●合名と合資：従来どおり合名や合資での新設も可。合名は1名で設立可に。
- ●有限と株式：**今後の新設は、すべて株式会社**で(有限会社新設は不可)。
  + ＊最低資本金制度の廃止 → 資本金1円からでも起業可に
- ●合同会社…全員が**有限責任**社員。社員の合意だけで自由に意思決定や利益配分可(2006〜新設)。

（＊2006年より前からある有限会社は存続可(「**特例有限会社**」とよばれる)。
ただし会社法上の分類は「**株式会社の一形態**」扱いに。）

 ## ❷ 株式会社

株式会社は、現代の**資本主義社会に最も適した会社企業**だ。

なぜか？　それは**株式会社が、最も大資本の調達に適している**からだ。つまり活動の元手となる資本金の調達がしやすい。

　株式会社では、株式を発行して一般の投資家（＝株主）に売れば、その代金が資本金に上積みされるんだ。こうして活動資金をふくらませれば、利潤の最大化もしやすい。

　しかし、そもそもなぜ一般の投資家は、企業の株式を買うのか？　それは株を買うと、こんなメリットがあるからだ。

■■株主のメリット

- ❶：配当金 …… 株主の出資に対する、**会社からのお礼**。
  → 通常年1回(日本企業の場合)。額面金額の5〜10%程度。業績が悪い年は配当なし(＝ 無配)もあり。
- ❷：株価差益(キャピタル゠ゲイン) … 購入時より高値で売れれば、差額が利益に。
  → ただし購入時より下がれば「株価差損(キャピタル゠ロス)」もあり。
- ❸：経営参加 … 出資者の権利として、株主総会への参加権あり。
  ▶最高機関。「1株 ＝ 1票」制

政治編
第1章
第2章
第3章
第4章
第5章
第6章
第7章
第8章
第9章
第10章
第11章
第12章

経済編
第13章
第14章
第15章
第16章
第17章
第18章
第19章
第20章
第21章
第22章
第23章
第24章
第25章
第26章

時事
問題編
第27章

特に注目すべきは❸だ。これはすごく大事なことなので覚えておこう。じつは**株式会社で最もえらいのは、実際に会社を動かしている取締役ではなく、お金を出している株主**なんだ。

　資本主義では金のあるヤツが一番えらい！——だから株式会社では、株主が集まる株主総会で、取締役の選出や解任まで決定することができる。つまり**株式会社では、お金を出してる株主たちが会社の「所有者」で、取締役は単なる「経営者」にすぎない**という考え方をとるんだ。

　ただし、株主は、所有者とはいっても経営の素人。複雑化した現代社会は、素人の浅知恵で渡っていけるほどあまくはない。

　だから**近年では、経営はプロである取締役に任せて、株主はあまり口出ししない形が主流**だ。これを「所有と経営の分離」という。このように、株式会社を経営者が実効支配している状態を、アメリカの経済評論家バーナムは、「経営者革命」とよんだ。

∷ 株式会社のしくみ

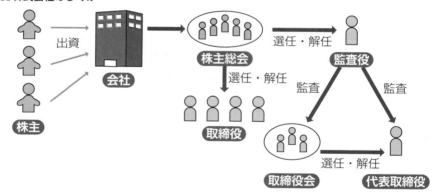

❸ 株式会社・その他の用語

　ここまで株式会社の基本についていろいろ学んできたけど、じつは株式会社、入試では「その他の用語」の学習がかなり合否を分ける。

　近年は、バブル崩壊後の**株式持ち合い**の流動化や日本版ビッグバンでの**持株会社の解禁**、瀕死の企業ばかりをねらう**ハゲタカファンド**（経営危機の企業の株式を買い占めて経営権を握り、企業再生で価値を高めたうえで株を高値で売る会社）、また外資を中心とした**M＆A**（企業合併・買収）と防衛策など、やたら株式がからむホットなニュースが多い。

ということは、株式に関する用語をなるべく多く頭に入れておかないと、経済系の最新の話題についていけなくなる。

　だからこの単元では、Point 整理（➡ p.215　Point 7）にとにかく「**出そうな株式関連の用語や話題**」を数多く載せておいたので、基本を理解した人から、しっかりここも勉強していこう。

▓▓ 持ち合い株式比率の推移

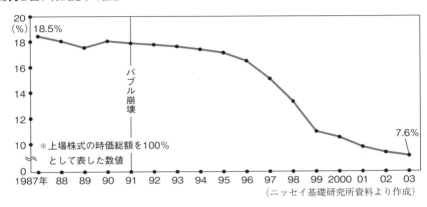

（ニッセイ基礎研究所資料より作成）

政治編
第1章
第2章
第3章
第4章
第5章
第6章
第7章
第8章
第9章
第10章
第11章
第12章

経済編
第13章
第14章
第15章
第16章
第17章
第18章
第19章
第20章
第21章
第22章
第23章
第24章
第25章
第26章

時事
問題編
第27章

コラム　総会屋

　「プロ株主」とよばれる連中がいる。総会屋だ。

　総会屋とは、ほんのわずかな株式保有をたてに大挙して企業の株主総会に出席し、さんざん騒ぎ立てて場を荒らし、企業から金をせしめるという、その筋の方々のシノギの1つだ。商法改正で激減したが、いまだに存在している。

　「野党総会屋」は企業と敵対する総会屋で、株主総会の進行を妨害して利益を得る。企業も対抗手段として、体育会系の若手社員をズラッと並べて威嚇（いかく）したりする。

　「与党総会屋」は企業とグルになった総会屋で、うるさい株主を黙（だま）らせるため最前列に陣取り、大声で「賛成」「異議なし」「議事進行!!」「社長日本一！」などと叫（さけ）びまくる。これでうるさい株主を威嚇しつつ、口をはさむ余地を与えない。

　ちなみに企業の株主総会が6月に多いのは「同時多発的に一斉に開けば、あわよくばウチには来ないかもしれない」からだ。ペンギンのコロニーの生存競争みたいだな。

第16章 市場機構

Point整理

Point① 市場の失敗(限界)

●最も望ましい資源配分(=パレート最適)が実現しないこと。
　→解決には「政府の介入」が必要。

❶：価格機構が作用しなくなるケース。
　　＝独占(=1社支配)や寡占(=少数社支配)の状態。

> 「独占価格」や「管理価格」が形成され、価格が下がりにくくなる。
> **独占企業が決定** **寡占企業群で決定** ▶価格の下方硬直化
> **対策**：独占禁止法の制定。

❷：市場外の第三者に影響を及ぼすケース。

> ◆外部経済……売り手でも買い手でもない人に利益をもたらす。
> ◆外部不経済…売り手でも買い手でもない人に**不利益**をもたらす。
> **対策**：政府が介入し、売り手と買い手に費用負担させれば解決。
> ▶外部不経済の内部化

❸：市場そのものが不成立のケース。

> ◆公共財…コストを負担せず便益だけ受ける人(フリーライダー)の排除不可。
> ▶道路など →利益にならず**私企業は供給しない**。
> **対策**：公共事業による公的な供給で解決。

❹：情報の非対称性があるケース。

> 売り手と買い手の**情報量に差**があるとき起こりうる問題。(➡ p.230参照)

Point② 独占の形態

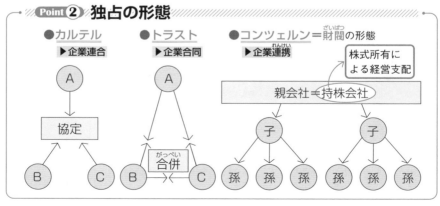

●カルテル
▶企業連合

●トラスト
▶企業合同

●コンツェルン＝財閥の形態
▶企業連携

株式所有による経営支配

親会社＝持株会社

★ 「需要曲線と供給曲線」は Point講義 (➡ p.224～) で説明するよ。

Point ③ 独占・寡占の進行

● 自由競争の激化に伴い進行。

◆ **資本の集積**（1企業の大規模化）

◆ **資本の集中**（複数企業の結合）
　▶カルテル・トラスト・コンツェルンなど

→ 強い企業の大規模化が進行し、
「規模の利益（スケール＝メリット）」実現
生産規模拡大→「量産＋廉売」で利潤率up

市場の寡占化や独占化の進行。

◎ 管理価格や独占価格が形成され、**市場から価格競争は排除**される。

　● プライス＝リーダーが設定する**高めの管理価格**に他企業も追従。
　　▶価格先導者　　　　　　　　　価格は下方硬直化へ
　● 寡占企業の競争は、非価格競争（宣伝・デザイン・おまけなど）中心に。

Point ④ 財閥解体

● GHQの経済民主化指令に基づく。

● 実施機関：持株会社整理委員会（1946）

　◆一定規模以上の持株会社と財閥家族（各財閥を支配する一族）を指定し、**所有する株式を譲渡させた。**

● 過度経済力集中排除法（1947）…独占的大企業を、適正規模に分割する。
　　　　　　　　　　＊ただし不徹底に終わった（300社以上の予定が11社）

● 独占禁止法（1947）…「私的独占の禁止及び公正取引の確保に関する法律」

　◆米のシャーマン法（反トラスト法・1890）、クレイトン法（コンツェルンを規制・1914）、連邦取引委員会法（監視機関を設置・1914）がモデル。
　◆ **目的**：「私的独占／不公正な取引方法／不当な取引制限」などの禁止。
　◆ **内容**：カルテルと**持株会社は原則禁止**。トラストは制限。
　◆ **監視機関**：公正取引委員会（行政委員会の1つ）を設置。

＊公正取引委員会は、米の連邦取引委員会がモデル。米のSEC（証券取引委員会）をモデルとする日本の機関は「証券取引等監視委員会」（金融庁下）。

◆ **持株会社の種類**
　ⓐ：純粋持株会社…事業活動は行わず、株式所有で子会社支配だけ行う。
　ⓑ：事業持株会社…事業活動を行いつつ、子会社支配も行う。
　　＊独禁法で当初禁止されたのは、事業支配力の高いⓐのほうだけ。
　　　→ これを1997年改正より解禁。
　ⓑは一般には持株会社とすらよばれず、単に「親会社」とよばれることが多い。

政治編
第1章
第2章
第3章
第4章
第5章
第6章
第7章
第8章
第9章
第10章
第11章
第12章

経済編
第13章
第14章
第15章
第16章
第17章
第18章
第19章
第20章
第21章
第22章
第23章
第24章
第25章
第26章

時事問題編
第27章

第16章 市場機構

❶ 需要曲線と供給曲線

まずは、基本用語と考え方から見てもらおう。

Point 市場（しじょう）とは

- 売り手（＝供給）と買い手（＝需要）が出会い、商品が取引される場。

  ＊市場で取引される商品…（有形の商品）＝財／（無形の商品）＝サービス

- グラフの形状

  ◆需要：価格が高くなるにつれて減少。

  　買い手はなるべく安いものを買いたい

  → **右下がりの曲線**に。

  ◆供給：価格が高くなるにつれて増加。

  　売り手はなるべく高いものを売りたい

  → **右上がりの曲線**に。

  ◎両者の交点で、**売れ残りも品不足もなくなる**。

  ▶均衡点　「資源の最適配分」の実現

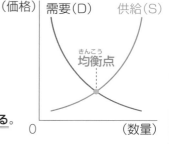

市場とは、具体的な空間をさす語ではない。コンビニだろうが、電話だろうが、ネットだろうが、**売買取引が発生する場は、すべて市場**だ。

このグラフの需要曲線・供給曲線には、市場において我々が行う、日常の経済活動そのものが示されている。そこには、**ごくあたり前の売り手と買い手の関係が示されてる**だけだ。だから、わからなくなったら、具体的な商品と価格をイメージしよう。

さあ、それでは実際に、市場における財のやりとりを見てみることにしよう。

p.225の「パソコンの需給」を 例 に説明する。この市場で売買されている財はパソコン。だいたい10万円ぐらいがちょうどいい価格だとしよう。ただし、曲線は、見やすくするため直線で示すことにする。実際の入試でも直線表記のほうが多いしね。

まず p.225のグラフで、①を見てもらおう。①は、発売当初に設定された「1台15万円」という価格だ。パソコン1台15万円は、かなり高い。だから「15万円でもほしい」という買い手は、グラフからもわかるとおり、わずか50人しかいない（価格15万円の横線と買い手を示す需要曲線の交点までの幅（はば））。

ところが、店側は高いものをより多く売ることが利潤の最大化だと考え、すごく大量に仕入れている。その量は、15万円ラインと供給曲線の交点までの幅、つまり150台だ。

需要・供給曲線── 例 パソコンの需給

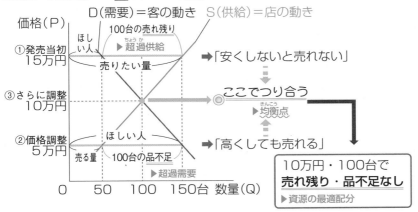

ここには必然的に**100台の売れ残り**（＝超過供給）**が生じる**。売れ残りは安くしないとさばけないから、価格はだんだんと下げられる。そして、安いものは売ってもあんまりもうからないから、売る量もしだいに減ってくる。

しかし、次は②（1台5万円のライン）を見てみると、今度はこれとまったく逆の現象が起きる。こちらの説明は省略するけど、要は**価格の上下が、結果的に数量バランスまで調整している**ことがわかればいい。

価格にはこのように、需給の数量バランスを調整する機能もある。これを「価格の自動調節作用」という。

ただ、現実の社会ではグラフがこんなにきれいな形になることは、まずない。これが成立するのは、いわゆる「**完全競争市場**」だけだ。完全競争市場とは、これらすべてを満たした市場だ。

完全競争市場とは

❶：**売り手・買い手とも、多数存在**する市場。
❷：その市場への**参入・離脱は自由**。
❸：商品についての**完全な情報**が行き渡っている。
❹：扱われる商品は、**すべて同質**。

❶〜❹の全部を満たすのは、かなり大変だ。簡単に実現するのは❶ぐらい。❸と❹はきわめて困難。❷も思っている以上に難しい。**世の中には、市場への参入規制が多くある**んだ。

政治編
第1章
第2章
第3章
第4章
第5章
第6章
第7章
第8章
第9章
第10章
第11章
第12章

経済編
第13章
第14章
第15章
第16章
第17章
第18章
第19章
第20章
第21章
第22章
第23章
第24章
第25章
第26章

時事
問題編
第27章

たとえば、日本では20歳未満の者はタバコを買ってはいけない。これだって「タバコ市場における20歳未満の者への参入規制」と考えれば、世の中規制だらけだ。

　結局、完全競争市場というのは「絵に描いた餅」にすぎない。しかしここでは、それが存在するという前提で見ていこう。それがルールだ。

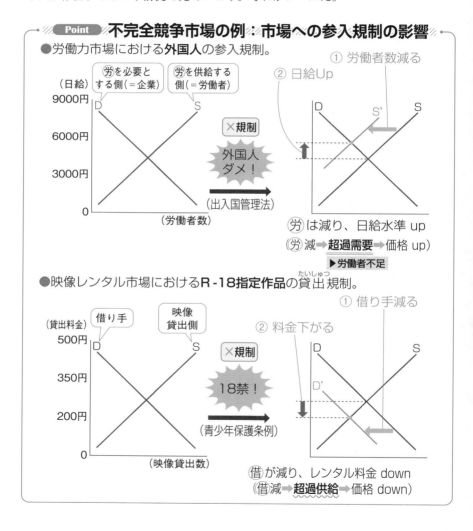

Point **不完全競争市場の例：市場への参入規制の影響**

●労働力市場における**外国人**の参入規制。

① 労働者数減る

② 日給Up

（日給）

9000円

6000円

3000円

0

D

S

労を必要とする側（＝企業）

労を供給する側（＝労働者）

×規制

外国人ダメ！

（出入国管理法）

（労働者数）

D　S'　S

労は減り、日給水準 up

労減 ➡ **超過需要** ➡ 価格 up）

▶労働者不足

●映像レンタル市場における**R-18指定作品**の貸出規制。

① 借り手減る

② 料金下がる

（貸出料金）

500円

350円

200円

0

D

S

借り手

映像貸出側

×規制

18禁！

（青少年保護条例）

（映像貸出数）

D　D'　S

借が減り、レンタル料金 down

借減 ➡ **超過供給** ➡ 価格 down）

需給曲線のシフト

次は需給曲線が、右や左にシフトする場合について考えてみよう。

■■需要・供給曲線のシフト

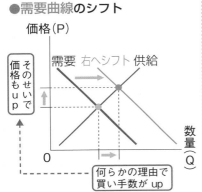

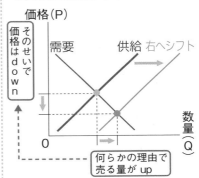

需要曲線が右へシフトするときは、何らかの理由でその商品の**買い手の数が増えた**ときだ。たとえば、この商品がパンだとすると、いったいどんな理由があれば、我々のパンの消費量は増えるんだろう。

まず考えられるのは、我々の**使える金（＝可処分所得）が増えたとき**だ。昇給や減税で我々の使える金が増えれば、パンすら買えない低所得者は減り、買い手の数は増える。

次に考えられるのは、パンと置き換えがきく商品（＝代替財）が値上がりしたときだ。パンと主食の座を争うライバルは、おコメ。コメが高くなれば、仕方なくパンを買う人も増える。

さらには、パンとセットで売れる商品（＝補完財）が安くなったとき。バターやジャムが安くなれば、それらの買い手は増え、必然的にパンの買い手も増える。

そして最後に考えられるのは、**パン食が流行したとき（＝嗜好の変化）**だ。「パン食はカッコいい」「パンを食べると頭がよくなる」──なんだか高度成長期あたりの日本みたいだが、たしかにこういうことがあれば、値段に関係なくパンの買い手は増える。

パンの買い手が増えれば超過需要（＝品不足）が発生し、こののち価格は、しだいに上がっていくことになる。

では、この需要曲線が左へシフトするのはどういうときか。これは全部、「**右へシフト**」の逆の理由があったときだ。

政治編
第1章
第2章
第3章
第4章
第5章
第6章
第7章
第8章
第9章
第10章
第11章
第12章

経済編
第13章
第14章
第15章
第16章
第17章
第18章
第19章
第20章
第21章
第22章
第23章
第24章
第25章
第26章

時事
問題編
第27章

つまり「可処分所得が減った」「代替財が安くなった」「補完財が高くなった」「嗜好が再び変化した」から、需要曲線が左へシフト（＝買い手が減る）するわけだ。当然その後は、パンは超過供給（＝売れ残り）となり、価格はしだいに下がっていく。

今度は**供給曲線の右へのシフト**だ。こちらは、何らかの理由でその商品を**売る量が増えたとき**に起きる。同じパンで考えると、どんな理由があれば、企業はパンの生産量を増やすんだろう。

まずは、**原材料費が安くなったとき**だ。これがあれば、今までと同じ費用で、より多くのパンを生産できる。

それから、**大量生産が可能になったとき**だ。小麦の豊作（ほうさく）や生産技術の改良などがあれば、生産量は増える。

あとは、**企業にとっての可処分所得の増加時**だ。法人税の減税や政府からの補助金支給などがあれば、より多くのお金を生産費に回せ、生産量の増加につながる。

そして、パンの生産量が増えれば超過供給（＝売れ残り）が発生し、価格は下がる。左へのシフトは右の逆だ。これは先ほどと同様の考え方だ。

●傾きの違うグラフの意味

今度は、傾きの違うグラフについて見てみよう。

::傾きの違うグラフ（価格弾力性のグラフ）

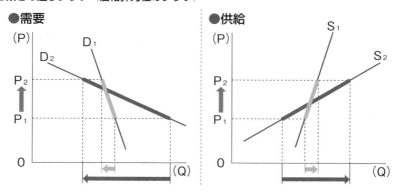

これらを「**価格弾力性**」のグラフといい、**価格の上下があったとき、売り手・買い手の量も敏感（びんかん）に上下するかどうか**を示している。

政治編

第1章
第2章
第3章
第4章
第5章
第6章
第7章
第8章
第9章
第10章
第11章
第12章

●傾きの急な D_1：こちらはグラフから、**価格が急激に上がっても、買い手の数は それほど減少していない**ことがわかる。これは価格に関係なく必要とされる「生活必需品」だ。

●傾きのゆるい D_2：こちらは**価格が上がったと見るや、買い手の数も敏感に減少している**のがわかる。これは、高い金を出してまで無理に買う必要のない「ぜいたく品」だ。

●傾きの急な S_1：これはせっかく**高く売るチャンスなのに、売る量をそんなに増やしてない**ことがわかる。増やしたくても急には増えないもの、それは「農産物」だ。

●傾きのゆるい S_2：これは高く売れると見るや、売る量を急激に増やしていることがわかる。チャンスのときには速やかに大量生産できるもの、それは「工業製品」だ。

ちなみに、D_1 や S_1 などの傾きの急なグラフは「弾力性が小さい」、D_2 や S_2 などの傾きのゆるいグラフは「弾力性が大きい」という。

経済編

第13章
第14章
第15章
第16章
第17章
第18章
第19章
第20章
第21章
第22章
第23章
第24章
第25章
第26章

❷ 市場の失敗と独占・寡占

ここまでの内容は、あくまでグラフが正常に機能した場合の話だ。しかし、現実にはそううまくはいかないこともある。

次はそんな問題のある市場、いわゆる「市場の失敗」について見てみることにしよう。市場の失敗とは、次の4つのケースをさす。

∷ 市場の失敗

❶：価格機構が正常に作用しなくなるケース。
❷：市場内部の活動が、外部の第三者に影響を及ぼすケース。
❸：市場自体が成立しないケース。
❹：市場に「情報の非対称性」があるケース。

❶は「独占・寡占市場」で発生する（言葉の意味は、以下のとおり）。

∷ 独占と寡占

●独占（1社支配）… NTT が民営化される以前のような形。
　　　　　　　　→ ほかにライバル社が存在しない。
●寡占（少数社支配）…日本のビール市場における**ビール大手4社**のような形。
　　　　　　　　　　　▶キリン・アサヒ・サッポロ・サントリー
　　　　　　　　　　　→ 4社が手を組めば、ライバル社はほぼない。

独占と寡占の共通点は、**競争相手が市場にいない**点だ。

独占市場には同業他社が存在しないし、寡占市場も**各社がガッチリ手を組んで、全社横並びの価格設定（＝管理価格）にすれば、独占と同じ形を作れる**。

そして、競争相手がいなければ、安売り競争は不要となり、安売り競争がなくなれば、**買い手が減っても、価格は下がらなくなる**（＝価格の下方硬直化）。その商品を必要とする人に高値で売れば、十分利益を出せるからだ。これは「売り手が買い手の足もとを見る」形の不健全な市場だ。

❷はおもに、**商品の売り手や買い手が、それ以外の人に迷惑をかける**ケースだ。これを外部不経済*という。たとえば、町内に農薬工場があるせいで、農薬の買い手でも何でもない近所の人が健康被害を受ける場合などが、まさにこれだ。

こののち、工場が病院代を負担し、その費用の一部を農薬代の値上げで回収すれば、この問題は**売り手と買い手で尻ぬぐい（＝外部不経済の内部化）した**ことになり、解決する。

しかし、企業は利潤の最大化をめざすから、政府が規制でも作らないかぎり、コストがかかることを自発的にしようとはしないはずだ。

*これとは逆に「外部経済」というのもある。これは「農薬工場のおかげで、近所のハエが減った」ような、プラスの第三者効果をさすもので、**これも「市場の失敗」に含まれる**。

❸は「**買い手はいるが売り手がいない商品**」、すなわち公共財をさす。

公共財とは道路や公園などの公共性の強い財だ。これらはあまりに公共性が強いせいで、タダで利用する人（＝フリーライダー）を排除できない。ということは、これらには**需要はあるが、作っても利益にならないから、私企業は供給しない**。その供給は、採算を度外視した政府の公共事業を待つほかない。

❹の「情報の非対称性」は、**売り手と買い手の情報量の違いが市場にもたらす問題**のことだ。その代表的な例が「逆選択」とよばれるもので、これはたとえば「いい宝石がほしい」と思って客が宝石店に行っても、本当にいい宝石は店側にしかわからないため、客は仕方なく無難に「安物を買ってしまう」みたいな形だ。

独占・寡占の形態と進行

まずは独占・寡占の形態にあたる、カルテル・トラスト・コンツェルンの図を、 Point整理 （⇒ p.222　Point❷）で見てもらおう。

カルテルとは「価格や生産量について、同業者間で協定を結ぶこと」だ。たと

えばビール会社4社間で「大ビン1本500円に統一しましょう」などと相談して密約を結べば、それはカルテルだ。

　しかし、これは独占禁止法違反だ。だから彼らは**最有力企業（プライス゠リーダー）が価格を上げれば、残りの3社が黙ってそれに追従する形で、管理価格を形成**する。こうすれば密約ではないため、カルテルではなくなる（でもやっていることは、カルテルと同じようなこと）。

　トラストとは同一業種の企業合併で、異業種込みならコングロマリット（複合企業）とよぶ。そしてこれらを形成する手段が、TOB（株式公開買付）などを使ってのM&A（企業合併・買収）だ。

　コンツェルンは、昔の財閥のパターンで、親会社にあたる財閥本社が、子会社株の過半数を所有して経営支配する。だから昔の財閥本社は、別名「持株会社」とよばれる。

　このように、自由競争の結果とはいえ、ひとたび独占・寡占状態が生まれると、多くの人が不利益を被ることになる。だからこれらを規制するために、戦後、独占禁止法が制定された。

●●●●●●●●　❸ 独占禁止法　●●●●●●●●

　独占の進行は市場を不健全にするだけでなく、「第13章　資本主義と社会主義」でも見たとおり、**独占的大企業が政府と結んで植民地拡大をあおり、帝国主義を助長して戦争を引き起こさせる危険性**をもつ。

　戦後の日本でも、GHQはこれを懸念した。GHQからすれば、日本の財閥は「帝国主義を支えてきたスポンサー」としての側面をもつ。ならば規制しないと。だからGHQの経済民主化指令に基づいて財閥解体が実行され、最後の締めとして独占禁止法が制定されたんだ。

　独占禁止法は、正式には「私的独占の禁止及び公正取引の確保に関する法律」といい、1947年に制定された。目的は「私的独占の禁止／不公正な取引方法の禁止／不当な取引制限の禁止」などで、その運用は「独禁法の番人」こと公正取引委員会が監視する。

　しかしこの独禁法、さっそく緩和されることになる。理由は、日本がまだまだ経済的に弱小国だったからだ。

　だから**1953年に独禁法を緩和し、例外カルテルが認められた**。これにより企業は、**不況時にはカルテル結成で利潤確保が認められ（＝不況カルテル）、生産技術向上や原材料費downがあったときにも**「生産過剰→値崩れ→倒産」を避け

政治編
第1章
第2章
第3章
第4章
第5章
第6章
第7章
第8章
第9章
第10章
第11章
第12章

経済編
第13章
第14章
第15章
第16章
第17章
第18章
第19章
第20章
第21章
第22章
第23章
第24章
第25章
第26章

時事
問題編
第27章

るためにカルテルが認められた（＝合理化カルテル）。また不況時にかぎらず、利潤確保しやすくなる定価販売（＝再販売価格維持制度。略称「再販制度」）が認められたんだ（＊例外カルテルは２つとも1999年廃止）。

　ところがこの後、独禁法は強化される。理由は２つ。石油危機とアメリカからの圧力だ。

　1973年の石油危機後、日本では石油関連のあらゆる物価が高騰した。

　だからこの時期、どさくさまぎれに便乗値上げ（他社と結託すれば違法カルテル）も横行した。これを取り締まるため独禁法は改正され、今後は違法カルテルに対し課徴金が課せられることになったんだ。

　そしてその課徴金の額が、1990年代さらにはね上がった。アメリカからクレームがついたためだ。1989年の日米構造協議の場で、アメリカ曰く「日本には自由競争の阻害要因が多すぎる、なんとかしろ」となったわけだ。

　そこで独禁法が改正され、課徴金 up となった。加えて再販売価格維持制度にもクレームがつき、こちらも原則廃止となった。今や定価販売は、本や CD などの著作物＊ぐらいでしか認められていない。

　　＊これらの知的所有権は大量生産できないし、安売り競争で質の低下を招いても困るから、協議の結果例外的に容認された。

　しかしバブル後、独禁法は再び緩和された。理由は競争力回復のためだ。ただこの時の緩和には、だれもが驚いた。

　なぜなら、そこには「独占禁止法９条の改正」が含まれていたからだ。これが意味するものは、なんと持株会社の解禁だ。つまり事業持株会社だけでなく、今後は「純粋持株会社（＝昔の財閥本社と同じ形）」まで、容認されることになったんだ（⇒ p.223 **Point ④**）。

　これは何を意味するか？　——それは「今の不景気を脱するには、もはや財閥なみの体力のある企業に、日本経済を引っ張ってもらうしかない」という思いだ。

　この政策は、中小企業の切り捨てにもつながりかねないが、とにかく今は、「小」の虫を殺してでも、「大」の虫に反則スレスレの強力エンジンを認めるべきだという結論になったんだ。

　しかし、さすがに無制限に認めるのは危険だ。だからこの改正では、グループの規模に制限を設け、「資産規模15兆円未満のグループのみ OK」ということになった。つまり、旧財閥クラスのグループ形成につながる持株会社はダメで、それより小規模なら OK ということだ。「純粋持株会社は、全面禁止から弊害禁止になった」と覚えておこう。

政治編

第1章
第2章
第3章
第4章
第5章
第6章
第7章
第8章
第9章
第10章
第11章
第12章

経済編

第13章
第14章
第15章
第16章
第17章
第18章
第19章
第20章
第21章
第22章
第23章
第24章
第25章
第26章

時事
問題編

第27章

:: 参考 ローレンツ曲線とジニ係数

●所得格差の不平等を
┌ ◆図で示したもの 　　　＝ ローレンツ曲線
└ ◆数字で示したもの 　　＝ ジニ係数

●ローレンツ曲線
┌ ◆タテ軸：その社会集団全体で稼ぎ出した総額が、タテに積まれている。
└ ◆ヨコ軸：左から右に向けて「低→高所得者」の順に並んでいる。

例 ：10人で100万円稼ぎ出した社会のローレンツ曲線

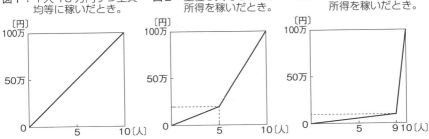

図1：1人10万円ずつ全員　　　図2：上位5人で80%の　　　図3：上位1人で90%の
　　　均等に稼いだとき。　　　　　　所得を稼いだとき。　　　　　所得を稼いだとき。

結論 ：所得格差が大きい社会集団ほど、曲線が下にたわむ形になる。

図4：ブラジルとフィンランドのローレンツ曲線

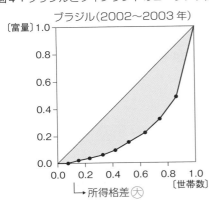

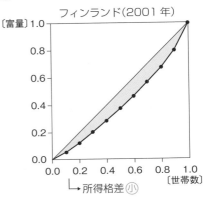

●ジニ係数…所得分配の不平等を「0～1」までの数字で示したもの。

- ◆係数0：全員が同じ所得。　→ 所得格差まったくなし。
- ◆係数1：1人が全所得を独占。　→ 所得格差MAX。

図5：所得格差の推移（先進国の国際比較）

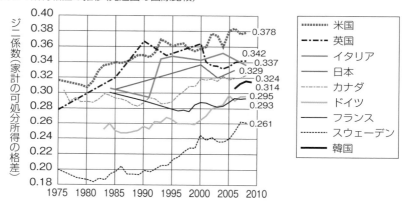

(OECD[2011], DIVIDED WE STAND: WHY INEQUALITY KEEPS RISING Figure 2. より作成)

●相対的貧困率…「世界全体の中で貧しい」"絶対的貧困者の率"ではなく、
「その国の中では貧しい」"相対的貧困者"の率を表すもの。

考え方 まず「世帯収入÷世帯人数」で国民一人ひとりの割当所得を出す。
→次に所得の多い人から順に並べる。

- ⓐ：真ん中の人の額＝「中央値」⇒ ◎ⓑ未満の人の率が相対的貧困率。
- ⓑ：ⓐの半分の金額＝「貧困線」　この率が高い＝格差社会

図6：OECD24か国の相対的貧困率

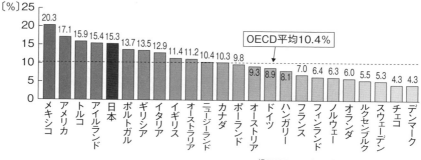

（「OECD ワーキングレポート22」より作成）

経済編

第17章 国民所得と経済成長

出題頻度 **B** Point 整理

政治編
第1章
第2章
第3章
第4章
第5章
第6章
第7章
第8章
第9章
第10章
第11章
第12章

経済編
第13章
第14章
第15章
第16章
第17章
第18章
第19章
第20章
第21章
第22章
第23章
第24章
第25章
第26章

時事問題編
第27章

Point ① 国民所得と国富（こくふ）

●国民所得……1国で1年間に生む付加価値（新たに生んだ財・サービス）の販売合計金額。
　　　　　▶その年に生まれた所得だけを見る、その年だけのお金の「流れ（フロー）」

●国　　富……1国がある1時点で保有する「資産」の合計金額。
　　　　　▶その年だけの流れではなく、その年までの財産の「蓄積（ストック）」

◆有形資産…
▶実物資産
＋
　◇純固定資産：工場・住宅・道路・機械など。
　◇再生産不可能有形資産：土地・森林・地下資源など。
　◇在庫：原材料・部品・製品などの手持ち。

◆対外純資産…外国との金融資産（お金）の貸し借りの差額。
　　　　　▶国内の金融資産（お金）は、国富には含まず

●国民所得と国富の関係：**国富を元手（もとで）にして、毎年の国民所得は生み出される。**

Point ② 国民所得の計算

❶：総生産額……　生産過程で発生した売上金を、とにかく**全部足す**

❷：国民総生産…　❶－中間生産物（＝原材料や部品、燃料代など）
　（GNP）

● GNP と GDP の違い…両者はほぼ同じ指標（しひょう）で、計算方法もほぼ同じ。
　[◆ GNP（国民）…日本国民が「ⓐ **外国から受け取った所得**」も含む。
　[◆ GDP（国内）…日本国内から「ⓑ **外国に支払った所得**」も含む。
　　　　　＊ⓐ－ⓑのことを「**海外からの純所得**」という

●両者の関係：GDP ＝ GNP －ⓐ＋ⓑ＝ GNP －（ⓐ－ⓑ）
　　　　　　　　　＝ GNP －「海外からの純所得」

＊その他の注意点：GNP は2000年より「国民総所得（GNI）」という名称に変更されたが、入試にはいまだに GNP で出ることが多い。

❸：国民純生産…　❷－固定資本減耗（げんもう）分（生産設備の修理・買い替え用の積立（つみたて）金）
　（NNP）

❹：狭義（きょうぎ）の国民所得…　❸－間接税＋補助（ほじょ）金
　（NI）

＊生産要素にかかった費用だから
「雇用者報酬（ほうしゅう）＋営業余剰（よじょう）＝ NI」でも表せる。

Point ③ 三面等価の原則

＊ NI（400兆円）を例に、説明。

●生産国民所得
だれが生んだか

第一次産業	第二次産業	第三次産業

> これは400兆円の NI を、「だれが生み出したか」という角度から見た国民所得だ。
> →そうすると「第一次産業（農林水産業）がいくら、第二次産業（工業）がいくら、第三次産業（サービス業）がいくら生み出し、合計すると400兆円」という計算方法になる。

●分配国民所得
だれに分配されたか

雇用者所得 ▶賃金	財 産 所 得 ▶利子・配当・地代	企業所得 ▶利潤

> 生み出された国民所得が「だれに分配されたか」という角度から見た国民所得だ。
> →そうすると「労働者の賃金としていくら、銀行や株主への利子・配当・地代としていくら、企業の利潤としていくら分配され、合計すると400兆円」という計算方法になる。

●支出国民所得
どう使われたか

最終消費支出 ▶政府＋民間の消費	国内総資本形成 ▶政府＋民間の投資	経常海外余剰

> 分配された国民所得が「どう使われたか」という角度から見た国民所得だ。
> →そうすると「消費にいくら、投資にいくら、外国とのやりとりにいくら使い、合計すると400兆円」という計算方法になる。

> 「外国とのやりとり分」を示す「経常海外余剰」は、N系（＝国民）とD系（＝国内）の式では、中身が少し違ってくる。
> （NI を支出国民所得で見ると）
> 　最終消費支出＋国内総資本形成 ＋ 経常海外余剰 ── （輸出－輸入）＋ **海外からの純所得**
> （DI を支出国内所得で見ると）
> 　最終消費支出＋国内総資本形成 ＋ 経常海外余剰 ── （輸出－輸入）**のみ**になる

 GNE（国民総支出）：GNP を支出面から見たもの

> ● GNE ＝ （政府＋民間）消費 ＋ [粗投資 （政府＋民間）投資 ＋ 固定資本減耗] ＋ 経常海外余剰
> 　　　　　　　　　　　　　　　▶純投資
>
> ＊この答えは当然 GNP と同額（つまり「GNE ＝ GNP」）だから、GNP を求めないといけない問題の応用解法としてよく出題される。長くて面倒な式だけど必ず覚えておこう。
>
> 本式は GNE つまり N系の式だからここは（輸出－輸入）＋海外からの純所得

Point ④ GNP や GDP に反映されないもの(うまく反映しないもの)

- ●ボランティア活動 ‥‥‥ 無償奉仕(=価格なし)。
- ●家事労働 ‥‥‥‥‥ 市場取引の対象外。
- ●中古品 ‥‥‥‥‥ 付加価値(=新たに生み出された商品)ではない。
- ●地価・株価の変動分 ‥‥ ストックの価値変動(つまり地価 up は「国富の増大」)。
- ●公害による損失分 ‥‥ 生活へのマイナス要素なのに、GNP・GDP をプラスに。

対策：国民純福祉(NNW)‥‥ 国民の「真の豊かさ」を測る指標。

- [◆ GNP が含む「真の豊かさのマイナス要因」➡ GNP から引く。
  - 公害被害者の病院代など ‥‥ⓐ
- ◆ GNP が含まない「真の豊かさのプラス要因」➡ GNP に足す。
  - 家事労働やボランティア分 ‥‥ⓑ

計算：NNW = GNP − ⓐ + ⓑ

- ●その他の豊かさを示す指標
  - [◆グリーン GDP =環境調整済国内純生産(EDP)
    - ‥‥国内総生産(GDP)から環境破壊による生活の質の低下を差し引いたもの。
  - ◆新国民生活指標(PLI)‥‥国民の生活実態を「住む・働く・遊ぶ」など**8つの活動領域**に分け、そこから総合的に真の豊かさを測る。
  - ◆日銀短観‥‥‥‥‥全国の**企業経営者へのアンケート**から、四半期ごとに好況感を探る。

Point ⑤ 経済成長率

- ● GNP や GDP の、1 年間の増加率。
  - [◆名目成長率：**物価変動分を考慮に入れない**名目 GDP から求める。
  - ◆実質成長率：**物価変動分を考慮に入れる**実質 GDP から求める。

  ＊「名目→実質」の求め方：GDP デフレーター(一般物価指数)を活用。

  ある年を基準年とし、そこを100としたときの物価上昇率

  例：基準年と比べて物価が [◆5% up → GDP デフレーターは105。
  - ◆3% down → GDP デフレーターは97。

- ●実質 GDP = 名目 GDP ÷ GDP デフレーター × 100

- ●実質経済成長率 = $\dfrac{本年の実質 GDP − 前年の実質 GDP}{前年の実質 GDP}$ × 100（%）

政治編
第 1 章
第 2 章
第 3 章
第 4 章
第 5 章
第 6 章
第 7 章
第 8 章
第 9 章
第 10 章
第 11 章
第 12 章

経済編
第 13 章
第 14 章
第 15 章
第 16 章
第 17 章
第 18 章
第 19 章
第 20 章
第 21 章
第 22 章
第 23 章
第 24 章
第 25 章
第 26 章

時事
問題編
第 27 章

❶ 国民所得計算

　1国で1年間に生まれた付加価値（= 新たに生み出された商品）の販売合計金額——これが国民所得だ。

　似たものに「国富」があるが、国富とは1国が保有する土地・工場・機械などの有形資産（= 形のある財産。実物資産ともいう）を金額換算した場合の合計額であり、「国民所得を生み出す元手」ととらえればいい。なぜなら我々は、「土地の上に建った工場の中の機械」（→ これらはすべて年々「蓄積（ストック）」されてきた国富）で商品を作り、その商品の販売合計金額が、「その年だけの所得の流れ（フロー）」・国民所得になるからだ。

　それでは、その国民所得、次は　Point 整理　部分を交えながら見ていこう。

　Point ❷（⇒ p.235）からわかるように、国民所得は大きく分けて4種類ある。

　これらは全部国民所得だが、計算の細かさが違う。つまり❶は非常に荒っぽく、❷はそれを正確に、❸はそれをより正確に、❹は見る角度をちょっと変えて、計算しているだけだ。「1年間の付加価値の総額」という本質は同じだから、気楽に考えよう。

❶：総生産額の計算

　これははっきり言って、不正確な計算方法だ。これを使うと、仕入れその他の途中過程で発生した売上金だけでなく、最終的な販売価格も含めて、動いたお金を全部足すことになる。こんな具合に。

例：パン1000個の生産における総生産額

　これは足しすぎだ。店には10万円分のパンしか並んでないのに、国民所得上は25万円なんて、どう考えても足しすぎだ。

　パンを作るための原材料となった小麦や小麦粉を「中間生産物」というが、この計算では、その中間生産物価格も最終的なパンの最終販売価格である10万円も、すべて足してしまっている。

　たしかに総生産額でいうところの"売上金の合計"とは「世の中にあるレシートや領収書を全部足す」ようなイメージだが、これをやると必ず二重計算になる。

これは金額ではなく現物の商品で考えるとわかりやすい。つまり「中間生産物＝パン1000個分の原材料」、「最終販売価格＝完成したパン1000個」と考え、これらをすべて足すと「パン2000個分になる（つまり二重計算）」という考え方だ。

そういう意味では、**総生産額は「正確な売り上げ」を示す指標ではない**。でも「1年間の売り上げの合計」である以上、これも1つの国民所得の計算方法だ。

❷：国民総生産（GNP）の計算

これは❶に見られた二重計算の不正確さを除いた国民所得だ。

ここでは中間生産物（＝原材料・燃料代など）は、みんな引いてしまう。つまり小麦は小麦粉の原材料、小麦粉はパンの原材料……と考えて引いていくから、最後に残るのは「最終的な販売価格のみ」ということになる。これが GNP だ。

つまり、この例においては、「**パン1000個＝10万円**」が、GNP に相当する部分ということだね。

ちなみに、この **GNP を国内の活動だけで見ると GDP（国内総生産）になる。**これについては、 Point整理 にくわしく書いておいた。とても面倒で読む気がしないだろうけど、超頻出項目なので、しっかり学んでおこう。

❸：国民純生産（NNP）の計算

これは❷の GNP から、固定資本減耗分（生産設備の修理・買い替え用の積立金）を差し引いた国民所得だ。

「ジュグラーの波（＝主循環）」（➡ p.213・218）にもあったように、企業は通常、10年ごとに機械の買い替え（＝設備投資）を行う。なぜなら、**機械の寿命は、経済学では10年**とされるからだ。

ならば、最初から10年後の買い替えに備えて、毎年こつこつ積み立てておいたほうが、あとであわてずにすむ。これが固定資本減耗分だ。

つまり、**将来的な必要経費をあらかじめ引いて計算したほうが、残った部分はより純粋な所得のみ**の計算になる。これが NNP の考え方だ。

❹：狭義の国民所得（NI）の計算

❶〜❸はすべて市場価格表示、つまり「売り値」で計算した国民所得だ。ところが❹は違う。NI だけは要素費用表示、つまり「生産費」で計算した国民所得だ。だから**生産費に関係ないものは引き、あるものは足す**ことになる。

そうすると間接税（消費税など）は引くことになる。なぜなら**消費税は「売り値」を上げる税。生産費の段階には関係なかった税**だ。だから引くんだ。

政治編
第1章
第2章
第3章
第4章
第5章
第6章
第7章
第8章
第9章
第10章
第11章
第12章

経済編
第13章
第14章
第15章
第16章
第17章
第18章
第19章
第20章
第21章
第22章
第23章
第24章
第25章
第26章

時事
問題編
第27章

そして補助金は、足す。補助金は政府が生産者に、「これを**生産費の足しにしろ**」**といってくれるお金**だ。ならば生産費には関係大あり。だから足すんだ。

次は、国民所得の重要原則「三面等価の原則」だ。
「三面等価の原則」とは、1つの国民所得を生産（だれが生んだか）・分配（だれに分配されたか）・支出（どう使われたか）の三面から見たとき、当然だけど<u>それらがすべて同じ金額になる</u>という原則だ。
たとえば400兆円の NI は、生産・分配・支出のどの面から見ても当然400兆円（＝三面等価）。同じお金を三方向から見ているだけだから、当然そうなる。

次は「GNP・GDP に含まないもの」を見てみよう。
たとえば家事労働やボランティアなどは、国民生活の「真の豊かさ」には直結するが、市場取引（＝お金を出して売買）されていない。そうすると、これらはいかに有意義な行為であっても、国民所得計算にはいっさい反映されない。
それとは逆に、**公害をたれ流してる企業が売り上げ金を得たり、公害被害を受けた人が病院代を払うと、市場でお金が動くから、GNP や GDP のプラスに貢献**してしまう。これなどは「真の豊かさ」とは逆の結果になってしまっている。
結論を言うと、**GNP や GDP では「真の豊かさ」は測れない**。だからそれを測るためのモノサシとして「国民純福祉（NNW）」という指標が、試作されているんだ。まだ実用化には至っていないけど、ぜひ覚えておこう。

❷ 経済成長率

GNP や GDP の1年間の増加率を「経済成長率」という。
通常は物価変動分を考慮に入れた実質経済成長率のほうを重視する。いくら見た目の GDP（＝名目 GDP）が増えていても、物価がそれ以上のペースで上がってたら、本当の意味で豊かになったとはいえないからね。当然こちらのほうが、より正確な指標だ。
なお成長率は、GNP でも GDP でも出せるが、国際社会で GDP を使うのが主流（＊ EU など地域主義の高まりを反映）となっているため、**日本の統計も1993年より、GDP 中心へと移っていった。**
ちなみにこの計算結果が10％以上ならば「高度成長」、3〜5％程度なら「低成長 or 安定成長」、マイナスの値ならば「マイナス成長」とよぶのが目安だ。

Point① 貨幣の4つの機能

● 価値尺度…商品価値を、価格という単位で表す。
● 価値貯蔵…「貨幣の蓄え＝価値の蓄え」（貨幣は腐らないから）
● 支払手段…「契約や法律に基づく支払義務（＝債務）」の清算手段。
  ＊「借金を返した／税金を払った／家賃が引き落とされた」など
● 交換手段…商品交換の仲立ちとなる。　＊「2000円で CD を買った」など

Point② 通貨制度の変遷

● 金本位制度…通貨の価値を金との交換で保証。　例：「1円＝0.75g の金」

　　　　　金と交換可の通貨＝兌換紙幣

　[関連用語]：金と通貨の交換比率＝金平価／金の輸送費＝金現送点
　[特徴]：通貨量は金の保有量と比例。→ 確実な価値保証のため。
　[長所]：通貨価値の安定、貿易の促進。
　[短所]：金不足になると通貨も増やせず。→ 不況への柔軟対応が困難。

● 管理通貨制度…各国の中央銀行が、独自の判断で通貨を発行。

　　　　　金と交換不可の通貨＝不換紙幣（現在の通貨）

　[長所]：通貨量の調節をしやすい。→ 不況への柔軟対応可。
　[短所]：発行量が増えすぎると、インフレーションが発生。
　　＊物価の上下は、通貨供給量の増減に比例→フィッシャーの「貨幣数量説」

Point③ インフレーションとデフレーション

● インフレーションの要因：需要側の要因と供給側の要因とがある。
　ⓐ：需要インフレ…………通貨増が買い手（＝需要側）を刺激して、超
　　▶ディマンド＝プル＝インフレ　過需要（＝品不足）を誘発し物価 up。

　　◆好況などで通貨増 → 需要増 → 超過需要 → 物価上昇
　　＊好況以外の要因
　　　◇財政インフレ…公共事業のやりすぎで通貨量が増大。
　　　◇信用インフレ…信用創造のやりすぎで通貨量が増大。

　ⓑ：供給インフレ…………企業（＝供給側）の事情により、生産費や商品
　　▶コスト＝プッシュ＝インフレ　代が高くなることで物価も up。

　　◆輸入インフレ………輸入原材料や輸入商品代値上がりのしわ寄せ。
　　◆管理価格インフレ…寡占市場で形成された高い価格が、下方硬直化。
　　◆生産性格差インフレ…生産性の低い中小企業が、人材確保のため無理して
　　　　　　　　　　　　　大企業なみに賃上げし、そのしわ寄せで商品代 up。

●インフレの進行速度

◆クリーピング゠インフレ…**年2〜3%**前後。先進国で一般的。
◆ギャロッピング゠インフレ…**年率で数十%**レベルで、かなり激しい。
　　　　　　　　　　　　　　→石油危機時の狂乱物価など。
◆ハイパー゠インフレ………**年率で数千%超**などの、天文学的インフレ。
　　　　　　　　　　　　　　→戦費捻出用の紙幣増刷などで発生。

●デフレーション：物価の継続的な下落。
　＊物価下落のせいで、さらに不況悪化＝デフレ゠スパイラル
●スタグフレーション：「**不況＋インフレ**」の同時進行。

Point④ 企業資金

●種類：　◆**自己資本**…自分の金。／◆**他人資本**…借りた金。
●調達方法
　　　┌◆直接金融…**株の売買**、社債借入　←　米企業はこっちメイン
　　　│　　　▶出資者の資金が受け手に、直接渡る
　　　│◆間接金融…**銀行借入**　←　日本企業はこっちメイン
　　　│　　　▶出資者から受け手に、直接渡る形ではない
　　　└◆自己金融…**内部留保**（＝利潤の積立）などを使う。
　＊用例…「銀行借入は間接金融で調達した他人資本」など

Point⑤ 銀行の三大業務

❶：受信業務…普通／定期／当座預金（手形や小切手の振り出しに使う商取引用）。
　　▶預金業務　┌◆**手形貸付**…銀行あての約束手形を振り出させての貸付。
　　　　　　　　│◆**証書貸付**…借用証書を書かせての貸付。
❷：与信業務…│◆**当座貸越**…当座預金残高を超えても小切手が振り出せるよ
　（授信）　　│　　　　　　　　うに、銀行が当座預金口座に資金を貸し出すこと。
　　▶貸出業務│◆**コールローン**…コール市場（銀行間での短期金融市場）
　　　　　　　│　　　　　　　　における、同業者への短期的な資金の貸付。
　　　　　　　└◆手形割引…支払い期日前の手形を、銀行が買い取ること。
　　　　　　　　　　　↓　　▶期日までの利子を銀行が差し引くから、利子の「割引」という
　　　＊日本銀行は、その手形を銀行からさらに**割り引く**こともできる。
　　　　　　　　　　　　▶手形再割引
❸：為替業務…銀行口座を利用した**国内での振り込み**や、**外国との送金**。
　　　　　　　　　　▶内国為替　　　　　　　　▶外国為替

Point ⑥ マネーサプライ（＝通貨供給量）

●日本銀行を含めた金融機関から経済全体（中央政府と金融機関以外）に供給されている、**通貨の総量**。→2008年より「**マネーストック（通貨残高）**」になり、**内容も若干変更**。

●通　貨：┌◆現金通貨（日銀券と補助貨幣）┐→**すぐ現金**として使える。‥‥ M1
　　＋　└◆要求払い預金（普通預金と当座預金）┘
　　　　　　　▶**すぐおろせる預金**
　　　　　　　　　　　　　　　　　　　　　　　　　　　　　　　　　　＋
●準通貨：定期性預金や外貨預金→　**いずれ現金化**できる。‥‥‥‥‥ 準通貨
　　＋　　　　　　　　　　　　　　　　　　　　　　　　　　　　　　　　＋
●譲渡性預金…銀行と預金者で自由に金利を設定できる定期預金。… CD
　▶**CD**　　　無記名で自由に転売可（＝**預金証書のまま**、小切手　　　‖
　　　　　　　のように使える）。　　　　　　　　　　　　　　　　　　 M3

◆「**M1＋準通貨＋CD＝M3**」→ これが**マネーストック**。
◆マネーストックには**外貨預金**や**ゆうちょ銀行分**も含まれることに。
◆マネーサプライは「**M1＋準通貨**」を M2 としたうえで、
　「**M2＋CD＝マネーサプライ**」

Point ⑦ その他・発展的な金融用語

●**プライムレート**…信用度の高い企業への貸付で設定する**最優遇金利**。
●**マネタリーベース**（＝ハイパワードマネー）
　　日銀が供給する通貨のこと。（現金通貨＋日銀当座預金）
●**k％ルール**…金融政策における、貨幣量の増やし方に関する考え方。
　　　　⇒ 貨幣量は「**裁　量　的**」にではなく「**一　定　量**」で増減すべき。
　　　　　　　　　ケインジアン　　　　　　　　　　**マネタリスト**
●**信用緩和**…信用不安発生時、中央銀行が普段やらない**リスク資産（株式な
　ど）の購入**や**企業への直接融資**を行うこと。（リーマン後の米が実施）
●**オーバーローン**…銀行が、**自行が預かる預金額以上の貸出**を行うこと。
●**フィリップス曲線**…**物価上昇率と失業率のトレード＝オフ**を表す曲線。
　インフレ時 失業率 down ／ **デフレ時** 失業率 up
　＊トレード＝オフ（二律背反）…「あちらを立てればこちらが立たず」の関係
●**景気動向指数**…景気の「**先行き**」「**現状**」「**結果**」を見るモノサシ。

↓	（意　　　　味）	（キーワード）
◆**先行系列**	「**先行き**」予測のモノサシ。	受注・在庫・新規　など。
◆**一致系列**	「**現状**」を見るモノサシ。	生産・出荷・販売・売上など。
◆**遅行系列**	「**結果**」を見るモノサシ。	税収・消費・失業率　など。

政治編
第1章
第2章
第3章
第4章
第5章
第6章
第7章
第8章
第9章
第10章
第11章
第12章

経済編
第13章
第14章
第15章
第16章
第17章
第18章
第19章
第20章
第21章
第22章
第23章
第24章
第25章
第26章

時事
問題編
第27章

Point 8 日本銀行

- ●日本の中央銀行。日本銀行法に基づき1882年設立。
- ●唯一の発券銀行／銀行の銀行／政府の銀行
- ●**出資面**：公私混合企業（資本金1億円。政府出資は5,500万円を下回ってはダメ）
- ●**法的性格**：認可法人（法律で組織のあり方を定められている）
- ●**最高機関**：政策委員会（総裁・副総裁2名・審議委員6名）
  - ◆すべて国会同意人事／月2回「金融政策決定会合」開催。
  - ◆財務大臣の出席は可だが、議決権なし（議案提出権はあり）。
- ●日銀法の改正（1997）…**ⓐ**：役割の明確化／**ⓑ**：政府からの独立性強化

	従来の役割		今日の役割
ⓐ	国の政策に即した形で通貨の調節	物価の安定化 →	政府・旧大蔵省（現・財務省）の干渉を排除　独立性の確保
ⓑ	政策委員会の権限強化…「金融政策の決定権」明記		蔵相（現・財相）の業務命令権／内閣の総裁解任権→廃止

- ＊米の中央銀行制度＝連邦準備制度（FRS）…3つの組織で形成。
  - ◆連邦準備制度理事会（FRB）／連邦公開市場委員会（FOMC）／連邦準備銀行（FRB）
    - ▶日銀政策委員会に相当　▶売りオペ・買いオペ実施　▶業務執行機関
  - ◆米の政策金利＝フェデラルファンド金利
  - ◆FRB議長＝グリーンスパン→バーナンキ→イエレン→パウエル
    - 1987～2006　2006～14　2014～18　2018～

Point 9 日本銀行の「伝統的な金融政策」

- ❶：公定歩合操作……「日銀→銀行」間の貸出利子率の上下。　┐
- ❷：公開市場操作……「日銀→銀行」間の有価証券の売買。　├ 「従来」はこの3つ。
- ❸：支払準備率操作…「銀行→日銀」への強制預金率の上下。　┘
  - ↓ 窓口規制（日銀が銀行に貸出枠を直接指導）は、1991年廃止
- ＊ただし❶と❸は近年行われておらず、❷を軸にした下のやり方が主流。

- ◆まずコールレートを何％に誘導するかを、政策委員会が決定。
  - ◇コール市場の無担保コール翌日物金利→2006年より公定歩合にかわり新しい政策金利に。　公定歩合は「基準割引率及び基準貸付利率」に
- ◆それを実現するために❷を実施して、市中の資金量を調節する。
  - （ただし2013年より操作目標はコールレートからマネタリーベースに変更）
- ＊バブル後に行われている「非伝統的な金融政策」は p.267で。

Point ⑩ 金融の自由化

●金融取引を制約するさまざまな規制の緩和。
●従来までのおもな規制。

- ◆金利規制：どの銀行も**同じ預金・貸出金利**。
- ◆業務規制：「**金融4業種**」間での相互参入は不可。

↓

銀行・証券・信託・保険間に「垣根」設定

旧大蔵省(現・財務省)主導の金融行政で**競争を排除**→「**護送船団方式**」

▶銀行の倒産防止行政

but 欧米はすでに自由化

→日米円ドル委員会(1983)で米が自由化を求める。
→1980〜90年代に金利・業務とも自由化。

●日本版金融ビッグバン…金融市場活性化のための、大胆な規制緩和。

→2001年までに**ニューヨーク・ロンドンなみの国際的市場**に。

```
＊英のビッグバン(サッチャー・1986)では金融街「シティ」が活況。
 ⇒ ただし外国企業や投資家ばかりが活躍＝「ウィンブルドン現象」
```

背景
- ◆近年の**日本の信用低下** → 「ジャパン＝プレミアム」発生へ。
  - バブル崩壊、さまざまな規制 　日本に貸すときだけ高金利
- ◆**超低金利**→**日本の個人金融資産**が有利に運用できない。

↓

合計で約1200兆円

◎もう少し「国際標準(グローバル＝スタンダード)」に歩み寄らねば。

Point ⑪ 日本版金融ビッグバンの三原則

●**フ リ ー**…市場原理が働く**自由**な市場作り。→規制緩和
- ◆持株会社の解禁→金融持株会社の設立も可。

▶金融異業種の子会社化

- ◆**外為法**の改正…為替取引、**外貨預金の自由化**。

▶外国為替及び外国貿易法

- ◆株式取引手数料の自由化。

●**フ ェ ア**…**健全**で信頼できる市場作り。
- ◆情報開示(ディスクロージャー)の徹底。
- ◆弱い金融機関の淘汰…

| チェック | ：金融監督庁 | →2000年 |
| 処　　理 | ：金融再生委員会 | 金融庁に統合 |

●**グローバル**…**国際的**な市場作り。
- ◆**国内市場の空洞化阻止**のため、**魅力的な金融商品**が自由化。

→金融派生商品(デリバティブ)の全面自由化が実現。

＊金融派生商品（デリバティブ）

◇通貨や金利の**先物取引**…将来的な通貨の交換比率や取引時の金利を**今の時点で決定**して、取引の約束をする。

◇スワップ取引…………異なる通貨や金利の支払い債務の「**交換**」。
　　＊将来的な円高・円安や金利の上下で、得する可能性を求める

◇オプション取引………「将来、あらかじめ決めた価格で株や国債を買ったり売ったりする**権利」を売買**する。

◎これら先物系の取引は、少ない証拠金で大きな取引可＝**レバレッジ**（てこの原理）

CHECK! 通貨スワップ協定

●通貨スワップ協定…自国通貨を、あらかじめ決定した為替レートで**相手国通貨やドルと交換**する協定。（→外貨不足や通貨危機への対処用）

◆ CMI（チェンマイ＝イニシアティブ・2000～）
「ASEAN＋3（日中韓）」における合意。ASEAN＋3の間で、**2国間通貨スワップを積極的に結んでいく取り組み。アジア通貨危機（1997～8）**への反省より。

↓

◆日韓通貨スワップ協定
たとえば韓国が深刻なドル不足に陥った際、韓国は自分が預けたウォンに相当する分だけ、日本から円やドルを融通してもらえる。
（2015年に終了していたが、**2023年より**再開）

CHECK! 信用創造

●信用創造…銀行の貸付操作の連続で、**預金通貨が膨張**していく現象。

例：最初の預金（＝本源的預金）100万円／支払準備率10％とする。

100万円**預金** → 支準金10万円 → 銀行が90万円を貸付→借り手がその90万円を**預金**

支準金8.1万円 ← 借り手がその81万円を**預金** ← 銀行が81万円を貸付 ← 支準金9万円

銀行が72万9千円を貸付→借り手がその72万9千円を**預金** → 支準金7.29万円 …

↓

◎現金は最初の100万円だけなのに**おろせる預金（預金通貨）はどんどん増大。**
　　　　　　（100万円＋90万円＋81万円＋72万9千円＋…）

➡信用創造総額＝「**最初の預金 ÷ 支払準備率 － 最初の預金」**
　　　　　　＝100万 ÷ 0.1 － 100万 ＝900万円

金　　　融

❶ 通貨制度と銀行の役割

通貨は、我々の経済活動を成立させるための、大切な潤滑油だ。

ところがその価値は、あくまで1国内だけのものであって、他国の人から見れば紙くず同然だ。なぜなら通貨は「素材価値＝額面価値」になるわけではないからだ。

でも、それでは貿易に不都合。そこで、世界貿易が拡大し始めた産業革命期、最大の輸出国イギリスが各国に呼びかけた。「これからは、**通貨と金が交換できるシステムを、みんなで作ろう**」と。

これが金本位制度だ。これさえ作れば、外国の通貨をもらっても安心だ。それを銀行に持っていけば、一定量の金（＝世界共通の価値あり）と交換してもらえるのだから。こうして、19世紀より金本位制は始まり、ここから世界貿易は本格化していくことになる。

ところがこのシステム、**通貨価値は安定するが、全然融通がきかない**。たとえば、本来ならば、政府は不況時には有効需要を創出したい（つまりお金を使う国民を増やしたい）のに、金の保有量が足りないと、肝心の通貨を増やせない。これでは公共事業も十分に行えない。

結局このシステムは崩壊し、管理通貨制度へと移行していく。この制度なら安心。金の保有量にしばられずに通貨が発行できるから、柔軟な不況対応もしやすい。ところが、今度は別の問題が発生する。

通貨が増えすぎると、物価高になる。すなわち**インフレーション**の問題だ。アメリカの経済学者フィッシャーは、古典学派の「貨幣数量説」（**物価は貨幣の流通量に比例して上がる**）を有名な交換方程式（「MV＝PT」または「貨幣量×流通速度＝価格×取引量」）で表し、通貨量の増加とインフレの関係を説明した。次はこの問題について見てみよう。

❷ インフレーションとデフレーション

インフレーション（インフレ）とは物価の継続的な上昇、デフレーション（デフレ）とはその下落をさす。

とはいっても、たとえば「牛丼代が500円に上がった。牛丼がインフレだ」などとは言わない。あくまでインフレ・デフレは、経済の全体的な傾向をさす言葉だ。

まずはインフレから見よう。いろんな原因があるけど、**インフレはおもに好況**

時に起こる。好況ならばいいじゃないかと思われそうだが、好況が進むにつれて物価が上がれば、しだいに景気の腰を折ってしまう。実際に**インフレが進めば、預金や賃金の価値も低下**し、日本はみるみる暮らしにくい国になってしまう。

逆に、<u>不況</u>のときには<u>デフレが起こる</u>。こちらは、一見安く買い物ができてありがたいように見える。ところがその安いモノを買おうにも、肝心かなめのお金がない（というか、お金がないからこそ売れ残りが増え、その結果値崩れして安くなっただけ）。これでは全然ありがたくない。

結局、インフレとデフレは、どちらも困る現象だということだ。これらを回避するには、通貨量を調節するのが最も効果的だ。そしてそういう仕事をこなすのが、「通貨の番人」こと<u>日本銀行</u>の役目だ。

それでは次に、日本銀行と金融政策について見てみよう。

コラム　史上最大級のハイパー＝インフレ

史上最大級のインフレが、第一次世界大戦後のドイツで発生した。

戦争の時には、どこの国でも後先考えずに紙幣を増刷し、それで戦費や場合によっては賠償金を捻出する。

でも、この時のドイツはちょっとやりすぎた。そのため、にわかには信じがたいほどのハイパー＝インフレが発生した。なんとこの時、ドイツマルクは対米為替レートで「1ドル＝4兆2000億マルク（!!）」にまで達していた。

なんだこの数字、これが為替レート!?　──もはや「天文学的」という言葉がかわいく聞こえるほど非常識なレートだ。こうなると、もう従来のマルク紙幣は紙クズ同然。そんなもんじゃ、日常の買い物もできなくなってしまった。

そこでドイツでは、持ち運びの利便性を考え、ついに究極の高額貨幣が登場した。それが伝説の「1兆マルク銀貨」だ。

これ、超ほしい！　──その存在を知った僕は、アホな衝動を抑えきれなくなり、ついに有楽町のコインショップで、フラフラとそれを買ってしまった。価格は7万円。1兆マルクなのに安い（アホか）。

帰り道、僕は山手線の中で、7万円で1兆マルクを手に入れた説明不能の興奮に酔っていた。そして巨大なコインを眺めながら、「いざとなったら1兆マルク払える自分」に、とてつもない底力を感じた（妄想もインフレ気味だ）。

政治編

第1章
第2章
第3章
第4章
第5章
第6章
第7章
第8章
第9章
第10章
第11章
第12章

経済編

第13章
第14章
第15章
第16章
第17章
第18章
第19章
第20章
第21章
第22章
第23章
第24章
第25章
第26章

時事
問題編

第27章

❸ 日本銀行と金融政策

　日本銀行は、日本の中央銀行だ。日本銀行は、まず日本で「唯一の発券銀行」として紙幣を発行し、それを「銀行の銀行」として民間の市中銀行に貸し出す。さらには「政府の銀行」として税金などの国庫金の管理を行ったり、金融政策の主体として世の中の通貨量の調節を行う。

　その日本銀行を含めた世の中の通貨の流れは、下図のようになる。

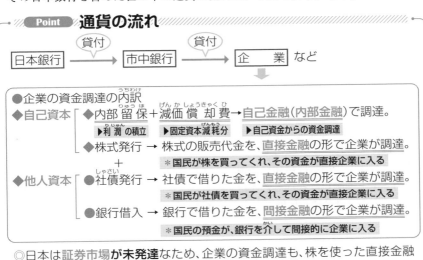

Point　通貨の流れ

日本銀行 ─[貸付]→ 市中銀行 ─[貸付]→ 企　業　など

●企業の資金調達の内訳

◆自己資本┌◆内部留保＋減価償却費→自己金融（内部金融）で調達。
　　　　　│　▶利潤の積立　▶固定資本減耗分　▶自己資金からの資金調達
　　　　　│◆株式発行 → 株式の販売代金を、直接金融の形で企業が調達。
　　　　　└　　＊国民が株を買ってくれ、その資金が直接企業に入る
　　　　　　＋
◆他人資本┌●社債発行 → 社債で借りた金を、直接金融の形で企業が調達。
　　　　　│　　＊国民が社債を買ってくれ、その資金が直接企業に入る
　　　　　└●銀行借入 → 銀行で借りた金を、間接金融の形で企業が調達。
　　　　　　　＊国民の預金が、銀行を介して間接的に企業に入る

◎日本は証券市場が未発達なため、企業の資金調達も、株を使った直接金融よりも、銀行借入（＝間接金融）のほうが、圧倒的に多い。

　日本の通貨は、日本銀行券（＝紙幣）が日本銀行によって、そして補助貨幣（＝硬貨）が財務省によって発行されている（＊この日銀と財務省のことを「通貨当局」という）。金額的には圧倒的に紙幣のほうが多い。

　ということは、世の中の通貨量を調節したければ、日本銀行に任せるのが、一番早いということになる。上図の説明にあるとおり、日本企業は資金の多くを銀行貸出に依存しているから、**日銀の蛇口さえ締めれば、「銀行→企業」間にもお金が流れなくなり、その結果**マネーサプライ（＝通貨供給量。2008年からはマネーストック［通貨残高］）は安定して、インフレやデフレも抑えられることになる。

　このやり方を「金融政策」という。以下、くわしく見てみよう。

　ここまで見てきたとおり、日本銀行による通貨量の調節をさして金融政策という。その考え方はいたってシンプルだ。

●好況時… **通貨を減らす**（＝金融引き締め）→ インフレ抑制へ
●不況時… **通貨を増やす**（＝金融緩和） → デフレ解消へ

では、どうすればこれが実現できるのか。その方法は、従来は以下の３通りとされてきた。いわゆる日銀の「伝統的な金融政策」だ。

❶：公定歩合操作

公定歩合は、**かつて日本の政策金利**（日銀が政策判断に基づいて定める金利）だったが、**今日は違う**。名前も2006年から「基準割引率及び基準貸付利率」に変更されている。

公定歩合とは、**日銀が市中銀行（民間銀行）にお金を貸すときの利子率**だ。これを不況時に下げれば世の中の資金量は増え、好況時に上げれば資金量は抑えられる。かつては要所要所でこれを上げ下げしさえすれば、世の中の通貨量をスムーズに調節できた。しかし、1990年代の「金融の自由化」を境に、**旧大蔵省（現・財務省）が銀行に横並び金利を強制できなくなり、公定歩合の上下が銀行の貸出利子の上下と連動しなくなってきた**。だから、このかつての代表的な金融政策は影を潜め、今日は**公開市場操作を中心とする金融政策が主流**となったんだ。

❷：公開市場操作

公開市場操作とは、**有価証券の売買**を通じて、世の中の通貨量を調節する金融政策で、**今日の金融政策の主流**だ。

有価証券とは、国債や手形など、現金に換えることのできる証券類をさす。これを日銀が、市中銀行と売買する。

好況時には、日銀は手持ちの有価証券を**市中銀行に売る**（＝売りオペレーション［売りオペ］）。**売れば市中銀行から代金が入る形で、通貨を吸収**できる。また不況時は有価証券を**買う**（＝買いオペレーション［買いオペ］）。**買えば日銀が市中銀行に代金を支払う形で、通貨放出**ができる。

ちなみに今日の金融政策は、日銀の最高機関である**政策委員会**が、**今日の政策金利である「無担保コール翌日物金利」*** を何％に誘導するかを決め、**その金利に到達するよう売りオペや買いオペを行う**ことで世の中の資金量を調節する、というやり方をとる。

　　*インターバンク市場（銀行間市場）のうち、短期の貸借を行うのがコール市場。
　　つまり無担保コール翌日物は、その市場での超短期の貸出金利。

政治編

第1章
第2章
第3章
第4章
第5章
第6章
第7章
第8章
第9章
第10章
第11章
第12章

● ❸：支払準備率（預金準備率）操作

　市中銀行は日本銀行に対して、国民から預かった預金の一部を再預金する義務がある（＝支払準備金）。なぜなら、預金者がおろしに来たとき、金庫がカラでは困るから、その備えのためだ。

　そして、その再預金の率を上下するのが、支払準備率操作だ。好況時には、日銀は支払準備率を上げる。すると日銀に再預金する額が増えるので、市中銀行の手持ち金が減る。すると当然、企業にも貸せなくなる。不況時はこの逆だ（＊ただし支払準備率操作は**1991年を最後に実施例なし**）。

　ちなみに❷や❸では、市中銀行と日銀の間で資金のやりとりが行われるが、それらは**各銀行が日銀に開設している預金口座**「日銀当座預金」を通じてなされる。

● 窓口規制

　窓口規制は、今はなくなった金融政策だ。やり方はいたって簡単。**日銀が市中銀行に**「いくら以上貸すな」など、**直接注文をつける**やり方だ。

　ただし、これは行政指導色が濃すぎるため、**1991年廃止**された。

経済編

第13章
第14章
第15章
第16章
第17章
第18章
第19章
第20章
第21章
第22章
第23章
第24章
第25章
第26章

●●■■●● ❹ 日本の金融行政 ●●■■●●

● 金融の自由化

　「金融の自由化」とは、戦後の日本に長くあった、**金融取引を制約するさまざまな規制の緩和**のことをさす。

　戦後の日本経済は、ボロボロの焼け野原からスタートした。この状態から高度成長を達成するには、**企業への資金の安定供給の実現は不可欠**だった。

　このために、旧大蔵省（現・財務省）は1つの方針を作った。それは「**銀行を絶対につぶさない**」という方針だ。銀行さえ倒産しなければ、企業はつねに安定的に資金を得、日本経済の成長は止まらない。これが旧大蔵省の判断だ。

　そのために、旧大蔵省は**銀行間の競争を徹底的に排除**した。この旧大蔵省による銀行保護行政のことを「護送船団方式」という。

:: 旧大蔵省の保護行政＝「護送船団方式」

> ❶：金利規制…銀行の貸出・預金金利は、**旧大蔵省の指導に従う**。どの銀行も同じ預金・貸出金利に強制。
> ❷：業務規制…**金融4業種間の相互参入不可**（＝「垣根」の設定）。
> 　　　　　　▶銀行・証券・信託・保険

どの銀行も同じ金利なら、わざわざ大銀行を選ぶメリットがないから、みんな

家の近所の銀行を利用するようになる。そうすると、小規模の銀行でもお客さんを確保でき、倒産しない。

　また、金融4業種の間に「垣根」を設定すれば、大銀行による多角経営ができないため、客の独占につながらず、やはり小規模銀行でも倒産しない。

　しかし、この方針は欧米諸国の実情と合わない。結局、アメリカから批判を受けて1983年に「日米円ドル委員会」が開かれ、ついに1980～90年代にかけて、金利の自由化と業務の自由化が実現した。

⬤ 日銀法の改正（1997）

　日本銀行の目的は、景気・物価を安定させることだ。ところが従来までの日本銀行法では、日本銀行は「国の政策に即して」行動することが最も重視され、なかなか独自の判断で動くことができなかった。

　景気・物価の調節で後手を踏むのはまずい——ということで、近年のさまざまな規制緩和の流れを受け、1997年に日銀法（日本銀行法）は大幅改正された。

　出題頻度が高いのは、それまで有名無実の最高機関だった政策委員会の「金融政策の決定権」が明記され、名実ともに最高機関になった点だ。

⬤ 日本版金融ビッグバン

　バブル崩壊後の日本は、経済力の低下とともに国際社会での信用も下がり、金融取引の場でも「ジャパン゠プレミアム（日本に貸すときだけ高金利）」を課されるなど、屈辱的な状況が続いていた。

　そんな中、日本の金融市場再生をめざした橋本内閣は、イギリスのビッグバンをまねて、1998年より「日本版金融ビッグバン」を実行した。つまり日本の金融ルールも国際標準（グローバル゠スタンダード）に合わせて大胆に規制緩和し、昔の経済大国に復活しようという試みだ。

　このビッグバン、本家のイギリス（サッチャー政権が実施）ではうまくいき、銀行の統廃合などが順調に進み、「シティ（イギリスの金融の中心地。アメリカでいえばウォール街にあたるところ）」の機能は再生した。

　しかし現在、自由化が進んだイギリス市場で活躍しているのは、皮肉なことに、外資系の金融機関ばかりだ（＊これを、外国人選手ばかりが活躍するイギリスのテニス大会にかけて「ウィンブルドン現象」という）。

　「真の自由化＝弱肉強食の解禁」だから、このような無慈悲な結果も、ある意味仕方がない。日本が疎外感を味わいたくないなら、その最高のステージで地元選手が活躍するべく頑張るしかないね。

第19章 財　政

Point❶ 財政の機能

❶：資源配分調整…私企業が供給しない**公共財の供給**。

❷：所得の再分配…所得格差の縮小。

- ⓐ：累進課税制度…所得 up →税率も up
- ＋
- ⓑ：社会保障制度…**低所得者**の生活保障へ。

→ 金持ちから多く税を取り、その分低所得者に分配していく

❸：経済の安定化…政府による景気調節（＝財政政策）。

Point❷ 財政政策

●**フィスカル゠ポリシー**（補整的財政政策）

→政府が好・不況時に実施する、**意図的**な景気調節。

- **好況**：増税＋財政支出削減
- **不況**：減税＋**財政支出拡大**

→ 金融政策との併用
＝ポリシー゠ミックス

＊特にニューディール政策のような、**大型公共事業などへの財政支出拡大**を、景気回復の**起爆剤**とする政策を「スペンディング゠ポリシー」とか「**誘い水（呼び水）**政策」という。

●**ビルト゠イン゠スタビライザー**（＝財政の自動安定化装置）

→ⓐ＋ⓑを活用する、**自動的**な景気調節。

不況
- ⓐ：国民の所得水準 down →累進課税で**自動的な減税**効果。
- ⓑ：失業・生活保護増　　→社会保障で**自動的な財政支出拡大**。

＊好況時にはこの逆の状況・逆の機能が、自動的に現れる

Point❸ 国家予算の内訳

●一般会計…国の基本的な予算（→普通に「予算」とよばれる歳入・歳出はこれ）。

●特別会計…**特定の事業や資金運用**を行うための予算。

- ◆震災復興・エネルギー対策・食糧安定供給・年金など、2024年現在13の特別会計あり。
- ◆2023年の特別会計は**218兆円**（**一般会計の２倍弱**）
- ◆**単一予算主義の原則**（**全予算を単一の会計で経理**）の例外で、非常に不透明。

●政府関係機関予算…政府関係機関（全額政府出資の法人で、その予算には国会の議決が必要）用の予算（一般会計・特別会計とは別）。

＊2006年までは「６公庫２銀行」あったが、2008年の政策金融改革で
- ◇沖縄振興開発金融公庫／◇日本政策金融公庫／◇国際協力銀行／
- ◇日本政策投資銀行／◇商工組合中央金庫

の５つのみとなった。

Point ④ 一般会計予算の歳入

歳入

(2023年度) =114.4兆円	租税・印紙収入 60.7%	公債金 31.1%	その他

◆直接税…所得 up で税率 up（累進課税）→「垂直的公平」

所得税など → but 職種別の所得捕捉率の差により不公平発生。
＋

◆間接税…全員から一定税率。→「水平的公平」

消費税など → but 逆進性が強い（＝ 低所得者ほど負担感大）

＊ 直間比率…戦前 3.5：6.5 ➡ 現在 6：4～5.5：4.5（やや直接税中心）
→ただし消費税増税（2014より８％／2019.10より10％）で今後は変わる見通し。

消費税…間接税（税負担者[客]と納税者[店側]が別の税）の代表。

長所：不況時でも税率 down しないので、税収確保しやすい。
＊所得税は累進課税→不況時は所得が減るから税収 down

短所：
◆逆進性が強い（低所得者ほど所得に占める税負担率高に）。
＊軽減税率（酒類以外の飲食料品と新聞は８％の適用で対処）
◆益税（納税されず事業者の利益になる幅）が生まれやすい。

諸外国の税率 …
◇独・仏・英……………………19～20％
◇米（州ごとに違う）…………0～10％
◇スウェーデン・デンマーク…25％

日本 …（1989）3％→（1997）5％→（2014）8％→（2019.10）10％

国債依存度の推移

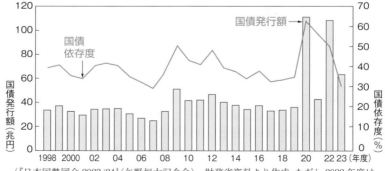

120
100
80
60
40
20
国債発行額（兆円）

70
60
50
40
30
20
10
0
国債依存度（％）

国債依存度

国債発行額

1998 2000 02 04 06 08 10 12 14 16 18 20 22 23（年度）

（『日本国勢図会 2023/24』（矢野恒太記念会）・財務省資料より作成。ただし 2022 年度は第２次補正後予算、2023 年度は当初予算）

Point ⑤ 一般会計予算の歳出

歳　出 → この３つが「三大費目」 → ◆以前は「どれも20%前後」 → 今日は社会保障が圧倒
◆以前は「どれかが１位」

| （2023年度）114.4兆円 | 社会保障 32.3% | 国債費 22.1% | 地方交付税交付金 14.3% | その他 |

└ 防衛費　5.9%

問題：国債発行額の増大。

┌ ◆将来的な増税要素になる。
│ ◆他の予算が足りなくなる（＝財政の硬直化）。
└ ◆クラウディング＝アウト…国債発行増→それを市中銀行が買う。
　　　　　　　　　　　　　　　→銀行の貸出金不足。
　　　　　　　　　　　　　　　→貸出金利が上昇し、景気停滞。

Point ⑥ 財政投融資

●歳入・歳出とは無関係な「第二の予算」。
●従来までの財投

┌ ◆**大蔵省**資金運用部**資金**
│ 　郵貯と年金の積立金を強制預託　　　→　歳入・歳出の枠と無関係なので、一般会計予算より**柔軟に活用可**
│ ◆簡易生命保険資金　　　　　　　　　　　▶年50兆円規模の「第二の予算」
└ ◆産業投資特別会計

問題：**財投活用の多い機関**による、**非効率的な運用**が多かった。

　　　▶「財投機関」。おもに公庫　　　　潤沢な資金にあまえすぎ
　　　・公団などの特殊法人

対策：財投改革を大規模に実施（2001）。

　　　↓

　　　資金運用部を廃止し預託制度も廃止。
　　　郵貯・年金の活用廃止
　　　　┌ ◆郵貯：日本郵政公社の自主運用めざす。
　　　　└ ◆年金：厚生労働省の自主運用めざす。

◎今後、財投機関はみずから「財投機関債（≒社債）」を発行して資金調達。
　→不足分は政府の「財投債（≒国債）」で穴埋め。

政治編
第1章
第2章
第3章
第4章
第5章
第6章
第7章
第8章
第9章
第10章
第11章
第12章

経済編
第13章
第14章
第15章
第16章
第17章
第18章
第19章
第20章
第21章
第22章
第23章
第24章
第25章
第26章

時事問題編
第27章

プライマリー゠バランス（PB）

●**国債分を除いた**、歳入と歳出のバランス。

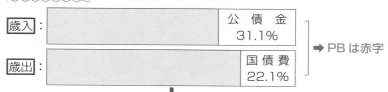

| 歳入： | | 公 債 金 31.1% |
| 歳出： | | 国 債 費 22.1% |

➡ PB は赤字

◎財政健全化には、**まずプライマリー゠バランスの黒字化**が不可欠。

▶つまり「国債費＞公債金」が続くこと

国債発行残高と対 GDP 比率

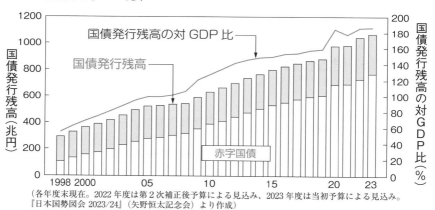

国債発行残高の対 GDP 比

国債発行残高

赤字国債

（各年度末現在。2022 年度は第 2 次補正後予算による見込み、2023 年度は当初予算による見込み。『日本国勢図会 2023/24』（矢野恒太記念会）より作成）

コラム　税収を上回る国債発行

　公債金は、歳入不足を赤字国債と建設国債でまかなう幅、そして歳入に占める公債金の割合のことを「国債依存度」という。

　特に注目すべきは、2008 年以降だ。この年のいわゆるリーマン゠ショックでアメリカのバブルが崩壊し、日本も連鎖的にさらなる不況に突入した。そのせいでせっかく減ってきてた国債発行がまた増加し、ついに民主党政権の組んだ 2010 年度予算では、史上初めて税収を上回る国債発行額（44.3兆円）に至ってしまった。民主党時は、結局 3 年連続この形となった（＊今はなんとか税収が上）。彼らの予想では、もう少し各省庁から特別会計の剰余金（いわゆる「埋蔵金」）を取れるはずが、いざ事業仕分けしてみても、捻出できた額は予想をはるかに下回り、仕方なく国債発行を増やしたようだ。あまい見通しのツケで借金を増やされた国民からすれば、迷惑な話だよ。

❶ 財政の機能と財政政策

財政とは、**国や地方公共団体の経済活動**のことだ。

財政は国民生活の安定を重視する。金融が「通貨の調節や景気・物価の安定」を重視するのと比べると、その役割には重なる部分と重ならない部分があることがわかるはずだ。

上記の機能を実現するため、財政には3つの機能がある。まずは **Point 整理**（⇒ p.253 **Point ❶**）を見てもらおう。

❶の資源配分調整と❷の所得の再分配は、金融にはない財政独自の機能だ。作っても利益にならない公共財の供給も、国民の所得格差の是正も、いずれも国民生活の安定をめざす財政ならではの仕事だ。

❸の**財政政策は、政府実施のインフレ・デフレ対策**で、方向性としては金融政策と同じ、世の中の通貨量の調節だ。ただし日銀には日銀の、政府には政府のやり方がある。

フィスカル゠ポリシー（補整的財政政策）では、日銀の金融政策同様の政策を、**政府ならではのやり方**で実施し、通貨量を調節する。つまり、**不況時には減税を行いつつ財政支出を拡大（社会保障給付や公共事業費）させ、デフレの進行をくい止める。**好況時にはその逆だ。政策効果は金融政策と同じ「緩和と引き締め」だが、政府にしかできないやり方だ。

ビルト゠イン゠スタビライザー（＝財政の自動安定化装置）は、**あらかじめ累進課税と社会保障を制度化しておけば、それらが勝手に景気安定化装置として機能してくれる**というすぐれものだ。

ただし、あくまで「ある程度」の効果しか期待できない。やはり本格的に景気対策したければ、意識的に行うフィスカル゠ポリシーのほうが政策効果は上だ。

❷ 歳入・歳出と国債

財政の大原則は「歳入＝歳出（政府の収入＝支出）」になることだ。これを「**均衡財政**」あるいは「**健全財政**」とよぶ。

ところが近年、これが実現できていない。バブル後の長期化した不況などのせいで、**近年は税収が50〜60兆円ぐらいのことが多いのに、歳出面では100兆円以上の予算を必要としている。**

この40〜50兆円ものギャップは、借金で埋めるしかない。だから政府は、**毎年国債（＝政府発行の借金証書）を発行している**んだ。

しかし均衡財政が原則なら、**本来、国債発行はダメなはず**だ。なのに現実には、毎年大量に発行されている。どういうことか見てみよう。

> **Point** **国債発行の原則**
> ● 赤字国債：歳入不足の補完用。原則的に発行は禁止。
> → ただし**毎年、特例法を制定**して発行（＝特例国債）。
> ● 建設国債：公共事業に用途を限定した国債。
> → 国の資産を作る**健全な借金**だから発行 OK。
> ● 日銀引受の禁止：「財務省➡日銀」間での直接引き受け。
> → 「紙幣増刷➡**インフレ**」につながるから禁止。

最後の「日銀引受」について簡単に説明しよう。

まず、従来の日銀は「**国の政策に即して**通貨の調節」をしていたから、財務省には逆らえなかった。そんな相手から、たとえば「国債を30兆円分買い取れ」などと言われたら、これはもう万札を刷ってでも渡すしかない。

でもそれをやると、いきなり30兆円分もの万札が増え、すさまじいインフレが発生する。だから、これは禁止なんだ。

財務省が発行した国債は、日銀ではなく民間の市中金融機関に買ってもらうのが原則だ。これを「**市中消化の原則**」という。つまり、もし日銀が国債を買うことがあるとすれば、それは**財務省からではなく買いオペで市中銀行から**ということになる。

予算の内訳

次は、予算の内訳について見てみよう。最も基本的な予算である**一般会計（予算）**は、成立の仕方によって３つに分類される。

■■ 一般会計予算の分類

> ⓐ：本予算……当初成立予算。
> ⓑ：補正予算…ⓐの**変更**（年度の途中で、必要に応じて変更）。
> ⓒ：暫定予算…ⓐ成立までの「**つなぎ予算**」（年度開始に間に合わないとき）。

さらに、**Point整理**（➡ p.253 **Point❸**）には、基本の予算である**一般会計**だけでなく、**特別会計**と**政府関係機関予算**も書いておいた。

それでは最も基本となる一般会計予算の歳入について、まずは**Point❹**（➡ p.254）を見てもらおう。

公債金は、**歳入不足を赤字国債と建設国債でまかなう幅**のことだ。そして、**歳入に占める公債金の割合**のことを「**国債依存度**」という。

p.254の「歳入」のグラフからは、この**公債金の幅が歳入の約4割**を占めていることがわかり、「国債依存度の推移」のグラフからは、1998年（小渕内閣）以降、毎年30〜50兆円で推移していることがわかる。

　そして租税収入だ。この内訳は所得税を中心とする直接税と、消費税を中心とする間接税から成っている。

　戦前は「**間接税中心**」**だったが、戦後の**シャウプ**勧告**（p.263参照）**を受けて今は**「**直接税中心**」**型に改められ**、現在両者の比率（= 直間比率）はだいたい「**6：4**」ぐらいの年が多い（2021年は6.4：3.6）。ただこの直間比率は、**消費税増税などがあると変わってくる**ので、注意しよう。

　直接税とは、我々がじかに税務署に納める税金だ。その中心は所得税。これは累進課税で「上（高所得者）に厳しく、下（低所得者）に優しい公平さ（= **垂直的公平**）」が保たれている。

　しかし、累進課税の公平さは、税務署が僕たちの所得を100％把握して、初めて完全に機能する。ところが現実には、**職種により税務署の所得捕捉率にばらつきがあり**、その機能は不十分になっている。

　ちなみに、税務署による「サラリーマン：自営業：農家」の所得捕捉率は、なんと「**9：6：4**（= **クロヨン**）」だ（＊「サラリーマン：自営業：農家：政治家」で「**10：5：3：1**［= **トーゴーサンピン**］」もあり）。これではとても、公平な税制とはいえない。

　間接税は、納税者と税負担者が別の税、つまり販売店（= 納税者）が僕たち客（= 税負担者）から預かった税金を、あとでまとめて税務署に納めてくれる税金だ。その代表が消費税。これは「みんなが同じ税率を払う公平さ（= **水平的公平**）」を保つ。たしかに**これも公平**だ。

　でも、消費税には、**低所得者の負担感を増大させる** 逆**進性の問題**がある。消費税5％で200万円の車を買うと、かかる消費税は10万円。これが8％だと16万円で10％だと20万円。このあたりの金額は、金持ちにはたいした負担でなくとも、低所得者にはキツい。

　また、この税は、負担能力の低い一般大衆が相対的に重い負担を強いられるため、「**大衆課税**」ともよばれる。

　次は歳出だ。こちらも **Point⑤**（➡ p.255）を見てもらおう。

　この中で注目すべきは、**国債費の大きさ**だ。社会保障と地方財政が建設的な予算なのに対し、**国債費は単なる借金の返済**、あまりにも非建設的だ。

　そんな非建設的な**借金の返済幅が予算枠の4分の1も占めている**と、ほかの予

政治編
第1章
第2章
第3章
第4章
第5章
第6章
第7章
第8章
第9章
第10章
第11章
第12章

経済編
第13章
第14章
第15章
第16章
第17章
第18章
第19章
第20章
第21章
第22章
第23章
第24章
第25章
第26章

時事
問題編
第27章

算枠にお金が回らなくなる。これを「財政の硬直化」という。

　それに、これだけ返済幅が多いということは、それだけ借金が多いということだ。国債は打ち出の小槌ではない。「5年後・10年後には利子をつけて返済します」という借金の証文だ。**無計画な国債濫発は、確実に将来的な増税につながり、後世への負担を大きくする。**

　さらに言うと、発行された国債の多くは市中銀行に引き受けてもらっているのだから、**発行しすぎると、市中銀行が企業に貸すお金が減り、貸出金利も上昇**してしまう。これを「クラウディング゠アウト（押し出し効果）」というんだけど、本来国民に回るはずのお金が国債に押し出されたのでは、**国債発行で期待された景気回復とは、逆の結果**につながってしまう。

　以上のように、国債の大量発行には問題点が多すぎる。そろそろ引き締めにかからないと、後々大きな問題に発展する可能性も出てくる。

❸ 財政投融資

　政府には税収以外にも活用できるお金があった。

　郵便貯金や年金の積立金だ。これらの一部を拝借するだけで、たちまち国家予算にも匹敵する規模の財政活動ができる。

　それが財政投融資だ。財政投融資計画は、なんと年間40〜50兆円の規模に達した。正規の一般会計予算がだいたい年間100兆円であることを考えると、これはまさに「第二の予算」だ。

　郵便貯金や年金の積立金には、将来的に利子をつけて国民に返す必要がある。

　だからその配分先は、収益性のある事業を行う公庫や公団などの特殊法人（＝財投機関がメイン）（＊国債も利子が稼げる［＝収益性がある］ため、**財投資金による国債購入もOK**）。

　でも特殊法人の多くは、**毎年あまりに多くの資金が回ってくるから、「国民に損をさせてはいけない」という意識が薄れ**てきた。これは郵貯や年金の当事者である我々からすれば、冗談ではない。

　だから財投は2001年に改革され、**郵貯と年金の活用は廃止される**ことになった。そのかわり、各財投機関はみずからの名前で「財投機関債」を発行することになったわけだ。

　こうなると、財投機関もあまえは許されない。なぜなら国民から「あんなだらしない特殊法人なんか信用できるか」などと思われたら、たちまち財投機関債は売れ残ってしまうからね。

第20章 戦後の日本経済

Point ① 戦前の日本経済(参考分野)

明治維新期

❶ : 殖産興業政策…「上からの近代化」(＝政府主導の資本主義導入)

●経済活動の自由化…幕府主導の封建制の廃止。

- ◆営業活動…………株仲間や藩の専売制は廃止。
- ◆移転・職業選択…関所の廃止。
- ◆土地所有…………田畑永代売買の禁など廃止。

◆武士に対する家禄も全廃(＝秩禄処分)。→ 士族の没落へ。

▶家禄＝米(or 土地・貨幣など)による主君からの給与

◆土地を持たない農民を、**地主が支配**(→ 封建的体質は温存)。

●官営模範工場の設立…のちに政商に払い下げられ、財閥に発展。

富岡製糸場など ▶政府と結んだ特権商人

●地租改正…地価の3%を金納→ 貧農の没落へ。

▶近代的な財源確保

❷ : 国立銀行条例(1872)…殖産興業の資金供給を目的として設立された、

日銀ができる前の発券銀行。

▶政府主導だが民間銀行

＊金銀複本位制下での兌換紙幣発行めざす。

→but金銀不足ですぐ不換紙幣に。

→この不換紙幣を西南戦争時に濫発したことで、**激しいインフレ**発生。

●インフレ対策：松方正義(**大蔵卿**)が実施。

◆デフレ政策

- ◇増　　税……地租 up で農民圧迫　→ 労働者 へ転化
  不換紙幣の回収　＋秩禄処分で没落した士族　＋
- ◇官営工場払い下げ…政商の発展　→ 資本家 へ転化
  ▶歳出のカット

　　　　◎このとき、日本でも「資本の本源的蓄積」進行。

◆日本銀行設立(1882)……銀本位制下で兌換紙幣を発行する唯一
の発券銀行。
→近代的金融制度スタート。

日清・日露戦争期 ＝ **日本の産業革命期**。
- ●第一次産革：┌ ◆多額の賠償金 → ┌ ◇**金本位制の確立**。
  ▶日清戦争期 │   └ ◇官営八幡製鉄所の操業。
                 └ ◆植民地（新市場）獲得…**軽工業中心**に輸出増。
- ●第二次産革：┌ ◆市場のさらなる拡大。
  ▶日露戦争期 └ ◆軍備拡張に伴う**重工業（鉄鋼・造船）の発展**。

第一次世界大戦期
- ●軍需景気…日本にダメージのない戦争で、**好景気発生**。
  →軽・重工業ともに著しく発展。

> ◆戦災地である欧州への輸出増。
> ◆円安による輸出増。
> （大戦中、**金の輸出禁止**→円の評価 down →円安〔＝輸出に有利〕）
> ◆アジア市場の独占（→よそが戦争しているスキに）。

but 1920's より不況
→「欧州復興／関東大震災／世界恐慌」などで輸出激減。

> ◆「こんな時期に輸出を増やすには、まず**通貨の信用回復**が不可欠」
>   →井上準之助蔵相、**金輸出**を解禁。
>   ＝戦争で中断中の**金本位制**を再開。
> ◆円の信用は回復。
>   **but**「急激な円高→輸出停滞→金の流出増」
>   →高橋是清蔵相、**金輸出**を再禁止。
>   →管理通貨制度へ移行。

世界恐慌後
- ●植民地を「持てる国」 → ブロック経済化 ┐
  VS   ├ → 第二次世界大戦へ
- ●植民地を「持たざる国」→ ファシズム台頭 ┘

Point ② 戦後の日本経済

● GHQ の経済民主化

改　革	おもな内容
財閥解体	独占的大企業の解体→独占禁止法の制定へ。
労働三法	三法制定で、戦前弾圧を受けた労働組合の育成へ。
農地改革	自作農創設特別措置法＋改正農地調整法に基づく。(1945～52)

国が農地を強制買収… ─┌ ◆不在地主の全貸付地。
   ↓   └ ◆在村地主の貸付地(保有限度(都府県1ha／北海道4ha)超分)。
これを小作農に売却 → 農地を借りていた小作農は、自分の農地を得た(自作農に)。
   ＊地主的土地所有(寄生地主制)は解体

● 経済復興策
 ⓐ：米からの物資援助… ─┌ ◆ガリオア(占領地域救済政府資金)→食糧・医薬品
   ＋   └ ◆エロア(占領地域経済復興資金)→ 原材料・機械
 ⓑ：傾斜生産方式…基幹産業への重点投資。
   復興金融金庫債が原資
    →産業は復興したが、激しいインフレへ。
      ▶復金インフレ

Point ③ インフレ対策＆経済的自立策

● 経済安定9原則…1948年、GHQ が発表。

 ◇インフレ用：総予算の均衡、徴税強化、物価統制の強化など。
 ◇自立用：貿易と為替統制の改善・強化、単一為替レートの設定など。
  ↓ ─ これらの具体化

◆ドッジ＝ライン…アメリカから金融の専門家・ドッジを招き、日本が
 「竹馬経済」から脱却するための政策を実施。
  ▶米の援助＋政府補助金→ ＊日本が立つ不安定な2本の足(ドッジ)

 ◇超均衡財政…「超増税＋財政削減」などのデフレ政策。
 ◇復興金融金庫や補助金の廃止。
 ◇単一為替レート(1ドル＝360円)の設定など。

◆シャウプ勧告…「間接税→直接税中心」へ転換した税制改革。

＊通貨吸収をしすぎ反動デフレ不況→ 朝鮮特需で回復。
  ▶ドッジ安定恐慌

政治編
第1章
第2章
第3章
第4章
第5章
第6章
第7章
第8章
第9章
第10章
第11章
第12章

経済編
第13章
第14章
第15章
第16章
第17章
第18章
第19章
第20章
第21章
第22章
第23章
第24章
第25章
第26章

時事
問題編
第27章

Point ④ 高度経済成長期(1955〜73)

＊年10%前後の経済成長率。

前半：神武景気・岩戸景気(1955〜61)…**共通した特徴**あり。

> ◆輸入**中心の民間設備投資**に支えられた好景気。
> 外国から新技術を導入し、重工業化をめざせ
> →ただし輸入のしすぎで**外貨不足**が発生。
> ＊外貨不足で輸入ができず(＝国際収支の**天井**)、成長中断

＊その他のキーワード
> 神武：**耐久**消費財ブーム(冷蔵庫・洗濯機・白黒 TV ＝「三種の神器」)。
> 神武：「もはや戦後ではない」(1956年・『経済白書』)が合言葉。
> 岩戸：池田内閣が「国民所得倍増計画」発表。

＊このころ先進国の仲間入り。

> ◆貿易の自由化…「GATT12 ➡ 11条国」へ(1963)
> ◆資本の自由化…「IMF14 ➡ 8条国」へ(1964)
> ◆ OECD…経済協力開発機構(先進国クラブ)加盟(1964)

中盤：オリンピック景気(1962〜64)…東京オリンピックで**公共事業**急増。
> →ただし**五輪後激減して不況**になり、**戦後初の赤字国債**を発行。
> ▶昭和40年不況

後半：いざなぎ景気(1965〜70)…**輸出中心の好景気**、ついに実現。

> ◆神武・岩戸期の重工業化の開花。→競争力 up。
> ◆外貨不足も解消し、**景気拡大局面が戦後3番目の長さ(57か月)**に。
> 大型景気としては戦後最長
> ＊長さだけなら　戦後最長：いざなみ景気(73か月)2002〜8
> 　　　　　　　戦後2位：アベノミクス景気(71か月)2012〜18
> ◆1968年には西独を抜き、**GNP が西側諸国で2位**に。

Point ⑤ 高度経済成長後

●石油危機後の不況対策(1970's 半ば〜)
　ⓐ：インフレ抑制…**総需要抑制政策**(公定歩合9%に up など)
　ⓑ：経営の合理化…
> ◆ ME(マイクロ＝エレクトロニクス)革命に伴う OA 化・FA 化。
> ▶ OA ＝オフィス＝オートメーション／ FA ＝ファクトリー＝オートメーション
> ◆リストラなどの減量経営。

ⓒ：産業構造の転換…石油不足にも耐え得る産業中心にシフト。

◆**重厚長大型**：**重化学工業**などの素材産業（資源多消費）
　　　　　　　　　▶**鉄鋼・造船・石油化学**
◆**軽薄短小型**：**加工組立・知識集約型**産業（省エネ・省資源）
　　　　　　　　　▶**家電・自動車・コンピュータ部品など**

Point ⑥　1980's ～

●第二次石油危機（1979）…**イラン革命**が原因で原油価格さらに up。
　　　　　　　　→**世界同時不況**へ突入（1980～83）。

＊日本は**欧米への集中豪雨型輸出**でピンチ脱出→ but 　貿易摩擦激化
　　　産業の転換大正解

対策：プラザ合意（1985）…G5（米・英・仏・西独・日）の合意。
　　　→低迷する米を助ける（ついでに日本たたき）ため「**ドル安・円高**」に誘導。
　　　　　　　　　　　　　　▶**ドル売り・円買いの協調介入**

●円高不況の懸念→ but 円高＝「日本のモノは高い／**外国のモノは安い**」から…
　輸出停滞

対策：日銀は**公定歩合を2.5%**に down。　▶**超低金利**
●円高メリットで、深刻な不況には至らず。

◆輸入原材料安で、生産コスト down。
◆**アジア（円高で人件費も安い）への工場移転**。　▶その分、国内産業は**空洞化**

［◆不況対策不要。　　　　　　　］→銀行の「**カネ余り**」発生。
［◆公定歩合2.5%のまま。　　　］
　◎行き場を失った余剰資金が**土地・株取引に過剰融資**され、「**財テク**」ブーム過熱。
　　→資産効果で景気どんどん加熱。
●バブル景気（1986～91）
　　…いざなぎ景気（57か月）に次ぐ、**戦後4番目（51か月）の景気拡大期**。
［◆土地・株への**値上がり期待感**が主要因（→実体経済とは無関係）。］
［◆円高で輸入品が安く、**好況なのにインフレが少なかった**。　　　　　　　］
●バブルの崩壊…地価高騰への引き締め政策が引き金。

◆公定歩合 up（1989）…………「**2.5%→6%**」へ up。
◆不動産融資総量規制（1990）…「**大蔵省→銀行**」への指導。
◆地価税導入（1991）…………固定資産税の国税版的な税。

◎値上がり期待感しぼみ、**土地・株売り急増**。→ 地価・株価 down。

政治編
第1章
第2章
第3章
第4章
第5章
第6章
第7章
第8章
第9章
第10章
第11章
第12章

経済編
第13章
第14章
第15章
第16章
第17章
第18章
第19章
第20章
第21章
第22章
第23章
第24章
第25章
第26章

時事
問題編
第27章

Point ⑦ バブル崩壊後の状況と政策

●「失われた10年」(1993〜2002)を軸に。

状況 …大手金融機関の破綻(は たん)。

1996 住専(じゅうせん)(=住宅金融専門会社・住宅ローン専用の<u>ノンバンク</u>)

銀行以外の金融機関。銀行などから借りた金の与信業務(貸付)のみ行う(預金業務はなし)。

◆バブル期：銀行から／◆バブル後：農林系金融機関から(=農協マネー)
　借りた金を住宅ローンとして貸付。
　but バブル後破綻し、◎初の公的資金注入。

＊農協マネーは**不動産融資総量規制の縛り**を受けないため、住専は借りまくった

1997 ◆北海道拓殖(たくしょく)銀行…都市銀行として初の破綻。
　　　　◆山一證券(やまいちしょうけん)…四大証券(野村・大和・日興・山一)の1つが破綻。

1998 長銀2行の破綻…**高度成長期の資金供給**用に作られた銀行。

ⓐ：日本長期信用銀行(設備投資資金用) → バブル期ノンバンクや住専へ
ⓑ：日本債券信用銀行(不動産取引用)　　の融資に傾斜したせいで破綻

対策 金融再生法(1998)

目的 ：❶金融機関の**破綻処理**／❷混乱期の預金者保護

手順 ：金融庁の**破綻認定**(金融再生法36条)
　　　↓

❷：預金保険機構が預金払戻を保障。　　◆2001まで：ペイオフは凍結(とうけつ)(=**全額保護**)。
　　ただし上限1000万円＝ペイオフ　　◆2002〜：定期預金で解禁。
　　　　　　　　　　　　　　　　　　　◆2005〜：普通預金でも解禁。

❶：　◆中小規模の銀行…金融整理管財人を金融庁が派遣(はけん)(リストラなど行う)。
　　　　　　　　　　　→<u>ブリッジバンク</u>を作り**最大3年以内**に受け皿銀行探す。
　　　　　　　　　　　　▶公的なつなぎ銀行

　　　◆大規模な銀行

　　　　…**一時国有化**(=特別公的管理)し、**何が何でも受け皿銀行を探す。**
　　　　国が株式を強制買い上げ　　　　　　　絶対につぶさない

　　＊長期信用銀行(長銀)2行もこの形で再生。
　　　…ⓐ→「新生銀行」に／ⓑ→「あおぞら銀行」に

●金融機能早期健全化法…**破綻防止**のため、**銀行の規模**に応じて公的資金を注入。
　　　　　　　　　　　　　自己資本比率 → 低いほど、条件が厳しい

　◆銀行発行の「優先株(株主総会議決権なし)」を**政府が買い取る**形で注入。
　◆2004年より「金融機能強化法」となり、**さらに予防的公的資金注入が強化。**
　　　　　　　　　　　　　　　　　　　　ペイオフ全面解禁(2005〜)に備えて

政治編

第1章
第2章
第3章
第4章
第5章
第6章
第7章
第8章
第9章
第10章
第11章
第12章

経済編

第13章
第14章
第15章
第16章
第17章
第18章
第19章
第20章
第21章
第22章
第23章
第24章
第25章
第26章

時事
問題編

第27章

Point⑧ **非伝統的な金融政策（＝バブル後の政策）**

●ゼロ金利政策（1999〜2000）

…**銀行間の短期資金の貸し借り**のみ、実質的に金利をゼロに。

▶コール市場の「無担保コール翌日物金利」

＊金利はゼロ％が下限 → これ以上の政策効果は望めず（＝「流動性のわな」）。

ケインズの言葉

対策 ：金利 down は限界でも、**お金なら増やせる。**

●量的緩和政策（2001〜）

…**買いオペの一種。**銀行保有の長期国債などを日銀が買い切り、その代金を各行が日銀に持つ「**日銀当座預金残高**」に入金。

▶支払準備金用の口座

問題点 ：安易な救済で、**銀行のリスク感覚がマヒするおそれ**あり。

▶経営倫理の欠如＝モラルハザード

＋

●マイナス金利政策…「**銀行→日銀**」間で資金を預ける（日銀当座預金に）際、
（2016〜）　　　　　　預ける側が金利をとられる。

＊ここにお金を預けておくと、銀行は今までなら年0.1％の金利をもらえた。
but 今後は−0.1％、つまり逆に「年0.1％の金利を"支払う"」ことになる。

◎これが嫌なら銀行は、**国民や企業への貸出を増やす**ほうが断然いい。

▶世の中の資金を増やしデフレを脱却へ

◆メリット：銀行からの貸出金利が安くなる（住宅や車のローン、企業への貸出で）。
◆デメリット：**預金金利 down**…マイナス金利下では、**預金者へのサービスは悪くなる。**
⇒ 2024年、マイナス金利解除決定。**17年ぶりの政策金利引き上げ。**

▶「これで"預金よりも消費"が増えてくれれば」という政府の思惑もある

その他 ：EU諸国やECBでも、**ギリシア危機以降はマイナス金利を採用**（2009〜）。

Point⑨ **不良債権の処理**

●銀行保有の不良債権

◆再建不可の企業分：**整理回収機構**が買い取り、**資金の回収を完了**させる。
▶RCC　　　　　　　　　担保の不動産を売り現金化

◆再建可の企業分　：**産業再生機構**が買い取り、**企業の再建を支援**する。
2003設立　　　　　　　新たに追加融資もあり

◇2009年より**企業再生支援機構**となり、**日本航空（JAL）の再生**を支援。
◇2013年より**地域経済活性化支援機構**となり、**地域経済・中小企業再生用**へ。

❶ 戦後復興期

　戦後の日本経済は、GHQ（連合国軍最高司令官総司令部）の経済民主化指令に**基づく三大改革**から始まった。すなわち、**財閥解体・農地改革・労働三法の制定**だ。どの改革も戦前の弊害を除去し、日本経済の民主化を実現するうえで欠かせないものばかりだ。

　ただし**これらは、当時の日本がただちに求めていた改革ではない**。まずやるべきは、当時の状況への具体的対処だった。

▪▪終戦直後の日本経済の状況

●戦時中の赤字国債処理（＝通貨増） ●戦災によるモノ不足　（＝供給減）　⇒ ●戦地からの引き揚げ者（＝需要増）	◆ハイパー＝インフレ ＋ ◆産業の崩壊

　このころの日本は、国土の荒廃に加えて、**あらゆる要素がインフレに結びついており**、物価は戦前の100倍を超えていた。だから人々は、何よりもまず、**まともな経済活動が行える経済環境の回復を望んでいた**んだ。これを GHQ がやってくれない以上、自分たちでやるしかない。

具体的な経済復興策

　最初に日本政府が実施したのは、傾斜生産方式だった。これは産業の効率的な再建のため、まず**全産業の基礎となる石炭・鉄鋼などの産業（＝基幹産業）に、重点的に投資するやり方**だ。

　でもお金がない。そこで政府は、反則スレスレのことをやった。復興金融金庫債という赤字国債に近いものを大量発行し、なんと日銀に引き受けさせたのだ。

　国債の日銀引き受けは、紙幣の増刷から悪性のインフレにつながるため、本来やっちゃダメだ。でも税収の乏しい終戦直後に巨額の投資をするには、他に手がなかった。だから政府は、腹をくくってこれを実行した。そのせいで、物価はついに戦前の200倍を超えた（＝復金インフレ）けど、まずは基幹産業の再建には成功した。

　また、アメリカからの、ガリオア（＝占領地域救済政府資金）とエロア（＝占領地域経済復興資金）に基づく援助も、おおいに役立った。これらの資金に基づき、日本には、**救済用のガリオアを原資にして食糧と医薬品が、復興用のエロアを原資にして工業用原材料や機械が、それぞれ供給された**んだ。

　さあ、残るはインフレの収束と経済的自立だ。GHQ は、これら2つに必要な

政治編

第1章
第2章
第3章
第4章
第5章
第6章
第7章
第8章
第9章
第10章
第11章
第12章

方向性を「経済安定9原則」にまとめ、それを具体化するために、アメリカから金融の専門家ドッジと税制の専門家シャウプを招いた。

ドッジは日本経済の状況を「竹馬経済（アメリカの援助と政府の補助金という、不安定な2本足に支えられた経済）」と断じ、インフレ克服と経済的自立のための大改革を実施した。それがドッジ＝ラインだ。

ドッジ＝ラインの核心は、インフレ収束用の荒療治、「超均衡財政」だ。これは、想像を絶するほどの財政引き締め政策で、このため日本は、インフレは収束したが、反動で一時深刻なデフレ不況（＝安定恐慌）に陥った。

でも、このころちょうど朝鮮戦争による特需景気（＝朝鮮特需）が発生し、日本は驚くほど短期間でこの危機を乗り切った。

さあこれで、インフレは収束した。産業基盤も整った。民間企業の社長たちも、特需景気でアメリカから稼いだドルをたっぷり持った。あとはこれらを生かして成長するだけだ。

❷ 高度経済成長期

経済編

第13章
第14章
第15章
第16章
第17章
第18章
第19章
第20章
第21章
第22章
第23章
第24章
第25章
第26章

高度経済成長期とは、日本が年率10％前後の経済成長を実現した18年間（1955〜73）をさす。

もちろんこの時期、ずっと10％を維持したわけではないが、平均してこの水準の成長率が18年も継続したのは驚異的だ。まさに「奇跡の経済成長」だ。

では、日本がどんな成長過程をたどっていったか、見てみよう。

高度成長の初期は、まだ外国と品質面で張り合えるほどの商品などなかった。だから、企業は最新式の機械や技術を「輸入」し、それらを自分の工場にガンガン導入していった。いわゆる「輸入中心の民間設備投資」だ。こうしてじっと力を蓄えていたのが、神武景気であり岩戸景気だ。だからこれらの好景気は、商品が売れまくった結果というより、輸入機械導入のための工場の建てかえや道路の拡張で、世の中のお金の流れが活性化した結果としての好景気だ。

しかし、輸出で外貨を稼ぐことなく輸入ばかりだと、当然外貨は足りなくなる。いわゆる「国際収支の天井」だ。外貨が足りないと輸入もできない。だからこの2つの好景気は短命に終わった。

しかし、間に特殊な公共事業型のオリンピック景気をはさんで、ついに日本にも輸出型の大型景気が到来する。それがいざなぎ景気だ。

ちなみに、当時の日本の得意産業は重化学工業。つまりこのころから「日本といえば造船・鉄鋼・石油化学」という高度成長期的な産業イメージが定着していったわけだね。

● 高度成長の要因

高度成長の要因としては、次の理由が考えられる。

■■ 高度成長のおもな要因

> ❶：活発な民間設備投資＋技術革新→**重工業化に成功**。
> ❷：政府の**産業優先政策**…生活関連社会資本はあと回しに。
> ❸：積極的な銀行貸出（**間接金融**）…国民の高い貯蓄率が背景。
> ❹：**1ドル＝360円の固定レート**…円安で**輸出有利**。

❹に注目してみよう。円安とは「日本人が360円も払わなければ1ドルと交換してもらえない」ほど、円の価値の低い状態だ。

でもこの状態、アメリカから見れば「たった1ドルで、日本で360円もする商品が買える」ということだ。つまり「円安＝日本のモノは安い」ということになる（＊円高は逆に「日本のモノは高い」）。

安ければ売れるのも当たり前——などと簡単に考えてはいけない。安いだけなら、戦後はずっと安かったんだから。日本のモノが売れ始めたのは、「**品質がいいのに安い**」と認められたからだ。つまり、**神武・岩戸でしっかり力をためたからこそ品質のよさが徐々に評価され、いざなぎ景気で一気に花開いた**んだ。

❸ 1970年代

しかし、こうした繁栄のときも、1970年あたりを境にしぼみ始める。
原因はいくつかあるが、主要なものだけあげてみよう。

〈インフレ〉：好況はインフレを誘発するとはいえ、この時期の物価の上がり方は速すぎた。せっかく収入が増えても物価上昇のスピードのほうが速ければ、いくら稼いでも豊かにはならない。

〈暮らしにくさ〉：政府の産業優先政策のせいで、産業道路や港湾整備は充実していたが、**学校・病院・公園などの**生活関連社会資本**は決定的に不足しており、一般道の舗装率や下水の普及率に至っては、先進国中最低レベルに**あまんじていた。

〈公害〉：いくらGNPが伸びても、公害がひどい国では台なしだ。だからこの時期「**くたばれGNP**」**などという言葉も流行**した。

〈円高〉：1971年の**スミソニアン協定**から1ドル＝360円の固定レートが崩れ、**日本に有利な円安時代は終わった**（➡くわしくはp.325「第24章　国際経済Ⅰ」参照）。

このように高度成長の終了にはさまざまな原因があったが、これらはまだ決定打ではない。決定打となって日本の高度成長に完全にとどめを刺したのは、1973年の第一次石油危機だ。

1973年、第四次中東戦争のせいで石油価格が４倍に上がり、日本は重化学工業の壊滅と石油関連商品の値上げが、同時発生した。

「不況＋インフレ」の同時進行は、スタグフレーション。これが起これば完全にアウト。これで日本の高度成長は終わった。

● 高度成長後の政策

1974年、日本は戦後初のマイナス成長を記録し、翌1975年からは赤字国債発行が本格化した。いよいよ不況時代の到来だ。

今やるべきことは、具体的な不況への対処と、今後への備えだ。今後再び石油危機のような事態に直面したとき、同じヘマをくり返すようではダメだ。そうならないためにも、今のうちにいろいろやっておく必要がある。まずは **Point整理**

Point⑤「**高度経済成長後**」（➡ p.264）を見てもらおう。

ⓐ：スタグフレーションは、たとえば「**不況時にたまたま外国での戦争も重なってしまい、輸入品が高くなった**」みたいな特殊な事情でもないかぎり、起こらない現象だ。それだけに一度起こると非常にやっかいで、**不況とインフレをいっぺんに解決する手段がない。**だから政府は、総需要抑制政策を実施して世の中のお金の流れを止め、**まず「スタグフレーションのインフレ部分」を抑えて普通の不況と同じ形にし、**それから不況対策をすることになった。その際実現した引き締めの最たるものが、公定歩合９％だ。これが史上最高の高金利だ。

ⓑ：不況時にリストラ（当時の表現では「減量経営」）するのは当然の話。ただし当時のリストラは「**従業員の解雇**」よりも「**新規採用の見合わせ**」がメインだったため、このころの大学生は、就職で相当苦労した。

そして人件費削減のために、オートメーション技術を駆使してオフィスや工場を自動機械化していった（＝OA［オフィス＝オートメーション］化・FA［ファクトリー＝オートメーション］化）。これらを総合してME（マイクロ＝エレクトロニクス）革命という。

ⓒ：石油危機時と同じミスを繰り返さないために、**日本は得意産業を変えた。**これを「産業構造の転換」という。

政治編
第1章
第2章
第3章
第4章
第5章
第6章
第7章
第8章
第9章
第10章
第11章
第12章

経済編
第13章
第14章
第15章
第16章
第17章
第18章
第19章
第20章
第21章
第22章
第23章
第24章
第25章
第26章

時事
問題編
第27章

重化学工業のままでは、また石油に振り回されてしまう。だからこの時期、**「日本といえば鉄鋼・造船・石油化学」**から**「日本といえば家電・自動車・半導体」**へと、**産業構造を大転換させた。**

　この転換は大正解だった。これはこのあと見ていこう。

❹ 1980〜90年代

　1980年代の幕開けは、日本の努力が正しかったかどうかが試される事態から始まった。第二次石油危機だ。

　1979年、イラン革命で再び石油が高騰し（第一次石油危機の時より、さらに2.5倍に）、多くの国は「世界同時不況」に苦しんだ。

　でも、産業構造の転換が進んでいた日本は、すでに石油に依存しない産業に比重を移していたため、この時期を欧米への集中豪雨型輸出で乗り切ることに成功したんだ。

　ただしそのせいで、貿易摩擦が激化した。特にこのころ、アメリカはレーガノミクス（"強い米再生"をめざすレーガンの経済政策）の失敗で、**財政赤字と貿易赤字の**「双子の赤字」を抱えていた（⇒「第25章　国際経済Ⅱ」のp.353「日米貿易摩擦」参照）だけに、日本への風当たりは、さらに強まった。

　そこで対策として、1985年ニューヨークのプラザホテルで開かれた**先進5か国蔵相・中央銀行総裁会議（G5）で、為替レートを「ドル安・円高」に誘導することが合意**された。これがいわゆる「プラザ合意」だ。

　プラザ合意の主目的は日本たたきではない。あくまで「**不況にあえぐアメリカ経済を助けること**」だ（アメリカが転ぶと世界がどれだけ迷惑するかは、リーマン゠ショックで見たとおり）。でもそのついでに、最近調子にのってる日本をたたけるなら、先進諸国としても一石二鳥だ。

　というわけで、各国は「**ドル売り・円買いの協調介入**」を実施し、いっせいに手持ちのドルを売りまくり、かわりに円を買いまくった。これで「ドル安・円高」、つまりアメリカのモノは安く、日本のモノは高くなるため、たしかにアメリカ経済は助けられた。しかしこれ、**日本からすれば、大勢からいじめられた形と同じ**だ。結局この時、**円は一気に「1ドル＝150円」**ぐらいまで上昇し、日本はなす術もなく**輸出の停滞からくる不況**（＝円高不況）が危惧されるようになった。

＊この後、プラザ合意で進みすぎた**ドル安を是正するための合意**が結ばれたが、これを「ルーブル合意」（1987）という。

政治編
第1章
第2章
第3章
第4章
第5章
第6章
第7章
第8章
第9章
第10章
第11章
第12章

経済編
第13章
第14章
第15章
第16章
第17章
第18章
第19章
第20章
第21章
第22章
第23章
第24章
第25章
第26章

時事
問題編
第27章

^{CHECK!} C Jカーブ効果

Jカーブ効果とは、**円高になったのに、なぜか半年～1年ぐらい貿易黒字が拡大し、その後減少する現象**をさす。例をあげて説明しよう。

例 ： 円ベース（＝「1台～ドル」ではなく「～円」で売るという契約^{けいやく}）で、「1台230万円」の自動車輸出契約を、1年間している場合。

◆ 1ドル＝230円時：1台**230万円**（＝1万ドル）でアメリカに輸出。

円高進行 …本来なら輸出に不利。　but 1年契約の期間中は売れる。

◆ 1ドル＝150円時：1台**230万円**（＝1万5,333ドル）だが、契約上買わざるを得ない。

● **ドルで見ると、1台につき5,333ドルも、日本企業の貿易黒字は up**。
● ただし円は230万円のままなので、日本企業にもうかっている実感はなし。
● アメリカ側は1台の価格が5,333ドルも UP したことに不満。
● そして1年契約の期間が過ぎると、とたんに売れなくなる。

貿易収支（円）　（年）　➡　グラフの形状は「逆J型」になる

来るべき円高不況に備え、**日銀は公定歩合^{こうていぶあい}を2.5%まで下げた**。ふつうは5％前後だから、これは驚くべき低さだ。そこまで安い利子で借りられるならと、銀行は日銀から金を借りまくり、1980年代後半には「**カネ余り^{あま}**」ともいえる状態が発生した。これで不況対策は万全^{ばんぜん}だ。

ところが、その不況がなかなか深刻化しない。円高なのに、なぜか⁉

それは、**円高にはメリットもある**からだ。つまり「日本のモノが高い」ということは、「外国のモノは安い」わけだから、**輸入原材料や外国人労働者の人件費の安さをうまく活用すれば、商品を安くできるはず**だ。実際このころは、製造業のアジア諸国への工場移転が相次ぎ、「**国内産業の空洞化^{くうどう}**」が懸念^{けねん}されたほどだった。

つまり、**プラザ合意後の円高は、深刻な不況には直結しなかった**んだ。つぶれたのは、円高メリット活用のゆとりのない弱小企業ばかり。なのに公定歩合の2.5％は継続していて、銀行はカネ余りだ。こうなると金は、不況対策以外の方向へ貸し出され、その結果……。

そう、**土地と株への投資に、お金が集中し始めた**んだ。つまりここから、いわゆる「バブル」（＝平成景気）が始まったんだ。

Point **バブルの構造：「土地神話」が生んだ幻想(げんそう)**

土地・株への超(ちょう)過(か)需要 ➡ 価格 up ➡「土地・株はもうかる」
↓ 　　　　　　　　　　　　　　　　　　　　　↑
「やはりもうかる」 ← さらに価格 up ← さらに超過需要

●地価上昇を見越した銀行の「過剰(かじょうゆうし)融資」が横行し、さらに過熱。
　　　　　　　　　　　　▶その土地の本来の担保(たんぽ)価値以上に貸す

　→「財テク」ブームへ
　　　　　＋
●住専(じゅうせん)（＝住宅金融専門会社）などのノンバンクも、過剰融資を助長(じょちょう)。

　＊1970年代、企業向けの貸出で手いっぱいだった都市銀行などが設立した、**個人向け住宅ローン中心のノンバンク**（銀行以外の金融機関)。この住専と農林系金融機関は1990年の「不動産融資総量規制」の対象外となったため、大蔵省が銀行に規制をかけたあとも**抜け道的に過剰融資を続けた**結果、バブル後多額の不良債権を抱えることになり、公的資金で処理してもらった。

●地価・株価の上昇益で、消費・投資も拡大　＝　バブル景気
　▶資産インフレ　　　　▶資産効果　　　　▶平成景気

でもバブルは、本当の意味での好況ではない。なぜなら**実体経済を伴っていない**からだ。作ったモノが売れて好況になるのが実体経済の伴った好況だとしたら、**バブルは人々の期待感が生み出した幻想**だ。

本来「バブル」とは、株価が企業の実体価値から著(いちじる)しく離れ、ふくらんでいく状態のことだ。だから何かのきっかけで人々の期待感がしぼんだとき、あっけなく崩壊(ほうかい)する。

そして実際そうなった。政府は1980年代の終わりころから、上がりすぎた地価を沈静化(ちんせいか)するため、**公定歩合の引き上げ（1989年、6％へup）**や、**不動産融資総量規制（1990年、大蔵省から銀行への、土地取引への貸出規制）**を始めた。また、固定資産税の二重取りだと批判された**地価税（1991年、土地所有者に対して課税。固定資産税は地方税だが、こちらは国税）**も導入した。結局これら一連の引き締め策が人々の期待感をしぼませ、バブルは弾けてしまったんだ。さっき

Point の最後で使った言葉を応用すると、「地価・株価の下落（＝資産デフレ）のせいで消費・投資の縮小（＝逆資産効果）が起こり、バブルは崩壊した」といえる。

　期待感がしぼんだあと、地価と株価は底が抜けたように下落した。特に株価の下落は速く、日経平均株価（1989年に最高値38,915円を記録）は、わずか1年ほどで約半分の2万円前後まで下がった（＊2024年3月、日経平均株価は初の4万円台に）。

　その後の日本がどうなったかは、ご存知のとおりだ。倒産・リストラ・貸し渋り……。特に銀行の貸し渋りは問題だ。彼らはバブル期の過剰融資がたたり、このころ、貸付先企業の倒産などで回収できなくなった貸付金（＝不良債権）の問題に頭を痛めていた。

　国際社会には、国際決済銀行（BIS）が設定した「自己資本比率8％未満の銀行は、国際業務禁止」という規制（＝BIS規制）があり、ただでさえ地価・株価の下落で自己資本比率が目減りしている中、銀行としてはこれ以上不安要素を抱えたくなかったというのが、貸し渋りの背景にはあった。

　しかも折悪しく、こんな時に為替相場が急騰した。原因は、不況による内需不振と、国際要因・メキシコ通貨危機だ。

C バブル後の円高　〜内需不振とメキシコ通貨危機〜

> 　なぜ内需が不振だと円高になるのか。それは、国民がモノを買わなくなれば（＝内需不振）、企業は外国に売るしかなくなって輸出が増え、輸出が増えれば、円を必要とする外国人が増えるからだ。そういう意味では、日本は「不況になるほど貿易黒字が拡大する国」ともいえる（＊ただし2011年、震災後の不況やBRICsの台頭などで貿易赤字に転落後は、小幅な黒字と赤字を行き来するように）。
>
> 　そして円高が進めば日本のモノは高くなり、日本企業は自分の首を絞めることになる。日本のように輸出指向の強い国は、宿命的にこのジレンマを抱える。
>
> 　そしてメキシコ通貨危機（テキーラ＝ショック）だ。1994年末にメキシコ＝ペソが大暴落し、行き場を失った国際的な投機資金が、安定感のある円を避難場所に選んだ。その結果円が買われて、1995年には「1ドル＝79円」という超円高が進行したというわけだ。これは2011年に「1ドル＝75円」を記録するまで最高値だった。

　結局この2つのせいで、1994〜95年にかけて円相場がグングン上昇し、ついに一時「1ドル＝79円」という超円高が発生した。そして、これによる景気のさらなる冷え込みが懸念され、日銀はついに1995年、公定歩合を0.5％まで引き下げた。

政治編
第1章
第2章
第3章
第4章
第5章
第6章
第7章
第8章
第9章
第10章
第11章
第12章

経済編
第13章
第14章
第15章
第16章
第17章
第18章
第19章
第20章
第21章
第22章
第23章
第24章
第25章
第26章

時事問題編
第27章

でも銀行は貸し渋りを続けた。**公定歩合が2001年より0.1%**（＝史上最低金利・2006年まで）**に至っても、まだ貸し渋りを続けた**（＊小泉内閣が2004〜5年に不良債権処理の完了を宣言し、やっと貸し渋りは改善された）。

銀行が金を貸す意思をもたないかぎり、公定歩合に意味はなく、銀行が貸さないかぎり、景気回復はあり得ない。バブル後の不況が長期化した背景には、このような銀行の姿勢もあったわけだね。

コラム **僕のバブル期**

僕にとってのバブル期は、そのまま大学時代を意味する。

僕がワセダに入ったころは、（世に金持ちが多かったため）空前の私大ブームだった。政経学部入学者も1800人を数え、僕はなんと「1年28組」だった。

クラスメートも羽振りがよかった。学生の分際でブランド物のスーツを着ているヤツも多く、マンションの家賃20万円、仕送り月60万円なんてヤツもいた（家賃3000円の寮に暮らしていた僕は、彼ととても仲が悪かった）。

学生の多くは、株にも手を出していた。僕もよく友人から「蔭山、100万貸せ。200万にして返すから」と、まるでサギ師みたいなことを言われた。銀行もだれカレかまわず金を貸し、その金で事業を興す「青年実業家の卵」みたいな学生もいた（僕は慢性的な金欠で、パンの耳に塩を振って食べていた）。

就職活動は空前の「売り手市場」（人手不足で、労働力の売り手である就職希望者が有利な条件を選べる）で、友人たちはみな、一流企業の内定大安売り状態だった（僕は留年したため、バブル崩壊後の寒〜い就職活動で凍死した）。

バブル崩壊で、あの狂乱の時代も終わった。うれしいようなさびしいような、不思議な気分だ。

---

❺ バブル後の経済政策

バブル後の政策や法律が増えてきたのは、1997〜98年からだ。

バブル崩壊後、しばらくは政府も「緊急経済対策」の名で、**通常の不況期同様に公共事業を軸とするフィスカル゠ポリシー**を行ったり、所得税の減税を実施したりしていた。

しかし、バブルの傷は想像以上に深く、通常の不況対策ではまったく回復しない。実際その後、不況対策のやりすぎで財政構造そのものがおかしくなり、橋本内閣時の1997年には財政構造改革法に基づいて、不況なのに財政引き締めという厳しい選択をせざるを得なかった。

そうこうするうちに、同じ1997年には**アジア通貨危機**に**山一證券の破綻**（四大

政治編
第1章
第2章
第3章
第4章
第5章
第6章
第7章
第8章
第9章
第10章
第11章
第12章

経済編
第13章
第14章
第15章
第16章
第17章
第18章
第19章
第20章
第21章
第22章
第23章
第24章
第25章
第26章

時事
問題編
第27章

証券の1つ）、北海道拓殖銀行の破綻（都市銀行初の破綻）などと続き、翌1998年には長銀二行（日本長期信用銀行と日本債券信用銀行）も破綻した。

　さすがにここまで未曾有の事態が続くと、政府も国民も、バブル崩壊が普通の不況とはわけが違うぞということを実感し始める。この時期から、政策や立法が急増することになる。

　金融監督庁（現・金融庁）の設立と金融再生法の制定は、体力のない銀行の弊害を除去するための施策だ。そういう銀行が半端に延命するかぎり、貸し渋りは減らないうえ、国民の預金が必要以上に分散する。そして預金の分散は各銀行の手持ち金を減らし、ますます貸し渋りが起こる原因ともなる。

　だから弱った銀行に引導を渡すため、まず金融監督庁が弱体化した銀行をチェックし、それを金融再生法に基づいて適正に処理した。これでいずれ、金融機能は健全化する。

　しかし相手が大銀行の場合はどうか。こちらは、つぶすにつぶせない。金融恐慌の引き金になりかねないからだ。

　だから大銀行は、特別公的管理（＝一時国有化）して、絶対につぶさない。また、破綻はないけど念のため資本強化をしておきたい銀行には、金融機能早期健全化法に基づいて公的資金が注入された。

　しかし、これだけ銀行倒産が話題になると、預金者には不安だ。「倒産のうわさを聞きつけた預金者が窓口に殺到」なんて騒ぎ（＝取り付け騒ぎ）を避けるには、預金者の保護が必要になる。

　だからしばらくの間、ペイオフは凍結されてきた。ペイオフとは全銀行が加入する保険制度・預金保険機構が預金者を守るためのシステムで、「銀行倒産時、預金保護は1000万円を上限とする」制度だ。そしてその凍結は「預金全額保護」を意味する。

　しかしそれも、2005年からは全面解禁（＝上限1000万円保護の復活）となった（＊定期預金ではすでに2002年から解禁。2005年は普通預金でも解禁）。これからは、預金者の自己責任が問われる時代となる（＊日本初のペイオフ適用となったのは、2010年の日本振興銀行の破綻時）。

　今までそもそも、私企業である銀行がつぶれなかったこと自体がおかしかったんだ。不健全な護送船団方式もなくなった今、僕たち自身で少しでも安全度の高い銀行を選ばないといけないね。

バブル期の公定歩合・株価・地価

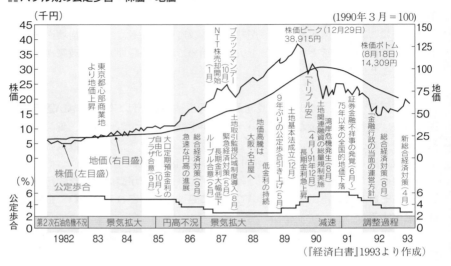

(『経済白書』1993より作成)

コラム **バブル期の「普通の人々」**

　「バブル期＝1億総成金（なりきん）時代」と思われがちだが、あながち間違いでもない。ここでは当時のごくごくフツーの人々の話をする。

　あのころのサラリーマンは、不動産業者や金融関係者ほどカネまみれではないものの、それでも"時代のおこぼれ"にあずかる機会は多かった。そしてそれは、現在から見れば、ケタ違いに常識外れなものだった。

　社員研修と称して沖縄旅行に行く、お中元のビール券を換金したら100万円を超えた、会社の忘年会や新年会は高級料亭が当たり前でしかもタダ、社内のゴルフコンペの優勝賞品が車と巨大キーだった等々……これ、普通のサラリーマンの話ですよ。自分に身近な人で考えてみても、たとえば証券会社に入った僕の先輩は、初年度の夏のボーナスが200万円を超えたといって、寮の後輩たちにおごりにきていた。

　学生の就職活動もすごかった。好況（こうきょう）で人手不足のため、**主導権は完全に労働力を売る側である学生側にあり**（＝売り手市場）、「面接 → 即内定」が当たり前の状況だった。交通費も"現金1万円手渡し"が普通で、北海道や九州からわざわざ受けにきた学生には、5万円くらいポンと払っていた。

　そしてウソみたいだが、公務員はぜんぜん人気がなかった。この時代、公務員の安定感は「低空飛行」ととらえられ、めざす人は若干変人か、覇気（はき）のない人とみなされたのだ。今考えると、本当におかしな時代だ。

278 経済編

第21章 日本経済の諸問題

Point ① 産業構造の高度化

●ペティ・クラークの法則

…経済発展に伴い、国の中心的な産業は、**第一次から第二次、そして第三次産業へと移行**する。　＊経済学者ペティが発見 → 統計学者クラークが実証

＊第二次産業内部の発展

…まず「**軽 工 業**」➡ 次いで「**重 工 業**」と発展＝ ホフマンの法則。

消費財中心　　　　　　生産財中心

Point ② 中小企業の定義

●旧・中小企業基本法

	資本金（または）従業員数	
製造業その他の業種	1億円以下	300人以下
卸売業	3千万円以下	100人以下
小売業 サービス業	1千万円以下	50人以下

●新・中小企業基本法

	資本金（または）従業員数	
製造業その他の業種	3億円以下	300人以下
卸売業	1億円以下	100人以下
小売業	5千万円以下	50人以下
サービス業	5千万円以下	100人以下

Point ③ 中小企業の割合・大企業との格差

●中小企業の割合（2016）

事 業 所 数	中小企業の比率 99.7%
従 業 者 数	68.8
製造業売上高（'15）	37.8
卸売業売上高（'15）	46.9
小売業売上高（'15）	46.7

0(%)　　50　　100

企業数は多いが、もうけは少ない。

（『中小企業白書』より作成）

●大企業との格差（2018）

（1000人以上の工場を100とした指数）

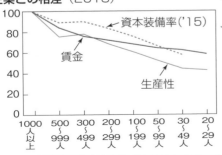

資本装備率は「労働者1人あたりに割り当てられる工場や機械の率」。生産性は生産効率のこと。大企業を100として見ると、企業規模が小さいほど、どれも一様に小さくなっているのがわかる。

（工業統計表より作成）

政治編
第1章
第2章
第3章
第4章
第5章
第6章
第7章
第8章
第9章
第10章
第11章
第12章

経済編
第13章
第14章
第15章
第16章
第17章
第18章
第19章
第20章
第21章
第22章
第23章
第24章
第25章
第26章

時事問題編
第27章

Point ④ 中小企業の種類

●系列企業：大企業の<u>グループ子会社的</u>企業。

おもに旧財閥系の企業集団

●下請企業：**仕事を回してもらう**だけのつながり。→ ┌ ◆原料高の製品安

外注＝アウト・ソーシング └ ◆景気変動の調節弁

●独立企業：<u>ベンチャー企業</u>(小資本だが高技術)／地場産業(地域密着)など。

┌─────────────────────────────────────┐
│ ❶：1990's、米の<u>シリコンバレー</u>あたりから発展。

IT 企業の多い地域

│ ❷：ベンチャー企業への投資をおもな業務とする投資会社＝ベンチャーキャピタル

│ ❸：ベンチャー企業への大口投資家＝エンジェル

│ ＊❷❸を優遇する税制＝エンジェル税制
└─────────────────────────────────────┘

Point ⑤ 中小企業の問題点

●中小企業は… ┌ ◆労働集約型(投下資本量＜労働量)が多い(⟷資本集約型)。

├ ◆資本装備率(㊔1人あたりの工場や機械)が低い。

├ ◆労働生産性(㊔1人あたりの生産量)が低い。

└ ◆地方銀行や信用金庫がメイン(**大銀行は大企業にしか貸さない**)。

金融の二重構造

┌─────────────────────────────────────┐
│ ＊政府系の中小企業金融公庫は、国民生活金融公庫と統合
│ して2008年より日本政策金融公庫となり、業務継続。
└─────────────────────────────────────┘

◎**企業数は多い**(全企業の90％以上)**がもうけは少ない**(同40％弱)。

大企業との「経済の二重構造」(先進国と途上国並みの格差)発生

Point ⑥ おもな対策立法

中小企業基本法 (1963)	中小企業構造の高度化と、事業活動の不利の是正をめざす。 ＊具体性なし
中小企業事業分野 調整法(1977)	中小企業の多い事業分野への、大企業の進出を抑制する法。
大規模小売店舗法 (1973)	大型小売店(デパートやスーパー)の出店を規制し、中小商店の活動を確保。 ➡2000年より大規模小売店舗立地法へ　＊ほぼ自由化

Point ⑦ 農業問題

戦後すぐの状況 …農地改革で自作農化→農民は政府に感謝。

but
◆少ない農地の細分化により、かえって零細化進む。
◆当時の食糧管理制度では、政府のコメ買取価格安。
→ 農民票に依存する自民ピンチ

対策

●農業基本法（1961）…農業所得を高め「自立経営農家」の育成を。

◆生産の選択的拡大…米麦中心→収益性の高い商品作物へ。
◆農地の拡大（八郎潟の干拓など）。
◆機械化・近代化の促進。

このころは工業に人材が流出 →
◆第二種兼業農家増…「農業はついで」の農家。
　▶1995より準主業農家に分類
◆三ちゃん農業増（じい・ばあ・母ちゃん）…父ちゃんは出稼ぎ。

●食糧管理制度（1942～）

… **従　来**：コメを農民から強制的に買い上げ、国民に配給 or 販売。
　　　　　　　　　　戦中戦後の食糧不足対策

1960～：コメを政府が ◇農民から高く買う（＝生産者米価）。
　　　　　　　　　　　◇国民に 安く売る（＝消費者米価）。

●逆ザヤ拡大で食管会計赤字
→総合農政で生産調整へ。→
◆減反政策…「田んぼを減らせ」。
◆自主流通米制度…一部良質米のみ自主販売可。

1980's：日米貿易摩擦に際し、日本は農産物自由化の圧力受ける。
　　　▶自由化…輸入数量制限なくす→かわりに高関税→段階的に下げる

◆牛肉・オレンジの自由化…1991～2年で、完全自由化。
◆コメの（輸入）自由化…GATT・ウルグアイ＝ラウンドの合意に基づく。

関税化はしばらく猶予→かわりに最低輸入義務を設定（1995～）
　▶自由化は待ってやる　　　　▶ミニマム＝アクセス
→2000年に再交渉予定も、日本は1999年より自由化スタート。

Point ⑧ コメ自由化後の農政

●新食糧法（1995～）…「農民保護→競争力 up」への転換。

◆ヤミ米＝「計画外流通米」として容認。　＊コメの種類が増えるほど、競争激化
　　＊計画外流通米と自主流通米は、2004より「民間流通米」に
◆販売の許可制 →「登録制」へ。　＊販売店の数を増やし、販売店間でも競争激化
◆一律減反の廃止（自主的判断で減反）。　＊減反なしなら生産量増える＝競争激化
◆市場原理の導入（政府による価格設定の廃止）。　＊価格設定でも、競争激化

政治編
第1章
第2章
第3章
第4章
第5章
第6章
第7章
第8章
第9章
第10章
第11章
第12章

経済編
第13章
第14章
第15章
第16章
第17章
第18章
第19章
第20章
第21章
第22章
第23章
第24章
第25章
第26章

時事問題編
第27章

●**新農業基本法**　▶食料・農業・農村基本法・1999〜…農政の基本理念の変更。
┌ ◆農村の**多面的機能**…景観地／水源確保／**環境保全**
│ ◆食糧の安定供給
└ ◆農村の振興…「**地産地消**（地元生産・地元消費）」を軸に。

Point ⑨ 消費者問題

(高度成長期)…有害商品や欠陥商品、誇大広告など。
●**薬　　害**：サリドマイド（睡眠薬で腕に障害）、スモン病（整腸剤中のキノホルムで神経障害）
●**有害商品**：カネミ油症（食品にPCB混入）、森永ヒ素ミルク（粉ミルクでヒ素中毒）
●**誇大広告・不当表示**などの被害
┌ ◆依存効果…消費者は**広告や宣伝に左右**されがち。
│　　　　　　　　　　　　　　▶ガルブレイス『**ゆたかな社会**』より
└ ◆デモンストレーション効果…消費者は**ほかの消費者の行動に左右**されがち。
(現代)…上記のものは減ったが、**新たな消費者問題**多発。
●**悪徳商法**
┌ ◆キャッチセールス：路上や街頭で声をかけ、雑居ビルなどに連れてきて契約。
│ ◆アポイントメント商法：電話で会う約束をして商品販売。
│　　　　　　　　　　　　　→ 当選商法・デート商法もこれ。
│ ◆ネガティブ＝オプション（送り付け商法）：注文ないのに商品送付し、代金請求。
└ ◆マルチ商法：訪問販売相手を、販売員に次々勧誘（自称ネットワークサービス）。
┌──────────────────────────────────────┐
│ ＊ねずみ講（犯罪）とマルチ（犯罪とは言えない）の違い
│ ◇ねずみ講（＝無限連鎖講）…「紹介→入会金の分配」のくり返し。
│ ◇マルチ（＝連鎖販売取引）…ねずみ講に**商品売買**が介在。
└──────────────────────────────────────┘

●**食の安全問題**　[輸入]　◆BSE（牛海綿状脳症）…異常**プリオン蛋白質**が**牛の脳
をスポンジ状**に（＝狂牛病）。→人間がこの異常プリオ
ン蛋白質を摂取すると**クロイツフェルト＝ヤコブ病**に。
◆**ポストハーベスト農薬**…収穫後の農産物に散布
（→日本では禁止）。
[国内] **食品偽装**（消費期限や産地偽装）多発。
●金融拡大・不況からくる自己破産（裁判所に認められれば債務免責）の
増加　など。　＊ただし「（2003）：24万件→（2022）：6万4832件」と、かなり改善
(対策)：**消費者主権**に基づく「**消費者運動＋消費者保護行政**」が必要。

┌──────────────────────────────────────┐
│ ＊消費者主権：「**消費者 ＞ 企業**」の立場。「**消費あってこその生産**」だから。
│ → 「**消費者の4つの権利**（1962・ケネディ大統領の教書）」発表より注目。
│ 安全を求める／選ぶ／知らされる／意見を聞いてもらう**権利**
└──────────────────────────────────────┘

Point ⑩ 消費者運動と消費者保護

● 消費者運動：**消費者みずからの行動**。1960's、米弁護士ラルフ゠ネーダーが開始。
　　　　　→不買運動、商品テスト、生活協同組合（生協）結成　など。

● **消費者保護行政**：「消費者支援＋事業者規制」の両面から実施。

　┌ **◆消費者保護基本法（1968）**
　│　　…**中心的立法**。国・地方・事業者・消費者の役割の明確化。
　│　　→2004年より**消費者基本法**となり、**消費者の権利を明記。**
　│
　│　**◆製造物責任法（PL法・1994）**
　│　　…**メーカーに過失がなくても、**欠陥証明ができれば損害賠償。
　│　　　 メーカーの無過失責任を認める
　│
　│　**◆特定商取引法**…**消費者とトラブルを起こしやすい取引**（おもに訪問販売
　│　　　　↓　　　　　　やマルチなどの無店舗販売）から消費者を守るための法。
　│　┌───┐
　│　│◇**訪問販売／電話勧誘販売／無限連鎖取引（マルチ）／通信販売**などが対象。│
　│　│◇**クーリング゠オフ制度**…一定期間内（原則8日以内）なら**契約の無条件解除可。**│
　│　│　＊ただし通信販売は、同法の保護対象だが、**クーリング゠オフ対象ではない**│
　│　└───┘
　│
　│　**◆国民生活センター**（国の機関）／**消費生活センター**（地方の機関）
　│　　…消費者からの**苦情処理・商品テスト**の実施。
　│
　│　**◆消費者契約法（2000）**…強引な勧誘 or 不当な契約は契約解除可へ。
　└　**◆消費者庁（2009〜）**…消費者行政の司令塔。「**安全・表示・取引**」を一括管理。

● 食の安全対策
　2000：改正 JAS法…┌**◆農産・畜産物の品質や原産地表示**の義務化。
　　　　　 ▶日本農林規格　└**◆遺伝子組み換え食品**の**表示義務**化。
　2003：┌**◆食品安全基本法**…安全性の検証／安全確保義務（国・地方・事業者）
　　　　　　│**◆食品衛生法改正**…安全基準の強化。
　　　　　　└**◆牛肉トレーサビリティ法**…牛肉の**生産・流通履歴情報**の公表。

● グレーゾーン金利の撤廃
　┌ ⓐ：**利息制限法**…　上限15〜20%　⇒ ＊超は民事的に無効
　│　　金利契約の有効性
　└ ⓑ：**出　資　法**…　上限　29.2%　⇒ ＊超は刑事処罰の対象
　　　　金利の高さの違法性

　＊両者の間（20〜29.2%）が**グレーゾーン金利**
　　＝「**民事的に無効だが処罰できない**」金利の幅。 貸金業者の強引な金利や取立に
　2010：┌**◆出資法改正で「上限金利20%」**に。
　　　　　　└**◆貸金業法改正でⓐの上限超だと行政処分**の対象に。

　　　　　　　　　　　└→ グレーゾーン金利の撤廃

政治編
第1章
第2章
第3章
第4章
第5章
第6章
第7章
第8章
第9章
第10章
第11章
第12章
経済編
第13章
第14章
第15章
第16章
第17章
第18章
第19章
第20章
第21章
第22章
第23章
第24章
第25章
第26章
時事問題編
第27章

Point ⑪ 公害問題

発端：上からの近代化…明治政府の行った 殖産興業 政策。

↓

- ❶：官営模範工場の設立
- ❷：❶の民間払い下げで「政商→財閥」へ発展

→

- ◆足尾銅山鉱毒事件
  - 田中正造が天皇に直訴
- ◆別子銅山煙害事件

など発生

本格化：高度成長期の四大公害病から。

病名	水俣病	イタイイタイ病	四日市ぜんそく	新潟水俣病
原因	有機水銀	カドミウム	亜硫酸ガス	有機水銀
地域	熊本県水俣湾	富山県神通川	三重県四日市市	新潟県阿賀野川
企業	チッソ	三井金属鉱業	おもに三菱系(6社)	昭和電工

↓

＊1967～69年に住民側が提訴⇒◎すべて原告(＝住民側)が勝訴。

Point ⑫ 公害防止行政の開始

●公害対策基本法(1967)…「7つの公害」を規定。公害行政開始。

▶大気汚染・水質汚濁・土壌汚染・騒音・振動・地盤沈下・悪臭

問題：「経済との調和」条項を含む。→事実上の産業優先。

環境保全は経済発展を阻害しない程度に

＊「公害国会」(1970)…公害関連の法整備→
- ◆「経済との調和」条項は削除。
- ◆環境庁設置へ。

●環境基本法(1993)…地球サミットを受け、**公害対策基本法を解消して制定。**

●環境アセスメント法(1997)…大規模開発事業の環境への影響を**事前に調査。**

▶環境影響評価法

→ 事業計画の適否を判断。

問題：
- ◆日本の法制化は、**OECD加盟国中、最後。**
- ◆事業の**見直し決定権**は、**事業主**にあり。

Point ⑬ 公害防止行政の目安となるルール

●汚染者負担の原則(PPP)

…外部不経済の内部化。OECDで採択。

→公害防止事業費事業者負担法(1970)などで具体化。

●無過失責任

…企業に過失がなくても、被害が出れば損害賠償。

●汚染物質排出の「総量規制」(従来の「濃度規制」を改正)。

Point ⑭ 都市問題

●高度成長期より本格化。

●都市への人口集中 ┌ ◆土地不足・地価上昇
　　　　　　　　　├ ◆住宅・交通・環境問題
　　　　　　　　　└ ◆生活関連社会資本の不備

　　　　　　　　　　　上下水道・学校・病院など

（さらに進むと…）

> ＊中心部の空洞化→周辺過密化（＝ドーナツ化現象）
> →その後は周辺部が無計画に市街地化（＝スプロール現象）＋農村の過疎化

対策 ：全国総合開発計画（全総）…国土計画で、過疎・過密の解消を図る。

全国総合開発計画 （全総・1962〜）	全国に「新産業都市（工業開発の拠点都市）」を指定し、重点開発を行う。
新全国総合開発計画 （新全総・1969〜）	工業開発した地方と都市を、高速交通網で結ぶ「ネットワーク方式」。
第三次全国総合開発計画 （三全総・1977〜）	高福祉社会も視野に入れた、人間居住の総合環境を創造する「定住圏構想」。
第四次全国総合開発計画 （四全総・1987〜）	東京一極集中を是正する「多極分散型国土」をめざす。 ⇒遷都論の活性化へ。
第五次全国総合開発計画 （五全総・1998）	全国を4つの国土軸に分け、たがいに連携する「多軸型国土」をめざす。

> ＊参考：『日本列島改造論』…**新全総の具体化**案。推進のため田中は首相就任後、国土庁を新設。
> ▶田中角栄の著書
> ◎「土地投機ブーム＋第一次石油危機」→狂乱物価の発生へ。

Point ⑮ 近年の問題

●中心市街地の魅力減で、**商店街の空洞化**進む。

　　　　　　　　　かわりに郊外型大型商業施設が活性化

対策 ：まちづくり三法（1998〜2000）
┌ ◆都市計画法改正…………大型店の郊外立地の制限可に。
├ ◆大規模小売店舗立地法…出店可能な地域で出店する場合も**地域の生活環境**には配慮。
└ ◆中心市街地活性化法……国の支援で市街地整備・商業活性化。

政治編

第1章
第2章
第3章
第4章
第5章
第6章
第7章
第8章
第9章
第10章
第11章
第12章

経済編

第13章
第14章
第15章
第16章
第17章
第18章
第19章
第20章
第21章
第22章
第23章
第24章
第25章
第26章

時事
問題編

第27章

日本は高度成長期に、急激な工業化の進展を中心とする、いわゆる「産業構造の高度化」を経験した（→ p.279 **Point 1**）。

しかし、高度成長期の日本は、経済発展ばかりに力を注ぎ、その他の面への配慮がおろそかになった。そのため、**GNP を大きくのばす分野以外にしわ寄せがいき、さまざまなひずみが発生**してしまった。

ここでは、それら「高度成長のひずみ」について、見ていこう。

❶ 中小企業問題

〈**系列企業**〉：旧財閥系の企業集団などのグループ企業内で、**子会社的に使われている**企業。ここはグループの歯車の 1 つとして扱われるため、**自主的な経営方針はほとんど示せず**、社長その他の役員たちの多くは、本社からの出向組だ。

〈**下請企業**〉：売り上げの大半が大企業からの発注に支えられている企業。多くの場合、**資本装備率**が低く、人材・資金不足から、自主的な商品開発や生産活動を行えない。

〈**独立企業**〉：上記以外。地域密着型の**地場産業**やすき間産業（**ニッチ**）などもあるが、近年の主流は、ハイテク関連の**ベンチャー企業**だ。ここは「**小資本だが高い技術**」を武器に、将来性あふれる事業展開をめざす。しかし銀行は、積極的に融資してくれないことが多い。

これらが中小企業だが、正直どこも苦しそうだ。銀行は、ベンチャーみたいな将来性に対してよりも、過去の取引実績や不動産担保で融資を決める傾向が強いし、下請けに至っては、**親会社から無理やり割高の原材料を買わされて製品は買いたたかれたり**（＝原料高の製品安）、**不況時すぐに切り捨てられたり**（＝景気変動の調節弁）と、どこも大変だ。

その結果、**大企業と中小企業には、先進国と途上国間のような所得格差**が生まれてしまった。これを1957年の『経済白書』は「経済の二重構造」とよんだ。

しかし、こうした不平等を是正するのが政府の仕事だ。だからこれらに対しては、従来からさまざまな対策が講じられてきた。

対策立法としては、中心立法である**中小企業基本法**や、デパートやスーパーの出店を規制する**大規模小売店舗法**（＊2000年より**大規模小売店舗立地法**）が有名だ。くわしくは p.280の **Point 6** で見ておいてもらうが、どれも抜本的な中小企業救済にはなってないのが現状だ。

政治編
第1章
第2章
第3章
第4章
第5章
第6章
第7章
第8章
第9章
第10章
第11章
第12章

経済編
第13章
第14章
第15章
第16章
第17章
第18章
第19章
第20章
第21章
第22章
第23章
第24章
第25章
第26章

時事
問題編
第27章

❷ 農業問題

ふつうの先進国にとっての農業問題は「工業ばかり優先するな。農業も保護しろ」となることが多い。しかし日本は違う。日本の場合、**農民団体が自民党の有力な圧力団体**であるため、農業問題はこうなる。「**日本は工業国のはずなのに、なんで農民をここまでえこひいきするんだ**」。

しかし、このいびつな農民保護政策、戦後時間がたつにつれて、**しだいにうまくいかなくなっていく**。

戦後の農地改革により、寄生地主制は廃止され、小作農はついに自分の土地をもつ自作農になった。しかしこの時、少ない農地を大勢で分割したため、**かえって農民は零細化し、農業所得は減少**してしまった。

しかも1954年の MSA 協定（日米相互防衛援助協定）で、日本は軍備増強以外にも、アメリカから余剰農産物である小麦（＝コメの代替財であるパンの原材料）の輸入を約束した。そのため、国民にもパン食が奨励され、**農家にとってはコメ作りの魅力が減って**しまった。

さらに、戦中戦後の食糧不足対策として食糧管理制度（コメを政府が強制的に買い上げ、国民に配給 or 販売）があったが、**当時の制度では、政府買い取り価格は非常に低く**、不満に思った農民の多くは、政府に売るよりもヤミ米として自分で売る道を選んだ。

このままでは選挙の票がもらえなくなる——農民団体の支持に依存する自民党にとって、これはピンチだ。ここから、**かなり積極的な農民支援政策が始まる**ことになる。

まず1961年、**農政の基本方針を示す農業基本法が制定**された。同法の目標は「自立経営農家（農業で他産業と同レベルに稼げる農家）」の育成。そのためにとられた方策が、生産の選択的拡大（コメ以外に利益率の高いものも作れ）や、**機械化・近代化の促進**などだ。

ただし同法は、改革の方向性としては正しかったが、時代が悪かった。なんといっても時代は高度成長期。この時代は**ちょっと都会に出れば、いくらでも工業の仕事があった時代**だからね。

結局、保守的な農民たちは、**先祖代々の手法を変えるより、都会への出稼ぎや、町工場での労働日数を増やすほうを選んだ**。

当時の分類では、農業メインの兼業農家を「第一種兼業農家」、農業以外がメインで**農業はついでの兼業農家**を「第二種兼業農家」とよんだが、**高度成長期に増**

えたのは、もちろん後者のほうだ*。

> *1995年からは微妙に分類方法が変わり、ほぼ第一種兼業農家を「主業農家」、第二種兼業農家を「準主業農家」と分類するようになった。

　そしてもう１つ。1960年には以前からあった食糧管理制度が改正され、**なりふり構わぬ農民保護政策**に使われた。その内容はちょっとびっくりだが「**コメを政府が、農民から高く買い取り**（＝生産者米価）、**それを国民に安く売る**（＝消費者米価）」というものだ。

　こんなメチャクチャな政策、聞いたことがない。**仕入れ値のほうが売り値より高いって、どういうことだ⁉**　たしかにこれをやれば、自民党は農家からも国民からも喜ばれるだろう。しかしこれでは**売れば売るほど損失幅**（＝逆ザヤ）**が拡大**し、赤字がどんどんふくらむぞ。

　実際その後、食糧管理特別会計（＝食管会計）は**大幅な赤字**となり、結局政府は、政策の一部修正を余儀なくされた。1970年から始まった総合農政では、減反と自主流通米制度を柱に、**逆ザヤの縮小をめざす**ことになったんだ。

●1980年代以降の農政

　1980年代とくれば、日本にとっては日米貿易摩擦の時代だ。工業分野で起こった摩擦だけに、一見農業と無関係に見えるが、じつはこれが、**農産物の市場開放圧力へとつながっていく**ことになる。

　つまり、アメリカから「日本ばかりアメリカにモノを売るな。お前らもオレたちの商品を買え」と文句がきたんだ。となると、買う商品は、アメリカにあって日本にないもの、つまり農産物ということになる。

　日本の食料自給率は低い。供給熱量（カロリー）ベースで見た自給率（＊人間が１日にとるカロリーの何％分が自給食料か）**はわずか38%**だ（2021年度概算）。

　そういう意味では、アメリカの主張は正しい。でも自民党にとっては、だれが正しいかなど問題ではない。自民党がおそれているのは「**農産物の自由化→安い農産物流入→日本の農家の不利益→自民党の選挙敗北**」という流れだけだ。このままではそうなってしまう。なんとかしないと。

　そこでまず実現したのが、牛肉・オレンジの自由化だ。日本で圧倒的に多いのはコメ農家だから、このへんなら風当たりもキツくない。しかも一応自由化したことで、アメリカへの顔向けもできる。これは1990年代初頭に実現した。

　次はいよいよ農産物自由化問題の核心・コメの（輸入）自由化だ。
当時のGATT（関税と貿易に関する一般協定）は、ウルグアイでの多国間交渉

政治編

第1章
第2章
第3章
第4章
第5章
第6章
第7章
第8章
第9章
第10章
第11章
第12章

（＝ウルグアイ゠ラウンド）で、農産物の自由化を検討している最中だった。

　GATT の目標は「例外なき関税化」、つまり、全世界での自由貿易の実現だ。ならば当然、日本のコメも議題に上る。

　これに抵抗するには、正当な理由が必要だ。そこで日本は「食糧安全保障論（＝天災や戦争に備え、主食は完全自給にすべし）」を主張し、それを根拠にコメの自由化に抵抗した。

　しかしそれも、1993年の「コメ不足→タイ米などの緊急輸入」で崩れた。こうしてついに、コメの自由化は避けられない運びとなった。

　1995年からしばらくは「自由化猶予のかわりに最低輸入義務（＝ミニマム゠アクセス）の設定（つまり「部分開放」）」という特例が認められたけど、1999年より、ついに自由化は始まった。

　しばらくは高関税が守ってくれる。でもそれもいずれは、段階的に廃止される。つまりこれからは農家が競争力をつけて、安い外国米に対抗しないといけない時代に入ってきたんだ。

経済編

第13章
第14章
第15章
第16章
第17章
第18章
第19章
第20章
第21章
第22章
第23章
第24章
第25章
第26章

CHECK!
C　自由化とは？

　自由化とは、貿易上の障害物を除去することだ。では障害物とは何かというと、

ⓐ：「政府が輸入品に高い関税をかけ、売れにくくする」（＝関税障壁）
　　→外国企業は払った関税分だけ価格 up しないと、利益が出なくなる
ⓑ：「輸入そのものを禁止したり、数量制限をかける」（＝非関税障壁）

　この2つだ。自由化とは、この2つを段階的になくしていくことをさす。

　最初に、禁輸や輸入数量制限を解除（＝非関税障壁を撤廃）する。すると当然、外国から安い農産物や工業製品が、ドッと入ってくる。

　しかしこれを放置すると、自国の産業がピンチに陥るので、今度はしばらくの間だけ高い関税をかけて、輸入の勢いをせき止める（＝関税化）。

　ただしこれは、一時的な措置だ。長期間の高関税は相手国イジメとなり、戦争原因にすらなる。だからこの関税化の間に、国内の農家や企業に競争力をつけさせ（or ムリなら商売替えを促し）、そこから徐々に関税率を下げていく。これを下げ切ったとき、自由化は完了だ。

　ただ、すでに「関税化」の時点で禁輸は解除されているので、「関税化≒自由化」とよぶことも多い。気をつけよう。

コメ自由化後の農政

　1995年以降の流れを受け、日本の農政は大きく転換された。

　まず食糧管理法が廃止されて新食糧法となり、従来の**保護一辺倒から競争力up への転換**が図られた。次いで1999年には、農政の基本理念を抜本的に改めるため、農業基本法にかわり「食料・農業・農村基本法（＝新農業基本法）」を中心立法とした。さらには、農村の振興策として、近年では農林漁業の「六次産業化」（たとえば農家みずからが生産［＝第一次産業］したものを食品加工［＝第二次産業］し、販売［＝第三次産業］までする。[１＋２＋３次＝６次]）も、その手段として注目されている。

　コメ問題は、近年大きく動いている。未定の事柄が多いが、今後に注目だ。

❸ 消費者問題

　消費者問題とは、消費者が受けるさまざまな被害や不利益のことだ。この問題、昔と今では問題の性質が違ってきている。この辺は Point整理 （⇒ p.282　Point❾）にくわしくまとめておいたので、正確に把握しよう。

　企業と消費者の関係は、消費者のほうが立場が上のはず（＝消費者主権）。「**消費あってこその生産**」だから。ところが高度成長期、企業は利潤ばかり見て消費者へのケアを怠ったことで、我々に迷惑をかけてきた。

　でも、その流れも1960年代には変わってきた。アメリカのケネディ大統領が教書の中で発表した「消費者の４つの権利」をきっかけに、世界中で消費者保護の気運が高まったおかげだ。

■■ 消費者の４つの権利：1962年、ケネディ大統領発表

●安全を求める権利　　　　　●選ぶ権利
●知らされる権利　　　　　　●意見を聞いてもらう権利

　ここから本格的に、消費者運動と消費者保護行政は始まっていく。

　消費者運動は、アメリカの弁護士ラルフ＝ネーダー（別名「人民のロビイスト」）が行った自動車最大手の GM 社に対する企業告発から本格化し、世界的な流れを作った。

　また消費者保護行政としては、中心立法である消費者基本法、メーカーの無過失責任を認める製造物責任法（PL 法）、クーリング＝オフ制度（訪問販売等での契約は８日以内なら無条件解除可）を定めた特定商取引法、強引な契約などを解除できる消費者契約法などの運用が中心となる。また2009年には、消費者問題を

総合的に扱う行政機関・消費者庁が新設された。

これら以外で出題されるものとしては、食の安全（特に遺伝子組み換え食品の表示義務化や食品偽装、牛肉トレーサビリティ法）、グレーゾーン金利の撤廃、自己破産などが考えられる。これらは **Point整理** （⇒ p.283　**Point ⑩**）でよく見ておくこと。

（⇒ p.283

❹ 公害問題

日本の公害問題は、明治期から始まっている。

あの時期の日本は、早く西洋に追いつくため、殖産興業政策、すなわち**政府主導での資本主義導入**をめざしていた。いわゆる「上からの近代化」だ。そしてその過程で官営工場や政商が発展し、そこで公害は発生した。

このころの有名な公害事件には愛媛の別子銅山煙害事件や栃木の足尾銅山鉱毒事件があるが、後者は特に有名だ。そう、国会議員田中正造が天皇に直訴したあの事件、あれが明治の代表的な公害だ。

しかし、やはり公害といえば高度成長期だ。この時期の日本では、産業優先政策がとられていた。だから**企業の公害たれ流しを政府が**黙認し、その被害は放置され続けた。いわゆる外部不経済の顕在化だ。こうして四大公害病は発生した。

そして**四大公害病裁判は、すべて原告である住民側が**勝訴した。このあたりを契機に、日本でもようやく公害防止行政が本格化していく。

日本の公害防止行政は、1967年制定の公害対策基本法が皮切りだ。ただしこの法律には第1条に「経済との調和」条項があり、まだまだ経済発展への未練たっぷりなものだった。しかし、さすがにこの条項には批判も多く、結局1970年のいわゆる「公害国会」で削除された。またこの国会では「大気汚染防止法」「水質汚濁防止法」などを規制強化し公害関連の法整備が行われ、その流れで翌1971年には環境庁が設置された。

こののち、日本の公害防止行政は、1992年の**地球サミットを**境に大きく変わっていく。法律的には1993年、**公害対策基本法が廃止されて**環境基本法になり、1997年には OECD 加盟国中最後ではあるが、開発が環境に与える影響を事前調査して評価する環境アセスメント法（環境影響評価法）が制定された（＊「長期間着工されていない開発計画を、中止も含めて再評価」するアセスメントは「時のアセスメント」という。これは頻出なのでしっかり押さえておこう）。

政治編

第1章
第2章
第3章
第4章
第5章
第6章
第7章
第8章
第9章
第10章
第11章
第12章

経済編

第13章
第14章
第15章
第16章
第17章
第18章
第19章
第20章
第21章
第22章
第23章
第24章
第25章
第26章

時事問題編

第27章

❺ 都市問題

高度成長期は、都市化の進行した時期でもある。

この時期、都市人口は急増したが、オフィスビルだらけの**中心部の人口はしだいに空洞化し、周辺部が過密化**した（＝**ドーナツ化現象**）。すると今度は本来の都市計画にはなかった居住エリアの造成など、**周辺部の無計画な市街地化**も進んだ（＝**スプロール現象**）。

でも、本来の都市計画にない以上、生活関連社会資本（上下水道・学校・病院など）も整備されていない。特に**高度成長期は、産業優先政策がとられていたから、これらの整備はあと回し**にされ、生活環境はどんどん悪くなっていった。しかも**農村部では過疎化**が進行。このアンバランス、早くなんとかしないといけない。

そこで政府は「**全国総合開発計画（全総）**」を策定し、**過疎と過密の同時解決**をめざした。まずは **Point整理**（➡ p.285　**Point⑭**）を見てもらおう。

この中で、**特に大事なのは「新全総」と「四全総」**だ。

まず新全総だが、当時首相の田中角栄は、著書『**日本列島改造論**』の中で、新全総の具体化とも思える構想を示し、それを推進するための新しい省庁として国土庁を設置した。そのせいで地方の拠点都市を中心に、まるでバブル期のような土地投機ブームが起こり、そこに第一次石油危機が重なって、日本では「**狂乱物価**」とよばれるインフレが発生した。

そして四全総は、東京への一極集中を是正するため、**首都機能を地方へ移転し、東京は経済の中心地**にという「**遷都論**」が盛り上がったことで重要だ。

今でもまだ「**三大都市圏（東京・関西・名古屋圏）**」には総人口の**52.7%が集中しており**（2023年現在）、都市問題が解決しているとはいえない。このままでは、景気が回復したとき、また同じ問題に悩むことになるかもしれない。

都市問題で最後に、近年の新たな問題についてもふれておこう。

近年、全国的に**郊外型大型商業施設が急増し、そこにばかり人が集まる**せいで、**かつて街の中心だった商店街が衰退**する（いわゆる「シャッター街」になる）という現象が起こっている。

こういう事態への対策として、「**まちづくり三法**」が整備された。これも **Point整理**（➡ p.285　**Point⑮**）で見てもらおう。

この中に**大規模小売店舗立地法**があるが、よく考えれば、大規模小売店舗立地法は、生活環境に配慮しつつも**大型店の出店をしやすくする法律**だった。ということは、都市計画法改正との間でうまく内容の調整ができておらず、**なかなか有効な対策になっていない**ということがわかる。

経済編

第22章 労働問題

出題頻度 **A**

Point 整理

Point ① イギリスの労働運動の歴史

●産業革命後急増。
- ◆初期の対応＝「**弾圧と保護**」

> ＊雇う側は労働運動をイヤがる。だから弾圧の一方で、運動を未然に防ぐ保護もした（→「**団結禁止法**（1799・組合結成ダメ）＋**工場法**（1802・**世界初の労働者保護立法**。木綿工場で年少者保護）」）。

●本格的運動の開始＝産業革命の深化した19世紀より。
- ◆ラダイト運動（1811〜17）…手工業者の**機械打ち壊し運動**。

- ◆労働者団結法（1824）…団結禁止法を廃し、労働者の団結権 OK に。
- ◆一般工場法（1833）……全工場で年少労働者保護へ。
  次第に**労働者に寛大**に（「世界の工場」の余裕）。

- ◆チャーチスト運動（1838〜48）…労働者による**参政権の要求運動**。
  「人民憲章（ピープルズ＝チャーター）」で提示

- ◆労働者政党の出現へ…全国労働組合会議→労働党の結成へ。（1906）
  ▶1868・労働党の前身組織

Point ② アメリカの労働運動の歴史

●19世紀半ば、多数の移民が流入。労働者へ転化。
- ◆労働騎士団…………大規模で進歩的・急進的な、初期の労働組合。
  （1869） 合流 → **but** 政治色が強すぎて離反者が続出し1890年解散。

- ◆アメリカ労働総同盟……**熟練工中心**の、**穏健**な労働組合。
  （AFL・1886）

  世界恐慌後 ＝**資本主義の大幅修正**（労働者の保護も含む）。
- ◆全国労働関係法………ニューディール政策の一環として制定。
  ▶ワグナー法・1935 →労働者は**団結権・団体交渉権** get。
  自立のきっかけ
- ◆産業別労働組合会議…AFL から**未熟練工中心に分離**し結成。
  （CIO・1938）

  第二次世界大戦後 ＝冷戦始まる。

政治編
第1章
第2章
第3章
第4章
第5章
第6章
第7章
第8章
第9章
第10章
第11章
第12章

経済編
第13章
第14章
第15章
第16章
第17章
第18章
第19章
第20章
第21章
第22章
第23章
第24章
第25章
第26章

時事
問題編
第27章

◆タフト゠ハートレー法…労働組合活動の**弾圧立法**(**ワグナー法**を大幅修正)。
  (1947)

◆ AFL゠CIO(1955)…両者が団結して、同法に**対抗**。

Point ③ 日本の労働運動の歴史

戦前 :第一次産業革命期より、**労働運動も本格化**。

●労働組合期成会…**労働組合を育成**するための組織。
  (1897)
  →同年**鉄工組合**(=日本初の組合)**誕生**につながる。

> **but** すぐ治安警察法(1900)で弾圧される

> **弾圧対策** :穏健な活動への転換が必要。
>   →**友愛会**が**労使協調主義**をとり、**成功**。
>   →**拡大・急進化**し日本労働総同盟に。

今度は治安維持法(1925)で徹底弾圧

> *結局戦前は弾圧が相次ぎ、労働組合
>   組織率は、最高時でもわずか**7.9%**。

●大日本産業報国会に全組合を統合。→第二次世界大戦へ。

戦後 :**運動の急進化**。
  弾圧がなくなった反動

●メーデーの復活(1946)……5月1日に行う、国際労働者祭。
●「2・1ゼネスト」(1947)…官公庁の公務員労組を中心に企画された、
                  大規模ストライキ計画。

*マッカーサーの指令で中止。
  →これ以降、**公務員の争議権は停止**に。
  ▶「政令201号」公布

●**4大ナショナル゠センター**(=労働組合系の圧力団体)の時代へ。
  ▶総評／同盟／新産別／中立労連

> ◎今日は、これらと官公労(公務員の労働組合の総称)が合体して「**連合**
>   **(日本労働組合総連合会)**」に統一。
> ◎「旧民主党系政党(立憲民主党・国民民主党)支持」の圧力団体。両党の
>   再合一を望んでおり、2021年の衆院選で立憲民主党が日本共産党
>   (連合と対立)と共闘したことに、強い不満を示した。

Point ④ 労働基準法(1947年制定)

基本方針
- ◆「人たるに値する生活」の保障(1条)
- ◆「労使対等」での労働条件設定(2条)

→ 労働条件の最低基準を設定(1条)

内　　容

労働時間	1日8時間／週40時間以内。週1日は休日設定。有給休暇の保障。	
労働時間の例外	時間外労働	事前に労使間の協定があれば可。=「三六協定」
	変形労働時間	週40時間以内なら日々の労働時間の変形可。
	フレックスタイム制 変形労働時間の一種	勤務時間帯の自主選択可(ただし「必ず全員が出社する時間(コア＝タイム)」を設ける)。
	裁量労働制	実働時間にかかわらず、労使協定で定めた時間働いたとみなして賃金決定(=みなし労働制)。
賃　　金	男女同一賃金の原則。	
年少者	児童(=15歳未満)の使用禁止。	
女　子	生理＋出産休暇可。(「深夜労働の禁止」規定は撤廃)	
その他	差別・強制労働の禁止。解雇の制限・予告義務。	

↓

- ◆これらに違反する労働契約は、**違反部分が無効**になる。
  - ▶労働契約(使用者と個々の労働者)／労働協約(使用者と労働組合)／就業規則(使用者が設定)
- ◆監督機関…
  - ◇厚生労働省内：労働基準局
  - ◇地域ごと　：労働基準監督署

Point ⑤ 労働組合法

- ●労働組合法… ⓐ：労働三権行使の助成／ⓑ：不当労働行為の禁止
- ⓐ：労働三権
  - ◆団結権…労働組合への加入・結成権。
  - ◆団体交渉権…労働組合と使用者の話し合いの権利。
  - ◆争議権…労働者の権利をめぐって闘う権利。

- ◇ストライキ：労務の提供拒否(→給料上げるまで、働かないぞ)。
- ◇サボタージュ：作業能率を低下させる(→給料上げるまで、サボるぞ)。
- ◇ピケッティング：出入口に座り込み・腕組み(スト脱落防止のため)。
- ＊使用者側の対抗手段としての争議行為はロックアウト(作業所閉鎖)のみ

◎憲法28条で保障…法律よりも優先

→刑事上・民事上の免責あり。

▶スト中は正当な争議行為が刑法・民法にふれても許される

政治編
第1章
第2章
第3章
第4章
第5章
第6章
第7章
第8章
第9章
第10章
第11章
第12章

経済編
第13章
第14章
第15章
第16章
第17章
第18章
第19章
第20章
第21章
第22章
第23章
第24章
第25章
第26章

時事問題編
第27章

ⓑ：不当労働行為…「使用者→労働**組合**」への不当・違法行為。
　　　　　　　　　→もしあれば、労働委員会に申し出可。
　┌◆団結権の侵害：┌「労働組合に加入するなら、お前はクビだ」
　│　　　　　　　　└**「組合に加入しないなら雇ってやる」**（＝黄犬契約）
　│◆団体交渉権の侵害：「組合との話し合いには、一切応じん」
　│◆組合の自主性の侵害：「組合運営に参加させろ」
　│　　　　　　　　　　　　**「組合に活動資金を援助してやろう」**
　└◆不当労働行為の救済申し立てへの侵害：「労働委員会に告げ口したらクビだぞ」
●労働委員会…行政委員会の１つ。
　→中央労働委員会の構成。
　　┌◆使用者委員：使用者団体が推薦した人。　　┐　┌◇国会同意人事
　　│◆労働者委員：労働者団体が推薦した人。　　│→│　　　　＋
　　└◆公益委員：**厚労大臣の作成名簿**の記載者。┘　└◇総理が任命
　　　　　　　　中立的な弁護士や学者が記載
　権限：┌◆調整的権限…労使対立の「**斡旋・調停・仲裁**」
　　　　　　│　　　　　　　　→労働関係調整法が根拠。
　　　　　　└◆**判定的権限**…不当労働行為の判定と救済。
　　　　　　　　　　　　　　　→労働組合法が根拠。
　　　　　　　　　　　→＊こちらは公益委員**のみ**の権限。

Point⑥　労働関係調整法

●労使対立の調整→労働委員会の「斡旋・調停・仲裁」。
　❶：斡旋…斡旋員が労使双方の意見を聞き、交渉をとりもつ。
　　　↓
　❷：調停…調停委員会側から、解決案を提示（拘束力はなし）。
　　　↓
　❸：仲裁…仲裁委員（**公益委員３名以上**）が裁定を下す（準司法的**機能あり**）。

Point⑦　公務員の労働三権制限

●**公務員の労働三権の制限**
　┌一般職┐：争議権のみなし／┌治安維持系┐：労働三権すべてなし
●**公益事業における**緊急調整
　◆**公益事業**：国民生活に不可欠なサービス（交通・電気・ガスなど）。
　　　　↓
　10日前までにスト予告義務。
　　　　↓
　総理「**緊急調整**」発動。
　　50日間スト禁止→その間に解決図る

Point ⑧ 日本の三大雇用慣行(こようかんこう)

ⓐ：終身雇用制…新卒雇用者は、原則的に定年まで解雇(かいこ)しない。

> **長所**：雇用安定・企業への帰属意識(きぞく)。／**短所**：**労働意欲の低下。**

> → **バブル後**：中高年のリストラ→パート・派遣社員増やす。(はけん)

ⓑ：年功序列型賃金(ねんこうじょれつ)…勤続年数・年齢などで賃金を決定。

> **長所**：生活の安定。／**短所**：**高齢になるほど人件費がかさむ。**

> → **バブル後**：能力給 成績で決定 、職務給 仕事内容で決定 などへ。

ⓒ：企業別組合…各企業ごとに組織される労働組合。

> **長所**：企業状況ごとの改善要求可。／**短所**：**御用組合化しやすい。**(ごよう)

> ▶会社の言いなりの組合

> ◆職業別組合…**初期の英**。同一職業の熟練工中心。日本にはほぼなし。
> ◆産業別組合…**今日の欧米**。同一産業。熟練・未熟練工不問。日本には少ない。

● (参考)ショップ制…労働協約に定められた、**組合加入と従業員資格の関係。**

> ⓐ **クローズド=ショップ**：使用者は必ず、**労働組合加入者だけを雇用。**
> ⓑ **ユニオン=ショップ**：雇用された者は、必ず**労働組合に加入義務。**
> ⓒ **オープン=ショップ**：雇用と労働組合への加入は、**無関係。**

> ◆日本では ⓑ か ⓒ が一般的　＊ⓐは職業別や産業別組合の特徴／ⓒは公務員の大原則
> ◆日本では ⓑ の組合脱退者なのに解雇されないことが多い(＝尻抜けユニオン)。(しりぬ)

Point ⑨ 高齢者雇用と労働組合組織率の低下

● 高年齢者雇用安定法改正で、2013年より「60歳の定年後も**希望者全員を65歳まで雇用する義務**」スタート(継続雇用制度の拡大)。
　⇒ ただしこれが「雇用のミスマッチ」を生む原因の１つに。

> 労働力市場の需要と供給がかみ合わないこと。この場合のミスマッチは
> 「若くて有能な人がほしい」→but「高齢でそうでない人の雇用が続く」

● 労働組合組織率の低下…**戦　前**→**終戦直後**→**高度成長期**→**2022**
　　　　　　　　　　　　最高7.9%　　50%台　　　30%台　　16.5%

Point ⑩ 外国人労働者の扱い

● 外国人労働者の受入拡大…安倍内閣の成長戦略「人づくり革命」の一環(2018〜)

> 従来は「**単純労働はダメ／高度な知識・技術ありはOK／技能実習生(途上国への国際貢献)は3年在留OK／2008年以降、フィリピン・インドネシア・ベトナムからのみ看護師・介護士候補者の受入はOK(3か国とのEPAにより)**」だったが…

政治編
第1章
第2章
第3章
第4章
第5章
第6章
第7章
第8章
第9章
第10章
第11章
第12章

経済編
第13章
第14章
第15章
第16章
第17章
第18章
第19章
第20章
第21章
第22章
第23章
第24章
第25章
第26章

時事問題編
第27章

↓

◆ 出入国管理及び難民
認定法改正（2018）　…今後は「**不足する人材を確保すべき14業種**」については、
介護・建設・宿泊・農業など

　　[◇特定技能１号：**一定技能**が必要な業務。→ 最長５年　　　→ 単純労働に
　　[◇特定技能２号：**熟練技能**が必要な業務。→ 期限更新も可。　　門戸開放
　　　　　＋
◆2024年より技能実習制度を廃止し、育成就労制度を新たな在留資格と
することに。

Point ⑪ 完全失業率と有効求人倍率

● 完全失業率…2023年平均で2.6%（178万人）
⇒ 2019年平均（コロナ流行直前）の2.4%（162万人）より、やや悪化。

$$\frac{完全失業者数}{労働力人口} \times 100$$

　▶「生産年齢人口（15〜64歳）−非労働力人口（学生・主婦・病人など）」
　　（ただし非労働力人口は、仕事を休んでいた人や、仕事を探していた人は除く）

＊完全失業者＝「働く意思 ＋ 能力」はあるが、所得のある就業が週１時間
未満の求職者（**フリーター**や**ニート**［若年無業者］は含まず）。

　[◆過去最悪：2002年平均の　5.4%（359万人）
　[◆リーマン後（2009年平均）：5.1%（336万人）
● 有効求人倍率＝求職者１人あたりへの求人数。
　[◆過去最悪は2009年平均の0.47倍。
　[◆2023年平均は1.31倍（正社員有効求人倍率は1.00倍[2023.12]）。
　　⇒ 2020年は1.18倍で、2019年の1.60倍から大幅 down。
　　（石油危機後の1975年以来、**45年ぶりの下げ幅の大きさ**）

Point ⑫ 長時間労働と新しい雇用

● 長時間労働…過労死・貿易摩擦増。／ワーク゠ライフ゠バランスが悪い。
　[◆過労死には「**過労死等防止対策推進法**」（2014）あり。
　[◆ワーク゠ライフ゠バランス…WLB（仕事と生活の調和）
　対策：「生活大国５か年計画」（1992）で、**労働時間の短縮目標**を設定。
　　↓　　　　　　　　　　　　　▶時短。年2000→1800h へ
　成果：**ワークシェアリング**の進む蘭・独・北欧（年1300〜1400h台）ほ
　　　どではないが、**日本も2008年には1700h台**に（2022で1607h）。

●ジョブ型正社員…「職務・勤務地・労働時間」が特定された正社員。

▶従来の日本型社員とはかなり違う

＊従来は「何でもやる／転勤あり／残業あり」が日本型社員。

| 専門以外も | どこでも | 定時に帰ったり | ⇒ | 職業に就くという |
| やります | 行きます | しません | | より「会社に入る」|

┌ ◆企業は「ブラック企業」化／社員は「社畜」化しやすい。
│ 　　　社員を使いつぶして成長　　　　　　会社の奴隷
└ ◆専門知識を活かせない・家事や育児との両立困難。

⇒ 今後はジョブ型正社員を増やす方向をめざす。

2013、規制改革会議が提言

Point ⑬ 女子雇用にかかわる法整備

●男女雇用機会均等法改正（1997）…1999年より施行。

	（制 定 当 初）	（その後の改正）
雇用・昇進等	機会均等の「努力義務」	「差別禁止」規定に（1997改正）
罰　　則	な　　し	違反企業名の公表（1997改正）
そ　の　他	な　　し	セクハラ防止への「配慮」義務（1997新設） セクハラ防止「措置」をとる義務（2007改正） 「男性へ」のセクハラ防止措置義務（2007改正） マタハラ・パタハラ防止措置義務（2016新設）

＊マタハラ：マタニティ＝ハラスメント（妊娠・出産を理由とした、女性に対するいやがらせ）。
男性の育休取得などに対するいやがらせはパタハラ（パタニティ＝ハラスメント）。

●育児・介護休業法（1999）…育児・介護目的での休業可に。

原則：┌ ◆育児休業：満1歳の前日まで → ┌ ◆男女労働者とも申請可。
　　　└ ◆介護休業：通算93日間　　　　　└ ◆企業は申し出を断れない。

▶ただし「罰則なし」

◆休業中の所得保障：雇用保険より拠出。
　┌ ◇育休…従来：休業前賃金の50% → 2016～：67%
　└ ◇介休…従来：休業前賃金の40% → 2016～：67%
　　　＋

2005改正 ◆派遣労働者も休業可／育休「最長1年→1年半」に。

2009改正 ┌ ◆3歳未満の子がいる親に「短時間勤務制度」（1日6h）
　　　　　│ 　設定。　＊事業主の義務
　　　　　└ ◆パパ・ママ育休プラス　　＊父親も育児休業とるなら1歳2か月までOK

政治編
第1章
第2章
第3章
第4章
第5章
第6章
第7章
第8章
第9章
第10章
第11章
第12章

経済編
第13章
第14章
第15章
第16章
第17章
第18章
第19章
第20章
第21章
第22章
第23章
第24章
第25章
第26章

時事
問題編
第27章

2016改正：アベノミクスの「介護離職ゼロ」をめざして。
- ◆介護休業の「**分割取得**」可に。　▶従来の93日までの「**一括取得**」のみ
- ◆「**半日**」単位での取得も可に。　▶従来は「**1日単位**」のみ
- ◆介護のための**労働時間短縮**可に。　▶介護休業とは別に3年間で2回以上可

時短／始業や就業時間の変更／フレックスタイムなど

●**パートタイム労働法**…**通常の労働者**（正社員も含めた**フルタイム労働者**）との
（1993）　　　　　**条件格差是正**をめざす。　▶1週間の所定労働時間を満たした人

2008改正：
- ◆**差別的な待遇の禁止**。
- ◆**正社員への転換推進措置**をとることの義務化。

2020：パートタイム・有期雇用労働法に改称。
「**同一労働・同一賃金**」を明記。

Point⑭ 派遣労働者（はけん）

●**派遣労働者**…「**派遣元企業**」に雇用され、「**派遣先企業**」に派遣。
　　　　　　　　人材派遣会社　　　　　　　　実際に働く場

正社員は基本的にこの3つを満たす人	…	◆**直接雇用**（その企業からの） ◆**無期雇用**（原則定年まで働くのが前提） ◆**フルタイム労働**（「9：00〜17：00」など）

●扱いの推移…**労働者派遣法**（1985制定）に基づく。
1985：**専門職種**だけ。（通訳・秘書・プログラマーなど13業種）
1996：専門**26業種**に拡大。
1999：原則**自由化**。（「港湾運送・建設・警備・医療・製造・士業」はダメ）
　　　　　　　▶おもにブルーカラー（肉体労働者）で禁止
　　　　　　　▶禁止職種の一覧＝ネガティブ＝リスト

2004：
- ◆派遣期間「1年→**原則1年／上限3年**」に延長。
　　専門職種は「**期間制限なし**」
- ◆**製造業でも派遣OK**に。医療も［◆**社会福祉施設**への派遣解禁。
　　＊1年の制限付き　　　　　　　◆**2006**には**病院**等への派遣解禁。

＊ただし製造業の派遣は、労働条件の劣悪な**日雇い派遣**（雇用期間がその日限り〜30日未満。別名スポット派遣・ワンコールワーカー）や**ワーキングプア**（働く貧困層）の増加につながった。

2008のリーマン＝ショック後：「**派遣切り**」「**雇い止め**」増が問題に。
　　　　　　　　　　　　　　　打ち切り　　更新しない
　⇒ 同年末には救済のため、日比谷公園に「**年越し派遣村**」設置。

＊派遣労働者数は**2008年の399万人**をピークに、その後は減少傾向。
→ **but** 震災後の2012年を底（245万人）にその後は**回復傾向**。

2012 ：「派遣労働者保護**のため**」の法律と明記。

　┌─◆30日以内の**日雇い派遣の原則禁止**／◆**待遇説明義務**
　│　◆正社員との**賃金均衡への配慮**義務(教育訓練や福利厚生も)。
　└─◆**無期雇用**(≒正社員)**に転換する機会の提供**(これは努力義務)。

　┌┄┄┄┄┄┄┄┄┄┄┄┄┄┄┄┄┄┄┄┄┄┄┐
　┊ ＊2014年には派遣労働者数は**263万人**に。 ┊
　└┄┄┄┄┄┄┄┄┄┄┄┄┄┄┄┄┄┄┄┄┄┄┘

2015 ：派遣期間「**すべて上限3年**」に(専門職種も含めて)。

　┌─◆ただし「同じ派遣先企業でも**課が変われば期間延長可**」に。
　│　　　　　　▶つまり会社としての受入期間は3年超でも可に
　└─◆3年過ぎて本人が希望すれば、派遣元企業には以下が義務づけ。
　　　　「**派遣先への直接雇用依頼** or **新たな派遣先の提供**」

2018 ：非正規雇用の「**3年・5年ルール**」スタート。

　┌─◆5年ルール：**パート・バイト**で勤続年数5年超　　┐→┌「**有期 → ◎無期**
　│　　　労働契約法改正　　　　　　　　　　　　　　　│　│**雇用**」への変更
　└─◆3年ルール：**登録型派遣労働者**で勤続年数3年超　┘　└ 申し入れ可に
　　　　　労働者派遣法改正

＊「**正社員への変更**」ではないが、企業の多くは**理解不足で勘違い**。

　▶無期になる以外の労働　　　　　　　　▶正社員にすると
　　条件は従来のまま　　　　　　　　　　　コストかかる

　⇒ 派遣労働者の「**3年雇い止め**」という社会問題に。

2020 ：「**同一労働・同一賃金**」を明記。

Point⑮ 労働・その他の入試頻出用語

●レイオフ…**不況**時、雇用期間の短い労働者から順に、**一時解雇**する。
　　→ 米国で一般的なやり方。
● PFI…**民間資金を利用して、社会資本整備**を行うこと。
　　1999年、「**PFI促進法**」施行
●アウト＝ソーシング…事業活動の一部の「**外部委託**」(コスト削減のため)。
●ベア＝ゼロ…「**ベースアップ(＝昇給)なし**」のこと(年功序列型賃金崩壊)。
●**春闘**…毎年春に労働組合が行う賃上げなどの要求。春季闘争。各企業の労
　　　　働組合が同時期に一斉に実施。
●カンバン方式　(just-in-time)…トヨタ自動車が開発した**在庫圧縮システ
　　ム**。流れ作業のスピードを統一し、各工程で「**必要な部品を、必要
　　なときに、必要なだけ**」仕入れる。
● QCサークル…QC(品質管理)活動を現場段階で行う従業員の小集団。
　　→ ＊全社的にこれを行うのは「**TQC**」。
●カンパニー制(事業部制)…社内の各事業部に、独立会社に近い権限を与える。
●労働分配率…国民所得に占める、**労働者への賃金分配率**。
　　→高いほど、生活水準は豊か。

政治編
第1章
第2章
第3章
第4章
第5章
第6章
第7章
第8章
第9章
第10章
第11章
第12章

経済編
第13章
第14章
第15章
第16章
第17章
第18章
第19章
第20章
第21章
第22章
第23章
第24章
第25章
第26章

時事
問題編
第27章

●資本装備率…労働者１人あたりへの**固定資本（＝工場や機械）の割当率**。
　　　　　→高いほど、企業規模は大きい。
●ジョブカフェ… 若年層に職場体験や職業紹介等のサービスを提供する
　　　　　「**若年者就業支援センター**」（中高年用はジョブサロン）。
●公益通報者保護法（2004）…**労働基準法違反に対する内部告発者を保護**する
　　ための法。　　　　　　ただし犯罪となる違反行為のみ
●ヤミ専従…公務員が、勤務時間中に職場を離れ、労働組合活動に専従する
　　　　　こと（大阪市・農水省・旧社会保険庁などで発覚）。
●ディーセント＝ワーク… 権利が保護され、十分な収入を得られ、適切な社
　　　　　会的保護を受けられる生産的な仕事のこと（ILOが活動目標の１
　　　　　つとして掲げた［1999］）。
●ULC（ユニットレーバーコスト）…**生産１単位に要する人件費**。「雇用者報
　　　　　酬の総額÷実質GDP」。
●政労会見…連合会長と首相によるトップ会談。

コラム 銃後の守り

「銃後の守り」という言葉がある。戦時中、直接の戦闘には加わらず、背後でそれを支える活動のことだ。その役割には女性・年少者・高齢者などが従事したが、特に女性の貢献度が高かったため「戦時下の女性労働」をさすことが多い。

世界的には第一次世界大戦期、女性による「銃後の守り」が注目され始めた。ヨーロッパではこのころから、タイピストや電話交換手、看護師のようないわゆる「女性らしい」とされる仕事以外にも、軍需工場での労働、バスや救急車の運転手、機械工などに従事する女性が増え、さらには馬にかわって荷車を引くような重労働や、兵士として戦う女性までもが出てきた。

一方、日本の「銃後の守り」はどうだったかというと、初期は兵士たちをメンタル面で支える活動から始まった。戦時中の古い写真や映像を見ると、かっぽう着にたすき姿で出征兵士を見送る女性たちをよく見かけるが、じつはあの人たちの多くは、兵士の身内ではない。当時「白い軍団」とよばれた巨大組織・「国防婦人会」のメンバーだ。彼女たちは身内にかわって兵士の見送りや出迎え、慰問活動や兵士の家族支援などを精力的に行い、別角度から日本の「銃後の守り」に貢献したのだ。

しかし1940年代にはいると、次第に戦局が煮詰まり、日本の女性たちも労働力不足を補うための「銃後の守り」に従事し始めた。ただ日本の「銃後の守り」には余裕がなく、一方で12〜40歳の未婚女性に「働くことを義務化」しつつ、もう一方では21歳で結婚し、5人以上の子を産むことを奨励するなど、混乱したものだった。

その後、日本は戦争に負けた。しかし戦時中の女性労働は高く評価され、1947年制定の労働基準法では、世界で初めて「男女同一賃金」が規定された。

❶ 労働三法

戦後の日本では、GHQ の三大改革と新憲法の労働基本権（27条の勤労権＋28条の労働三権）を受けて、労働分野の民主化・労働組合の育成が図られることになり、その具体化のための立法措置として、労働三法が制定された。ここではその内容を見ていこう。

労働基準法には、労働条件の最低基準が定められている。最低基準ということは、同法に書かれている内容よりも劣悪な労働条件は、その違反部分が無効になるということだ。

しかし現実には、世の中に労働基準法違反は多い。どういうことか？

じつは、労働基準法違反が改善されるには、まず労働者が労働基準監督署に違反事実を申告しないといけない。それがあって初めて臨検（事業所立ち入り検査。予告なしも可）が行われ、事業主への是正指導が行われる。

でもその申告者がだれなのかは、たいがい会社側にバレる。バレたあとも、その会社に勤め続けるなんて地獄だ。

結局、従業員は、ほとんどの労基法違反には、泣き寝入りするしかない。こういう事例がかなり多い。そう考えると、結局、労働問題の解決は、まず他の労働者と労働組合を作り、団体交渉していくのが基本ということになるんだ。

同法は規定が非常に細かいが、大事なポイントだけふれておくと、まず「労働時間の例外規定」は頻出だ。特に、変形労働時間の一種である「フレックスタイム制」（勤務時間帯の自主選択OK）と「みなし労働制」を規定した「裁量労働制」はよく出るから、気をつけて。ちなみに、従来の裁量労働制は「専門業務型」とよばれ、専門性が高い職種の労働者のみが適用対象だったが、2000年よりそこに「企画業務型」も加わり、企業全体の企画立案に携わる業務まで対象が拡大された。

それから、1997年の「女子保護規定の撤廃」も頻出だ。女子の深夜労働禁止規定と、時間外労働の制限規定は、これで撤廃された。ただしこれで、女性に対する保護がすべてなくなったわけではない。子どもを産む機能に対する保護（＝母性保護）として、生理休暇・出産休暇などは当然認められている。

さらには「差別的労働の禁止」にも気をつけよう。この規定はすべての労働者に適用される。だから仮に不法就労の外国人がいたとしても、労働立法上は日本人同様の扱いをしなければならない。

しかし実際には、特にバブル期、不法就労者は給与のピンハネなどやられ放題だった。これは、「労働立法上は差別禁止でも、入管法（出入国管理及び難民認定法）上は強制送還の対象」だから、結局足元を見られてたということだ。

次は労働組合法について見てみよう。

同法の目的は、**憲法28条で保障されている労働三権を活用できる環境を整え、労働者の経済的地位の向上を図る**ことだ。

それでは、同法の内容にふれる前に、まずは**憲法28条の「労働三権」**について見ておこう。

労働三権とは、団結権・団体交渉権・争議権（団体行動権）のことだ。

これらは憲法で保障された基本的人権だ。だから、**これら憲法上の権利を行使する過程で、多少刑法や民法にふれるようなことがあっても、ある程度**（暴力を伴わない範囲）**なら許される**（＝刑事上・民事上の免責）。なんといっても、憲法は国の最高法規。法律よりも上位だからね。

そして、労働組合にここまでの権利保障がある以上、使用者側は労働組合に対し、不当な扱いはできない。

使用者の労働組合に対する不当・違法行為のことを「不当労働行為」というが、労働組合法ではこれを厳重に禁止している。仮に不当労働行為があった場合には、行政委員会の１つである労働委員会が、我々を助けてくれる。

では次は、その労働委員会が、どのようなやり方で我々を助けてくれるかを見てみよう。これは労働関係調整法に規定されている。

労働関係調整法は、**労使対立を調整するために作られた法律**だ。労働組合法を補助するための法律と考えてくれていい。

調整のための手段は「斡旋・調停・仲裁」の３つだ。これらは、労働委員会が中心になって行われる。ちょっと **Point整理**（➡ p.296 **Point⑥**）を見てもらおう。

これらは、必要に応じて段階的に実施していく。たいがいは❶か❷ぐらいで解決し、❸までいくことはまれだ。ただし❸までいった場合には、強制的な解決が図られる。**行政委員会には、準司法的機能がある**から、当事者間で解決できなくなったトラブルには、無理やり裁定を下す（→決定には**拘束力あり**）。これが労使対立の、最後の最後の解決手段なんだ。

❷ 日本の労働問題

ここでは、日本のおもな労働問題を、順を追って見ていこう。

まずは日本独特の労働者の雇い方・三大雇用慣行だ。これは **Point整理**（➡ p.297 **Point⑧**）にあるとおり、ⓐ：終身雇用制、ⓑ：年功序列型賃金、ⓒ：企業別組合の３つだが、特に大事なのはⓐとⓑだ。

労働者はいったん会社に入ると、基本的には定年までクビにならず、しかも毎年確実に給料が上がる——これらは戦後の長きにわたって、我々日本人にとって、

ごく当たり前の（しかも恵まれた）雇用システムだった。

このシステムは企業と従業員の一体感を生み、「第二のわが家」としての会社につくす企業戦士を養成する。これがうまく機能して、日本は高度成長を実現した。

マレーシアのマハティール元首相（2020年、94歳で辞任）も、ここに日本の経済発展の原動力を見た。だから彼は自国にも終身雇用や年功序列型賃金などの日本型雇用スタイルを導入しようと、「ルック゠イースト（＝日本の働き方を見習え）政策」を推進したんだ。

しかしこれらのやり方は、不況時には短所が際立ち始める。終身雇用は会社の利益に貢献できてない従業員を排除できないし、年功序列型賃金は労働力としてのピークを過ぎても給料は上げ続けないといけない。

だから、今の日本では、これらの見直しが急ピッチで進んでいる。その結果、中高年はリストラ（＊リストラクチャリング。本来の意味は「再構築」だが、転じて「解雇」）され、かわりに人件費の安いパートや派遣社員が増えている。給料も年功序列型を見直し、能力給（成績で決定）や職務給（職務の価値に応じて決定）など成果主義主体のところが増えている。

最後に、近年は特に「派遣労働者の扱い」が頻出だ。**Point整理**（⇒ p.300 **Point ⑭**）にくわしくまとめておいたので、必ず頭に入れておこう。

● 女子雇用

労働基準法の女子保護規定が大幅に撤廃された話は、先に見たとおりだが、ここではそれ以外の法整備について見てみよう。

男女雇用機会均等法では、差別禁止規定・違反企業名の公表・セクハラ防止義務が追加された1997年の改正が重要だ。なおセクハラには、「対価型セクハラ（セクハラが原因で女性に不利益な配置転換）」や「環境型セクハラ（セクハラが原因で女性に苦痛な職場環境）」などがあるが、同法ではこれらの防止措置として、相談窓口の設置やマニュアル作成、就業規則への明記などを求めている。なお2007年の同法改正では、「男性へのセクハラも含む」など、さらに強化された。

育児・介護休業法は本来「男女労働者向け」の法律だが、特に現状では女子が関係することが多いので、ここに載せておく。同法は「違反企業への罰則なし」と「所得保障が不十分」が従来の重要ポイントだったけど、近年改正された内容もかなり大事だ。だから2005年改正の「派遣労働者も休業可」や2009年改正の「短時間勤務制度の義務化（３歳未満児の親用）」などを、特に注意して覚えておこう。

パートタイム労働法でも、従来の「フルタイム労働者との格差是正」だけでなく、2008年改正の「差別的な待遇の禁止」「正社員への転換推進措置の義務化」を

政治編
第1章
第2章
第3章
第4章
第5章
第6章
第7章
第8章
第9章
第10章
第11章
第12章

経済編
第13章
第14章
第15章
第16章
第17章
第18章
第19章
第20章
第21章
第22章
第23章
第24章
第25章
第26章

時事
問題編
第27章

覚えておこう。

　なお同法は、2020年より「パートタイム・有期雇用労働法」と改称され、同年改正の労働者派遣法と並んで「同一労働・同一賃金」が明記された。

● 失業問題

　バブル後の長引く不況も、2013年から始まったアベノミクスのおかげか、新型コロナ前年の2019年までは、かなり持ち直してきていた。それとともに、**日本の完全失業率も改善**されてきていた（p.298　**Point⑪**）。

　完全失業率とは、生産年齢人口（15〜64歳）から非労働力人口（子ども・学生・高齢者・専業主婦など）を引いた「労働力人口」のうち、働きたくても仕事に就けなかった人の率をさす。

　同じく有効求人倍率（求職者1人あたりへの求人数）も、2019年までは最悪期よりもかなり改善してきていた（p.298　**Point⑪**）。しかし、2020年から本格化したコロナ禍（新型コロナによる災難）により、**完全失業率、有効求人倍率ともにやや悪化**してしまった。ただ、その後は世界経済正常化の流れの中で、日本経済も正常化に向かっているので、まずはひと安心といったところだ。

コラム　ストライキのあり方

　僕の母校・早稲田大学では、在学中2年に1回学生によるストライキがあった。理由は「授業料値上げに反対」だ。その心意気やよし。しかしやり方に問題があった。

　スト本来のやり方なら、我々はこう言うべきだった。「これ以上授業料を値上げするのなら、我々は授業料の支払いを拒否する」——これでこそ大学側に経済的打撃を与える、正しいストのあり方だ。でも早稲田の学生は違った。

　「これ以上授業料を値上げするのなら、我々は後期試験を受けない」

　早稲田の学生はバカか!?　それじゃ自分らが留年するだけだぞ。自分たちの将来に打撃を与えてどーすんだ!?

　でもそのバカの1人である僕は、そんなことにも気づかない。「試験なくてラッキー」とか思っている。本当にバカだ。

　授業料値上げ反対闘争は、結局一度も実らなかった（当たり前だ）。しかもストのときは試験の代替措置としてレポートの指示が出るのだが、これが別名「報復レポート」とよばれる、とんでもない分量のレポートばかりなのだ。

　"(題名)：「フレックスタイムについて」（書式）：A4レポート用紙60枚（厳守）"

　——卒論かよ！　すいません、もうストやるなんて言いませんから許して〜!!

高齢者雇用

日本の高齢者は、**生活不安から勤労意欲が高い**。

その高齢者の不安を、いくぶんか緩和させる法律がスタートした。高年齢者雇用安定法が改正され、2013年より企業は「**65歳までの定年延長 or 定年制の廃止 or 65歳までの継続雇用制度（再雇用など）の導入**」を義務づけられたんだ。その後同法はさらに改正され、2021年からは「**70歳までの定年引き上げ**」も、こちらは努力義務ながら始まった。まあ同法は**罰則がなく**、制裁があるとしても違反企業名の公表程度と考えられるけど、何にせよ年金の支給開始年齢が65歳からになりつつある現在、ありがたい改正だ。

労働組合組織率

組織率とは「**労働組合への加入率**」のこと。弾圧が続いた戦前は、最高でも7.9％だったが、終戦直後は50％台に上昇、その後高度成長期は、だいたい30％台で推移していた。

しかし今、組織率は低迷している（2022年現在で**16.5％**）。組合が弱いと、**使用者から不利な労働条件を押し付けられても闘えなくなる**ため、これは歓迎すべき状況ではない。

長時間労働

日本人は**残業代も出ない**「**サービス残業**」で**過労死**するような、ちょっと信じられない民族だ。だから1992年「生活大国5か年計画」が策定され、労働時間の短縮、いわゆる「**時短**」をめざす動きが始まった。

しかし、バブル後の日本は「**リストラか過労死**」みたいな極端な二者択一が増えたため、**ワークシェアリング**（1つの仕事を大勢でシェアする）のさかんなオランダ・ドイツ・北欧みたいな時短は難しく、**不況で仕事量が減る形の時短が、近年ようやく進んできた**のが現状だ。

なお、仕事と家庭生活の調和のことを**ワーク＝ライフ＝バランス**という。

2007年に政府は「仕事と生活の調和（ワーク＝ライフ＝バランス）憲章」と「仕事と生活の調和推進のための行動指針」を発表したが、それによると、2020年までに「**週労働時間60時間以上の雇用者の5割減**」をめざすことになった。

そして2007年に就業者の11.0％を占めていた週60時間以上労働者は、2020年では5.1％まで減っていた。ということは、2007年に立てた半減目標は、目標年度である**2020年に「ほぼ達成」**されたということになる。

政治編
第1章
第2章
第3章
第4章
第5章
第6章
第7章
第8章
第9章
第10章
第11章
第12章

経済編
第13章
第14章
第15章
第16章
第17章
第18章
第19章
第20章
第21章
第22章
第23章
第24章
第25章
第26章

時事
問題編
第27章

● 外国人労働

外国人労働では、近年ついに新たな動きが出た。

従来までの日本の外国人労働者の扱いは、1990年の入管法(出入国管理及び難民認定法)改正に基づき「**知識・技能のある外国人の受け入れは拡大／単純労働者は認めず**」が基本だった。つまり非肉体労働者であるホワイトカラーは歓迎するが、肉体労働系でおもに「3K(＝バブル期の若者が嫌った「キツい・汚い・危険」な仕事)」を担当してくれるブルーカラーは受け入れませんという方針だ。例外的に技能実習制度(途上国への国際貢献としての受け入れ。2024年より廃止され、育成就労制度に)やEPAに基づくフィリピン・インドネシア・ベトナムからの看護師・介護士の受け入れはあったが、基本的に単純労働者に対しては、なかなか門戸を開放しなかった。

しかしその方針が、大きく変わった。2018年、経済財政諮問会議が発表した「骨太の方針2018(経済財政運営と改革の基本方針2018)」により、**外国人労働者の受け入れ枠が拡大**されたのだ。

▶Point整理 (➡ p.297 Point⑩)にもあるように、今後は介護・建設・宿泊・農業など「**人手不足の14業種**」に関しては、特定技能1号・2号という名で、単純労働者にも門戸が開放されることになったのだ。

たしかに、少子高齢化が進む今後、**期待される労働力は**「女性・高齢者・外国人」になる。日本の労働環境は、かなり変わりそうだ。

コラム 女性の働き方改革

少子高齢化の進む昨今、労働力不足が深刻だ。政府は今後期待の労働力として「女性・高齢者・外国人」を挙げているが、どう考えても女性が即戦力だ。実際内閣府の男女共同参画推進本部は、すでに2003年に「2030」(にいまるさんまる。20「20」年までに指導的地位にいる女性を「30」%に)を目標に掲げていたのだ。

そこで安倍内閣は、2015年「女性活躍推進法」を成立させ、具体化に向けて動き出した。同法では2022年より、大企業に対し「男女の賃金の差異」の公表を義務づけるなど、政府が本気で取り組もうとしている姿勢はうかがえる。しかしその歩みは遅く、目標達成は難しいのが現状だ。

本気で実現をめざしたいなら、まず「クオータ制」の導入が必要だろう。つまり、まず議員の一定数を女性に割り当てることだ。そうすれば法整備に女性目線を反映させられ、女性活躍の場はスムーズに広がることになる。

日本のジェンダーギャップ指数(男女格差を測る指数)はG7最下位で、クオータ制のない国はOECD加盟国では日・米・NZ・トルコのみ。もう本気で取り組まないと。

政治編

第1章
第2章
第3章
第4章
第5章
第6章
第7章
第8章
第9章
第10章
第11章
第12章

経済編

第13章
第14章
第15章
第16章
第17章
第18章
第19章
第20章
第21章
第22章
第23章
第24章
第25章
第26章

コラム　不法就労者

　バブル期は、マンション建設や解体業のバイトが多く、どれも日当が12000〜15000円と、非常に高かった。当時の学生がそういう仕事を「3K（キツい・汚い・危険）」とよんできらったため、日当を上げざるを得なかったのだ。

　そして日当を上げると、今度は外国人労働者（というか"不法就労者"）が集まってくる。賃金がバカ高いうえ、「円高＝日本の賃金水準は高い」のだから、当然だ。

　そして外国人たちは、早朝の高田馬場駅に集まる。なぜならそこに行くと、必ず仕事がもらえるからだ。当時の高田馬場駅前は日本有数の"手配所"で、朝6時には、毎日1000人ぐらいの労働者が、仕事を求めて集まっていたのだ。

　来てるのは日本人と外国人が半々ぐらいで、日本人は中年から年配、外国人は中国人とイラン人が圧倒的に多かった。金欠の大学生なんか完全に僕ひとりだったため、僕は誰ともしゃべらず、いつもひとりでぽつんと立っていた。そのせいで手配師（各現場から人数調達を任された人たち）のおじさんからしばしば「お前、中国人か？」と聞かれ、その結果、いっつも中国人やイラン人やミャンマー人のグループに入れられ、向ケ丘遊園や読売ランドあたりにマンションを造りに行っていたのだ。

　イラン人のグループが、特に印象深かったな。彼ら全然日本人に見えないのに、どこで覚えたか自分たちのことを"鈴木"とか"田中"とか名乗って、日本人にまざってしれっと一緒にラジオ体操なんぞやっていたのだ。現場監督も白々しく「ん？　鈴木くんでしょ。日本人だよねえ」みたいな顔して、気づかないフリをしていた。不法就労におとぼけかましていたのだ。

　ミャンマー人とは仲良くなって、いろいろ片言の英語で話をした。彼は、ミャンマー人にしては珍しくイスラーム教徒で、必ず1日に何回かは「西ドッチ？」と聞いては、下がクギだらけだろうがドロドロのコンクリだろうが、所かまわずアラーに祈りを捧げた。ちなみに、鈴木や田中が祈っているのは見たことがない。

　でも今考えたら、このグループで行動するの、こわいな。なぜならそこは、僕以外全員バリバリの不法就労者。ということは、もし警察の手入れがあったら、「僕がビザを持っていない」という、まったくもって謎の理由で、捕まってしまう可能性もあったってことだ。だってそんな何県生まれでもなさそうな作業服集団の中で、僕だけ日本人ですって、そんなん誰が信用すんだよ。「僕は違うんだよ、ねえダンナ〜聞いて！」「はいはい、お前日本語うまいなー」って、そんなんイヤだ〜。

第23章 社会保障制度

Point ① 社会保障制度の歴史

1601：エリザベス 救貧法(英)…初の**公的扶助**(＝生活保護)。

> ＊囲い込み運動で土地を追われた者を救済。
> …[◆働ける者 → 仕事を与える。
> 　◆働けない者 → **救貧税**による 施し。

1870～80's：産業革命期のドイツで、**労働運動激化**。
　対策：ビスマルク(独の首相)による「**アメとムチ**」。
　　　▶軍拡 強硬派の「**鉄血宰相**」による「保護と弾圧」)

> ◆世界初の社会保険　[◇疾病保険法(1883)
> 　＝アメ　　　　　　　◇労働者災害保険法(1884)
> 　　　＋　　　　　　　◇養老廃疾保険法(1889)
> ◆社会主義者鎮圧法(1878) ＝ムチ

1911：国民保険法(英)…初の**失業保険**(＋健康保険)。

1935：社会保障法(米)…ニューディール政策の一環。

> [◆公的扶助と社会保険の一本化。　→　ただし**健康保険はなし**
> 　◆初めて「社会保障」の語を使用。　　　「**生活自助**」が原則

> ＊完備したものは、ニュージーランドの社会保障**法(1938)** が初。
> 米には現在も、**全国民対象の公的な医療保険制度はない**(メディケ
> ア[高齢者・障害者用]とメディケイド[低所得者用]のみあり)。オ
> バマケア(2010～)も公的制度ではなく、**民間保険会社の健康保
> 険プランの購入を全国民に義務づける**制度(2024年現在もあり)。

1942：ベバリッジ報告(英)…英の経済学者ベバリッジの提言。

> [◆均一保険料　　　　　[◆権利としての最低生活費　　**スローガン**
> 　◆均一給付　　　＋　　　◆社会保障省の統一的運営　→　「ゆりかごから
> 　◆全国民対象　　　　　　　　　　　　　　　　　　　　墓場まで」

> ◎この考え(＝生存権の保障)が、**今後の世界の社会保障の基本**に。

その他

> [◆フィラデルフィア宣言………**所得・医療保障**を各国に勧告。
> 　1944・ILO 総会にて
> ◆ ILO 102号条約(1952)…「**社会保障の最低基準**」採択。
> ◆社会保障の財源………………[◇英と北欧型：租税中心
> 　　　　　　　　　　　　　　　　◇独・仏など大陸型：保険料中心

Point ② 医療保険［社会保険］

● 業務外の病気・ケガ用。保険料負担は原則「労使折半（＋公費の補助）」
   → 医療費はすべて３割負担（＝７割給付）。

● 健康保険：一般民間被用者用。
   ▶企業に雇われている人。おもにサラリーマン

   ◆ 組合管掌 型：大企業が企業内に作る健康保険組合が運営。
      ▶従業員700人以上
   ◆ 協会管掌型：中小企業用の健康保険。全国健康保険協会がかわりに運営。
   ＊社会保険庁解体(2008)までは「政府管掌型健康保険」だった

● 国民健康保険：自営業・自由業・農家用。市町村が運営。
● 共済組合保険：公務員＋私学教職員用。
● 後期高齢者医療制度：75歳以上用。医療費１割＋保険料も一部負担。
   （2008〜）
      ＊旧「老人保健」制度は「医療費１割＋保険料なし」

   ＊老人医療費の変遷
   1973：老人福祉法で無料化。→老人が加入する各保険がかわりに負担。
      国民健康保険が圧倒的に多い→財源ピンチに
   1983：老人保健法で「一部 ➡ １割負担」へ。→不足分は「全保険＋公費」で負担。
   2008：高齢者の医療の確保に関する法律で「１割負担＋保険料も一部負担」へ。
      ▶2017より特例廃止で保険料 UP へ

Point ③ 年金保険［社会保険］

● 老齢者・障害者の生活を保障。
ⓐ：国民年金：20歳以上の全国民が加入する「老齢基礎年金」。
   ＊加入者の分類
      ◆１号被保険者：自営業・自由業・農家など。
   … ◆２号被保険者：サラリーマンや公務員。
      ◆３号被保険者：２号の配偶者（おもに専業主婦に）。

   ＊３号被保険者の救済措置(2011〜)
      ３号最多層の専業主婦は、２号である夫がリストラ
   などで離職すれば、１号への切り替え手続きが必要だ
   が、知らずに何年も放置している人が多い。
   救済：２年以上放置していた人は、２年分だけ保険料
      を払えば、残りの放置期間分は全部救済。

政治編
第１章
第２章
第３章
第４章
第５章
第６章
第７章
第８章
第９章
第10章
第11章
第12章

経済編
第13章
第14章
第15章
第16章
第17章
第18章
第19章
第20章
第21章
第22章
第23章
第24章
第25章
第26章

時事
問題編
第27章

ⓑ：**厚生年金**：一般民間被用者用。→ 2007年より「**離婚時分割**」**可**に。

→ **国民年金部分** + **厚生年金部分**の「**2階建て**」年金。

▶**定額部分**　　▶**所得比例**部分

ⓒ：**共済年金**：公務員用。→「**国民 + 共済 + 職域加算**」部分の「**3階建て**」年金。

◎**ⓑ**と**ⓒ**は**2015年より厚生年金に一本化された**（被用者年金一元化法）。

◎年金の支給開始年齢
　　ⓐは65歳より支給。**ⓑⓒ**は**従来は60歳から満額支給**されたが年金
制度改革で2001年より**段階的に65歳からの支給に変更**。

1994改正：2001年より、定額部分の支給開始を、**3年で1歳ずつ**
くり上げに。　　　　　　　　**2013には65歳からに**

1999改正：2013年より、所得比例部分の開始も、**3年で1歳ずつ**
くり上げに。　　　　　　　　**2025には65歳からに**

●年金財源の取り方
　❶：積立方式…**自分で長年積み立てた分**を、老後もらう。
　　　年金の積立年数長すぎのため、物価上昇で価値が目減り
　❷：賦課方式…今の若者の保険料が、**そのまま今の老人に渡る。**
　　　　　　　　　　　　物価上昇にスライドしやすい

＊日本は**❷**を採用しているが、内容的には「**修正積立(or 修正賦課)方式**」と
よべるもの（かなり**❷**寄りだが、**❶**の要素も残っている）。

Point④ その他の社会保険

●議員年金の廃止…議員年金廃止法（2006）で国会議員の議員年金は、
　　　　◆2006年4月以降の当選者には**廃止**。
　　　　◆それ以前の当選者には**減額**。

●雇用保険……………「**失業時 + 育児介護休業時**」に一定期間給付。

●労働者災害補償保険…**業務上の病気・ケガ用。**「**事業主のみ**」が保険料負担。

●介護保険……………2000年より開始（➡ p.315で詳述）。

Point⑤ 公的扶助

●生活保護のこと。生活困窮者の救済。
　◆**恤救規則**………**日本初の社会保障。極貧者のみ**を恩恵的に救済。
　　（1874～1931）　　　　　　基本は血縁的な助け合い

　↓

　◆救護法（1929～46）…「**関東大震災 + 世界恐慌**」を受け、**救済対象を拡大**。

　↓

　◆生活保護法………　目的：憲法25条に基づき　◆**最低限度の生活を保障**
　　（1946制定、50全面改正）　　　　　　　　　◆**自立を助長**

●戦後日本の生活保護

原理：
◆国家責任／無差別平等／最低生活維持
◆補足性（「**本人の資産・能力＋親族の扶助（ふじょ）**」で足りない場合の補足）

原則：
◆申請（しんせい）保護／必要即応／世帯単位
◆基準及び程度（厚労大臣の保護基準で測定＋その不足を補う程度の扶助）

内　　容	生活／教育／住宅／医療／介護／出産／生業／葬祭（そうさい）　の8つ。
実施機関	都道府県知事・市町村長（＋その下に設置された福祉事務所）
事務執行	ケースワーカー（公務員）…これに民生委員（ボランティア）が協力。
給付の原則	現金給付…医療＋介護扶助のみ現物給付。
外　国　人	原則なし（憲法25条の生存権「すべて国民は…」→“国民”の権利）。 →ただし「永住外国人＋日本人配偶者の外国人」には、権利ではないが人道的見地から生活保護法を“準用”して救済。
受給者数	1951年の204万人が過去最高→2012年に212万人と記録更新。 コロナ後、申請件数は増加したが、2022年は202万人まで減少
近年の問題	不正受給者の増加（2020年で3万2090件）。

Point⑥ 社会福祉・社会的弱者の救済

●福祉六法…「児童・老人・母子・（身体＋知的）障害者」福祉法＋生活保護法
●福祉元年…
　（1973）
◆医療費 down…老人医療の無料化、家族「5→7割」給付へ。
◆年金の物価スライド制…消費者物価5％ up →年金給付も up。

＊2004年よりここに「物価・賃金の伸び率より**やや年金給付の伸び率を抑え目（おさ）**にする」という**マクロ経済スライド**も加えて考慮することに（現役世代の負担軽減のため）。

例：「物価が10％ up →年金給付額は9％だけ up してあげる」など

but 同年石油危機→後年の「福祉見直し論」へ。

▶高福祉には高負担を

●その他の用語
◆ノーマライゼーション
　…高齢者や障害者が、健常者同様に暮らせる社会作り。
◆バリアフリー
　…高齢者や障害者にとっての、**物的障害物の除去**。
◆ユニバーサル＝デザイン
　…障害の有無にかかわらず**万人（ばんにん）に使いやすく作られた製品**。

政治編
第1章
第2章
第3章
第4章
第5章
第6章
第7章
第8章
第9章
第10章
第11章
第12章

経済編
第13章
第14章
第15章
第16章
第17章
第18章
第19章
第20章
第21章
第22章
第23章
第24章
第25章
第26章

時事問題編
第27章

Point 7 高齢化社会

●高齢化社会… 高齢化率(65歳以上比)が7%以上の社会。

14%以上→高齢社会／21%以上→超高齢社会

＊日本の高齢化の進行速度…他国に例を見ないほど速い。

1970：7%超 → **1994**：14%超 → **2007**：21%超 → **2023**：29.1%
　　高齢化　　　　　高齢　　　　　超高齢　　　　3623万人

◎この間24年は速い！ ▶仏：115年／スウェーデン：85年／英・独：40年

◆日本は2009年より高齢化率世界一に。

◆ このままだと2052年には高齢化率40%に →「限界集落」(=⑨50%以上の地域)増加の危機。
　2019年時点で2万372か所(いずれ消滅のピンチ)

背景：

◆平均寿命の延長…男81.5歳 ▶世界2位／女86.9歳 ▶世界1位
　→国別では世界一(地域も入れると香港が世界一)。

＊参考…(2位)スイス／(3位)韓国／(4位)シンガポール

＋

◆出生率低下…合計特殊出生率(女性が一生で産む子どもの数)は2022年で1.26。

◆ 先 の中では標準的(米1.66／仏1.83／独1.58／伊1.25)
◆ NIESよりは高い(台湾1.05／香港1.05／韓国0.81／シ1.12)
◆日本の最高は1947の4.5／最低は2005、22の1.26
◆世界平均は2.5(WHO調べ)→2.07以下が続くと人口減少。

◎若い世代の負担増→国民負担率(国民所得に占める租税・保険料)up。

＊この時期に生まれた世代=「団塊の世代」(堺屋太一が命名)

◆1947〜49生まれの約810万人。第一次ベビーブーム世代。

第二次は1971〜74生まれ(団塊ジュニア世代)

◆労働力の大量供給世代…「金の卵」(高度成長期の中卒⑨)。
◆一億総中流(1970'sの意識)時代の中心。 ▶今日は「格差社会」
◆2007年問題…彼らが一斉に定年退職。 ▶⑨不足／社会保障費増大

租税・社会保障負担の対国民所得比 (国民負担率)

(他国は2018年、日本は2021年)

	租税負担率	社会保障負担率	計
フランス	42.7%	25.6%	68.3%
スウェーデン	53.5	5.3	58.8
ド イ ツ	32.1	22.8	54.9
イギリス	37.0	10.8	47.8
アメリカ	23.4	8.4	31.8
日 本	25.4	18.9	44.3

(財務省資料より作成)

(対策)
●高齢者福祉の充実
　…ゴールドプラン(高齢者保健福祉推進10か年戦略)開始(1990〜)。

1995より新ゴールドプラン→2000より「ゴールドプラン21」

　＊ゴールドプラン21で利用できるおもなサービス
　　◆訪問介護…………ホームヘルパーが身の周りの世話をしてくれる。
　　◆訪問看護…………**看護師が来てくれ**、医療的世話をしてくれる。
　　　　　　　　　地域ごとに作る訪問看護ステーションや病院から派遣
　　◆通所介護…………デイサービスセンター(地域ごとに設置)で、**高**
　　　　▶デイサービス　　　**齢者を昼間だけ預かり**、食事・入浴などのサー
　　　　　　　　　　　　ビス実施。
　　◆通所リハビリ……病院や高齢者保健施設に通い、機能訓練など実施。
　　　　▶デイケア
　　◆短期入所介護……一時的な介護困難時、**特別養護老人ホーム**など
　　　　▶ショートステイ　　で、**高齢者を短期間だけ預かる。**
　　◆介護老人福祉施設…常時介護が必要で、家庭での生活が困難な高齢者用。
　　　　▶特別養護老人ホーム

●高齢者用の新たな財源の必要
　…社会保障関係費の内訳＝ 年金 : 医療 : 福祉
　　　　　　　　　　　　　 5 ： 4 ： 1 　＊年金偏重
　◎介護保険導入で**医療と介護を分離**すれば「5：3：2」にできる。

Point⑧　介護保険制度(2000年よりスタート)

(保険料)：40歳以上の全国民が負担。→高齢者は年金から天引き。
(運営主体)：**市町村**…市町村ごとに保険料やサービスの種類を設定。
　　　　　　内容的にはゴールドプランなどとほぼ同じ
　　　　＊サービスが増えるほど保険料も up。
　　　　◆**在宅サービス**中心→安い／◆**施設サービス**中心→高い
　　　　　▶訪問介護・看護など　　　　　▶デイサービスやショートステイ

(適用手順)
　◆要介護認定受ける…「**介護サービスを受ける必要がある**」との認定。
　　　　　　　　　　　　健康でサービス不要なら「自立」認定
　◆ケアプランの作成…ケアマネージャーとよばれる専門職が、各人に必要
　　　　　　　　　　　な介護サービスを選択。
　◆サービス利用………ただし保険料に加え、**サービス料の1割も自己負担。**
(問題)：認定が厳しすぎる／サービス不足／保険料の地域格差／老老介護の増加

政治編
第1章
第2章
第3章
第4章
第5章
第6章
第7章
第8章
第9章
第10章
第11章
第12章

経済編
第13章
第14章
第15章
第16章
第17章
第18章
第19章
第20章
第21章
第22章
第23章
第24章
第25章
第26章

時事
問題編
第27章

Point ⑨ その他・近年の改革

● 少子化対策

◆ **エンゼルプラン**(1995〜)…子育て支援。**保育機関・サービス充実**などめざす。

> **2000〜** : 新エンゼルプラン…さらに拡充。
> **2005〜** : 新新エンゼルプラン…男性を含めた子育て環境を。

◆ **少子化社会対策基本法**(2003)…国・地方の責任／企業に協力責任など課す。

◆ 「男性も育児休業取得を」: **改正育児・介護休業法**(2010)
…◇ さんきゅうパパ／◇ パパ・ママ育休プラス

◆ 「勤め先のあり方の対策」: **次世代育成支援対策推進法**(2005)
…**仕事と子育ての両立環境**をめざさせる。
一定規模以上の企業は行動計画を示す義務

◆ 児童手当…「0歳〜中学卒業まで」の児童の養育者に、児童1人につき
月額1〜1.5万円を支給。 ▶民主党政権時代は「子ども手当」

◆ 待機児童対策…「幼保一体化」の促進。

> ◇ 幼稚園 : **文部科学省**が管轄。専業主婦の子用。1日4h。 ▶定員割れ多い
> 教育施設
> ＋
> ◇ 保育園 : **厚生労働省**が管轄。共働き夫婦用。1日8h以上。 ▶待機児童多い
> 福祉施設
> ⬇
> 認定こども園(2006〜)…「**都道府県**」認定の「**教育＆福祉**」施設。

● 社会保障と税の一体改革(2012)…消費税の増税分を全額社会保障費に。

◆ 年金制度改革法

> ◇ **非正社員にも厚生年金**。 2016より雇用が2カ月を超え月収8.8万円以上なら可
> ◇ 受給に必要な最低加入期間「**25年→10年**」に。
> ◇ 「物価スライド制」に合わせた**年金支給額の down**。

> バブル後の不況でデフレが続いたため、2003年より「物価スライド
> 特例措置」をとり、ここまでは「**デフレ下だが特例的に年金額の減額を
> 凍結**」してきた。

＋

● 「100年安心プラン」…**2004年の年金制度改革時**に発表。このとき、
新たに**マクロ経済スライド制が導入**されることが決定。

> 物価・賃金の伸び率＞年金給付の伸び率
> →国民には少し不満だが、これで制度は破綻しない

＊ただしこれは物価下落時には適用しないルールになっているため、導
入以来実施されてこなかったが、**2015年に初めて実施**(2019年も)。

政治編
第1章
第2章
第3章
第4章
第5章
第6章
第7章
第8章
第9章
第10章
第11章
第12章

経済編
第13章
第14章
第15章
第16章
第17章
第18章
第19章
第20章
第21章
第22章
第23章
第24章
第25章
第26章

時事
問題編
第27章

C 日本版401k…企業年金を中心に2001年より導入

●企業年金：企業が従業員のために、**自主的に設けている年金。**
 ↓ ＊**国民年金・厚生年金・共済年金などの「公的年金」とは別物**

❶：税制適格年金：国税庁の基準を満たす企業がみずから運営主体となり、生保や
 2012廃止 信託銀行に保険料を積み立て運用。税制上の優遇あり。
❷：**厚生年金基金**：厚生労働省の基準を満たす企業が、自社内に厚生年金基金を設
 立し、❶同様に運用。税制上の優遇あり。
❸：非適格年金 ：企業が、税制優遇なしで自主的に設立した自社年金。

●保険料の 徴 収 と給付
 「 ⓐ：確定給付型 …**老後の給付額**（年金を毎月いくらもらうか）**を固定するタイプ。**
  ⓑ：確定拠出型…**月々の拠出額**（毎月保険料をいくら払うか）**を固定するタイプ。**
 ◎従来はⓐのみだったが、2001年に確定拠出年金法が成立し、
  確定拠出型年金も、企業年金や個人年金でOK となった。
 ↓
 「 ◇企業型DC…企業型確定拠出年金。 → 保険料の運用を自主選択可。
  ◇iDeCo…個人型確定拠出年金。

コラム 世界年金ランキング

　世界有数のコンサルティング会社マーサーが毎年発表する「グローバル年金指数ラン
キング」によると、2016年度の日本の年金制度は、世界27か国中26位と、最下位スレス
レだった（最下位はアルゼンチン。1位はデンマーク）。

　マジかっ⁉　働いても働いても老後の不安が消えないなーとは思っていたが、インド
や中国より下とは……。たしかに最近、70歳になった自分の夢を見たが、ぜんぜん幸せ
そうじゃなかった。そこで見た自分の顔は、余生を楽しむ老人のそれではなく、ロバー
ト＝キャパが難民キャンプで撮った写真みたいに無表情で、その手には釣り竿とバケツ
が、固く握りしめられていた。趣味というより「生きるための相棒」のようだ。

　日本の年金、いったいどこがまずいんだろう？　ランキングは「十分性（定期的に給
付を受けるシステムと個人の貯蓄）」「持続性（平均寿命と支給開始年齢の適切性）」「健
全性（制度の透明性や見直し）」から評価されているが、それによると日本の年金制度は、
健全性はまあまあ普通だが、十分性と持続性がかなり低い。ということは日本の年金は
「"ずっともらえるか"や"もらい始めの年齢"には大いに問題があるが、政府はそれを
バカ正直に僕らに教えてくれている」ということか。

　最後だけバカ正直はやめろ！　よけいにタチ悪いわ。最初からあんまり期待してない
から、不安だけ煽るのはやめて。釣りの腕みがくよ。

日本の社会保障制度は、戦前の「恤救規則（＝初の公的扶助・1874）」から始まったが、「臣民を恩恵で助ける」という性質のもので、まだ「権利としての社会保障」ではなかった。

　やはり本格的な社会保障制度は、憲法25条に生存権が明記され、「国民皆保険・国民皆年金」が実現（1961）した、戦後になってからだ。

　それでは、我々の生活不安を解消するための社会保障制度、具体的にどういう内容があるか、見てみよう。

❶ 社会保障制度の４本柱

　社会保障制度は「社会保険・公的扶助・社会福祉・公衆衛生」の４つの柱から成っており、「政・経」では、公衆衛生を除く３つをおもに扱っている。

◆４本柱その①・社会保険

　社会保険とは、病気・失業・労働災害・老後への不安など、我々が抱える生活不安を解消する「万が一への備え」だ。

　ただ、社会保険にもいろいろある。まずは医療保険から見てみよう。

　医療保険は頻繁に制度変更があるので要注意だ。くわしくは Point整理 （⇒ p.311 Point❷）で見てもらうが、医療費の自己負担額は、サラリーマンと高齢者を中心に、かなり増大した。

　特に高齢者は、2008年より従来の老人保健制度から後期高齢者医療制度になったことで、医療費１割負担だけでなく、従来なかった保険料の一部負担まで求められるようになった。

　その理由は、なんといっても不況と少子高齢化だ。税収と出生率は伸びず、平均寿命ばかりが長くなる現状では、どうしても保険料が不足し、自己負担を増やさざるを得ない。

　次は年金保険だ。これもまずは Point整理 （⇒ p.311 Point❸）を見てもらおう。

　全国民対象の基礎年金である国民年金で老後もらえる金額は、わずか月６万円程度。現行の制度では、国民の生活不安は、まず解消されない。

　一方、サラリーマンや公務員になれば、厚生年金（これは国民年金と合わせて２階建て年金）がもらえるから、一見すると安心だが、これらも今後は年金制度改革で、支給開始年齢が段階的に65歳まで上がっていく。国民の生活不安は、こと年金に関しては、拡大する一方だ。

　ちなみに年金財源の取り方は、物価変動に対応しきれない従来の積立方式（自

政治編
第1章
第2章
第3章
第4章
第5章
第6章
第7章
第8章
第9章
第10章
第11章
第12章

経済編
第13章
第14章
第15章
第16章
第17章
第18章
第19章
第20章
第21章
第22章
第23章
第24章
第25章
第26章

時事
問題編
第27章

分で積み立てた金を老後受け取る）ではなく、柔軟な賦課方式（今の若者が払う保険料がそのまま今の老人に渡る）が採用されている。でもまだ完全に移行しきってないため、現在のやり方は「修正積立方式（or 修正賦課方式)」ともよばれる。これも覚えておこう。

　その他、社会保険には、かつて失業保険とよばれた雇用保険（**失業時＆育児介護休業時用**）と、労働災害に遭ったとき用の労働者災害補償保険（これだけ**事業主のみが保険料負担**）がある。ほかにも「介護保険」があるが、これは「❷高齢化社会」（⇒ p.321）で説明する。

コラム　外国人労働者と社会保障

　外国人でも日本の社会保険に加入することはできる。現行法だと「日本国内に住所を有する者」ならば、国民年金や健康保険など、原則日本人同様の社会保険に加入できるんだ。
　そして、あまり知られてないが、それは不法就労者、つまり観光ビザで入国してそのままオーバーステイの状態で働いているような外国人に対しても同じだ。彼らもまた日本国内に住所さえあれば、国民年金にも健康保険にも加入できる。
　ただしこれらは、「不法就労者かどうかを詮索されない」だけだ。もし何かの拍子にバレれば、当然入管法に基づき強制送還される。

4本柱その②・公的扶助

　公的扶助とは、**生活困窮者の救済**のことで、俗に「生活保護」とよばれる。貧しい人を助けるための制度だから、保険料の類はとらない。
　日本初の社会保障・「恤救規則」がまさに公的扶助だったが、これは**周囲に頼れる人が皆無の極貧者を、政府が恩恵的に助けるもの**で、生存権に基づくものではなかった。
　生存権に基づく公的扶助は、1946年制定の生活保護法で具体化された。同法により、生活保護の対象者は生活・教育・住宅・医療・介護・出産・生業・葬祭の8つの面で、国の保護を受けることができる（＊生活保護には「医療扶助」が含まれているため、対象者は**医療保険には加入しない**）。
　ただし、日本の生活保護は問題が多い。朝日訴訟後ましになったとはいえ、給付額が少なめなうえ、なるべく保護しないほうにもっていこうとする。また、保護していても何か理由があれば（車がある、クーラーがあるなど）、「それは最低

限度の生活を超えてますね」などと言われて、すぐ打ち切られる。

　また、受け取る側の問題も、近年問題視された。不正受給だ。某有名タレントの家族の不正受給が話題になったが、これはいけない。なぜならそのタレントには、どう見ても家族を扶養できる稼ぎがあるから。

　生活保護は「補足性の原理」に基づき支給される。つまり**本人の資産・能力に加えて「親族の扶助」で足りない場合の補足**になるのが、生活保護なんだ。親族に扶助できる稼ぎがあるなら、受給はできない。

● 4本柱その③・社会福祉

　障害者や高齢者、母子家庭など、**社会的弱者を助けるのが**社会福祉だ。弱者である以上、もちろん保険料はとらない。

　福祉充実のきっかけは、高度成長末期にまでさかのぼる。**あのころ、GNPはめざましい勢いで成長していたが、国民生活は放ったらかしだった。**だから国民は「真の豊かさ」を求め、ついに1973年、国民の生活不安を解消するさまざまな制度が、一気に充実した。だから1973年は「福祉元年」とよばれているんだ。この年、老人医療の無料化や年金の物価スライド制が実現した。

　ただし、この年は運悪く石油危機と重なってしまった。

　国家的な経済危機と重なっては、もう福祉どころではない。だから後年には「福祉見直し論」が登場する。つまりこれからは、**「高福祉には高負担もやむなし」**って風潮が、支配的になっていくんだ。

　福祉についてはもう１つ、1990年代に登場する、ノーマライゼーションとバリアフリー、それにユニバーサル゠デザインなどの考え方も、ぜひ知っておこう。

　ノーマライゼーションとは**「高齢者や障害者も、健常者同様に暮らせる社会作り」**という理念のことだ。そして、あとの２つはその理念を具体化する言葉で、バリアフリーは**「高齢者や障害者にとっての、物的障害物の除去」**、ユニバーサル゠デザインは**「障害者も健常者も含め、万人に使いやすい製品デザイン」**をさす。

　2000年に制定されたハートビル法（公共の建物に高齢者や障害者が利用しやすい施設の整備を促進する法）などは、まさに**バリアフリーやユニバーサル゠デザインを促進するための法**だ。ちなみに同法は、2006年交通バリアフリー法（駅や空港にエレベータなどの設置義務）と統合して「バリアフリー新法」となった。

政治編

第1章
第2章
第3章
第4章
第5章
第6章
第7章
第8章
第9章
第10章
第11章
第12章

経済編

第13章
第14章
第15章
第16章
第17章
第18章
第19章
第20章
第21章
第22章
第23章
第24章
第25章
第26章

時事
問題編

第27章

❷ 高齢化社会

高齢化率（65歳以上比）が7％以上の社会を「高齢化社会」、14％以上を「高齢社会」、21％以上を「超高齢社会」というが、**日本は2007年より、この超高齢社会に突入**している。ちなみに、2023年の高齢化率は29.1％を記録し、高齢者の数は3624万人に至った。そう、日本はすでに「4人に1人が高齢者」の社会に突入しているんだ（＊高齢化率50％超の集落は「限界集落」という）。

下の表で国際比較するとわかるように、日本の高齢化のスピードは驚くほど速い。たしかに日本は、戦後の栄養・医学の改善で寿命が伸び、**現在は男女総合すると平均寿命世界一**だ。でもこの速さは、ちょっとそれだけでは説明がつかない。

じつはもう1つ理由がある。それは少子化の進行だ。

女性が一生のうちに産む子どもの数の平均を合計特殊出生率といい、もし日本が人口を減らしたくないのなら、これが2.07を上回り続けることが必要だ。この2.07を人口置換水準という。

終戦直後の第一次ベビーブームで生まれたいわゆる「団塊の世代」は、これが4.5（日本の最高記録）だった。ところがこの数字はその後下がり続け、2022年の時点ではなんと1.26にまで落ち込んでいる。これは**2005年と並んで、過去最低の出生率**だ。

これらを総合的に考えると、日本はこれからますます老人が増え、少ない若者でそれら高齢者を養う必要があることがわかるだろう。

▓▓総人口に占める高齢者人口の割合

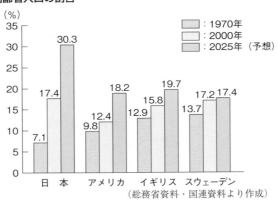

（総務省資料・国連資料より作成）

そうなると、やはりお金が問題になる。高齢者が減らず若者が増えないのでは、一人ひとりの若者にかかる税金と社会保険料は、バカにならない。Point整理（➡ p.314 Point 7）に「国民負担率」について、グラフも載せてまとめておいたが、これは**国民所得に対する租税と保険料の比率**を表していて、今でもけっこう高めの日本の数値も、近い将来にはスウェーデンなみにまで上がっていくかもね。

いずれにしても、ここまで高齢化が進んだ以上、**高齢者福祉の充実は急務**だ。そこで政府は対策として、1990年より「高齢者保健福祉推進10か年戦略」、いわゆる**ゴールドプラン**を開始した。これは当時の厚生省（現・厚生労働省）が中心となって、**高齢者福祉サービスの基盤整備**を提唱したものだ。

このプランはその後さらに発展し、「新ゴールドプラン → ゴールドプラン21」へと引き継がれている。おもなサービスはPoint整理（➡ p.315 Point 7）にまとめておいたが、中でも頻出は、日帰り老人ホーム的な**デイサービス**（通所介護）、高齢者を短期間預かってくれる**ショートステイ**（短期入所介護）、常時介護の必要な高齢者用の**特別養護老人ホーム**などだ。

そして、高齢化の進行に伴って、もう１つ解決すべき問題がある。**財源確保の問題**だ。

国の歳出に占める社会保障関係費は、急速に進行する高齢化に対処するため、**年金と医療にばかり予算配分し、20世紀末には福祉予算がほとんどない状態になっていた**（＊比率的に「５：４：１」ぐらい）。

厚生労働省の試算では、このペースが続けば、**2025年には福祉予算がゼロになる可能性すらある**。これはマズい。

だから**新しい社会保険を作って、新たな保険料を国民から徴収**しようという話になった。それが**介護保険**だ。

これで事実上、**高齢者の医療と介護は分離**された。つまり今後は、病気やケガの高齢者は医療保険、体の機能が衰えた高齢者は介護保険と、用途別に違った保険を適用することになったんだ。

しかしこれは、言いかえれば、今後は**介護目的で病院に入院**（＝社会的入院）**することができなくなる**ことを意味する。なぜなら病院は、病気やケガの人のための施設だからだ。

つまり**介護サービスは、在宅サービスと、病院以外の施設を使った施設サービスで展開**されることになる。

さあ、それではそろそろ介護保険について見てみよう。まずはPoint整理（➡ p.315 Point 8）部分を見てもらおう。

政治編

第1章
第2章
第3章
第4章
第5章
第6章
第7章
第8章
第9章
第10章
第11章
第12章

経済編

第13章
第14章
第15章
第16章
第17章
第18章
第19章
第20章
第21章
第22章
第23章
第24章
第25章
第26章

時事
問題編

第27章

介護保険制度は、高齢者の自立支援のため、在宅介護サービスの充実をめざして、2000年スタートした。運営主体は国ではなく市町村で、それが厚生労働省が示した基準や介護サービスの例を参考にしながら、自分たちの自治体独自の保険料やサービスを設定する。ちなみに保険料は「40歳以上の全国民が負担」だから、「40歳以上に加入義務あり」と入試で出題されたときは○になる。

介護サービスは原則65歳から受けられる（＊40〜64歳は「特定疾病が原因で介護が必要になった人」以外はダメ）けど、「要介護認定」が出ないとダメだ。要介護認定とは、厚労省が作った非常に細かい項目に基づいて認定調査員が聞き取りを行った結果、市町村が「この人には介護サービスが必要です」という認定を下すことだ。ということは、たとえ65歳以上でもまだピンピンしている人は、保険料だけ払って介護サービスは受けられないということだ（＊こういう人に出される認定は「自立」認定）。

この介護保険は、けっこう問題点も多い。最後にそれらも押さえておこう。

まず最初の問題は、特に地方で、要介護認定が厳しすぎたり、保険料が高すぎるところが多い点だ。

地方は人口が少ない割に高齢者が多い。だからやりくりのため、介護サービスをなるべくしなくてすむよう自立認定を増やすか、保険料を高くするかしかない。でもこれは、高齢者にとってはかなりつらい。

次はサービス不足の問題だ。介護サービスの中心は「在宅介護」のはずなのに、肝心のホームヘルパー数が足りない。また同様に、看護師の詰所・訪問看護ステーションも足りていない。

そして最も厄介な問題が「老老介護」の増加だ。

介護保険の導入で、介護目的の社会的入院は困難になり、強制的に退院させられた高齢者も多い。でもそんな彼らを自宅で待っているのは、これまた年老いた配偶者だけ。これが老老介護だ。

老老介護は今、社会問題にまでなっている。医療と介護の分離は、かつてなかった社会不安を生み出している。そういう意味で、介護保険は、まだまだ相当見直しの余地のある制度だ。

Point整理 の最後（⇒ p.316 Point❾）に、近年の社会保障改革などの重要部分も載せておいた。社会保障はつねに頻出の項目なので、ていねいに学んでおこう。

さらに2023年には、岸田内閣は「異次元の少子化対策」を打ち出している。これは「児童手当を高校卒業まで延長／男女ともに育休中の一定期間は所得保障100％／出産費用の保険適用／大学などの授業料無償化」などを内容とするもの

だ。自民党政権下で2024年より段階的に実施していく予定だが、はたしてうまくいくかどうか……。

コラム 　生活保護と年金？　不正受給問題

「**働けない・資産がない・頼れる身内がいない**」――これが生活保護を受給できる基本条件だ。

　生活保護は本来、国家が困窮者を助け、国民の「**健康で文化的な最低限度の生活を保障**」するための制度だ。当然不正は、あっちゃいけない。しかし現実には、**2020年で3万2090件の不正受給**があったとされる。

　不正受給の手口は、さまざまだ。預金をタンス預金にして財産がないフリをする、偽装離婚して子育てで働けないと偽る、医者とグルになり随意の診断書を書かせる……これらを準備したうえで、身内に「私は収入が少なく、扶養できません」と言ってもらえば、完璧だ。

　しかし2012年、お笑い芸人2人（の母親）がこれをやっているのが発覚し、謝罪会見に追い込まれた。でも1人は、そこで泣いて謝罪しながらも、「不正受給とは思わなかった」と言っていた。あれは印象よくないな。テレビであんだけオカンと仲いいアピールしておきながら、役所には「扶養できない」じゃ、どう考えても不自然だ。僕はそれ以来スッと気持ちが冷め、彼がテレビで何を言っても笑えなくなった（もう片方は元から笑えなかった）。

　年金の不正受給も近年話題になったが、こっちはなかなかゾッとする話だった。発覚した事例の多くは、死んでしまった身内が"まだ生きているフリ"をして年金をせしめるパターンだが、年金をもらい続けるには、役所に「死亡届」を出せない。そしてそれが出せないと、遺体は火葬も埋葬もできない。つまり彼らの多くは、年金を不正に受け取るために、ミイラやガイコツと何年もいっしょに暮らしていたのだ。

　2010年、足立区の民家の中から、111歳（!!）の男性の白骨死体が見つかった。長女と孫によると、その人は32年前に「即身成仏するから、絶対部屋に入るな」と言って部屋に閉じこもったんだそうだ。2人は詐欺容疑（年金不正受給）で逮捕された。これが100歳超じゃなく、もっと地味に70、80歳での死亡者の不正受給なら、本当に発覚しにくいと思う。

　僕もウィキで調べてみたら、うちの地元・愛媛にもいたよ、189歳。うわ、ドストエフスキーとタメじゃん。いるわけねーだろ、こんな県民。役所もこんなヤツのデータ見て首かしげながら年金支給するんじゃなく、ちゃんと確認しに行けよ。

| 経済編 | 第24章
国際経済Ⅰ | 出題頻度 B
Point整理 |

Point① 国際収支表

●「従来」の国際収支表(2014年改訂版はこの表の下)

❶経常収支	貿易・サービス収支	◆貿易収支：モノの輸出入の差額。 ◆サービス収支：モノ以外(輸送費・旅費・保険代・特許使用料など)	
	所得収支	非居住者に支払われる賃金。 海外投資で得た収益全般(利子・配当収入も含む)。	
	経常移転収支	資本形成(建設事業など)以外の移転。 食糧・衣服等の援助／国際機関への拠出金／外国人労働者の本国への送金	＊移転収支 ‖ → 見返りなし。一方的 にあげる・もらう 無償援助や賠償金など
❷資本収支	資本移転収支	資本形成(建設事業など)にかかわる移転。 費目分類上は「その他資本収支」に入る	
	その他資本収支	資本移転収支＋特許権の取得にかかる費用。	
	投資収支	一方的な移転ではなく、将来的な見返りを求めての支出。 ◆直接投資：海外工場建設などにかかる費用。 ◆証券投資：外国の株や国債購入にかかる費用(＝間接投資)。 ◆その他投資：その他の投資や貸付・借入。	
❸	外貨準備増減	国際収支の不均衡の調整用。 国内外貨の不足に備える準備金。	
❹	誤差脱漏	ここまでの収支の誤差。	

ポイント 新しい国際収支表(2014年改訂)の変更点

- ❶経常収支……〔 ◆貿易・サービス収支(従来と変わらず)。
  - ◆第一次所得収支(旧「**所得収支**」)。
  - ◆第二次所得収支(旧「**経常移転収支**」)。
- ❷資本移転等収支…以前は「**その他資本収支**」の一部だったが、独立。
- ❸金融収支……〔 ◆直接投資／証券投資／その他投資(変更なし)
  - 旧「投資収支」 ◆「金融派生商品」という費目が新設。
  - ◆「**外貨準備増減**」は、**金融収支の一部**に。
- ❹誤差脱漏……「経常＋資本移転－金融＋誤差＝0」になるよう定める。

Point② 国際貿易の理論

●<u>保護貿易</u>：国内産業の保護・育成のために…〔 ◆国家が輸入を抑える。
  - ◆国家が輸出を奨励する。

↓

- ◆関税障壁：輸入品に高関税をかける(＝保護関税)。
- ◆非関税障壁： **輸入** 数量制限、為替制限、為替割当[*1] → 他国いじめ
  - **輸出** 輸出奨励金、関税戻税[*2]など。 → 自国びいき

●自由貿易：国家からの保護・統制などの干渉のない貿易。
　　　　この確保で国際分業は成立する。

比較生産費説に基づく国際分業は、「第14章　経済学説」(➡ p.204)参照

　…┌◆垂直的分業：一次産品と工業品(途上国と先進国)
　　└◆水平的分業：農農間や工工間(途上国同士や先進国同士)

　＊１：為替制限…政府による通貨交換そのものの制限。
　　　　為替割当…モノによって為替の割当量を変える保護貿易。つまり「その商品
　　　　　　　　を輸入するためなら、通貨の交換はしません」などの形。
　＊２：関税戻税…他国で取られた関税を、自国政府が肩がわりしてくれる保護貿易。

Point③　戦前の国際通貨体制

●金本位制…19C. 各国で開始→ but 世界恐慌後、崩壊。
(p.241参照)　　　　　　　　　　金と交換可の通貨消滅

●為替は大混乱

┌◆為替ダンピング：自国通貨の**不当な切り下げ**(➡輸出増を)。
└◆保護貿易：輸入品への高関税、為替制限(➡輸入抑制を)。

●世界貿易の縮小 → ブロック経済化(共通通貨での結合[他国や植民地と])

◎植民地を**持てるブロック**　vs　**持たざるブロック**　→ ［第二次世界大戦へ］
　●スターリング＝ブロック〈英〉　●円ブロック〈日本〉
　●フランやドルのブロック　　　●独など(植民地もブロックもなし)

Point④　戦後の国際通貨・貿易体制

●ブレトン＝ウッズ協定に基づく IMF と IBRD の設立。
● IMF(国際通貨基金)… **目的**：┌ⓐ：為替の安定……固定相場制の導入
　　　　　　　　　　　　　　　├ⓑ：為替の自由化…為替制限の撤廃
　　　　　　　　　　　　　　　└ⓒ：国際収支の安定…赤字国への短期融資

┌◆米ドルを基軸通貨(＝**貿易決済用の中心的通貨**)とする。
└◆ドルだけが金との交換可／他国通貨は「**１ドル＝いくら**」で表示。

＊つまり莫大な金保有量を誇る「**米国だけで支える、変形の金本位制**」。
▶金ドル本位制

＊**1952年**　**1964年**
　日本加盟 →「**IMF14条国**→**8条国**」へ移行。
　　　　　　　為替制限可　　不可

◆ IBRD（国際復興開発銀行［世界銀行］）

　　　＋　　　　　　　　　…「**戦後復興＋途上国**」用の援助。**長期融資**。

[◆ IDA（国際開発協会［第二世界銀行］）…途上国の**政府**用。
[◆ IFC（国際金融公社）…途上国の**民間企業**用。

→ 3つ合わせて 世界銀行 グループ

Point⑤ GATT（関税と貿易に関する一般協定）の発効

＊貿易面でも本来は正式な国際機関（ハバナ憲章に基づく ITO［国際貿易機関］）を設立する予定だったが、米ソの利害がかみ合わず、協定のみで発効。

●基本原則

[◆自由・無差別主義
　[ⓐ：自由貿易確保のため**関税引き下げ**。
　[ⓑ：輸入数量制限（＝**非関税障壁**）の**撤廃**。
　[ⓒ：[◇１国に与えた特権は全加盟国に適用（**最恵国待遇**）。
　　　　[◇自国民や自国企業に与えた特権と同じ（**内国民待遇**）。

　　　＋　　　＊ただし、ⓐⓑの実施により自国の産業が圧迫された場合には「緊急輸入制限（＝セーフガード）」が認められる。

[◆多角的交渉… **全加盟国**での貿易ルールの検討（＝ラウンド交渉）。
[＊　**1955年**　　　**1963年**
　　日本加盟 →「**GATT12条国 → 11条国**」へ移行。
　　　　　　　　　数量制限可　　　不可

●その他：1995年、GATT は **WTO（世界貿易機関）**へと変貌した。

↓

●マラケシュ協定に基づき設立。**初の正式な国際機関**。
本部：ジュネーブ。
テーマ：「モノのみ」→ モノ＋「**サービス・知的所有権**」貿易も含む形へ。
罰則　「**全会一致の賛成**」で適用→「**全会一致の反対がなければ適用可**」へ。
　　　　▶コンセンサス方式　　　　　▶ネガティブ゠コンセンサス方式

Point⑥ GATT・WTO のラウンド交渉

●**ケネディ（1964〜67）**…工業製品関税の一律50％引き下げ。
●**東京（1973〜79）**…同33％引き下げ＋「非関税障壁と農産物」でも一定の合意。
●**ウルグアイ（1986〜94）**…「農産物の例外なき関税化／知的所有権／サービス貿易」で合意 ＋ WTO の設立交渉。
●**ドーハ（2001〜［停滞］）**…WTO になって初のラウンド交渉だが、先進国と途上国の対立などで長期化し、**最終合意に至らず**。

政治編
第1章
第2章
第3章
第4章
第5章
第6章
第7章
第8章
第9章
第10章
第11章
第12章

経済編
第13章
第14章
第15章
第16章
第17章
第18章
第19章
第20章
第21章
第22章
第23章
第24章
第25章
第26章

時事
問題編
第27章

Point ⑦ 固定相場制の崩壊（＝ブレトン＝ウッズ体制の崩壊）

背景 ：
- ◆流動性ジレンマ…「米ドルのみが基軸通貨」からくる矛盾。
  - 「各国にドルを配分⇒米から金も流出しドルが発行できなくなる」など
- ◆米の国際収支が徐々に悪化　→ 対外的な支払い増
  - 日欧復興＋ベトナム戦争(1950～60's) ⇒ **金の国外流出**
    - 金準備高の減少
- ◎ドルへの不安増⇒「ドル売り・金買い」増
  - 固定相場は崩れるかも　　　ドルより金を持つほうが安心だ
  - →金の価値が上がりますます金買い増。

> ＊欧米諸国は、金の価値を下げ投機目的の金買いを減らすため、**金売り協調介入政策**（＝金プール制）をとるが、米の信用不安からさらに**激しいドル売り・金買い**（＝ゴールド＝ラッシュ）発生
> →金プール制は効果なく**廃止**。

ドル不足対策 ：SDR(IMF 特別引出権)…金・ドルに次ぐ「第三の通貨」創設。

> ＊ IMF への出資額に応じて各国に配分された権利で、当初設定レートは「1 ドル＝1 SDR」。各国は、貿易用の通貨・ドルが足りなくなったとき、ドル黒字国との間で「ドルと SDR の権利を交換」する。
> ＊ただし「少ないドルを融通し合う助け合い」にすぎず、ドル発行量が増えるわけではない

1971 ：ニクソン＝ショック…**ドルと金の交換、ついに一時停止**に。
- ▶ドル＝ショック　　　固定相場の一時放棄

同年 ：スミソニアン協定…固定相場制の再構築をめざす試み。
- 米を貿易黒字にし金保有量の回復を

> ◆ドルの**切り下げ**…ドル安＝米には輸出有利。
>   金1オンス＝35ドル⇒38ドルへ
> ◆円・マルクの**切り上げ**…円高＝米のライバル国に輸出不利。
>   1 ドル＝360円⇒308円へ
> ◆為替変動の許容幅を「上下各1％→上下**各2.25％以内**」へ拡大。

but 米の国際収支悪化は止まらず。

1973 ：変動相場制(変動為替相場制)へ移行。

1976 ：正式承認(＝キングストン合意)。

❶ 貿易と国際収支表

国際収支とは、公的・民間を含めた「**国家間でのお金の受け払い**」のことだ。基本的には「支払い＝赤字／受け取り＝黒字」と表現する。2014年に大きな改訂があって、大きな費目は「①**経常収支**、②**資本移転等収支**、③**金融収支**、④**誤差脱漏**」の4つとなった。ここでは④誤差脱漏以外の3つについて説明していこう。

まず①経常収支の内訳は「**貿易・サービス収支／第一次所得収支／第二次所得収支**」の3つからなる。

貿易・サービス収支とは、貿易収支が「モノの輸出入の差額」、サービス収支が「モノ以外（輸送費・旅費・保険代・特許使用料）」の収支となる。つまり例えば「日本企業がアメリカに液晶テレビを輸出して10億円受け取ったが、その時輸送費が1億円かかった」とするならば、それは「貿易・サービス収支で9億円の黒字」となる。

第一次所得収支は、海外との間での「賃金」や「投資収益（利子・配当も含む）」の受け払いによる収支をいう。

第二次所得収支は、資本形成（建設事業など）以外で、相手国に一方的に「あげたりもらったりするお金」による収支だ。例えば、日本政府が国連に50億円の分担金を払ったら、それは「第二次所得収支で50億円の赤字」と考える。

次に②資本移転等収支だが、これは「資本形成（建設事業など）で、相手国にあげたりもらったりするお金」による収支だ。例えばODAで、日本政府が途上国の道路建設を無償でしてあげれば、そこでの支出は「資本移転等収支の赤字」と考える。

そして③金融収支だが、ここには「直接投資・証券投資・その他投資」に加え、金融派生商品と外貨準備増減の計5項目が並ぶ。最初の3つだけ説明しておくと、まず直接投資は「海外工場建設などにかかる費用」で、証券投資は外国との間での「株式や国債などの売買」、その他投資は「その他の投資や貸付・借入」になる。

そして、ここでいちばん注意すべき点は、この**金融収支の費目だけは「黒字と赤字が逆になる**」という点だ。

これは、他がすべて「資金の流出入」で見ているのに対し、**金融収支だけは「資産の増減」で見ている**せいだ。だから例えば「日本企業がタイに2億円で工場を作った」とするならば、これは「**直接投資で2億円の"黒字"**」と考えるわけだ。

その他、国際収支で気をつける点として、まず4つの費目の関係がある。複式計上という方法がとられるため、これらの関係は必ず「①経常収支＋②資本移転等収支－③金融収支＋④誤差脱漏＝0」になるから、覚えておこう。

その他気をつけるべき点としては、こんなのもある。日本は**リーマンショック**

後、貿易黒字が伸び悩み、東日本大震災の2011年からついに貿易赤字国に転落、その後は小幅で黒字と赤字を行ったり来たりしている。ただし、プラザ合意の翌年である1986年から、円高の影響で「海外への工場移転→そこからの収益」が増えたため、第一次所得収支は1986年よりずっと黒字だ。そしてその間、経常収支はずっと黒字。つまり日本は、2011年を境に、貿易で稼ぐ国から直接投資の収益で稼ぐ国へと変わっていったと言えるんだ。

❷ 国際通貨体制

外国為替とは、外国為替手形を使った、海外への支払方法のことだ。

外国に貿易代金を支払う際、「巨額の札束を現金書留で送る」なんて怖すぎるでしょ。それよりも、近所の銀行に代金を入金し、そこに外国為替手形を介在させる方が、はるかに安全で便利だ。

その仕組みは、右ページの図のようになる。

この図は「日本企業が売ったモノを、アメリカ企業が買った」時の代金の流れだが、図中の仕向き銀行とは「他国にお金を"送る側"の銀行」で、被仕向き銀行は「そこからお金を"受け取る側"の銀行」だ。それがわかれば、あとはそれほど難しくない図だから、しっかり目を通しておいてね。

そして、実は外国為替は、外国為替手形を使った海外への支払いだけではない。円とドルの交換みたいな「異なる通貨の交換」も外国為替という。

そして、その通貨と通貨の交換比率を為替相場（＝為替レート）という。為替レートの大原則は「その国の為替レートは1つだけ」という状態、いわゆる単一為替レートだが、そのあり方はさまざまだ。

現在、ほとんどの国では、単一為替レートをとりつつ、通貨価値の面では市場での需給関係で決める変動相場制がとられている。でもその前までは「1ドル＝360円」でおなじみの固定相場制だった。

いったいなぜ変わったのか。それらの移り変わりについて、これから見ていくことにしよう。

■ **外国為替のしくみ**

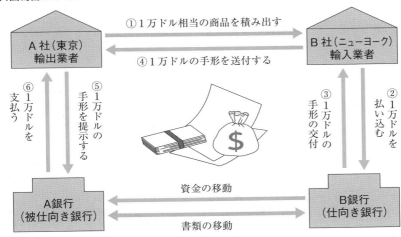

戦前の国際通貨体制

　戦前の主要国間では、為替は金本位制(きんほんい)が採用された。これは通貨価値を金との交換で保証するシステムだから、通貨価値の安定と貿易促進(そくしん)には、最もすぐれたシステムだ。しかし欠点もある。**国の信用が低下したとき、金が流出してしまう**点だ。

　自分の取引先の国家に不安材料が現れると、だれもが「**あの国の通貨、ひょっとして金と交換できなくなるんじゃないか**」と考える。そうすると「今のうちに金と交換しておこう」となり、金は海外に流出する。そして金が足りなくなると、紙幣の発行もできなくなる。金本位制は通貨と金の交換保証が前提だから、**金の保有量に比例した通貨発行しかできない**からだ。この流れで**世界恐慌(きょうこう)後、金本位制は崩壊(ほうかい)した。**

　その後、為替の世界は大混乱し、自国通貨の不当な切り下げ（＝為替ダンピング）が横行(おうこう)したり（＊ダンピングとは不当廉売(れんばい)［不当な安売り］のこと）、不安定な他国通貨をきらっての保護貿易主義が台頭してくる。

　だれもが他国通貨の価値を信用できなくなると、**世界貿易は縮小する。**その結果、**自国と同じ通貨を使う植民地との貿易**（＝ブロック経済）ばかりが増え、最終的には植民地の少ない国が暴(あば)れ出して戦争へと至(いた)る。これが第二次世界大戦の経済的要因だ。

　つまり経済面から見た場合、**第二次世界大戦は、通貨価値の混乱からくる世界**

政治編

第1章
第2章
第3章
第4章
第5章
第6章
第7章
第8章
第9章
第10章
第11章
第12章

経済編

第13章
第14章
第15章
第16章
第17章
第18章
第19章
第20章
第21章
第22章
第23章
第24章
第25章
第26章

時事問題編

第27章

貿易の縮小が大きな原因となって発生したと考えられる。

なら同じ過ちをくり返さないためには、今後は通貨の価値をしっかりと安定させる必要がある。だから戦後の通貨体制は、固定相場制から始まったのだ。

戦後の国際通貨体制

戦後の経済体制は、ブレトン゠ウッズ協定（1944）に基づく IMF（国際通貨基金）と IBRD（国際復興開発銀行）の設立（いわゆる「ブレトン゠ウッズ体制」）と、「関税と貿易に関する一般協定（GATT）」の発効から始まった。これらを合わせて「IMF-GATT 体制」という。

IMF と GATT に期待される役割は、戦後の国際通貨体制と自由貿易体制の守り神になることだ。これらは当然、第二次世界大戦への反省（通貨価値の混乱→貿易縮小→戦争）から生まれた考え方だ。

IMF（国際通貨基金）は、戦争の経済的要因を、通貨の側面から除去するために設立された。ならばまずやるべきは、何をおいても「為替の安定」だ。そして、通貨価値を安定させたければ、交換レートをがっちり固定してしまえばいい。そういう目的で、IMF は固定相場制を採用した。

CHECK! C 固定相場制とは

> 固定相場制とは、わかりやすく言えば、変形の金本位制だ。
> つまり、アメリカのドルを貿易用の中心通貨（＝基軸通貨）にし、世界の通貨の中でドルだけが金と交換できる（金1オンス＝35ドル）ようにする。そしてそのうえで、各国通貨をすべて「1ドル＝いくら」で表示すれば、世界の通貨価値は間接的に金の価値と結びつくことになる（＊1オンス＝31.1g）。
> このシステムでは、アメリカだけが世界中からの金との交換要求に応える必要があり、大変だ。でもそれさえできれば、他国は金の保有量に振り回されずにすむ。
> 結局、固定相場制は、戦勝国で金の保有量にゆとりのあったアメリカが、すべての負担をしょい込むことで成立した。アメリカの負担はデカいが、ありがたいシステムだ。

IMF では、世界貿易を縮小させる戦争要因になり得るから、為替制限（＝通貨の交換制限）は原則認めない。ただし例外的な措置として、まだ産業が未熟な途上国（＝ IMF14条国）にはある程度認められる。途上国は商品に輸出競争力がないため、ある程度為替制限しないと、際限なく輸入ばかりが増え、貿易赤字がふくらむおそれがあるからだ。

日本も最初は途上国扱いだった。しかしオリンピック景気のころからは先進国

政治編

第1章
第2章
第3章
第4章
第5章
第6章
第7章
第8章
第9章
第10章
第11章
第12章

経済編

第13章
第14章
第15章
第16章
第17章
第18章
第19章
第20章
第21章
第22章
第23章
第24章
第25章
第26章

時事
問題編

第27章

扱い（＝ IMF 8条国）に格上げされている。

　IMF は、**赤字加盟国への短期融資**を実施する。国際収支の赤字国は、存在そのものが戦争原因の塊みたいなものだから、そんな国に対して資金を融通することは、それだけで戦争の予防につながる。

　最後に IMF の弟分、IBRD（国際復興開発銀行）にもふれておこう。

　IBRD は通称「世界銀行」ともよばれ、**戦後復興資金の貸付用（今日は途上国への援助用）に設立**された。戦後復興国と途上国、この２つは、どちらも気長に待たないといけない融資先だ。だから IBRD の融資は、IMF と違って長期融資だ。

　次は GATT について見てみよう。

　GATT（関税と貿易に関する一般協定）は、自由貿易の守り神的な協定だった。ただし**単なる協定であって、1995年に WTO（世界貿易機関）ができるまでは、正式な国際機関ではなかった**。

　GATT がめざすものは、**戦争の経済的要因を貿易の側面から除去**することだ。そのためには貿易の縮小を避け、世界の自由貿易を確保することが必要だ。だから GATT は、まず**輸入数量制限（非関税障壁）をいったん関税化し、それからそれを段階的に下げさせる**（＝日本のコメ問題と同じ手法）ことで、自由貿易の確保をめざす。

　特に**非関税障壁**は、**貿易の最大の障害物**だから、原則的には認めない。ただし IMF 同様、**途上国には例外的にあり**だ（＝ GATT12条国）。こちらはさっきと同じ理由になるので、説明ははぶこう。

　そして関税だが、**関税は本来、国内外の価格差を適正なレベルに調節するためのものだから、よほど条件が合わないとゼロにはできない**。でも、これを下げることも、自由貿易実現には大切だ。

　そして **GATT のもう１つの特徴に「ラウンド交渉」がある**。

　GATT は、国家間の力関係をそのまま反映する2**国間交渉を、あまり歓迎しない**。たとえばイジメっ子とイジメられっ子だけでの交渉をイメージするとわかるが、そんなものが公平に進むとは思えないからだ。だから**あらゆるテーマを多国間交渉し、何年もかけて吟味する**。これがラウンド交渉だ。

● ブレトン = ウッズ体制の崩壊

　固定相場制は、先ほども言ったとおり、**アメリカに大きな負担**がかかる。その本質が金本位制である以上、**アメリカ一国の信用低下がそのまま「金流出 → 制度崩壊」につながる危険性**は、つねにある。

そしてその危惧は、現実のものとなってしまった。

アメリカは冷戦期、西側のボスとして無駄な出費が多く、そのせいで、しだいに国際収支が悪化してきた。

アメリカにとってドルの対外支払いは、金の流出を意味する。この状況は世界の人々に「ドルは危ない」との危機感を抱かせ、金の流出に拍車がかかった。

そしてついに1971年、ニクソン゠ショックが起こる。ニクソン大統領の発表により、**ドルと金の交換は一時停止された**。これは金準備高の不足した**アメリカが、固定相場制を一時放棄**したことを意味する。

通貨の混乱は戦争の危機につながる――**固定相場は早急に再構築される必要**があった。そのためには**アメリカが貿易黒字国になり、出ていったドルを取り戻す必要**がある。固定相場制下では、**アメリカへのドルの流入は金の流入**を意味するからだ。

そこで同年末、スミソニアン協定が結ばれ、**アメリカを貿易黒字国にするためのドル安（円高・マルク高）政策が実施された**。

しかしアメリカの浪費癖（ベトナム戦争への出費の継続）は直らず、ついに**1973年、固定相場制を放棄して変動相場制へ移行**した。これからは通貨価値は、市場での需給関係で決定する。価値の安定には、IMFが目を光らせる。

コラム **IMFが広げてきた「グローバリズム」**

本来グローバリズムとは、人・モノ・金・サービス・情報でつながった全世界を、そのまま1つの共同体とみなす「地球主義」という意味だった。

ところが経済のグローバリズムは、非常に狭い意味の言葉として使われている。それは「自由主義経済を、世界の隅々にまで拡大させる」という意味だ。

これ、ダメでしょ。これって「弱肉強食の競争原理を、弱者にまで広げてゆく」ことなんだから、経済の弱い途上国は、絶対反対しないとマズい。

しかし残念ながら、このグローバリズムは、着々と進められている。IMFによってだ。IMFは経済危機に瀕した国に短期融資を行う際、「貿易・投資の自由化／規制緩和と民営化／小さな政府／緊縮財政」などの自由主義的政策パッケージを受け入れさせることを、条件に出しているのだ。

たしかに赤字を短期で解消するには、政府にムダ金を使わせないことは大切だ。ならば「小さな政府」の推奨は、一見理にかなっている。でもこれをやると、競争力の弱い途上国は、自由競争の荒波で、たちまち先進国に食いつぶされてしまう。

「市場がすべてを解決してくれるさ」は、強い国の発想だ。そういえばIMFは、アメリカ主導色が強い。ひょっとしてアメリカの「形を変えた植民地戦略」か!?

Point ① 欧州統合

欧州の統合 …独・仏中心に進行(英は消極的)。

目 的 :
◆ 不戦共同体の設立(仏の発案) … もう独との戦争はイヤ → **共同管理する機関**を作るべき。
特に軍需資源・石炭と鉄鋼

◆ 戦後復興の協力体制作り(→早く米に追いつくため協力を)。

1952 :ECSC(欧州**石炭鉄鋼**共同体)…仏外相・**シューマンの発案**で実現。
＋
シューマン＝プラン

1958 :
◆ EEC(欧州経済共同体)
◆ EURATOM(欧州原子力共同体)
ユーラトム
→ ローマ条約で設立

1967 :三者が統合し EC(欧州共同体)へ。

原加盟国 :仏・西独・伊・ベネルクス(ベルギー・オランダ・ルクセンブルク)の6か国。

＊その後「(1973):英・アイルランド・デンマーク➡(1981):ギリシア➡(1986):スペイン・ポルトガル」の順で、計12か国。

◆ 域内関税の撤廃＋対外共通関税(＝関税同盟)
◆ **市場** 統合(1993)…域内で「**人・モノ・カネ・サービスの自由移動**」実現。
単一欧州議定書(1987)を受けて 域内でパスポート不要の協定＝シェンゲン協定
◆ 通貨統合への準備…欧州通貨制度(EMS・1979〜98)
◇ 合成通貨単位 ECU を作って行った**通貨バスケット**制度。
エキュ

＊通貨バスケット…自国通貨を、他の複数国通貨価値の平均と連動させる制度。EC では、**加盟国の通貨価値の平均値を 1 ECU** と設定した。

◇ 各国通貨価値の変動幅は、**対 ECU 上下各2.25%以内**に抑える。
▶ ERM(欧州為替相場メカニズム)

● EU(欧州連合・1993〜)になり、**さらに拡大強化**。
マーストリヒト条約にて

目 的 :「市場＋ 政治 ＋通貨」の統合めざす。

政治統合 :欧州議会・欧州理事会・欧州委員会・欧州司法裁判所などあり。
議長＝俗に「EU 大統領」

1998 :ECB(欧州中央銀行)設立…単一通貨発行に備える。
1999 :単一通貨ユーロ導入。→**2002より一般流通**スタート。
→ただし英・デンマーク・スウェーデン・旧東欧などは不参加。

＊アムステルダム条約（1997）で、**旧東欧諸国の拡大**に備え、参加条件を提示。→ニース条約（2003）で、条件を緩和。

2004 ：
◆**中東欧10か国が EU に参加**。計25か国体制に（現27か国）。
　＊旧東欧諸国は **NATO へも参加**
◆EU 憲法条約採択…EU の最高法規的な基本条約。
　but **仏・オランダが国民投票で否決**し未発効。
　→2009年の**リスボン条約**で代用。

◎通貨統合に備えた欧州の動き

●**スネーク制度**（「トンネルの中のヘビ」）…**スミソニアン体制下**での試み（1971〜）。
　　　　　　　　　　　　　　上下各2.25%の変動幅

＊固定相場で認められていた変動幅（計4.5%）の中で、EC 各国の通貨がさらに厳しい**2.25%の域内固定相場帯**を作る。

対米ドル 4.5%　EC 内 2.25%　→ 将来的に通貨統合しやすい

●**共同フロート制**（「トンネルから出たヘビ」）…**変動相場制下**での試み（1973〜）。
　→変動相場制の下でも域内2.25%を保ち、共同で相場を変動（フロート）させる。

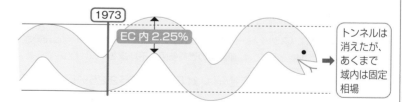

1973　EC 内 2.25%　→ トンネルは消えたが、あくまで域内は固定相場

● **EMS**（欧州通貨制度）…ドルにかわる基軸通貨合成の試み（1979〜）。

◆域内だけの**合成通貨単位 ECU** を作り、**EC だけの基軸通貨**とする（一般流通なし）。
◆域内各国は**対 ECU2.25%の変動幅**を保つ。＝ ERM（欧州為替相場メカニズム）

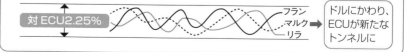

対 ECU2.25%　フラン　マルク　リラ　→ ドルにかわり、ECUが新たなトンネルに

Point ② 地域的経済統合の動き

名　称	加盟国	内　容
アジア太平洋経済協力会議 （APEC） エイペック	日・米・豪・ASEAN など の環太平洋諸国	自由貿易拡大、投資の促進。
ASEAN 自由貿易地域 （AFTA） アフタ	ASEAN（東南アジア諸国 連合）加盟国	関税の段階的引き下げ。
＊北米自由貿易協定 （NAFTA） ナフタ ＊NAFTA は 2020 年より米国・メ キシコ・カナダ協定（USMCA）に 改組され、管理貿易色強めの協定に （トランプの発案）。	アメリカ・カナダ・メキシコ	貿易・投資の促進。
南米南部共同市場 （MERCOSUR） メルコスール	ブラジル・アルゼンチンな どの南米諸国	域内関税撤廃、対外共通関税。

- ◆ FTA（自由貿易協定）…モノの輸出入の自由化。
- ◆ EPA（経済連携協定）…モノ＋「投資ルール・規制緩和」も含む。
- ◆ TPP（環太平洋経済連携協定）＝環太平洋経済パートナーシップ協定。

＊シンガポール・ブルネイ・ニュージーランド・チリの EPA（P4協定）
に 2009 年米が参加表明。→日・豪・加なども加え、**2015 年に大筋合意**。

TPP のメリット

＊自由化で自国と他国の関税がなくなれば… ◇ 日本のモノが安く 売れる。
◇ 外国のモノが安く 買える。

- ◆工業品の輸出増（＋「攻めの農業」に転じれば農産物でも可）。
- ◆輸入原燃料が安く買える。
- ◆景気の活性化… 輸出入とも増えるから（もうかるし消費も拡大）。
- ◆少子高齢化対策になる（労働力も輸入できるから）。

現状は比・ベトナム・インドネシアからの看護師・介護士受け入れのみ

TPP の問題点

❶：多国間での協定だと例外設定が難しい。
　　→ 自民は「聖　域　5　品　目」を「ネガティブ=リスト」に入れたい。
　　　麦・砂糖・牛豚・乳製品・コメ　障壁が認められた品目リスト
❷：米がルールをゴリ押ししてくる可能性。
　　→ もし「ISD 条項（orISDS 条項［投資家 vs 国家の紛争解決条項］）」
　　　を受け入れると、**不利益を受けた企業から政府が訴えられる**かも。
❸：安い農産物の流入で、**国内農家にダメージ**（→ 5品目は守らねば）。
❹：デフレがさらに進行。
❺：国内雇用の減少。

❻：「**食の安全**」の基準が米寄りに → **緩みすぎる**可能性。

 食品添加物／残留農薬／牛肉検査／遺伝子組み換え食品

❼：**医療の質**の低下（基準を米に合わせると）。

＊❻❼では、特に「米からの**ルールのゴリ押し**」が心配。

 ❻

◆残留農薬…**ポストハーベスト農薬**は「日本はダメ／米などは OK」
    収穫後の作物に使用

◆**牛肉検査**…**牛肉トレーサビリティ法**は「国産牛＋**生体での輸入牛**」のみ適用。
 BSE 対策 個体識別＋流通履歴の管理   加工輸入牛は対象外

◆遺伝子組み換え食品… 日本では**食品衛生法**で「**表示義務**」あるが米はなし。

 ＋

❼：混合診療を受け入れるかも。

 ◆**保険診療**（国の審査をパスした方法） → **これらのミックス。**
 ◆**自由診療**（国の審査をパスしていない方法） 日本はダメ／米は OK

2015：**アトランタ**での TPP 閣僚会合で**大筋合意**が実現。
  ◆全品目（9018品目）中……**95.1%**で自由化。
  ◆**聖域5品目**（586品目）中…**29.7%**で自由化。

 ＊コメは7.8万 t の無関税枠 → それ以外はこれまで同様**高関税で保護**。
  を設定 ＝自由化枠   つまり「少し自由化したが、ほぼ守った」

2017：米、**トランプ大統領誕生** → 就任当日に TPP **離脱**を表明。
2018：「**包括的及び先進的な TPP**（＝ CPTPP［俗に TPP11］）」が発効。
  米以外の11か国での協定

 内　容：従来協定を原則採用するも「**米が要求していた22項目**」は**凍結**。

うち11項目は「**知的財産権**」… ◆バイオ医薬品のデータ保護（8年間）
    ＋   ◆映画・音楽等の著作権保護（70年間）
 ISDS 条項も凍結。

2020：日米貿易協定発効… （米）：牛肉・ワイン・チーズ などで関税 down。
       （日）：自動車・自動車部品

 ◎これで米は、CPTPP なくても、かなりの貿易の恩恵を受けられる。
（今後の課題）：**英・台湾・中国** が加盟申請。（→ 中国を受け入れるべきか）

その他
2020：RCEP（**地域的な包括的経済連携**）…ASEAN 主導。

政治編
第1章
第2章
第3章
第4章
第5章
第6章
第7章
第8章
第9章
第10章
第11章
第12章

◆ **ASEAN10 ＋ 豪 NZ ＋ 日中韓** の計**15か国**が署名（2022年より開始）。⇒ 日本が中韓と結ぶ初の EPA。

（日本がここに参加する理由）…中韓とはトラブルが多いのになぜ？
　⇒ 経済界の期待／中国の対 ASEAN 影響力警戒／知的財産権監視　等

◆世界の「**人口・GDP・貿易総額の約30%／日本の貿易総額の約50%**」
　→ CPTPP（世界 GDP の13%）より巨大な、世界最大の自由貿易圏

2019：日 EU・EPA 発効…　（工業製品）：双方で「◎**関税を完全撤廃**」
　　　　　　　　　　　　（農林水産）：双方で「**新たな関税を課さない**」

2021：日英 EPA 発効… **EU 離脱後の英**とも（内容は日EUとほぼ同じ）。

Point③ EU の動揺

＊ EU の動揺…**グレグジット** Greece Exit ＆ **ブレグジット** Britain Exit

●グレグジット＝ギリシア危機…ギリシアが EU を離脱するかも。

◆ギリシアの産業は**農業・観光**ぐらい→外貨を十分に稼げない。
◆**公務員の数が多すぎ**→その人件費と年金額に**毎年多額のコスト**かかる。
　人口の10%／労の25%　　過去の与党が「うちに投票すれば公務員にする」と公約
◆赤字分を**国債**で補ってきたが、**ユーロ発行権がない**から柔軟に返済不可。
　　　　　　　　　ユーロは欧州中央銀行（ECB）のみが発行

経済編
第13章
第14章
第15章
第16章
第17章
第18章
第19章
第20章
第21章
第22章
第23章
第24章
第25章
第26章

2009：ギリシア財政赤字が、公表額より多いことが発覚。
　パパンドレウ新首相が過去の政権の腐敗を公表
　　→ EU では一国の信用低下が**ユーロ全体の信用低下**に。
　　　◆「ギリシア危機＝ユーロ危機」→ ユーロ価値 down。
　　　◆ギリシア国債を保有する **EU 各国の銀行ピンチ**。
　　　◆第2、第3のギリシア＝「**P I I GS（G I I PS）問題**」。
　　　　　　　　　　　　　　　　　ビッグス　ジップス
　　　ポルトガル・伊・アイルランド・ギリシア・スペイン

＊もしギリシアがデフォルトしたら…

ギリシア国債は紙くずに　→　PIIGS 国債も信用不安から価値 down　⇒　それを大量に持つ銀行の信用不安へ

▶ソブリン危機

2010：EU ＆ IMF、**ギリシアへの緊急融資**を決定。
　　　＊欧州金融安定基金（EFSF）を設立して
　　　融資→（条件）：2012年までの 財政再建

ソブリン債
＝
国債のこと

2011：ギリシア**断念**… 追加支援は延期になり、**再びギリシア危機**に。

2012：┌ ◆財政協定締結。「**財政赤字ゼロの均衡財政**」を EU 各国に義
　　　　　 務づけ。
　　　　 └ ◆ユーロ安定用基金「**欧州安定メカニズム（ESM）**」設立。
　　　　　 EFSF を統合。

2015：国民は◎**反緊縮派のチプラス首相を選出**。▶つまり「もう緊縮は疲れた」

　　　 ┌ ◆ IMF への返済不能（**先進国で初めて事実上のデフォルト**
　　　 │ 〔債務不履行〕）
　　　 └ ◆**国民投票**実施（「**EU & IMF 案**」を受け入れるか否か）

　　　　　　　　　　　　　　　┌ 助けてやるから緊縮しろ ┐
　　　　 ↓
　　　 反対多数で**否決**。（→ ただし直後に「**受け入れに転換**」。破綻（はたん）は**回避**）

2018：EU & IMF からの金融支援終了。

┌───┐
│ 2015〜18の間、支援を受ける条件として「増税＋緊縮財政」を続けたため、経済│
│ は疲弊（ひへい）し、失業率は19.1％（24歳未満は37.6％）に達した。若年層のギリシア離 │
│ れは深刻化したが、抜本改革は行われず、**債務残高の対 GDP 比は183％に達した。**│
└───┘

　　　 ⇒ 2019.7ミツォタキス新首相誕生。「**減税＋民営化**」路線へ転換。

●ブレグジット ＝ 英の EU 離脱問題…＊離脱手続きは「**リスボン条約50条**」に規定。

背景

┌───┐
│ ◆イスラーム国のせいで **EU 諸国全体にシリア難民急増**。　▶治安悪化へ │
│ ◆ EU 加盟の他国（特に東欧）からの移民流入。▶国内雇用悪化・社会保障費増大 │
│ ◆ギリシア救済に EU 各国の税金を使うことへの不満。 │
│ ◆**英・スウェーデン・デンマークはユーロ未導入国**。　▶離脱しやすい │
└───┘

　　　 ↓

2016：┌ EU 離脱の是非 ┐→「**残留48.1％／離脱51.9％**」で◎**離脱派が勝利**。
　　　　 └ を問う**国民投票** ┘ 「**キャメロン→メイ**」首相へ。 離脱予定日は2019.3.29

＊ EU の出した離脱条件…「**英－EU**」間の離脱協定に EU が合意するには、
　┌ ◆**離脱清算金**390億ポンド（約5.7兆円）支払え。
　│ ◆在英 EU 市民の、**居住や社会保障の権利**を守れ。
　└ ◆アイルランドとの**通商問題がこじれたときの安全策**（＝バックスト
　　 ップ案）。
　　　　　　　　　　　　　　　　　　　　　　　　　　　　　　　 ↓

　　┌───┐
　　│ ◇アイルランド島北部（＝北アイルランド）はイギリス領だが、親 │
　　│ 　アイルランドの過激派「**IRA（アイルランド共和軍）**」がいる。 │
　　│ ◇英が EU 離脱すると、**両国の国境審査が厳格化**。　▶これは IRA を刺激 │
　　│ ◇バックストップ発動中は、英は暫定的に **EU** と「**関税同盟＋単一**│
　　│ 　**市場**」を keep。　　　　　　　　▶厳格な国境審査は不要に │
　　│ ◇ただしそれでは **EU 加盟中と変わらず**。しかもバックストップは、**EU**│
　　│ 　**との協議なく終了できない**。　▶これでは離脱賛成派も反対派も納得できない │
　　└───┘

その後

2017 ： 総選挙で保守党は、**第一党となるも過半数割れ**（野党は**小党乱立状態**に）。 **単独過半数政党なし ＝ ハング＝パーラメント（宙ぶらりんの議会）**

↓

2019.1 ： ◆英議会、**メイ首相**が EU と合意した離脱協定案を、大差で**否決**。
◆この時、メイ首相への不信任案も出されたが、こちらも否決。

↓

2019.3 ： 離脱予定日迫るも、与党・保守党への造反・除名多発で**ますます少数与党化**。→ EU 離脱、10月に**延期**。

↓

2019.7 ： メイ首相辞任。→ 後任は**ジョンソン首相**へ。

　　　　　　　離脱超強硬派 ————————→

　　　　　　　→ **but** 議会ともめ、**ますます混迷**の度合い深まる。

「合意なき離脱」になる可能性が出てきた

↓

2019.10 ： ◆「EU 離脱を2020年1月末」に**再延期**。
◆議会解散し、12月に**総選挙**が決定。

2019.12 ： 総選挙で**与党・保守党が圧勝**。ブレグジットは確実に!?

2020.1 ： 英議会で EU 離脱法可決。→ 英と EU は**双方とも** EU 離脱協定に署名。
→ 1月31日、英は正式に EU を離脱。 ▶「合意なき離脱」は回避

コラム 　**英のEU離脱 ——英が欧州統合に消極的な理由——**

　英は**欧州統合にとても消極的**だ。ユーロも導入していないし、シェンゲン協定（パスポートなしで域内移動 OK）にも EU 加盟国で唯一参加してない。なぜか？

　まず英は、**政治統合まではしたくない。先進国の損が多いからだ**。たとえば人の移動が自由化されると、労働力は「途上国→先進国」へ流入する。すると先進国では、住宅・学校・病院などが不足するうえ、雇用は移民に取られてしまう。しかも近年は、シリア難民のフリをした「イスラーム国の工作員」が欧州でテロを起こすこともある。

　加えて英は、欧州の主導権を独仏に握られるのも面白くなかった。だから EEC ができた時そこに入らず、1960年にデンマーク・スウェーデンらと**域内関税の撤廃**だけを求めた EFTA（欧州自由貿易連合）を作った（＊のちに脱退して1973年に EC 加盟）。

　さらには「島国根性」だ。英は日本と同じく島国だから、僕ら同様「心の鎖国」をしている人がわんさかいる。そう考えると、もともとユーロ不参加を決め込んだ時点から、英は EU 離脱のタイミングを計っていたのかもね。

政治編

第1章
第2章
第3章
第4章
第5章
第6章
第7章
第8章
第9章
第10章
第11章
第12章

経済編

第13章
第14章
第15章
第16章
第17章
第18章
第19章
第20章
第21章
第22章
第23章
第24章
第25章
第26章

時事問題編

第27章

Point④ ASEAN(東南アジア諸国連合)

●1967年、バンコク宣言で設立。

目的：経済・政治・安保等での地域協力めざす。

原加盟国：インドネシア・マレーシア・タイ・フィリピン・シンガポール ┐
新加盟国：ブルネイ・ベトナム・ラオス・ミャンマー・カンボジア ┘ → ASEAN 10

＊加盟国は同時に AFTA(ASEAN自由貿易地域)の一員として、域内関税 + 非関税障壁の撤廃をめざす(関税同盟的組織)。

Point⑤ その他の地域的な結びつき

●ゴールドマン゠サックス証券(米)による、今後有望な国々の呼び方

◆ BRICs………**ブラジル・ロシア・インド・中国**
　↓
　　　▶2011年以降、南アフリカを加えて BRICS(大文字)となる
　2024年より「BRICS + 6」(エジプト・エチオピア・イラン・サウジアラビア・アラブ首長国連邦・アルゼンチン加盟)に。

◆成長国………BRICs + MIST(メキシコ・インドネシア・韓国・トルコ)

◆ネクスト11…イラン・バングラデシュ・インドネシア・パキスタン・韓国・エジプト・フィリピン・ベトナム・トルコ・メキシコ・ナイジェリア

●日経新聞による、BRICs の次に有望な国々の呼び方

◆ VISTA…………ベトナム・インドネシア・南アフリカ・トルコ・アルゼンチン

Point⑥ 細かい得点を拾うのに有効な、その他の知識

● ASEM(アジア欧州会合)…「ASEAN + 日中韓 + EU」の会合。

●東アジアサミット…………ASEM 参加国 +「さらなる3か国」の会合。
　▶ ASEAN+ 6　　　　　　　　　　　　　　▶印・豪・NZ

● ASEAN 地域フォーラム…アジアの安全保障を討議。
　　　　　　　　　　　　　　→「ASEAN+ 6」＋ 米ロなど +EU で討議。

●上海協力機構………………中国と旧ソ連邦の国々(計6か国)からなる地域協力機構。

●6か国協議…………………**北朝鮮の核問題**を話し合う。
　　　　　　　　　　　　　　→日・中・韓 + 北朝鮮 + 米・ロ。

● AU(アフリカ連合)………全アフリカ(55の国や地域)加盟。紛争や独裁をなくし、将来的には EU レベルの統合をめざす。

Point ⑦ 南北問題

●途上国と先進国の経済格差の問題。

原因：植民地時代、先進国からモノカルチャー経済を強要。→ 経済不安定に。
　　　　　　　　▶特定の一次産品のみに依存

対策：国連貿易開発会議…国連総会が設立。本部ジュネーブ。南北対話の
　　　　　▶UNCTAD・1964〜　　促進(おもに途上国からの要求を伝える)の場。

```
＊第1回総会：プレビッシュ UNCTAD 事務局長の報告書より。
 ⓐ：途上国からの輸入品を低関税にしてほしい(一般特恵関税)。
 ⓑ：一次産品の価格安定化と途上国からの輸入目標設定を希望。
 ⓒ：途上国に経済援助してほしい(GNP 比1％を希望)。
  方針：(1960's)「援助よりも貿易を」→ (1970's)「援助も貿易も」へ。
 ◎この後、途上国側は「77か国グループ」を結成(現在130か国以
  上)。UNCTAD 総会前に途上国側の方針を打ち合わせる形が
  誕生。
```

1973：第一次石油危機→「途上国の資源は武器になる」ことに気づく。
　　　　　　　　　▶ p.350参照

1974：新国際経済秩序(NIEO)の樹立宣言…途上国から対等の貿易要求。
　国連資源特別総会にて

```
◆天然資源の恒久主権の承認。→資源ナショナリズムの考え。
◆一次産品の値上げ。
◆多国籍企業の規制。
  特にメジャー(国際石油資本)
```

● UNCTAD・時代ごとの方向性

1970's	新国際経済秩序(NIEO)の樹立を要求(→先進国は難色)。「一次産品総合プログラム」(一次産品問題の総合解決計画)採択。南南問題の顕在化で、77か国グループの方針にズレが発生。
1980's	途上国の累積債務問題について語られるも、第二次石油危機後の「世界同時不況」のため、先進国に元気なく、低調気味。
1990's	環境問題やアジア通貨危機後の IMF 改革の必要性など。
2000's	途上国貿易の自由化促進をめざす動き。

政治編
第1章
第2章
第3章
第4章
第5章
第6章
第7章
第8章
第9章
第10章
第11章
第12章

経済編
第13章
第14章
第15章
第16章
第17章
第18章
第19章
第20章
第21章
第22章
第23章
第24章
第25章
第26章

時事問題編
第27章

^{CHECK!} 石油価格の推移に見る、産油国の台頭（たいとう）

従　来：欧米の**国際石油資本（メジャー）**が価格支配。
　　　　　　▶モービル、シェルなどの多国籍企業
　　　　　→産油国は OPEC（石油輸出国機構）を作って対抗。→ **but** 支配崩（くず）せず。
1973：第四次中東戦争… [**アラブ諸国** vs **イスラエル**] の、**パレスチナ**居住（きょじゅう）権争い。
　　　　　　　　　　　▶産油国　　▶米が支援　　▶現イスラエル

　◎「米は強いが、**アラブには石油あり**」→アラブ産油国だけで OAPEC 結成。
　　＊ OAPEC、米の弱体化をねらい**石油戦略（減産＋禁輸）**開始。
　　＊ OPEC も呼応（こおう）（**価格4倍に up**）。→第一次石油危機へ（**メジャーの支配崩れる**）。

·//Point❽// **南南問題**

●**途上国間の経済格差**（「**❶** vs **❷❸❹**」で意見統一が困難に）。
❶：後発発展途上国(LDC)…おもにアフリカなどの最貧国（さいひんこく）。
❷：産油国……………………中東・北アフリカなどの OPEC 加盟国。
❸：新興（しんこう）工業経済地域(NIES)…途上国の中でめざましく発展している国や地域。
❹：BRICs ▶ブラジル・ロシア・インド・中国 …**❸**と違い人口・資源大。

---

^{CHECK!} NIES と累積債務（るいせきさいむ）問題

1970's：**中南米 NIES**…メキシコ・ブラジル・アルゼンチンが米の投資で成長。
　　　　　　but 第二次石油危機(1979)後、投資激減→**累積債務問題**発生へ。
　　　　　┌◆**モラトリアム(支払い猶予（ゆうよ）)**…外国への債務返済の一方的停止。
　　　　　├◆**リスケジューリング(返済繰り延べ)**…外国への債務返済の延期。
　　　　　└◆**デフォルト(債務不履行（ふりこう）)宣言**…国債等の利子や元本の支払い不能を宣言。
1980's：**アジア NIES**…**韓国・台湾（たいわん）・香港（ホンコン）・シンガポール**のアジア四**小龍（しょうりゅう）**。
　　　　　↓
　　　　　「**円高進行→日本からの直接投資増**」で発展。
　　　　　but アジア通貨危機…**ヘッジファンド**の扱う短期的な投機資金の激流で
　　　　　　▶1997　　　　　　　　タイの通貨バーツ暴落。→ **ASEAN 全域＋韓国**に波及。

　　　　　●**ヘッジファンド**…金持ち専門の資金運用会社。
　　　　　　◆1980's〜進展した「**カジノ資本主義**」の中心的存在。
　　　　　　実体経済とかけ離れたマネーゲーム的資本主義
　　　　　　◆もともとは**リスク＝ヘッジ(危機回避)**のための運用中心
　　　　　　　→ 次第に**ハイリスク＝ハイリターン**(デリバティブや空売り)ねらいへ。
　　　　　　◆**タックス＝ヘイブン(租税回避地)**に本社を構えることが多い。
　　　　　　無税 or 低税率の地域。カリブ海に多い
　　　　　　＊タックス＝ヘイブンにある銀行／口座＝オフショア銀行／オフショア口座

344　経済編

Point ⑨ ODA（政府開発援助）

*途上国への贈与・借款。「**GNI比0.7%**」が国際目標。

◆ OECD（経済協力開発機構）内の DAC（開発援助委員会）が測定・検討。

◎ OECD は通称「先進国クラブ」。マーシャル゠プランで作られた OEEC（欧州経済協力機構）が前身。「経済成長／貿易自由化／途上国支援」が三大原則。2021年現在38か国（うち DAC 加盟国は29か国 + EU）。

◆技術協力・人材育成・人事派遣なども ODA に入る。

政府の方針：ODA 大綱（1992）…「ODA 実施4原則」の策定。
　　　　　　　閣議決定

内　容：❶：環境・開発の両立／❸：相手国の軍拡路線への注意
　　　　　❷：軍事目的使用ダメ／❹：相手国の民主化・人権保障等に注意

2003改定：国際貢献から**次第に**「**国益重視**」に。

◆協力目的：わが国の安全と繁栄確保に資する（＝役立てる）ため。

◆その他：「人間の安全保障」（UNDP[国連開発計画]）が提唱）。

◎軍事的な安全保障ではなく、貧困・環境への対処など、**人間一人ひとりの安全保障**。→その支援なら NGO への無償資金協力等もする。

2015改定：開発協力大綱（国家安全保障戦略[2013]に基づく）という名へ。
　　　　→ 積極的平和主義で **ODA の戦略的活用**を。

◆協 力 目 的：国益の確保。

◆他国軍支援：**非軍事分野**（災害救助等）では**協力可**に。

◆支援対象国：**成長した国**も支援可に（資源国との関係強化）。

2023改定：より**戦略的・積極的**な ODA に。

◆ ODA ＝「**外交の最も重要なツール**」

◆ ODA 予算を「**様々な形で拡充**」（初の「**増額**」方針）

◆オファー型協力…日本の強みを生かした提案を、売り込んでいく。

●日本の ODA

◆総額世界3位（米・独に次ぐ）。／◆**アンタイド比率**が高い。
　1990's は10年連続世界一だった　　　　使い道指定なしの比率

◆**対アジア**が多いが、近年アフリカ向け増額（資源競争を意識）。

問　題：◆対 GNI 比が低い。… 0.39%（15位。ほぼ真ん中）。

◆贈与相当分（グラント゠エレメント）が他国より少なめ。

◆「**グラント゠エレメント25%以上**」が ODA と認定される条件。
◆日本は88.8%と一見多いが、**DAC 中17か国が100%を達成**。

◆相手国の需要と合わない ODA も多い。

政治編
第1章
第2章
第3章
第4章
第5章
第6章
第7章
第8章
第9章
第10章
第11章
第12章

経済編
第13章
第14章
第15章
第16章
第17章
第18章
第19章
第20章
第21章
第22章
第23章
第24章
第25章
第26章

時事
問題編
第27章

Point ⑩ 日米貿易摩擦

- **1950〜60's**：重工業化まだ。 → 繊維・食品などで摩擦。
- **1970's前半**：重工業化完了。 → 鉄鋼で摩擦。
- **1970's後半**：産業構造の転換始まる。→ カラーTVで摩擦。

  ＋
- **1980's**：産業構造の転換完了。

  ◆ 加工組立型（家電・自動車）へ → 自動車
  ◆ 知識集約型（コンピュータ部品）へ → 半導体

  ＊特にこのころ「米の赤字＋日本の黒字」拡大 → ジャパン＝バッシング

  ▶「日本たたき」激化

  > 本格的摩擦のスタート

対策：
  ◆ 企業による輸出の自主規制。
  ◆ 企業による欧米（特に米）での、自動車などの現地生産。

  ＋　　コスト削減効果はないが「失業の輸出＊」は回避できる
  ◆ 内需主導型経済成長への転換…「前川レポート」（1986）より。

  ▶元日銀総裁・前川春雄の提言

  ◆ 国内で作ったものは、国民が買う（→輸出減）。
  ◆ 社会資本整備（＝公共事業）を増やして、有効需要を刺激する。
  ＊需要増大 ⇒ 国民は「国産品も輸入品も買う」⇒ 輸出が減り輸入が増え、摩擦解消

  ＊失業の輸出…日本車輸出のせいで、デトロイトの自動車工場労働者がクビになるような状況。

- **1989**：米、スーパー301条の適用発表…不公正貿易国への制裁法。
  → 日本からの輸入３品目（木材製品・人工衛星・スーパーコンピュータ）に報復関税。
- **同年**：日米構造協議スタート…日本への要求＝「市場開放」

  ◆ 大規模小売店舗法の緩和…「米からも出店しやすくしろ」
  ◆ 公共投資拡大…「内需を刺激して輸入を増やせ」
  ◆ 独禁法の強化…「排他的な系列取引をなくせ」

  ▶旧財閥系などのグループ企業間だけでの取引

  ＊これらの要求を大筋で通したのち、1990年、米はスーパー301条を解除。

- **1993**：日米包括経済協議スタート
  …日本への要求＝「規制緩和＋米からの輸入増」

  数値目標示せ

  but 交渉決裂（特に自動車）
- **1995**：米「対日本車でスーパー301条の適用予定あり」と発表。
  → のちに和解（実際は企業が自主的に数値目標設定）し、適用は回避。

政治編
第1章
第2章
第3章
第4章
第5章
第6章
第7章
第8章
第9章
第10章
第11章
第12章

経済編
第13章
第14章
第15章
第16章
第17章
第18章
第19章
第20章
第21章
第22章
第23章
第24章
第25章
第26章

時事
問題編
第27章

❶ 欧州の統合・その他

欧州統合のそもそもの目的は、「不戦共同体を作ること」だった。

「昔から戦争の絶えない欧州から戦争をなくすには、みんなで合体して、1つの国家みたいになるべきだ。そうすれば、物理的に戦争もできなくなる」──そう考えたのが、オーストリアの貴族カレルギーだ。かなり理想論的な考え方だが、彼のこの考えは『汎ヨーロッパ』というタイトルで出版され、大ブームとなった。

そしてフランスの政治家ジャン゠モネは、この考えを「敗戦国ドイツを管理するために、軍需産業の中心である石炭・鉄鋼を共同管理する共同体」という非常に具体的な構想として提示した（＊独仏は長年、国境のアルザス・ロレーヌ地方〔鉄鉱（石）と石炭の産地〕の取り合いで戦争してきた）。

第二次世界大戦後、フランスの外相シューマンはこれを「シューマン゠プラン」にまとめ直し、ついに1952年、最初の欧州統合である「欧州石炭鉄鋼共同体（ECSC）」が設立された。ちなみに今日では、原形のアイデアを示したモネが「欧州統合の父」とよばれている。

そしてもう1つ。じつはカレルギーも指摘しているのだが、「アメリカの経済力に対抗するための統合」という面も重要だ。たしかに戦後世界はアメリカの一人勝ちから始まっており、この状況は歴史あるヨーロッパの国々にとって面白くない。だから表面的にはアメリカをボスと認めつつも、裏では欧州同士で協力し合って、アメリカに勝てる「単一国家同様の経済エリア」を作ろうと画策した。

そういう思いで、彼らはECSCに続き、1958年には欧州経済共同体（EEC）と欧州原子力共同体（EURATOM）も作り、ついに1967年、3者を統合させた欧州共同体（EC）が、フランス・西ドイツ・イタリアとベネルクス（ベルギー・オランダ・ルクセンブルクを合わせた呼び方）の6か国によってスタートするのだ。

ECは一見ブロック経済のようだが、けっして排他的な経済環境作りではなく、「加盟国全体を単一国家同様に機能させ、世界経済をリードする欧州」になることをめざしている。地域的な結びつきを強める考え方をリージョナリズム（地域主義）といい、本来ならそれはグローバリズム（地球主義・国際主義）と相対する概念だが、グローバリズムは地球主義というよりも「国境を越えてつながろう」という考え方だから、欧州連合はグローバリズムの流れといえる。

このEC時代、彼らは関税同盟と市場統合を実現している。そして1993年に欧州連合（EU）に移行してからは、政治統合と通貨統合（単一通貨ユーロの導入）も実現した。この動きに世界はあせり、遅ればせながら欧州のような結束力と経済力強化をめざして、欧州以外の地域でもNAFTA（2020年よりUSMCA）やAFTA、APECなどの地域的統合が始まった。

ただその欧州で、近年結束が揺らぎ始めている。「グレグジット（Greece Exit）➡ p.339」と「ブレグジット（Britain Exit）➡ p.340」だ。意味は「**ギリシア・イギリスが EU を離脱するかも**」だ。

　グレグジットは、EU のもつ潜在的な問題点を露呈（ろてい）する形となった。つまり EU は、うまく機能すれば、同じ通貨で互いの国を自由に行き来できるわけだから、エリア全体の経済発展に大きなプラスとなる。

　しかし、悪く出ると他国の人間に国内の雇用を取られる、豊かな国がより多くの財政負担を強いられる、自国の慣行に合わない全体ルールに縛られて窮屈（きゅうくつ）になる（しば）など、ストレス要因だらけだ。グレグジット（＝ギリシア危機）も、みんなが同じ通貨を使っているせいで起こった「一国の財政悪化＝ユーロ全体の信用低下」だから、まさに EU の負の側面だ。

　そして**イギリスは、そんな EU の負の側面に愛想をつかして「いち抜けた！」を宣言**した。それがブレグジット（＝英の EU 離脱）（りだつ）だ。

　そもそもイギリスは、**最初から欧州統合に批判的**だった。というより、その「濃すぎる地域主義」をきらっていたふしがある。統合初期には EEC（欧州経済共同体）に加入せずデンマークやスウェーデンらと EFTA（エフタ）（欧州自由貿易連合。「自由貿易だけ」の結びつき）を結成し（1973年 EC に加盟したため脱退）、EC 時代からシェンゲン協定（パスポートなく域内自由移動できる協定）に入らず、EU でもユーロを導入せずポンドを使い続けた。その一方で、同じ英語圏のアメリカとは「特別な関係」という言葉で、親密さをアピールしてきた。だから欧州統合は「独仏が中心。英は消極的」が、つねに基本スタンスだったのだ。

　このように、もともと EU から一歩引いていたイギリスだが、そこに近年立て続けに「**地域主義の負の側面**」（シリア難民の分担受け入れ、ギリシア救済金の拠出（しゅつ）、手厚い社会保障を求めての東欧移民の増加など）が顕在化したため、**2016年、EU 離脱の是非を問う国民投票実施**という流れになり、僅差（きんさ）ではあるが「**賛成多数**」という結果になってしまったのだ。

　この投票結果にキャメロン首相は辞任、かわってサッチャー以来の女性首相・メイ首相が誕生したが、事態をうまく収束できず、2019年辞任。続いて誕生したジョンソン首相が議会大混乱のすえ、ついに2020年1月に「EU 離脱法」を可決させ、**最終的には EU 離脱協定に合意したうえで、1月31日にイギリスは正式に EU から離脱**したのだ。

　心配された EU との「**合意なき離脱**」だけは回避できたが、ブレグジットがイギリスにとって、吉と出るか凶と出るかはわからない。ただ他の EU 加盟国に与える動揺は、間違いなく大きい。これからどうなる、EU⁉

政治編

第1章
第2章
第3章
第4章
第5章
第6章
第7章
第8章
第9章
第10章
第11章
第12章

経済編

第13章
第14章
第15章
第16章
第17章
第18章
第19章
第20章
第21章
第22章
第23章
第24章
第25章
第26章

時事
問題編

第27章

❷ FTA・EPA・TPP

このような EU の動揺はさておき、近年はこれら地域的経済統合だけでなく、2国間や少数国間での自由貿易協定（FTA）や経済連携協定（EPA）作りも活性化している。その一番の理由は、自由貿易の守護神・WTO が機能不全寸前だからだ。

WTO の多国間交渉は、たしかにある時期までは有効だった。だが、加盟国が増えすぎた。加盟国を160か国以上もかかえてしまっては、もはや迅速な意思決定などできない。

実際2001年から始まったドーハ＝ラウンドも、2006年の交渉凍結、2008年の農工分野交渉決裂を経て、ようやく2013年にわずかな部分合意を見ただけという泥沼ぶりだ。

自由貿易の守護神がこの体たらくでは、話にならない。だから各国は、なるべく小さな集団を作り、国益と関係ある地域だけを選んで、それぞれで自由貿易の交渉をするしかないのが現状だ。

しかしそうなると、また WTO などの調停機関がなかった時代の弊害が出てくる。

近年大きな話題をよんだ TPP（環太平洋経済連携協定。太平洋をとりまく12か国による EPA の一種）も日本が2013年交渉に参加したところまではよかったが、ここでやはり、アメリカのゴリ押しが見え隠れし始めた。このように、国の数が減ると、交渉そのものはスピーディになるが、強国のエゴが止められない弊害が出てくる。

しかもそのアメリカが、2017年 TPP からの離脱を宣言した。同年誕生したトランプ大統領は、大統領選の最中から「TPP はアメリカ人の雇用を奪う。大統領就任当日に離脱を宣言する」と発言していたが、その公約を実現させたのだ。

アメリカに誘われて入った TPP に、誘った張本人であるアメリカがいない。TPP 自体は、アメリカ離脱後も続く。残った11か国により2018年「包括的及び先進的な TPP（= CPTPP。俗に「TPP11」）」が結ばれ、アメリカが要求していた項目だけ凍結してスタートしている。

2021年、アメリカ大統領は共和党のトランプから民主党のバイデンにかわった。この人にはトランプのような国益優先主義や反グローバリズムは見られないが、2024年現在、CPTPP 復帰の動きはない。

❸ 南北問題

南北問題は、発展途上国と先進国の間の経済格差の問題だ。

事の発端は、かつて（特に19世紀の帝国主義の時代）の先進国による、途上国への植民地支配だ。

そのころ、先進国は、途上国に対して、自分たちの国で**需要のある商品（農産物や地下資源など）ばかりを生産するよう強要**した。そのせいで途上国の多くは、いまだにそれら**特定の一次産品に依存する経済構造（＝モノカルチャー経済）**から脱却できないでいる。さらにその不安定な構造のせいで国際収支も赤字になりやすく、累積債務問題（⇒ p.343，344）も発生してくる。

ここまでくると、もはや自力解決は難しい。しかも途上国をここまで追い込んだ根本原因は、どうやら先進国側にありそうだ。

だから南北問題の解決には、先進国の協力が不可欠となる。

問題解決への第一歩として、1964年の国連総会採決で設置されたのが、**UNCTAD（国連貿易開発会議）**だ。ここは**途上国からの要求を伝える場**として作られた。第1回総会で示された「**プレビッシュ報告**」など、ようやく途上国は先進国に対し、ややひかえめながらも自分たちの要望を伝えられるようになった。

そしてそのひかえめだった要求が、ある事件を境に、がぜん強気になる。

1973年の**第一次石油危機**だ。これ一発で先進国はパニックに陥った。この事実は、途上国に大事なことを気づかせた。

「そうか、オレたち**途上国の資源は、先進国と闘うための武器になるんだ**」

ここから強気になった途上国は、翌年開かれた**国連資源特別総会**の場で、**NIEO（新国際経済秩序）**樹立宣言を発表した。これは今後の途上国が、**先進国と対等に渡り合う**ための決意表明と考えていい。つまり「イヤなら資源を売ってやらないよ」のスタンスだ。

まず先進国に「**天然資源の恒久主権**」を認めさせた。これは「**ウチの資源はウチのもの**」という考え方で、これを**資源ナショナリズム**という。これまで途上国の資源は、**先進国の多国籍企業に食い物にされてきた**から、この際だれのものかはっきりさせようという宣言だ。

そして**一次産品の値上げ要求**。「イヤなら売ってやらない」という姿勢が、強く伝わってくる。

こういうふうに、この時期以降、途上国は簡単には先進国の言いなりにならない形が生まれてきたんだ。

南南問題

南南問題とは、**途上国間の経済格差の問題**だ。

途上国の中には、後発発展途上国（LDC）とよばれる最貧国と、産油国やNIES（＝新興工業経済地域。途上国中でめざましく発展する国や地域。特にア

政治編

第1章
第2章
第3章
第4章
第5章
第6章
第7章
第8章
第9章
第10章
第11章
第12章

ジア NIES の<ruby>韓国<rt>かんこく</rt></ruby>・<ruby>台湾<rt>たいわん</rt></ruby>・<ruby>香港<rt>ホンコン</rt></ruby>・シンガポールは「アジア<ruby>四小龍<rt>よんしょうりゅう</rt></ruby>［フォー゠ドラゴンズ］」とよばれ有名）などの豊かなところがある。しかもそこに、最近成長著しい BRICs（ブラジル・ロシア・インド・中国の4か国。のちに南アフリカも加え <ruby>BRICS<rt>ブリックス</rt></ruby> ともよばれるように）まで加わった。

産油国・NIES・BRICs などは、もはや途上国というより「中進国」だ。首都や中心地を見比べると、東京と大きく変わらない。**これらの国や地域が最貧国と同じ途上国サイドにいると、意見の統一が困難になる**。これが南南問題だ。

●OECD（経済協力開発機構）

別名「先進国クラブ」とよばれる組織で、**UNCTAD とまったく逆のベクトル**を示す。

つまり UNCTAD が「途上国 → 先進国」間の意見表明の場なら、OECD は「先進国 → 途上国」に向けての施策実施の場だ。

先進国の行う対途上国政策は、基本的にこの OECD 内の「開発援助委員会（<ruby>DAC<rt>ダック</rt></ruby>）」で立てられた計画に基づいて実行される。ODA の目標額も、ここで設定された。そういう意味では OECD は、南北問題の解決にはなくてはならない組織だ。

❹ ODA（政府開発援助）

政府の行う途上国への贈与や貸付全般をさして、ODA（政府開発援助）と呼ぶ。

途上国側からは、UNCTAD で「GNP 比1％の援助」を求められたが、この数値を実現するのは難しい。だから先進国は、1970年代の UNCTAD で、「**GNP 比0.7％**」に目標を<ruby>下方修正<rt>かほう</rt></ruby>することを求め、合意した（※現在は「GNI 比0.7％」と表現）。これが **ODA の国際目標**となっている。

日本の ODA の配分先は、かつてはアジア向けが圧倒的に多かった。しかし近年は、**アフリカの資源獲得競争が国際社会で激化**している関係上、アフリカ向けODA が増額傾向にある。

日本はこの ODA、金額面ではよく<ruby>貢献<rt>こうけん</rt></ruby>している。2000年代初頭までは毎年1兆円規模を拠出し、1990年代は実に**10年連続で金額世界1位**を記録した。

ただしその後は、長引く不況で減額傾向が続き、2010年代に入ってからは、日本の ODA といえば「金額世界5位ぐらい、GNI 比は0.2％ぐらい」というパッとしないものになっていた。

しかも日本の ODA は、贈与比率（グラント・エレメント）が低いことも指摘されている。まあ低いとはいっても88.8％だから数字的には悪くないが、なに

経済編

第13章
第14章
第15章
第16章
第17章
第18章
第19章
第20章
第21章
第22章
第23章
第24章
第25章
第26章

時事
問題編

第27章

しろDAC（＝開発援助委員会。OECDの中のODAを扱う機関）加盟国の平均が92.1％で、そのうち17か国が100％を達成というレベルの高さだ。それらと比べられたら、確かに日本はけちだと言われてしまう。

　加えて日本のODAは、歓迎されていないものも時々ある。せっかく日本のODAは「アンタイド比率（＝使い道指定なしの比率）」が高いのに、一部の「タイド・ローン（＝使い道指定ありの「ヒモ付き援助」）」の評判が悪すぎて、いいイメージを帳消しにしてしまっているのだ。それらはまるで国内の公共事業のノリで、材料の発注先から工事の請負先まで、すべて日本の特定業者に指定してあることが多々あるからだ。

　とまあ、ここまでは主に「従来の日本のODAのいい点・悪い点」を挙げてきたわけだけど、ここからは近年のODAの特徴について見ていこう。

　実は近年、日本のODAは、大きく方針を変えたんだ。きっかけは2015年に発表された「開発協力大綱」。これは、従来のODA大綱を改定・改称したもので、この時を境に日本のODAは、かなり積極的なものへと様変わりしたんだ。

　同大綱に基づき、今後日本のODAは、国家安全保障戦略で打ち出された「積極的平和主義」に基づき、より戦略的に活用されることになる。つまり、もっと日本の国益重視でODAを活用しようというわけだから、例えば貧困国を助けるODAだけでなく「資源国との関係強化」のためのODAを増やしたり、さらには非軍事目的であれば、他国軍の支援までできるODAを実施することとなる。

　そして、その国益重視をより鮮明に打ち出したのが、2023年改定の開発協力大綱だ。これによると、日本のODAは「外交の最も重要なツール」であり、うまく活用するために、初めて「増額」の方針まで打ち出し、実際2022年にはもう「金額世界3位／GNI比0.39％」まで増額されている（国際目標の0.7％よりはまだ低いが）。しかも、新しい試みとして、日本の強みをこちらからどんどん売り込んでゆく「オファー型協力」の方針まで示している。

　もはや日本が豊かだった時代は終わり、安全保障環境も大きく変わった。そんな中、ODAのあり方も、「途上国のためのODA」から「日本のためのODA」へと変わりつつある。

政治編
第1章
第2章
第3章
第4章
第5章
第6章
第7章
第8章
第9章
第10章
第11章
第12章

❺ 日米貿易摩擦

日米貿易摩擦の歴史は、そのまま**日本の得意産業の歴史**だ。

なぜなら日米貿易摩擦はつねに「**日本はアメリカにモノを売りすぎだ。ちゃんとアメリカのモノも買え**」という形になっているからだ。

そしてその摩擦は、1980年代、一気に本格化する。日本が高度成長後の産業構造転換でアメリカに集中豪雨型輸出をしかけたころ、アメリカは折悪しく**レーガノミクス**（レーガン大統領の経済政策）の失敗で、財政と貿易の「**双子の赤字**」を抱えていた。

そんな時に、日本が調子づいているのは面白くない。ここから「**ジャパン゠バッシング（日本たたき）**」が始まり、日米貿易摩擦は本格化していった。

この時期には、以下のような摩擦対策がとられていた。

日本がとった貿易摩擦対策は、「**輸出**自主規制／アメリカでの**現地生産**／**内需主導型への転換**」の３点セットだ。

特に日銀総裁・**前川春雄**の「**前川レポート**」で示された「**内需主導型**」は有名だ。これはまず**公共事業**などで国内需要を刺激し、**消費を活性化**させれば、我々日本人が国産品も買い（その分輸出が減る）、**輸入品も買う**（これはそのまま輸入増）ようになるから、摩擦は解消するというものだ。

しかしアメリカの「日本たたき」は収まらず、ついにアメリカは国内法で、**不公正貿易国への制裁を目的とする「スーパー301条」を成立**させる。

スーパー301条は、**不公正貿易国からの輸入品に対し、一方的に100％もの報復関税をかける**という恐ろしい法だ。しかし当然、国内法だけを頼りに、相手国の同意もないままこんな一方的な課税をするなど、理不尽きわまりない。だから日本は、1989年、アメリカから、**人工衛星・木材製品・スーパーコンピュータ**の３品目でスーパー301条の適用を受けた時は、当然 GATT へ提訴した。

しかしアメリカは適用後、たたみかけるように、**日本に対し市場開放を要求し**てきた。それが**日米構造協議**だ。大まかな内容は、**日本にある自由競争の阻害要因を排除して、米企業も参入しやすい市場を作れ**というもので、要求そのものは筋が通ったものだ。

しかし、**スーパー301条の適用直後に交渉**という、そのタイミングそのものがかなり乱暴だ。なぜなら日本からすれば、いきなり同法でガンとなぐりつけられた直後に胸ぐらつかまれて「さあ、話し合うぞ！」って言われているようなものだからだ。こんなの「イエス」と言うしかない。

結局、日本政府は大筋でその内容を受け入れた。これを受けて1990年、**スーパー301条は解除**された。

経済編
第13章
第14章
第15章
第16章
第17章
第18章
第19章
第20章
第21章
第22章
第23章
第24章
第25章
第26章
時事
問題編
第27章

ただ、1回こんなふうに要求をのむと、味をしめられる。1993年、今度は日米包括経済協議の場で、アメリカからさらに露骨な要求が出された。

アメリカからの輸入をもっと増やせという要求だ。しかも何をどのぐらい買うか、具体的に数値目標を示せと言ってきたんだ。

ここまでくると、もう自由貿易ではなく「管理貿易」だ。当然交渉は決裂し、今度はアメリカは対日本車でスーパー301条の復活を、そして日本はWTOへの提訴を、それぞれ発表した。

しかし、ここでは日本の企業が譲歩して、輸出の自主規制と輸入の数値目標の方針を、自主的に発表した。結局、企業にとっては、国家の面子よりも、報復関税の適用を早く回避することのほうが大事だったということになる。

この流れを受けて、結局ここではスーパー301条の適用は、回避することができた（つまり自動車には適用されなかった）。

日米貿易摩擦から学べる教訓は、やはり「2国間交渉はよくない」ということだ。しかし多国間交渉をしようにも、今のWTOにはスピード感がなさすぎる。困ったもんだ。

コラム 　**安易なODAは危険!?**

ディートンという人物がいる。「格差」をテーマに2015年ノーベル経済学賞を受賞した経済学者だ。この人の著書『大脱出』に書いてあったODA批判が、めちゃくちゃ面白かった。

彼はODAを「海外の善意という圧政」であると批判する。なぜなら途上国にとって、援助ほど民主主義の妨げになるものはないからだ。

考えてみれば、海外からの援助は「税金以外の巨額の収入源」を、その国の政府に与えてしまう。すると金を受け取った途上国は、納税者である国民の顔色を伺うことなく、好きなことができてしまう。ということは、為政者は「納税者を無視した政治」が可能となり、民主的にふるまう必要がなくなるため、政治が独裁に向かってしまう危険性が出てくるのだ。

仮に先進国が「民主的に使うんだよ」と念を押しても、効果はない。もらった金の使い道など、援助した国が確認しない限りバレないからだ。そしてさらに悪いことに、先進国の多くは「あげた事実」そのものに満足してしまい、何に使われるかまで関心を抱かないことが非常に多いのだ。

ディートンは「我々がやるべきことは、自立の邪魔をしないことだ。援助はいちばん邪魔になっていることだ」と訴える。なるほど、安直な援助は相手国をダメにするか。こりゃ援助する側にも"援助責任"があるってことだな。すごく勉強になりました。

Point① おもな環境問題と対策

●オゾン層の破壊：フロンガス（スプレーやエアコンで使用）の大量使用で成層圏のオゾン層が破壊され、地表に紫外線が直射。

＊1980年代、南極上空でのオゾンホール発見より顕在化

　対策：モントリオール議定書（1987）…フロンガスの製造・使用全廃を決定。

ただし先進国と途上国では期限が違う

◆特定フロン：先進国は1995年末までに。
　→途上国は2015年末までに。
◆代替フロン：先進国は2020年末までに。
　→途上国は2030年末までに。

●酸性雨：硫黄酸化物（SOx・工場の煙より）や窒素酸化物（NOx・排ガスより）の、大気中の長距離移動で酸性雨が発生。森林・遺跡などを破壊。

　対策：長距離越境大気汚染条約（1979）
　→これに基づき ◆ヘルシンキ議定書（SOx削減用）
　　　　　　　　◆ソフィア議定書（NOx削減用）

●ダイオキシン：農薬やプラスチックの燃焼で発生。
　→先天的な身体の障害やガンの原因に。

　対策： ◆バーゼル条約（1989）……………有害廃棄物の越境移動の規制。
　　　　 ◆ダイオキシン類対策特別措置法（1999）…排出規制・改善命令など。

●環境ホルモン：ダイオキシン類が原因とされる。本来のホルモンの働きを混乱させ、生殖異常など発生。

▶内分泌かく乱化学物質

＊『奪われし未来』（コルボーン著）より注目集まる

　対策： ◆特定化学物質管理促進法（＝PRTR法）
　　…環境ホルモンの疑いのある特定化学物質を使用した企業に、報告義務（まだ実態調査の段階。法的具体策まだ）。
　　　　 ◆民間で「プラスチック→代替素材」への転換始まる。

●その他の環境対策
◆砂漠化対処条約…1994年採択。
◆ワシントン条約（1973・「絶滅のおそれのある動植物の種の国際取引」対策）
◆生物多様性条約（1992）…◇生物の多様性の保全。
　　　　　　　　　　　　　◇持続可能な利用。
　　　　　　　　　　　　　◇遺伝子資源から得られる利益の公平な分配。

生物資源の略奪（バイオパイラシー）は許さず

◆ラムサール条約（1971）…水鳥の生息地・湿地保全に関する条約。

Point ② 地球温暖化をめぐる近年の動き

＊化石燃料の大量消費で温室効果ガス（CO₂・メタン・フロンなど）がたまり、平均気温が上昇して極地の氷が解け、**海水面の上昇や異常気象が発生**。
太平洋の島国（ツバルやキリバスなど）で水没始まる。「環境難民」増加の懸念

対策

◆**気候変動枠組み条約**………地球サミットで採択。温室効果ガス濃度の安
▶地球温暖化防止条約・1992　　定をめざす（→具体性なし）。

◆**京都議定書**（1997）………**各国の具体的なCO₂削減数値目標**を設定。
COP3にて　　　　　　　　▶ EU 8％／米国7％／日本6％など

◎先進国全体で**1990年総排出量比5.2％の削減**を（2008～12で）。
▶第一約束期間

→さまざまな工夫（京都メカニズム）で達成めざす。

◇排出権（量）取引：各国間で**％の売買可**（国家間＋企業間）。
◇クリーン開発メカニズム（CDM）
：**先進国の援助で途上国のCO₂削減**を実現。
→その一部を自国努力分にカウント可。
◇共同実施（JI）：**先進国同士で共同のCO₂削減プロジェクト**を実施。

＊排出権取引のあり方
❶：政府が各企業に**削減ノルマ**を課し、ノルマ以上に削減した分だけ他企業と売買可。（＝キャップ＆トレード）
❷：政府が**削減ノルマを設定せず**、各企業で削減した分すべてを売買可。（＝ベースライン＆クレジット）
❸：森林吸収分や植林、クリーンエネルギー事業に投資することで、**CO₂排出量を相殺**する。（＝カーボン=オフセット）
＋
＊これらに加え、**経済低迷などのおかげで労せず目標達成できた、コストゼロの幅**（＝ホットエア）も取引対象に含まれる。

取引の動向

◆ **EUには巨大な取引市場**あり。
EU域内排出量取引制度（EU ETS）

◆日本も2005年から「自主参加型国内排出量取引制度」開始。
取り組みが遅い＋やや消極的

●2007年の大きな出来事

[◆ IPCC（＝気候変動に関する政府間パネル）
　　＋　　▶温暖化を科学的に調査する国連機関
　◆ ゴア（米元副大統領。映画「不都合な真実」で温暖化危機を訴えた）] → ノーベル平和賞を受賞

問題 ： [◆米が議定書を離脱…クリントン時に参加→ブッシュが離脱。
　　　　◆途上国は目標設定せず。…まず工業化が先。]

●ポスト京都：「第二約束期間（2013～20）の目標＋米中の参加」が必要だが…

◆意見まとまらず→結局「現状の議定書を2020年まで延長」で合意。
新たな削減目標は設定できず

◆ [途上国だけ楽は不公平] →日本・カナダ・ロシア・NZ は議定書から事実上離脱。
　　　　▶正しくは「参加し続けるが削減義務は負わず」に

◆米・中・印は、COP には参加し始めたが、削減義務はないまま。
COP15（コペンハーゲン・2009）より

●その後：震災後うしろ向きだった日本が、米中に刺激されて前向きに。
　　▶「鳩山イニシアティブ（2009・国連総会）」発表も、震災で見通し立たなかった。
　　（2020までに1990年比25％削減）…＊原発稼働が前提の削減目標だった。

2014 ： [米中が前向きな削減案を示す] → 日本も2015年、ドイツの G7サミットで「2013年比26％」の削減目標を発表。

[米]：シェールガス革命で CO$_2$ 削れる。
米で天然ガス量産…CO$_2$少ない
→ オバマ・習近平が発表（2014）
　　▶米：2025までに26～28％カット

[中]：大気汚染をそろそろ何とかしたい。
「APEC ブルー」で青空戻りやる気に
　　▶中：2030をピークに CO$_2$減らす

[日]：「米中に置いていかれるな」を合言葉に、あわよくば原発再稼働を。

2015 ： パリ協定採択（COP21にて）
2020年からは [◆すべての国（197の国と地域）が対象
　　　　◆各国が自主的に削減目標
　　　　◆5年ごとに目標見直し] → 55か国以上の参加で発効
（2016発効）

[産業革命前からの気温 up を2℃（可能ならば1.5℃）より低く抑え、21世紀後半には（つまり2050年までに）CO$_2$排出を「実質ゼロ（＝ネット・ゼロ）」に。
＝カーボン・ニュートラル]

◎これで「脱炭素社会」の実現へ。

問題 ：米のみ離脱（2019）→ ただし2021年復帰。
トランプ　　　　　　　　　　　バイデン

Point ③ 環境問題・地球的規模での取り組み

● 国連人間環境会議

1972・ストックホルム→ ◎初の世界規模での集まり。

スローガン：「かけがえのない地球」

◆ 人間環境宣言（＝ストックホルム宣言）の採択。
「経済成長➡環境保護」への転換を
◆ 国連環境計画（UNEP）…環境対策の中心機関。本部ナイロビ。

● ナイロビ会議（＝国連環境計画管理理事会特別会合・1982）

＊ここで日本は、高い見地から環境提言を行う委員会の設立を提案。
→「環境と開発に関する世界委員会（ブルントラント委員会・1984）」発足へ。
ノルウェーの元首相（女性）…この人が委員長

● 国連環境開発会議

▶「地球サミット」・1992・リオデジャネイロ

スローガン：「持続可能な開発」（→「ブルントラント委員会」からの提言。）

成果 ： ◆ 気候変動枠組み条約／生物多様性条約／森林原則声明
◆ リオ宣言／アジェンダ21

◆ リオ宣言…「持続可能な開発」のための理念を示す憲法的文書。

◇ 開発権の世代間公平（現在＋将来）
◇ 条約などの実現。
◇ 国内法の整備（環境アセスメント含む）
◇ 女性・若者・先住民・地域社会の役割。
◇ 各国の責任（＝共通だが差異のある責任）
　　→ アジェンダ21で具体化

◆ アジェンダ21…具体的な行動計画。

◇ 人口・貧困問題の解決
◇ 森林保全、野生生物保護
◇ 砂漠化・オゾン層破壊防止
　　→ ◇ 地球環境ファシリティ（GEF）の援助
　　▶ 途上国の環境への取り組みへの多国間援助
　　◇ ODAの増額…「GNP比0.7％」の再確認

● 環境開発サミット＝「持続可能な開発に関する世界首脳会議」

2002・ヨハネスブルク　　地球サミットの10周年　　日本は小泉首相参加

目的 ： ◆ アジェンダ21の実施状況の検証。
◆ 新たな実施計画の採択。

成果 ： ◆ ヨハネスブルク宣言（首脳らの決意表明）
◆ ヨハネスブルク実施計画（新たな行動計画）
　　→ 途上国の貧困解決を重視

●リオ＋20＝ **国連持続可能な開発会議**…完全ペーパーレス会議で開催。
　2012・リオにて　　　　　　　　　　　　　　タブレットや PC が活躍

　┌◆テーマ1：「グ リ ー ン 経 済」への移行（→「各国自主的に」程度）。
　│　　　　　　　環境と開発の両立めざす
　│◆テーマ2：「持続可能な開発」のための新たな枠組み。
　│　　　　　…┌◇持続可能な開発委員会（CSD）よりハイレベルな組織を。
　│　　　　　　└◇国連環境計画（UNEP）の強化。
　└◆そ の 他：「**持続可能な開発目標（SDGs）**」を2015年までに策定。
　　　　　　　環境保全＋貧困撲滅に向けた新たな開発目標

　　　　　┌→　2005年に国連開発計画（UNDP）が発表したミレ
　　　　　│　　ニアム開発目標（MDGs）に続く目標設定。
　　　　　│→　2015年国連持続可能な開発サミットにて「持続可
　　　　　│　　能な開発のための2030アジェンダ」（2015〜30の
　　　　　└　　国際目標）設定。

　◎これらをまとめた文書として『我々の求める未来』発表。
　◎日本の演説：震災を経験した日本にとって「持続可能な社会」とは何か。
　　→**すべての**ステークホルダー（＝利害関係者）**が力を合わせる**必要あり。

Point ④ リサイクル関連法

●**循環型社会形成推進基本法**（2000）…リサイクル関連法の軸となる法。
　（**目的**）：有用な廃棄物＝「**循環資源**」ととらえ、環境への負荷を低減。
　（**おもな内容**）

　┌◆「3つのR」の優先順位……廃棄物の「リデュース➡リユース➡リサイクル」の順。
　│　近年はここに「リフューズ（不要な　　　▶発生抑制　▶再使用　▶再生利用
　│　ものを買わない・断る）」も加えて
　│　「4R」とよばれるように。
　│◆拡大**生産者責任**…企業は「**生産→使用→廃棄**」まで一定の責任あり。
　└◆消費者の責任……長期使用、再生品利用、分別回収への協力　など。

●**容器包装リサイクル法**（1997）
　┌（**自治体**）：すべての容器包装ごみの**回収義務**。
　└（**企　業**）：それらを自治体から引き取り、**再商品化**（＝リサイクル）**義務**。
　　　　　　　再商品化義務は「ペットボトル・ビン・紙・プラスチック」容器の4つ

　　　　┌＊アルミ缶・スチール缶の扱い
　　　　│　これらは**すでに**リサイクルが進んでいて、資源化率が高
　　　　│い（アルミ缶78％／スチール缶83％）ので、あえて企業に
　　　　└再商品化（＝リサイクル）の義務づけはなし。ごみとして出
　　　　　す市民のために、**自治体**（**市町村**）の**回収義務のみ**あり。

政治編
第1章
第2章
第3章
第4章
第5章
第6章
第7章
第8章
第9章
第10章
第11章
第12章

経済編
第13章
第14章
第15章
第16章
第17章
第18章
第19章
第20章
第21章
第22章
第23章
第24章
第25章
第26章

時事
問題編
第27章

●家電リサイクル**法**(2001)…家電4品目(**冷蔵庫・洗濯機・エアコン・TV**)を
- **小売店**：回収義務。
- **メーカー**：再商品化(＝リサイクル)義務。
- **消費者**：リサイクル費用の負担義務。
  - ＊パソコンは別法の**パソコンリサイクル法で対処**(ほぼ同内容・2003〜)

●<u>自動車リサイクル**法**</u>…自動車**購入時**、消費者がエアコンの**フロン・エアバ**
2002制定。2005開始　**ッグの回収費用**も**上乗せ**(前払い方式)して払う。
- ＊フロンの回収・破壊はメーカーの義務(**フロン回収・破壊法**・2002)。

●その他のリサイクル関連法
- ◆食品リサイクル法(2001)…事業者への義務づけ(食品ごみの堆肥化など)
- ◆建設リサイクル法(2000)…事業者への義務づけ(分別解体＆再資源化)

Point ⑤ 人口問題

:: 人口ピラミッド

(『世界国勢図会2023/24』(矢野恒太記念会)・データブックオブ・ザ・ワールド2024などより作成)

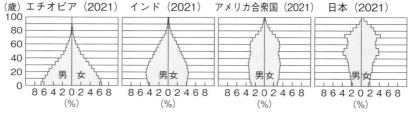

(歳) エチオピア (2021)　インド (2021)　アメリカ合衆国 (2021)　日本 (2021)

→問題となるのは**途上国**の「**多産少死型**」(→人口爆発へ)。

- **原因**：栄養改善／医学の進歩／子ども＝労働力／計画出産せず
- **問題**：**食　糧　不　足**／**環　境　破　壊**／**都市問題**など。
  - マルサス『人口論』　森林伐採➡砂漠化　　スラム化

Point ⑥ 人口問題対策

●世界人口会議…「**世界人口行動計画**」採択 → **but** 途上国と<u>対立</u>。
1974・ルーマニア　　▶家族計画などの抑制策　　　合意に至らず

●国際人口開発会議……人口抑制には**女性の地位の向上**が必要。
1994・エジプト　　　→「**性と生殖に関する健康と権利**」提唱。
▶＝子どもを産む・産まないは女性の決める権利

●一人っ子政策……一人っ子家庭には育児費を支給。2人目以降を生んだ場
1979〜・中国　　　合は賃金の10％をカットなど。
→ **都市**：**小皇帝**／**農村**：**黒孩子**(戸籍のない**闇っ子**)

◎2015年廃止。2016年より「**すべての夫婦に2人の子どもを持つこと**

を認める（＝二人っ子政策）」になるも少子化が止まらず、2021年からはすべての夫婦に3人目の出産を認める「三人っ子政策」に。

■■世界の地域別将来人口の推移

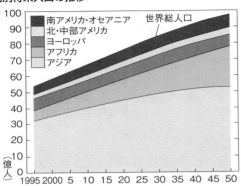

（『世界国勢図会 2023/24』（矢野恒太記念会）・国連資料より作成）

Point ⑦ 資源・エネルギー問題

●石油利用のあり方…
- ◆一次エネルギー…そのまま使う（石油など）。
- ◆二次エネルギー…加工して使う（電力など）。

従来日本の中心的なエネルギーは石炭。→ **but** 1960's に石油への**転換**（＝エネルギー流体革命）があり、石油依存度 up（ただし**枯渇**が心配）。

【対策】

- ◆省エネルギーの促進…**コジェネレーション**（エンジンなどの**廃熱を利用**）など。
- ◆**バイオマス**（広い意味での「**生物エネルギー**」）などの実用化。
- ◆価格が上がれば**海底油田**や**極地**などの開発進む。
  - → 確認埋蔵量の増加へ。
    - ▶採掘して採算の合う埋蔵量
- ◆燃費のいい車への乗り換え…**自動車税の**グリーン化税制を導入（2001）。
  - ▶燃費のいい車は減税／悪い車は増税➡2009〜の「エコカー減税」もこの一種
- ◆原子力への転換… 【長所】：再利用可／枯渇しにくい／温暖化対策（CO_2出ない）

＊政府は2010年の「エネルギー基本計画」で、2030年までに原子力発電の比率を「全体の30→50%」まで up の予定だったが、**2011年**の東日本大震災時の原発事故で計画は白紙に。
日本に54基あった原発は2012年5月までに一時稼動ゼロに

政治編
第1章
第2章
第3章
第4章
第5章
第6章
第7章
第8章
第9章
第10章
第11章
第12章

経済編
第13章
第14章
第15章
第16章
第17章
第18章
第19章
第20章
第21章
第22章
第23章
第24章
第25章
第26章

時事問題編
第27章

●原発事故の種類
- ◆放射能漏れや水素爆発。
- ◆**炉心溶融（メルトダウン）**…スリーマイル・チェルノブイリ（チョルノービリ）・福島で発生。
- ◆**臨界事故**（＝再臨界）…稼働中の原発が、事故で停止後、勝手に再稼働。

●世界のおもな原発事故　　　●日本国内のその他
- ◆スリーマイル島（米・1979）
- ◆チェルノブイリ（旧ソ連・1986）
- ◆福島第一（日・2011）

- ◆茨城県**東海村**の **JCO** での臨界事故
  ▶**核燃料再処理施設**
- ◆福井「**もんじゅ**」で**ナトリウム漏れ事故**

＊事故後の発電割合の変化
- **2010**：火力66.7％／原子力24.9％／水力その他8.4％
- ↓
- **2014**：**火力90.7％**／**原子力0.0％**／水力その他9.3％

＊事故後の原発稼働

2012.5 → **2012.7** → **2013.9**
◆一時「稼働ゼロ」に　　◆**大飯原発**（福井）を再稼働　　◆再び稼働ゼロに

◎ゼロの理由：原発は定期点検後、安全基準を満たさないと再稼働できないが**原子力規制委員会**が作った新しい規制基準が非常に厳しいため。

but 2014年の**川内原発**（鹿児島）・**高浜原発**（福井）を皮切りに新基準もクリアされ始め、**2024年1月時点**で、**川内原発**・**高浜原発**・**大飯原発**・**伊方原発**（愛媛）・**玄海原発**（佐賀）・**美浜原発**（福井）の6発電所で再稼働できた。

Point ⑧ 日本の原子力行政

❶：資源エネルギー庁(経産省内)が政策を推進。
❷：原子力委員会(内閣府)が助言・提言。
❸：原子力安全・保安院(経産省内)が企業などを規制。

→ ❶と❸は同じ省なのに方針が矛盾

2012 「原子力規制委員会」設置(環境省の外局)。❷❸をまとめて移管。
　　　　事務局は「原子力規制庁」

各国の動向：国により方針違う
　　　　…┌◆独：メルケル首相は2022**年末までに全廃**を宣言
　　　　　　(2023年に原発全廃を実現)。
　　　　└◆仏：全電力の**60%以上が原子力**(推進国)。

●核燃料サイクル(再利用)のあり方
　┌◆プルサーマル…「ウラン+**再処理使用済みウラン**(= プルトニウム)」
　│　　　　　　　　= MOX燃料使用。
　│　　　＊プルサーマルは通常の原子炉(= 軽水炉)を使う
　└◆高速増殖炉…「MOXからウランを**消費量以上に増殖**」する画期的な
　　　　　　　　　原子炉。→ **but** 福井の「もんじゅ」がナトリウム漏れ事
　　　　　　　　　故。→2016年廃炉決定。

Point ⑨ 今後のエネルギー

●バイオエタノール燃料
　…トウモロコシなどを原料とする**バイオマスの一種**。

●シェールガス
　…頁岩(シェール)層からとれる**天然ガス。米に莫大な埋蔵量**あり。
　　→2013年、米で「シェールガス革命」。発電への利用開始。

●メタンハイドレート
　…永久凍土や海底に封じ込められた、シャーベット状の天然ガス。**日本
　近海で膨大な量が発見**。
　　＊ただしメタンは「温室効果ガス」のため、実用化をめざすかは微妙

●再生可能エネルギー…風力・地熱・太陽光など、自然界から無尽蔵に取出可。
　　→2011年「再生可能エネルギー法」成立。再生可能エネルギーを電力会
　　社が**一定期間一定価格で買い取ることを義務づける**「固定価格買取制
　　度(FIT)」の具体化。

政治編
第1章
第2章
第3章
第4章
第5章
第6章
第7章
第8章
第9章
第10章
第11章
第12章

経済編
第13章
第14章
第15章
第16章
第17章
第18章
第19章
第20章
第21章
第22章
第23章
第24章
第25章
第26章

時事
問題編
第27章

❶ 地球環境問題

　地球規模での環境問題への取り組みは、戦後復興と経済発展が一段落した1970年代初頭から本格化した。

　そこまで世界は、環境への配慮なく、経済成長に熱中した。そのおかげでたしかに経済はめざましく発展したが、気づいた時には、地球環境は至るところで深刻なダメージを受けていた。

　ここでは、さまざまな環境問題の種類と対策、それに地球規模での取り組みを扱っていく。近年は環境問題への関心が高まったのを受け、入試での出題が非常に増えてきた。それに合わせ、この章では**細かい法律や条約をかなり扱う**が、頑張って覚えてしまおう。

　特に重要なのは、地球温暖化に関する京都議定書の動向、1992年にリオで開かれた国連環境開発会議（＝地球サミット）を軸とする地球的規模での取り組みの変遷、そしてリサイクル関連法の内容だ。これらについては、くわしく Point整理 （⇒ p.356〜）にまとめておいたので、必ず頭に入れておこう。

　最後に1つ。環境問題を見ていくうえで、つねに頭のすみに置いておいてほしいことが2点ある。それは、

> ◆途上国は環境問題には非協力的であることが多い。
> ◆途上国の貧困脱却こそが、環境問題解決へのカギである。

ということだ。

　途上国からすれば、環境対策よりもまず生活だ。彼らには、まだ地球環境に配慮などしている余裕もお金もない。しかも生きるためには、環境破壊とわかっていても焼き畑や森林伐採が必要だ。結局、環境問題は途上国が早く豊かにならないかぎり、絶対になくならない問題なのだ。

　この視点ができていると、環境問題はさまざまな問題がすべてわかりやすくなる。これを忘れず、しっかり勉強しよう。

環境問題・代表的な出版物と用語

> ●『沈黙の春』（カーソン）…環境問題に関する最初期の警告本。DDT などの農薬が生物濃縮を引き起こす危険性を検証。
> ●『成長の限界』（ローマクラブ）…今のペースで環境破壊が続くと、近い将来人類は死滅すると警告。 ＊ローマクラブ…世界の科学者・経済学者の集まり
> ●宇宙船地球号…地球は宇宙船同様、閉ざされた限りある空間。

- ●ナショナルトラスト…遺跡や景観地を買い取って保護する市民運動。
- ●ゼロエミッション…「**廃棄物ゼロ**」の産業構造をめざす国連策定の計画。
- ●バルディーズの原則…「企業には、製品の環境への影響に責任あり」とする企業倫理原則（アラスカ沖原油流出事故後に確立）。
- ● ISO14000シリーズ…製造業の品質管理で、**環境管理や環境監査**について定めた**国際規格**。 ＊ ISO は「**国際標準化機構**」
- ●デポジット**制度**…空き缶などの容器返却時に代金の一部を返金する制度。
- ●エルニーニョ**現象**…ペルー沖で観測される、海水温が上昇する現象。
- ●グリーン購入法…できるかぎり環境負荷の小さいものを購入するようにという、**国や地方の機関への義務**づけ。
- ●グリーン GDP…環境対策費用を差し引いて計算した GDP。
- ●環境税…環境負荷の大きな行為や製品への課税。 ＊ EU 諸国の炭素税などが代表的
- ●炭素税…**化石燃料使用者に対し、炭素含有量に応じて課税**。
  - **日本も2012年より「地球温暖化対策税」の名で導入**

❷ 人口問題

地球人口は2023年、ついに80億人に達してしまった。

これは大変な数字だ。なぜならこれまで、食糧と居住面積から見て、**地球が養える人口の限界は75億人**といわれてきたからだ。人口が増えすぎると食糧が足りなくなるのは、マルサスも『人口論』で指摘するとおりだ（人口は幾何級数的に［≒かけ算で］増えるのに食糧は算術級数的に［≒足し算で］しか増えない）。実際には75億人を超えてもなんとかなっているとはいえ、放置はできない。

この問題の主要因は、途上国だ。**途上国の人口爆発は、近い将来、確実に地球に深刻な影響を与える**。それではここで、 Point整理 の「人口ピラミッド」（→ p.360）を見てもらおう。

人口ピラミッドは、その国の近代化に伴い「多産多死型」→「多産少死型」→「少産少死型」へとシフトする。

多産多死型は昔の途上国のパターンで、ここで最も近いのはエチオピアだ。今日は**昔ほど深刻な伝染病や食糧難がない**ため、長生きする人も増えたが、まだこのへんの後発発展途上国（LDC）では、40歳以上が急に少なくなっている。

多産少死型は今の途上国のパターンで、**これが人口爆発の最大の原因**だ。ここではインドがその形になっているが、見てみるとたしかに生まれてくる子が多く、年をとってもあまり死んでいない。これでは人口は爆発的に増えてしまう。

政治編
第1章
第2章
第3章
第4章
第5章
第6章
第7章
第8章
第9章
第10章
第11章
第12章

経済編
第13章
第14章
第15章
第16章
第17章
第18章
第19章
第20章
第21章
第22章
第23章
第24章
第25章
第26章

時事
問題編
第27章

少産少死型は2パターンある。1つは**アメリカのパターン（＝つりがね型）**で、こちらは少子化があまり進んでいない。そしてもう1つが**日本のパターン（＝つぼ型）**で、こちらは典型的な少子高齢社会だ。この形になると、数多い老人の面倒を少ない若者が見ることになるため、**若者に大変な負担**がのしかかる。

次に「世界の地域別将来人口の推移」（➡ p.361）を見てもらおう。

アジアの人口が多いのは一目瞭然だが、じつは**アフリカ**も多い。なぜなら右へ行くにつれてふくらんでいるが、これは**アフリカの人口増加率がアジアよりも高い**ことを意味しているからだ。

いずれにしても、**世界人口の70%以上が途上国**で占められているのは事実で、この状況を打破しないかぎり、地球に明るい未来はない。

1994年の国際人口開発会議では、女性の地位向上を人口抑制策の要と考える「性と生殖に関する健康と権利（リプロダクティブ＝ヘルス／ライツ）」の考え方が提唱されるなど、人口問題にも新たな視点が導入され始めた。しかし、**中国以外の人口爆発国（インドやアフリカ諸国）では、大々的な人口抑制策はとられていない**。

❸ 資源・エネルギー問題

産業革命や技術革新がなかったら、今の快適な暮らしは成り立たないが、それを成り立たせるには、多くのエネルギーが必要だ。

しかし頭の痛いことに、**エネルギーの多くは有限**だ。21世紀をむかえた今日、その限りあるエネルギーとじょうずにつき合っていくことは、現代を生きる我々が考えるべき重要なテーマだといえる。

エネルギー消費に占める石油の割合を、**石油依存度**という。

日本の石油依存度は、2021年現在36%だ。かなり高いが、1960年代に**エネルギーの中心が石炭から石油へと移行（＝流体革命）**した高度成長期には、石油依存度はその2倍近くあった（1970年は71.9%）。そう考えると、**経済発展とエネルギーの効率化が、いかに密接に結びついているか**がわかる。

ならば、やはり現状では、石油不足はこわい。もし**石油が不足してきたら**、みんな金に糸目をつけなくなるから、**確認埋蔵量（＝採掘して採算の合う埋蔵量）は増加する**だろう。しかし、それでも有限であることに変わりはない。だから近年では、省エネルギー化への努力とともに、**原子力や新エネルギーなどの、いわゆる「代替エネルギー」への転換**も、少しずつ進んできている。

しかしながら、その**最も期待される原子力は、じつは最も危険**だ。発電所の事故が、そのまま日常生活への深刻なダメージに直結する。

政治編

第1章
第2章
第3章
第4章
第5章
第6章
第7章
第8章
第9章
第10章
第11章
第12章

かつて、1979年アメリカのスリーマイル島では放射能漏れ事故が、1986年旧ソ連のチェルノブイリ（チョルノービリ）では臨界事故が、そして2011年には日本の福島第一原発でも、放射能漏れと臨界事故が発生した。ほかにも日本では、核燃料サイクル（使用済み核燃料の再利用システム）で活用していた高速増殖炉「もんじゅ」のナトリウム漏れ事故や、東海村の核燃料再処理施設 JCO での小規模な臨界事故などが起こっている。

さらに、放射性廃棄物の処理の問題がある。現状は地中深くに貯蔵庫を作って保管しているが、それが将来的にどういうトラブルにつながるのか、まったく予測できない。

世界全体で見ても、統一した方針は打ち出されていない。たとえばドイツでは2023年に原発全廃を実現したのに、フランスでは全発電の60％以上が原発と、国によりバラバラなのが現状だ。

日本では2011年の東日本大震災後、原発そのものが不安視され、ついに一時的に、日本の原発すべてが操業停止する事態にまで及んだ。

再生可能エネルギー法（電力会社への買取義務を規定）を見るかぎり、日本は原発依存から脱却しようとしているようにも見える。しかし政府は、効率性を考え、できることなら原発を再稼働させたがっている。利便性と危険性、どちらの選択が正しいのかは難しい。

最後に、資源問題で近年話題になっている「レアメタル（希少金属）」についてもふれておこう。

レアメタルは、ケータイ、スマホや液晶テレビなどに不可欠なのに産出量が少なく、しかも埋蔵量のかなりの部分が中国に偏っている。中でも、特に希少なレアアースとよばれるものなど、90％以上が中国産だ。

その中国が、外交上の駆け引きとして、レアメタルの輸出を制限しているため、各国は非常に困っている。実際日米欧は、2012年に中国を WTO に提訴しているし、2014年8月には、WTO が「中国のレアアース輸出制限は不当」という報告書を発表している。

ただし日本は、WTO に任せるだけでなく、ちゃんと別の手も打ってある。それが「都市鉱山」の開発だ。都市鉱山とは使用済み携帯電話やスマートフォンのことで、そこにはレアメタルがふんだんに"埋蔵"されている。だから2013年には小型家電リサイクル法が制定され、今まで廃棄されてきたレアメタルの再資源化に取り組むことになったのだ。

経済編

第13章
第14章
第15章
第16章
第17章
第18章
第19章
第20章
第21章
第22章
第23章
第24章
第25章
第26章

時事
問題編

第27章

コラム ロシア・ウクライナ危機と「汎スラブ主義」

2022年2月、緊張の続いていたロシアとウクライナ（p.379参照）が、ついに軍事衝突した。ロシア軍がウクライナを侵攻したのだ。メディアの報道によれば、その理由は、近年のウクライナの動きのせいだといわれている。

かつてソ連の一部だったウクライナは、近年「ロシア離れ・欧州接近」をめざしてEUやNATO入りを模索していたが、特に <u>NATO接近がロシアを刺激</u>した。ウクライナは地理的に「ロシアと欧州の間」にあるため、<u>ウクライナがNATOの一員になると、拡大NATOの切先（きっさき）が、ロシアの喉元（のどもと）まで届いてしまう</u>のだ。

この動きに敏感に反応したロシアは、<u>ミンスク合意（＊）を破棄</u>し、親ロ勢力支配地域や隣国ベラルーシなどを拠点にロシア軍を集結させ、ついに軍事侵攻を始めたのだ。

ウクライナのゼレンスキー大統領（コメディアン出身で国民的人気の高い大統領）は徹底抗戦を発表し、欧米に助けを求めた。しかし欧米は、金銭や物資は支援しても、軍隊は派遣してくれなかった。「<u>核保有国同士の大戦争に発展することを避ける</u>」ためだ。つまり欧米は、支援はできても「ウクライナのために戦う」ことはできないのだ。

しかし、なぜロシアは「軍事侵攻」などしたのか？　冷戦もとっくに終わったのに、今さら同じ欧州の仲間ともめる必要ないのに……。実はそこに誤解がある。<u>ロシアは、「同じ欧州の仲間」ではない</u>のだ。

ロシアを「欧州の一部」と見てしまうと、欧米との対立を深めにいくウクライナ侵攻は意味がわからない。でも、地理ではなく民族で見ると、<u>ロシア人とウクライナ人はともに「スラブ民族」であり、他の欧州人とは一線を画する</u>。そしてスラブには「<u>汎スラブ主義</u>」がある。これは「<u>ロシアが中心となり、ゆくゆくはスラブ民族の統一をめざしたい</u>」という考え方だが、もしプーチンが汎スラブ主義者なら、きっとこう考えるだろう。「我々は同じスラブの仲間。1つにならなきゃいけないのに、ウクライナはEUやNATOにすり寄り、ロシアから離れようとしている。こんな裏切りは許せない！絶対にウクライナを連れ戻す。身内の揉め事だから、関係ない欧米はすっこんでてくれ！」

実際プーチンは、ウクライナがNATO加盟を模索し始めた頃、「ロシア人とウクライナ人は1つの民族である」と汎スラブ主義的な主張をし、欧米諸国をけん制している。

しかし今回の侵攻は厄介だ。もし欧米が「静観」すれば、ウクライナがロシアの手に落ち、米ロの冷戦が復活するかもしれない。しかもプーチンが本当に汎スラブ主義者ならば、ウクライナ以外のスラブ系国家（ポーランドやチェコ、バルト三国など）も危ない。さらには、核保有国の軍事侵攻を止めるのがいかに難しいか（核を使用される覚悟とする覚悟が必要）もよくわかった。現段階ではこれぐらいしか言えないが、プーチンの壮大なナショナリズムで米ロが20世紀にタイムスリップする前に、何か手を打たないとまずい。

＊ミンスク合意…2014年、ロシアによるクリミア併合で活性化した親ロ派武装勢力が、ウクライナ東部のドネツクとルガンスクの2州を占拠し、一方的に独立を宣言、内戦状態（ドンバス戦争）に。独仏が仲介し、「<u>2州に自治を認めるから、武装解除してくれ</u>」という合意（ミンスク合意）を取り付けた。

第3編

時事問題編

時事問題は、受験する大学によって出題傾向にかなり違いがあるから、まずは自分の志望校の過去問を見て、どのへんの時期まで出題されているかの確認をしよう。一般的には、**「今年の7月まで」の内容が翌年の受験に出てくる**が、大学によっては、早稲田みたいに9月まで出したり、法政みたいに10月末まで出したりと、油断できない。ただ大事なことは、**「まず通常範囲のもれをなくす→そのあと最後に時事」**の順番を守ること。

政治編

Point ① 日韓トラブル

● 特に文在寅（ムンジェイン）政権誕生（2017〜）より急激に悪化。
● 日韓外交の根幹…**日韓基本条約** + **日韓請求権協定**（ともに1965）
　　　　　　　　　国交正常化

- **1条**：「日本→韓国」への**経済協力**。（「無償3億＋有償2億」→ 計5億ドル）
- **2条**：両国間の請求権問題が「**完全かつ最終的に解決**」されたことの確認。
　　　　　▶「**両国＋その国民・法人**」の「**すべて**」の請求権（財産・権利等）
- **3条**：「この協定に関する / 紛争が起これば」：まず**外交**で解決 → 無理なら「**仲裁委員会**」が裁定
　　　　　　　　　　　　　　　　　　両国の対話　　　　　　　　日韓＋第三国で構成

背景：朴正煕（パクチョンヒ）大統領の「**開発独裁**」（＝経済開発を大義名分とする独裁政治）
　　→ 国民の反発を軍事力で抑え、日韓関係で「**体面よりも実利**」をとった。

but その後も
- ◆ **竹島問題**…韓国が不法占拠中（李承晩（イスンマン）大統領時代より。日本政府の見解）
- ◆ **歴史認識**… 安倍首相は「**村山談話**」を踏襲するも、韓国は認めず。
　　　　　　　　　＊植民地支配と侵略への、痛切な反省とおわび（1995）
＋
◆ 従軍慰安婦（じゅうぐんいあんふ）問題

- **1993**：河野談話
　　　　　心からのおわびと反省
　　　↓
- **1995**：**アジア女性基金**設立あたりから本格化
　　　　　民間募金を償（つぐな）い金に

- **2015**：日韓合意…
　　　　　朴槿恵（パククネ）−安倍
　　　　　◇日本政府は「**心からのおわびと反省**」
　　　　　◇日本政府拠出で「**和解・癒（い）やし財団**」設立。10億円拠出。
　　　　　◇この問題は「**最終的かつ不可逆的に解決**」と確認。

but
- ◇韓国の市民団体、大使館や領事館前、海外などに「**慰安婦像**」を設置。
　　　日韓合意では、撤去に向け韓国政府が「**適切に解決されるよう努力**」と約束
- **2019**：文在寅大統領、**和解・癒やし財団を一方的に解体**。
　　　　　日韓合意は破棄せず

◆ **レーダー照射（しょうしゃ）**（＝攻撃前の照準合わせ）問題（2018）
　　◇韓国の駆逐艦が、日本の排他的経済水域内で**自衛隊機にレーダー照射（くちくかん）**。
　　　→韓国は当初事実を認めるも、その後**否認**。逆に**日本を非難**してきた。

◆ 徴用工問題（ちょうようこう）

2018：戦時中、日本企業の募集で働いた労働者。(日本では「募集工」)元労働者が「徴用(＝強制労働)だった」として日本企業を相手どる裁判が起こり、2018年10月、韓国大法院(＝最高裁)が日本企業に賠償を求める判決を確定。

▶日韓請求権協定に明確に違反（日本政府）

2019.8：日本、韓国をホワイト国（現「グループ A」）から除外。安全保障貿易管理(＝キャッチオール規制)の優遇国から外し、軍事転用可能な品の輸出管理を厳格化。

→韓国は「GSOMIA（軍事情報包括保護協定）」破棄で対抗しようとするも、断念。 同盟国等との秘密軍事情報の漏洩を防ぐ協定

2022：尹錫悦（ユンソンニョル）大統領誕生(保守系)

対日関係改善に力を注ぎ始める。

2023：日本、韓国をホワイト国に復帰させる。

Point② 司法取引

刑事訴訟法改正により、日本でも2018年より導入。

[❶ 自己負罪型(＝「自分の犯罪」を認める→減刑や不起訴) → 米独は❶❷
  ❷ 捜査公判協力型(＝「他人の犯罪」を説明→減刑や不起訴) → 日本は❷のみ]

対象となる犯罪は 特定犯罪 ＝ [◆企業犯罪(一定の財政経済犯罪のみ) 贈賄・横領・背任・談合など
  ◆組織犯罪(薬物・銃器などおもに暴力団系)] → 殺人や性犯罪は対象外

長所：証拠を集めやすくなる

短所：えん罪の危険性… 対策：虚偽の申告 → ５年以下の懲役に。

Point③ 社会保険庁の改革

●近年の社保庁…個人情報漏れ、横領（おうりょう）や確認の不手際からくる年金記録の不備など。

「消えた年金記録」や「宙に浮いた年金記録」を誘発

対策：[◆年金記録の再確認作業(＝名寄せ)→ but 遅々として進まず。
  ◆社会保険庁改革関連法(2007) →2010年、社保庁は廃止に。]

◇年金：日本年金機構を新設。
◇健保：全国健康保険協会を新設。
＊従来の社保庁とは違った運営・徴収（ちょうしゅう）など実施(民間への業務委託（いたく）も増やす)。

Point ④ 安倍内閣の成長戦略

●**人づくり革命**

◆幼児教育と保育の無償化（2019.10**完全実施**）

◆高等教育の無償化…低所得世帯の国立大学授業料免除（私立は一部免除）めざす。

◆リカレント教育の拡充。（社会人の就活用**学び直し**）

◆ | **外国人労働者の受け入れ拡大** | … 従来は「単純労働はダメ／高度な知識・技術ありは OK ／**技能実習生**（途上国への国際貢献）は3年在留 OK」だったが……

| 出入国管理及び難民認定法改正（2018） | …今後は「**不足する人材を確保すべき14業種**」については、**介護・建設・宿泊・農業など**

◇特定技能1号：**一定技能**が必要な業務。→ 最長5年
◇特定技能2号：**熟練技能**が必要な業務。→ 期限更新も可。
＋
◇外国人技能実習制度… 従来の技能実習生の新名称。在留資格は5年に延長。

→ 単純労働に門戸開放

●**生産性革命** ＝「**未来投資戦略2017**」の具体化めざす。

◆第四次産業革命…「機械化 → 大量生産化 → デジタル化」に続く**次世代型産業革命**。
現在進展中　　一次　　二次　　三次
‖

◇ IoT（= Internet of Things。つまり「モノのインターネット」）…従来ネットワーク接続されていなかったものが、つながり、情報交換で相互に制御できる仕組み（会社から TV 録画予約／帰宅前にエアコンをオン等）。

◇ビッグデータ…従来のデータ管理では難しかった、リアルタイムに変化するような巨大で複雑な非定形データ（カーナビや GPS 位置情報など）。

◇ AI（人工知能）…人間の知的ふるまいを人工的に再現。コンピューターがみずから学習。順応性・柔軟性あり。等
　→ これらで少子高齢化に対応。

◎これらで「狩猟→農耕→工業→情報」に次ぐ、**サイバー空間と現実空間を融合させた新たな経済社会**（= Society5.0）をめざせ。

◇自動車の自動走行／単純作業や3K作業を AI 等で肩代わり

◇サプライチェーン（「原料→製品→消費者」に届くまでのつながり）の次世代化（IoT ですべてをネットワーク化等）。

→ これらで人口減少や少子高齢化に対応

＊ただし雇用の減少等も懸念（けねん）されるため、生産性 up で国民所得が増える分からベーシックインカム（BI）の導入なども検討する必要あり。

全国民に無条件で支給する「最低限所得保障制度」

● 働き方改革…「**1億総活躍社会**」をめざして。

少子高齢化の中、期待される労働力は「女性／高齢者／外国人」。特に「女性」は即戦力として期待が高いので、安倍内閣は2016年に「**女性活躍推進法**」を施行し「**2030**」（にいまるさんまる。2020年までに**指導的地位に占める女性比率を30%**に）をめざした。

↓

その実現のため、以下をめざす

… ◇働き方の多様性（ダイバーシティ）…育児・介護との両立など。

◇**フレックスタイム制**の見直し

◇同一労働・同一賃金… 正規・非正規の格差是正（ぜせい）のため。

＋

◆女性活躍以外の改革として

◇ワーク゠ライフ゠バランス（WLB）の改善（「**残業時間上限規制**」など）。

◇労働を「**働いた時間ではなく成果**」で評価。

◎高度プロフェッショナル制度（俗に「**高プロ**」）の導入（2019年〜）

年収1075万円以上で高度な職業能力を有する労働者に「**成果型労働制**」を導入。　▶つまり能力の高い人の労働生産性を「労働時間ではなく仕事の成果」で評価

長所：今後高プロは、能力に見合った高い賃金をもらえることに。

短所：労働時間以外での評価 → 高プロだけ労働時間規制から外れることに。
残業させ放題＋残業代タダ

↓

現状の成果（2024）

… ◇「2030」は実現できなかった。

◇女性活躍推進法は2022年改正され、**大企業に「男女の賃金の差異」公表義務**。

◇同一労働・同一賃金は労働者派遣法とパートタイム・有期雇用労働法で施行（2020年より）。

政治編
第1章
第2章
第3章
第4章
第5章
第6章
第7章
第8章
第9章
第10章
第11章
第12章

経済編
第13章
第14章
第15章
第16章
第17章
第18章
第19章
第20章
第21章
第22章
第23章
第24章
第25章
第26章

時事問題編
第27章

Point ⑤ 象徴天皇制と天皇の生前退位

天皇は**日本国の象徴**(1条)で皇位は**世襲**(2条)、**国事行為**には**内閣の助言と承認**(3条)

主権者は国民 / 皇室典範の定めに基づく / 4条2項、6〜7条 / ・天皇は無答責(責任負わず) ・天皇に決定権なし

を必要とし、**国政機能はなし**(4条)。財産の受け渡しにも**国会の議決**(8条)が必要。

- **昔**:皇室典範は**憲法と同格**。帝国議会は関与不可 → **今**:通常の**法律と同格**に。
  - 皇室自律主義 / 国会で自由に改廃可
- 皇位は「**男系男子**」(=「僕の父は天皇だ」と言える男子)のみが世襲。
  - ▶この男系が続くことが「**万世一系**」の1つの解釈

●天皇の**生前退位**…過去58回あり(**皇極天皇**[645]が最初 → **光格天皇**[1817]が最後)。明治以降は、制度上認められず。

●「**象徴としてのお務めについての天皇陛下のおことば**」(2016)

前陛下は2016年、上記タイトルのビデオメッセージを国民向けに発し、現在自身が高齢と健康面から、**象徴としての公務に不安**があるため、生前退位を望むことを、あくまで「**私見**」として「**示唆**」された。

●なぜ私見としての示唆だったのか?
  →天皇が公に退位の意向を明言することは、**憲法4条違反の可能性**があるから。
  法 or 典範改正の要求 ————→ 国政機能の行使に!?

| 対策案は2つ | 国会が自発的に | ◆**皇室典範**を改正(→ この場合は**今後ずっと制度化**)。 |
| | | ◆**特例法**を制定(→ この場合は前陛下**一代限り**に)。 |

↓

結果:2017年「**天皇の退位等に関する皇室典範特例法**」制定。
  →「**一代限り**」で退位を承認(平成は31年4月30日で終了に)。

2019.5.1:新元号「**令和**」スタート。→「**徳仁天皇/明仁上皇**」誕生。

Point ⑥ **18歳成人と改正少年法**…民法改正で、2022年より18歳でも…

◆「親の同意なし」でもできること増。
　　(部屋借りる／ローン組む／ケータイ契約／クレカ作る)
　⇒ そのかわり「未成年者取消権」は消失。
　　　　　　(親の同意なしの契約は取消可(民法))
　※できないこと…飲酒・喫煙・公営ギャンブルなど。
　　(20歳のまま)
◆結婚(男女とも「18才以上」に)

　　　　＋
　これらと並行して「少年法の改正」も行われた。
　　　　　　　(「20才未満」の少年を保護)
　(2022より「18・19才」は)
　　◆「特定少年」と位置づけられ、**厳罰化の対象**に(20才以上と同等の扱い)。
　　◆**懲役1年以上の罪**で、刑事裁判(刑罰が前提)が実施される。
　　　(従来は殺人以外なら家庭裁判所での審判(保護が前提)」)
　　◆報道規制…(従来):原則「匿名報道」→(2022〜):**実名・写真も可**に。

政治編
第1章
第2章
第3章
第4章
第5章
第6章
第7章
第8章
第9章
第10章
第11章
第12章
経済編
第13章
第14章
第15章
第16章
第17章
第18章
第19章
第20章
第21章
第22章
第23章
第24章
第25章
第26章
時事問題編
第27章

···/// Point ⑦ 核兵器禁止条約 ///////////////////////

●**コスタリカ・マレーシア**の共同提案 → 2017年、国連本部で採択。

> コスタリカは「平和憲法・軍隊廃止」で有名な国

採択に貢献したNGO「**核兵器廃絶国際キャンペーン(ICAN)**」に**ノーベル平和賞**。

背景：**核拡散防止条約(NPT)の体制下**では核軍縮進まず → **非保有国が提案**。

> 大国(米・英・仏・中・ロ)の核保有は容認

「核兵器は存在そのものが**脅威**＋**非人道的**。完全な廃絶を」

1996：国際司法裁(ICJ)の**勧告的意見** … 「**核使用は国際法・人道法に一般的に反する**」

↓

2009：オバマ米大統領の「**核なき世界**」演説 → ノーベル平和賞。
> プラハ演説

↓

2013〜14：核兵器の**非人道性に関する国際会議** → 数回開催。
> ＝非人道性会議

↓

2015：**NPT再検討会議が紛糾** … ┌ ◆安全保障か、**非人道性**か。
└ ◆アラブ(**中東非核化を**) **VS** 米英(**イスラエルを擁護**)
→ 結局合意文書できず。　事実上の保有国

↓

2016：「**核兵器禁止条約**の制定交渉、2017年より開始」が決定。

↓

2017：**採択**。→ ＊ただし同条約には「**国連五大国・印パ・NATO諸国・日本**」など多くが不参加。核兵器を保有　　米の「核の傘」で保護

条約内容

┌ ◆**ヒバクシャ**の受け入れがたい苦痛に留意。
│ ◆核兵器の「**開発・製造・保有・使用・実験・威嚇・委譲**」の禁止。
│ ◆厳密かつ効果的な国際管理。
│ ◆本条約発効前に、**保有・管理・廃棄**の申告。
│ 　　　　　　▶廃棄が進んでない場合はただちに廃棄
│
│ ◆**国内法**の整備＆**罰則**
│ ◆被害者支援／汚染地域の環境改善。
└ ◆本条約は、**平和的核エネルギーの研究・使用には悪影響を及ぼさない**。

＊核保有状況…ロ：5889発／米：5244発／仏・中・英：各200〜400発
印・パ・イスラエル：各90〜170発／北朝鮮：不明

Point ⑧ 香港民主化問題

●中国の「一国二制度」違反への抗議運動。

1997：香港、英から返還。中国の「特別行政区」に。
⇒ただし**返還後50年間は原則自治**を約束（＝一国二制度〔香港・マカオに適用〕）。

2014：**雨傘運動**…中国政府「行政長官選挙に民主派候補は立候補不可」と決定 → これに**抗議する大規模デモ**発生。
催涙弾を防ぐため傘を盾に

2019：香港政府、中国からの要請で「逃亡犯条例の改正」をめざす動き。

> 犯罪者引き渡し条例。「中国－香港間」では締結されていない。
> ⇒締結すると**香港市民が中国政府の取締り対象**になるおそれ。
> 自由がなくなる・中国の干渉増→「一国二制度」が崩れる

⬇

◎**200万人規模の民主化デモ**を誘発 → 改正案は**正式撤回**。

2020：香港国家安全維持法…今後は香港で「**国家を脅かす反政府活動**」をすると処罰の対象に。
国家分裂・テロ・外国勢力との結託など

政治編
第1章
第2章
第3章
第4章
第5章
第6章
第7章
第8章
第9章
第10章
第11章
第12章

経済編
第13章
第14章
第15章
第16章
第17章
第18章
第19章
第20章
第21章
第22章
第23章
第24章
第25章
第26章

時事
問題編
第27章

Point ⑨ 中国共産党100周年(2021)···今後の中国のめざす方向性

(2021の習近平の演説より)

◎**小康社会は全面的に完成**した。

(これまでの中国の目標)
◆**小康社会**(1982)···ややゆとりのある社会。
◆**先富論**(1985)···先に豊かになれる者から豊かに。
⇒ 実現めざして
社会主義市場経済

2021、「◎**小康社会完成**」を宣言。
⇒ 今後は「**共同富裕**」(貧富の差をなくし、みんなで豊かになる)を目標に。

◆「**一帯一路**」の推進。
◆**国防と軍の現代化**を加速する。→ ※習近平就任後、**国防費は2倍以上**に。
◆香港の「**一国二制度**」は維持。→ ただし**香港国家安全維持法**も維持する。
◆「**台湾問題**」の解決。(祖国統一は歴史的な任務)
◆我々をいじめ、抑圧し、支配する勢力は、絶対に許さない。

↓

※中国は2018の憲法改正で「**国家主席の任期を廃止**」。習近平の永年支配へ!?
※習近平は「**建国100周年(2049)**までに社会主義現代化強国を完成させ
る」とも発言している。

政治編

第1章
第2章
第3章
第4章
第5章
第6章
第7章
第8章
第9章
第10章
第11章
第12章

経済編

第13章
第14章
第15章
第16章
第17章
第18章
第19章
第20章
第21章
第22章
第23章
第24章
第25章
第26章

時事
問題編

第27章

Point ⑩ ロシアのウクライナ侵攻 … 2022年、ロシアから軍事侵攻。

(背景)：
◆汎スラブ主義…スラブ民族は1つの国家であるべき（プーチンの基本）。
◆NATOの東方拡大

ロシアはソ連崩壊後、30年に
わたり NATO不拡大を求めた → **but** NATO は（特に旧東欧方面に）拡大。
（ロシアが敵に包囲されるような圧迫感）

◎だからロシアは「CIS の中で起こる"欧米接近"の動き」を、昔から警戒。
（2008の「南オセチア紛争」もそれ（p.187参照））

(今回のウクライナ侵攻の流れ)…形としては南オセチア紛争と同じ。

2014年の政変…ウの当時の政権が、親欧米派の抗議デモの末、敗れる。
（＝マイダン革命）　（親ロ政権）　（新政権は EU ＋ NATO 加盟をめざす）

ロシアは
ウクライナの …
◆クリミア併合（住民投票でロシア編入を求める民意が示された）
（→これがロシアが「G8追放＋経済制裁」を受けたきっかけ）
◆ドネツク州とルガンスク州（親ロ住民多く、武装集団形成）を支援
（住民にロシア国籍与え、自国民保護の名目で支援）＝ドンバス戦争

2015：ミンスク合意…停戦の見返りに、2州が「広範な自治権」を get。
（これでロシアの支配下に）

2019：ウクライナ、ゼレンスキー大統領（元コメディアンで俳優）に。
2021：ゼレンスキー、「**クリミア奪還計画**」を発表。
2022：ロシア、2州を「**人民共和国と承認＋協力条約を締結**」し、両国からの
要請の形で、**2地域に平和維持部隊を派遣**。（→ここから戦争始まる）

(軍事侵攻への反応)

（ウ）：徹底抗戦 →「ロシア軍の侵攻は**ブダペスト覚書（1994）違反**だ！」
（ⓐ：ソ連時代の核兵器を放棄→ⓑ：ウの安全を保証）

（国連）：「**緊急特別総会**（平和のための結集決議に基づく）」で対ロシア「**非難決議**」
⇒ ロシアの拒否権で、安保理では「制裁決議」が出せず。

（欧米）：消極姿勢で、**直接の軍事介入はせず**。（「経済制裁＋ウ支援」はするが）
（核を持つ超大国とは、本気で戦えない !?）

Point ⑪ G7広島サミット ··· 2023年開催。日本で7回目の開催

（G8とG20サミットの違い） （東京（3回）／九州沖縄／北海道洞爺湖／伊勢志摩に続く）

◆ G8=主要国首脳会議（米・英・仏・独・日・伊・加・ロシア）
- **（→首脳宣言は各国事務レベル代表会議（＝シェルパ会議）で決定）**
  - ⇒ ※ただし2014より**ロシアは参加資格停止**（ハーグ宣言）。現在はG7。
    - **（ウクライナの「クリミア併合問題」を受けて）**

◆ G20=金融サミット（G7+ EU +ロシア+ BRICS を中心とする新興国）
  - ⇒ リーマンショック以降の**世界金融危機**を契機に、2008よりスタート。

広島サミット
のポイント ＝ 「**民主主義**（G7側）**vs 権威主義**（中口側）」の綱引き。

つまり、米中新冷戦やウクライナ問題が起こっている
現在、世界はG7側と中口側のどちらにつくのか？

↓

◎特に「**グローバルサウス**（＝ **GS**。「非同盟諸国」的な途上国群）」の取り込みに注目。

（招待国） ···
- ◆インド（G20議長国）
- ◆インドネシア（ASEAN 議長国）
- ◆コモロ（AU 議長国）
- ◆クック諸島（太平洋諸島フォーラム議長国）

など8か国
＋
ゼレンスキー
大統領も参加

（議長国日本からグローバルサウスへの提案）
「**法の支配**」（＝ GS と G7で共有できる理念）に反する国の放置は、
GS にとっても不利益。（→「**力による支配**」は、途上国には脅威）

〈G7広島首脳コミュニケ〉
- ◆「**法の支配**」に基づく、自由で開かれた国際秩序の堅持・強化。
- ◆「**核兵器のない世界**」めざし「**広島ビジョン**」（＝ G7初の核軍縮共同文書）発表。
  - **（「安全が損なわれない形」での核軍縮めざす）**
- ◆「**重要鉱物サプライチェーン**」構築の必要性。
  - ⇒ レアメタルなどの供給網で、**中国に依存しない形**が必要。
- ◆急速に進化する「**生成 AI**」の**国際ルール**作り。

Point ⑫ 消費税の増税

● **1989**：3% → **1997**：5% → **2014**：8% → **2019**：10%に。

うち1%は 地方消費税   うち1.7%は 地方消費税   うち2.2%は 地方消費税

● 消費税の **長所**：**不況時の確実な税源**（モノが売れれば確実に10% get）。
増税前の「**駆け込み需要**」（今のうちに家や車を買おう）に
景気 **up** の期待。

● 消費税の **短所**

　◆「**益　税**」の発生… 事業者に納税義務のない部分。

　　◇売上1000万円以下の事業者：消費税の**納税義務なし**。（＝免税事業者）
　　◇売上5000万円以下の事業者：「**簡易課税制度**」を適用。

　　　消費税は売上金に対してかかる
　　　が、その売り上げの50〜90%
　　　を**仕入れ額とみなして**税率計算
　　　（＝みなし仕入れ率） → これが実際の
　　　仕入れ額より
　　　高ければ
　　　納税額 **少** に

　　　　　　　　↓

　　ただし2023年10月より「**インボイス制度**」が始まり、今後課税事業者（消費税の納税義務あり）は、売り手が発行した**適格請求書（インボイス）**がなければ、**仕入税額控除**を受けられないことに。

　◆逆進性 **up** …消費税は「**水平的公平**」だが、**低所得者の負担感は大**に。
　　　対策：軽減税率…**一部対象品目（飲食料品・新聞）**のみ
　　　　　　　　消費税は**8%** ▶ほかは標準税率（つまり10%）

　◆駆け込み需要後の消費の冷え込み。

　◆ **免税取引 の不公平** …**輸出品**は、国内で資産の 譲渡 があっても、実際の消費地が海外になるので、**消費税が免除される場合あり**。

● 各国の消費税（付加価値税）率
　　◆スウェーデン・デンマーク：25%
　　◆ギリシア：24%
　　◆英・仏・伊・独：20%くらい
　　◆米：0〜10%（州ごとに異なる）

　→ ただし欧は
　　◇**間接税中心**（直接税は低い）
　　◇**生活必需品への課税は低い**
　　　　　　　▶逆進性緩和措置

政治編
第1章
第2章
第3章
第4章
第5章
第6章
第7章
第8章
第9章
第10章
第11章
第12章

経済編
第13章
第14章
第15章
第16章
第17章
第18章
第19章
第20章
第21章
第22章
第23章
第24章
第25章
第26章

時事
問題編
第27章

Point ⑬ 安倍政権の7年8か月(2006~7／2012~20[計4次])

●「連続2822日／通算3188日」は、戦前・戦後を含めて、いずれも**歴代最長**。
　＊戦後上位5人は安倍晋三・佐藤栄作・吉田茂・小泉純一郎・中曽根康弘の順
●アベノミクス…「三本の矢」でデフレ脱却をめざす。
　‖
　❶：大胆な**金融政策** ＝ ◎**異次元の金融緩和**
　　　　「◆「**インフレターゲット2%**」をめざす
　　　　　◆通貨を増やしてデフレ脱却をめざす「**リフレーション(リフレ)**
　　　　　政策」
　　　　　　　　　　　　　　　　　　　　　　　　＝**通貨再膨張**
　❷：機動的な**財政政策**…**公共事業**で需要創出を。
　　　　　　　　　　震災復興＋五輪用
　❸：新たな**成長戦略**(＝**日本再興戦略**)
　　　　‖
　　　　「◆投資の促進(**規制改革** や投資減税で**民間活力 up** を)
　　　　　◆人材の活躍強化(**女性・高齢者・外国人**が活躍できる環境づくり)
　　　　　◆新たな市場の創出(少子高齢化等の世界共通課題で「**課題解決先**
　　　　　進国」に)
　　　　　◆世界経済とのさらなる統合(日本企業の世界進出＋日本への直接
　　　　　投資 up を)

　　国家戦略特区
　　　(2014)　…**日本経済活性化のため**、東京・関西など**6地域限定で規制**
　　　　　　　緩和。　→**岩盤規制**を打ち砕き「**世界一ビジネスしやすい環境**」に
　　　　　　　⇒＊その後追加の6地域は「**地方創生特区**」の名称。

　2015：「**新三本の矢**」発表…「**アベノミクス"第2ステージ"に移る**」と宣言。
　　　　‖
　　❶：**強い経済**／❷：**子育て支援**／❸：**社会保障** →「**一億総活躍社会**」
　　　名目GDPを　　希望出生率　　介護離職を　　めざせ
　　　600兆円に　　を1.8に　　　ゼロに

　結果：アベノミクス景気は**71か月** → **いざなみ**景気の73か月に及ばず終了。
　　　　2012.12~2018.10　　　　2002.2~2008.2
●安全保障
　2013：「**国家安全保障会議**」を設立し、基本方針「**国家安全保障戦略**」を
　　　　発表。　＝日本版NSC…米のNSCと連携

　　積極的平和主義に転換し、**集団的自衛権やガイドラインの見直し**が実現。
　　　　　　　　　　　第5章「平和主義」参照

その他

◆**憲法改正**への道筋…ただし具体的には2007年の「国民投票法」制定ぐらい。

◆消費税の増税…「(2014)：8% +(2019)：10%」に。

●長期政権の弊害…官僚（かんりょう）の「忖度（そんたく）（気持ちを汲んでの配慮）」、さまざまな疑惑・腐敗（ふはい）。

内閣人事局
スタート
(2014〜)

…各省大臣は部長以上の任免時「**首相＋官房長官**」との協議が必要。→ ◎**首相主導で官僚人事を行うことが可能**に。
そのせいで「官僚→首相」への忖度増

(森友問題)：大阪の**森友学園**に、財務省が**小学校用の国有地を格安で払い下げ**。 安倍夫人が名誉小学校長／財務省が安倍氏に忖度して値引き!?

(加計（かけ）問題)：学校法人**加計学園**(愛媛県今治市（いまばり）)が、**獣医学部の新設認可**を受ける。 加計理事長は安倍氏の友人 → 便宜を図った!?

(桜問題)：「**桜を見る会**」に、**首相の後援者も多数招待か**!?
著名人のみ招待 →公的行事の私物化疑惑

(黒川問題)：黒川東京高検検事長を検事総長にするため、**定年延長を閣議決定**!? 捜査機関トップの懐柔

さいごに：
●健康上の理由 → 2020年9月16日辞任。
●2022年7月、参院選応援中にテロに遭い、死去（享年67歳）

政治編
第1章
第2章
第3章
第4章
第5章
第6章
第7章
第8章
第9章
第10章
第11章
第12章

経済編
第13章
第14章
第15章
第16章
第17章
第18章
第19章
第20章
第21章
第22章
第23章
第24章
第25章
第26章

時事
問題編
第27章

Point ⑭ 「**食の安全**」問題

1996 ：病原性大腸菌O157で集団食中毒。

2001～04 ：BSE問題…牛海綿状脳症。俗に「狂牛病」。

＊国内でも感染牛発見。特に2003年には米で多数確認され、**米からの牛肉輸入停止**に。　＊吉野家から牛丼が消えた！

2000～02 ：雪印問題…雪印乳業・雪印食品で連続不祥事。

◆乳業→集団食中毒…原材料再利用などで不衛生な取り扱いが発覚。
◆食品→牛肉偽装……BSE対策で国が買い上げる制度を悪用。

2007 ：消費期限や産地の偽装など多発（不二家・ミートホープなど）。

2008 ：┌◆中国産冷凍餃子からメタミドホス（殺虫剤）検出。
　　　　 └◆**事故米の不正転売**事件

＊基準値を超える農薬やカビで食用にできないコメ。糊など工業用に限定して国が民間に販売。2008年、三笠フーズが酒造会社に不正転売。

　　　　　　＋

＊これらに加え、**ポストハーベスト農薬**も問題に。

▶収穫後の農産物用。日本では禁止。 **but** 輸入農産物で問題に

対策

2000 ：改正JAS法…┌◆品質・原産地表示の義務化。
　　　　　　　　　　└◆**遺伝子組み換え食品**の**表示義務**化。

2003 ：◆食品安全基本法成立
　　　　　…食品安全委員会が、安全性を検証することに。
　　　　◆**食品衛生法改正**…食の安全基準を定めた同法が強化。

2003 ：牛肉トレーサビリティ法制定…**生産・流通履歴**を明らかに。

ただし輸入牛肉は対象外

Point ⑮ リーマン＝ショック…米国のバブル崩壊

●サブプライム＝ローン…米の**低所得者向け住宅ローン**。

↓

> ＊低所得者は信用力が低いから、その分高金利での貸付となり、しかも住宅そのものを担保にさせることで、ローン会社は回収不能を防ぐ。そしてさらにリスクを分散させるために、**ローンの返済受け取り権を細かく分割**し、ファンド（＝投資信託会社）が扱う金融商品セットに混ぜて、投資家向けに販売してもらう。（＝住宅ローン債権の証券化）

↓

◎これでサブプラは大人気になったが

[◆住宅価格がしだいに down（＝担保割れ）。
[◆低所得者、やはり返済不能に陥る人増。 → ファンド解約者が急増。

[◆サブプラ証券（＋株式など）が入った金融商品が、**セットで売られる。**

↓ 世界的な株安に

[◆ファンド解約で行き場を失った投資資金が、**安全な金融商品へと避難。**

円買い増で円高へ

●サブプライム破綻直後の世界経済

[◆アメリカ系投資ファンドを利用していた**金融機関に、世界的に悪影響。**
   アイスランド…全銀行を国有化／英も数行国有化／独・スイスで公的資金注入
[◆リーマン＝ショック（2008）
   [◇米政府は破綻した**リーマン＝ブラザーズ証券を救済せず。**
   [◇その悪影響が甚大だったため、**AIG 生命は公的資金で救済。**

●その後

[◆**ドバイ＝ショック**（2009）…ドバイで不動産バブル崩壊の懸念。
[◆ EU 諸国の財政不安
   [◇ギリシア財政破綻（2010）…財政不安で国債暴落。
   [◇PIIGS（GIIPS）の財政悪化。
      ▶ポルトガル・イタリア・アイルランド・ギリシア・スペイン
[◆2010年、米国債、**史上初めて格付け down**（格付け会社「S ＆ P」にて）。

政治編

第 1 章
第 2 章
第 3 章
第 4 章
第 5 章
第 6 章
第 7 章
第 8 章
第 9 章
第 10 章
第 11 章
第 12 章

経済編

第 13 章
第 14 章
第 15 章
第 16 章
第 17 章
第 18 章
第 19 章
第 20 章
第 21 章
第 22 章
第 23 章
第 24 章
第 25 章
第 26 章

時事問題編

第 27 章

Point ⑯ 米中貿易戦争

背景

●貿易黒字…中国の**対米貿易黒字は2018年まで、過去最高**を更新し続けてきた。　特にスマホ・PC関連→ハイテク関連貿易で、中国に覇権を奪われる!?

●知的財産権の侵害…コピー商品・商標登録問題以外にも…
　中国進出する外国企業は、まず中国と「**合弁企業**」を設立する必要があるが、**設立の交換条件として**「**技術開示**」を求められる(→ここで技術を奪われる!?)。

●サイバー攻撃…サイバー空間は「今の中国の主戦場」とされる。
　中国には**中国政府の支援が強く疑われるサイバー攻撃部隊**(APT30など)が存在。　▶政府・企業・軍事情報を盗む／外交を有利に／軍事施設の無力化等
　→ 今の彼らの標的は**ＡＳＥＡＮ諸国**と**アメリカ**だと言われている。　南シナ海で領土トラブル　　貿易戦争中

vs

[◆トランプ大統領の「**保護主義**」] → ◎米中は2017あたりから**深刻な貿易摩擦**へ。
[◆米中の**世界覇権争い**]

2017：トランプ・習近平間で**米中首脳会談**(2回) → **but** 成果なし。
　　　　　対中貿易赤字解消は、大統領選挙時からのトランプの公約の1つ。

2018：米の「自国保護&制裁」始まる。
　[◆通商法201条：太陽光パネルなどにセーフガード発動。
　　◆通商法301条：**不公正貿易への制裁**で高関税(1300品目)。
　　◆通商拡大法232条：**安全保障の脅威につながる製品**に高関税。]　→ 中国は同等の報復関税
　　　　　　　　　　　　　　　　　鉄鋼・アルミニウム
　◆**ファーウェイ・ZTE**(中国最大手のスマホメーカー2社)の製品、政府機関で使用禁止に。　サイバー攻撃や不正なチップ使用で、通信情報が中国に流れている疑いあり
　→ その後も両国の報復関税合戦が続き、**米中貿易は泥沼化**。

Point ⑰ SDGs（持続可能な開発目標）

● みんなで豊かになるための取り組み。

● SDGsの前身：MDGs（ミレニアム開発目標）…国連ミレニアムサミット（2000）で採択。
⇒2015年末までに達成すべき、国際社会の「8つの目標」。

> ❶：貧困・飢餓／❷：初等教育／❸：ジェンダー平等／❹：乳幼児死亡率 down
> ❺：妊産婦の健康／❻：HIV・マラリア対策／❼：環境の持続可能性の推進／
> ❽：開発のためのグローバル・パートナーシップ（＝地球規模の協力関係）

↓

＊おもに「途上国の抱える課題 → 先進国の援助で解決」という構図

◎これを土台に2016〜2030末までは「SDGs（持続可能な開発目標）」へ。

> ◆「持続可能な世界」をめざす17目標を「5つのP」に分類。
> ◆「地球上のだれ一人として取り残さない」をめざす。
> ◆「先進国にも課題」を設定／◆企業の自主的な取組に期待。

┌ ◆ People（人間）
│   1貧困／2飢餓／3健康／4教育／5ジェンダー平等／6安全な水
│ ◆ Prosperity（繁栄）
│   7エネルギー／8雇用／9産業／10人間の不平等是正／
│   11まちづくり
│ ◆ Planet（地球）
│   12生産消費責任／13気候変動対策／14海の豊かさ／15陸の豊かさ
│ ◆ Peace（平和）…16平和と公正
└ ◆ Partnership（協働）…17パートナーシップで目標達成

＊日本が弱い分野は5（男女格差）・13〜15（環境）・17（国際協力〔特にODA〕）など

対策：SDGsアクションプラン…今後の日本の行動計画（2018年版から
　　　　　　　　　　　　　　　　毎年更新）。

（例）：SDGsアクションプラン2020

┌ （SDGs担い手の育成）…若者・女性・障害者も担い手に。
│ （科学技術イノベーション）…SDGsとSociety5.0を連動。
└ （その他）…SDGsで地方創生／環境にやさしい街づくり　など。

＊2021と2022では、新型コロナ流行を受け「感染症対策」が強化された

＋

投資のあり方：ESG投資…「環境（Environment）・社会（Social）・企業
　　　　　　　　　　　　統治（Governance）」に配慮している企業か
　　　　　　　　　　　　否かを選定基準とする投資。

政治編
第1章
第2章
第3章
第4章
第5章
第6章
第7章
第8章
第9章
第10章
第11章
第12章

経済編
第13章
第14章
第15章
第16章
第17章
第18章
第19章
第20章
第21章
第22章
第23章
第24章
第25章
第26章

時事
問題編
第27章

Point ⑱ IR(統合型リゾート)整備推進法(別名「**カジノ法**」[2016])

●「**統合型リゾート施設**」を設置するための法。

ホテル・国際展示場・娯楽施設等込みの大型観光施設 → ◎ただし**必ずカジノを含む。**

カジノ解禁は成長戦略の1つ

場所：政府は全国3か所でのIR開業で調整
　　→ 大阪：2029年開業予定、長崎：審査中、和歌山：撤退

開業時期：2025～30年ごろを予定(ただし新型コロナで遅れが出ると予想)。

目的：IRでインバウンド(訪日外国人旅行)増 → **財政難の改善**を。
　　→ ただしIRには必ずカジノを含むため、**適切な管理・運営**が必要。

長所：観光客増／雇用の促進など

＊カジノで大金を賭け、わざと負ける → その後別の賭けで、カジノがその客を同額分勝たせる

短所：治安の悪化／**ギャンブル依存症**／多重債務／**マネーロンダリング**＊
　　　　　　　　　　　　　　　　　　　　　　　　＝資金洗浄

対策：「**シンガポール型**」(⇔「ラスベガス・マカオ型」)
　　　　自国民に入場制限
◆利用回数制限…**マイナンバーカード**で利用回数をチェック。
◆日本人からは**高めの入場料**(6000円ぐらい)。
◆日本人のチップ交換は「**現金のみ**」(クレジットカード不可)。
その他：◇本人(or家族)の申告 → 入場制限。
　　　　　◇相談窓口の設置を義務づけ。

→ 具体化のため「ギャンブル等依存症対策基本法」成立(2018)

2018.7：「IR実施法」成立。**カジノの具体的な運営方法**などを規定。
　　　　　　　事業者免許／入場制限／カジノ管理委員会の設置など

Point ⑲ IT系の法律や用語

●電子署名・**認証法**(2001)
　　…ネット上の文書に、**紙の文書同様の法的効力**を認める。
　　　　署名・押印のかわりに暗号技術活用

●**不正アクセス禁止法**(2000)
　　…他人のパスワードの不正利用／データの改ざん。
　　　→ 1年以下の懲役 or 50万円以下の罰金。

●ユビキタス
　　…「**いつでもどこでも**」ネットワークにアクセスできる技術や環境。
　　　もともとは「神の普遍性」を表すラテン語。

●ノマドワーキング

…ノートPCやスマホを使って、**場所を問わず仕事をする**働き方。

＊ノマド＝遊牧民（ゆうぼくみん）

● SNS（ソーシャル＝ネットワーキング＝サービス）

…X（旧Twitter）やFacebookなど、**双方向性のあるweb**サイト。

＊双方向性の逆＝情報の「**非対称性**」…情報伝達が一方通行で、**受け手の側から送信できない**状態（従来型のマスメディアはこれ）。

●ネットバンク

…ネット上で振込（ふりこみ）・残高照会サービスを行う無店舗（むてんぽ）銀行。ジャパンネット銀行（2000）が初（IYバンクやソニー銀行も）。

● SOHO（Small Office ／ Home Office）

…ネットを使った在宅小規模経営。

●オンライン証券

…ネット株取引専門の格安証券業者（ディスカウント＝ブローカー）。「格安＋24h.取引」→デイ＝トレーダーの増加につながる。

▶ネットで1日何回も売買する投資家

Point 20 プラットフォーマー規制

●**サービスの基盤を提供する企業**への規制。

検索エンジンや電子商取引の市場など

●米4大プラットフォーマー＝GAFA（Google ／ Amazon ／ Facebook［現・Meta］／ Apple）

GAFAにまつわる問題

◆**独占**的立場を利用した、不当な取引の強要。→高くて一方的な出店料や手数料

◆扱われる**個人情報量の莫大**（ばくだい）さ。→2018にはFacebookで大量の個人情報流出事件

◆日本での売上なのに**課税が難しい**問題。

→ **G20大阪サミット**（2019）で国際ルールが協議されたが、合意には至（いた）らず。たとえば世界共通の「デジタル課税」などを討議

日本：デジタルプラットフォーム取引透明化法成立。（2021施行）

◆課税・独禁法・プライバシー等の観点からルールを検討。

◆強い立場を利用した契約や手数料を規制（GAFA・Yahoo・楽天などが対象）。

Point ㉑ 新型コロナ(COVID-19)問題

●各国の対応と今後。
  ◆日本の**財政緩和**(= 政府の動き)
    ┌ ◇特別定額給付金(市町村 → **個人**へ[1人10万円]) ┐   国の補助
    │ ◇持続化給付金 (国 → **中小企業**へ[1社200万円]) │ ⇒や支給が
    └ ◇**休業要請**   (**自治体が飲食店へ**協力金[金額はさまざま]) ┘   多い

          これらの多くを**赤字国債**で調達
          → 国債発行額は「(2020):90兆円超/(2021):65兆円超」
            一般会計＋補正予算合わせて

  ◆世界の**金融緩和**(= 中央銀行の動き)
    ┌ (日):「マイナス金利 ＋ 量的緩和」の継続
    │ (米):FRB(**連邦準備制度理事会**)がリーマン以来の「**ゼロ金利 ＋ 量**
    │   **的緩和**」
    └ (欧):ECB(**欧州中央銀行**)が「**マイナス金利**の拡大 ＋ 量的緩和」

●当面の課題
    ┌ ◆新型インフルエンザ等対策特別措置法の改正
    │   …「緊急事態宣言」の根拠法。
    │   **出すタイミングの明記、強制力強化などを**
    │ ◆テレワーク化の推進…学校・企業などで。
    └ ◆世界の協力体制…WHO(世界保健機関・テドロス事務局長)を軸に。

●「骨太の方針2020」に見られる政府の方針…**感染拡大防止と経済の両立**
                                    をめざして

  課題 ┌ ◆テレワーク普及の遅れ
       │   …(従来):働き方改革用 → (コロナ後):「三密」回避用
       │   密接・密集・密閉
       │ ◆**東京一極集中**
       └   …(従来):┌◇地方の活力を奪う┐ → (コロナ後):**人口過密は危険**
                    └◇危機管理の危うさ┘   ソーシャルディス
                                              タンス面で

          ◎これらへの対処含めた「**新しい日常**」を作り、質の高い経済社会の実現を。
            ＝ニューノーマル

対策
- （成長戦略）：**テレワーク**の普及 ＋ それに伴う兼業・副業の普及をめざす。
- （規制改革）：**デジタルガバメント**／**商取引や行政手続きのオンライン化**
  - ＝行政のデジタル化　　　　　＝書面・対面・押印重視の見直し
- （地方創生）：IT を使った街づくり／人材の地方移転を促進

Point㉒ 世界遺産

- ●**人類が共有すべき普遍的価値**をもつ遺跡や景観・自然。
- ●世界遺産条約（＝世界の文化遺産及び自然遺産の保護に関する条約）が根拠。
  - **UNESCO**（国連教育科学文化機関）総会で採択（1972）
- ●世界遺産委員会（UNESCO 内に設置）が審査・認定を行う。

正式分類：「自然遺産／文化遺産（**富士山はここに分類**）／複合遺産」の３つ。

その他の分類
- ●危機遺産…世界遺産のうち、世界遺産委員会が「危機にさらされている世界遺産リスト」に加えたもの。
  - エルサレム旧市街、バーミヤン遺跡など
- ●負の世界遺産…正式分類ではなく、明確な定義もない一般的な呼称。
  - 原爆ドーム／アウシュビッツ収容所など

●2013年以降連続して登録された日本の世界遺産
富士山（2013）／富岡製糸場（2014）／明治日本の産業革命遺産（長崎の端島炭坑［軍艦島］や静岡の韮山反射炉など・2015）／ル・コルビュジエの作品群（その１つが日本の国立西洋美術館・2016）／「神宿る島」沖ノ島（2017）／潜伏キリシタン関連遺産（2018）／百舌鳥・古市古墳群（仁徳天皇陵など・2019）／奄美大島、徳之島、沖縄島北部及び西表島（2021）／北海道・北東北の縄文遺跡群（2021）

政治編
第1章
第2章
第3章
第4章
第5章
第6章
第7章
第8章
第9章
第10章
第11章
第12章

経済編
第13章
第14章
第15章
第16章
第17章
第18章
第19章
第20章
第21章
第22章
第23章
第24章
第25章
第26章

時事
問題編
第27章

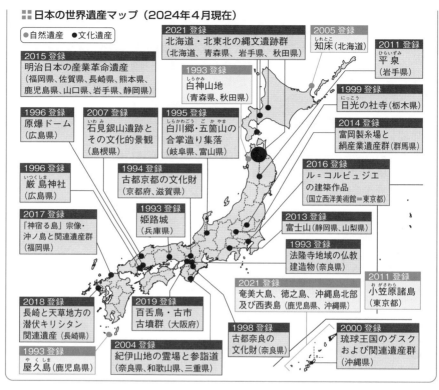

■■ 日本の世界遺産マップ（2024年4月現在）

●自然遺産　●文化遺産

2021 登録
北海道・北東北の縄文遺跡群
（北海道、青森県、岩手県、秋田県）

2005 登録
知床（北海道）

2011 登録
平泉
（岩手県）

2015 登録
明治日本の産業革命遺産
（福岡県、佐賀県、長崎県、熊本県、
鹿児島県、山口県、岩手県、静岡県）

1993 登録
白神山地
（青森県、秋田県）

1999 登録
日光の社寺（栃木県）

1996 登録
原爆ドーム
（広島県）

2007 登録
石見銀山遺跡と
その文化的景観
（島根県）

1995 登録
白川郷・五箇山の
合掌造り集落
（岐阜県、富山県）

2014 登録
富岡製糸場と
絹産業遺産群（群馬県）

1996 登録
厳島神社
（広島県）

1994 登録
古都京都の文化財
（京都府、滋賀県）

2016 登録
ル＝コルビュジエ
の建築作品
（国立西洋美術館＝東京都）

1993 登録
姫路城
（兵庫県）

2013 登録
富士山（静岡県、山梨県）

2017 登録
「神宿る島」宗像・
沖ノ島と関連遺産群
（福岡県）

1993 登録
法隆寺地域の仏教
建造物（奈良県）

2011 登録
小笠原諸島
（東京都）

2021 登録
奄美大島、徳之島、沖縄島北部
及び西表島（鹿児島県、沖縄県）

2018 登録
長崎と天草地方の
潜伏キリシタン
関連遺産（長崎県）

2019 登録
百舌鳥・古市
古墳群（大阪府）

1998 登録
古都奈良の
文化財（奈良県）

2000 登録
琉球王国のグスク
および関連遺産群
（沖縄県）

1993 登録
屋久島（鹿児島県）

2004 登録
紀伊山地の霊場と参詣道
（奈良県、和歌山県、三重県）

Point㉓ 経済安全保障……経済的手段で安全保障の実現をめざすこと。
‖

◆エネルギーや資源の確保。
◆先端技術の流出を防ぐ。
◆特定国に**頼りすぎない**。
　　　　（資源や技術を）

⇒

サプライチェーンがグローバル化して
いる今日、カントリーリスクの高い国
に依存しないことが重要

（背景）：資源等を中ロに依存することのカントリーリスク
　　　⇒ それに対処するため「経済安全保障推進法」成立（2022）。
‖

◆国内調達を軸とした、**供給網の強化**。
◆エネルギー・金融・情報通信等の**基幹インフラをサイバー攻撃から守る**。
◆官民一丸となっての**先端技術開発**。（→ 突発的な禁輸措置などに備える）
◆軍事転用のリスクのある**特許の非公開**。

日本国憲法

憲法は国の最高法規であるうえ、自民党が憲法改正に並々ならぬ意欲を燃やしている以上、憲法内容もしっかり学んでもらう必要がある。特に大事なのは「**第3章　国民の権利及び義務**」。ここには僕らの**基本的人権が書かれているんだから、もう"答えられなければ、自分が悪い"ぐらいの気構え**で、しっかりやっておこう。ほかは経験的なことしか言えないが、第9条の平和主義と「第6章　司法」が、よく出題されるかな。

日本国憲法

（1946年11月3日公布　1947年5月3日施行）
〈注〉現代かなづかいに改めて掲載。

前　文

　日本国民は、正当に選挙された国会における代表者を通じて行動し、われらとわれらの子孫のために、諸国民との協和による成果と、わが国全土にわたって自由のもたらす恵沢を確保し、政府の行為によって再び戦争の惨禍が起ることのないようにすることを決意し、ここに主権が国民に存することを宣言し、この憲法を確定する。そもそも国政は、国民の厳粛な信託によるものであって、その権威は国民に由来し、その権力は国民の代表者がこれを行使し、その福利は国民がこれを享受する。これは人類普遍の原理であり、この憲法は、かかる原理に基くものである。われらは、これに反する一切の憲法、法令及び詔勅を排除する。

　日本国民は、恒久の平和を念願し、人間相互の関係を支配する崇高な理想を深く自覚するのであって、平和を愛する諸国民の公正と信義に信頼して、われらの安全と生存を保持しようと決意した。われらは、平和を維持し、専制と隷従、圧迫と偏狭を地上から永遠に除去しようと努めている国際社会において、名誉ある地位を占めたいと思う。われらは、全世界の国民が、ひとしく恐怖と欠乏から免かれ、平和のうちに生存する権利を有することを確認する。

　われらは、いずれの国家も、自国のことのみに専念して他国を無視してはならないのであって、政治道徳の法則は、普遍的なものであり、この法則に従うことは、自国の主権を維持し、他国と対等関係に立とうとする各国の責務であると信ずる。

　日本国民は、国家の名誉にかけ、全力をあげてこの崇高な理想と目的を達成することを誓う。

第1章　天　皇

第1条　天皇の地位／国民主権

　天皇は、日本国の象徴であり日本国民統合の象徴であって、この地位は、主権の存する日本国民の総意に基く。

第2条　皇位のあり方

　皇位は、世襲のものであって、国会の議決した皇室典範の定めるところにより、これを継承する。

第3条　天皇と内閣

　天皇の国事に関するすべての行為には、内閣の助言と承認を必要とし、内閣が、その責任を負う。

第4条　天皇のできること

①天皇は、この憲法の定める国事に関する行為のみを行い、国政に関する権能を有しない。

②天皇は、法律の定めるところにより、その国事に関する行為を委任することができる。

第5条　摂政

　皇室典範の定めるところにより摂政を置くときは、摂政は、天皇の名でその国事に関する行為を行う。この場合には、前条第1項の規定を準用する。

第6条　天皇が任命するもの

①天皇は、国会の指名に基いて、内閣総理大臣を任命する。

②天皇は、内閣の指名に基いて、最高裁判所の長たる裁判官を任命する。

第7条　天皇の国事行為の内容

　天皇は、内閣の助言と承認により、国民のために、左の国事に関する行為を行う。

　1　憲法改正、法律、政令及び条約を公布すること。
　2　国会を召集すること。
　3　衆議院を解散すること。
　4　国会議員の総選挙の施行を公示すること。
　5　国務大臣及び法律の定めるその他の官吏の任免並びに全権委任状及び大使及び公使の信任状を認証すること。

6　大赦、特赦、減刑、刑の執行の免除及び復権を認証すること。
7　栄典を授与すること。
8　批准書及び法律の定めるその他の外交文書を認証すること。
9　外国の大使及び公使を接受すること。
10　儀式を行うこと。

第8条　皇室の財産授受の制限

皇室に財産を譲り渡し、又は皇室が、財産を譲り受け、若しくは賜与することは、国会の議決に基かなければならない。

第2章　戦争の放棄

第9条　戦争放棄／戦力不保持／交戦権の否認

①日本国民は、正義と秩序を基調とする国際平和を誠実に希求し、国権の発動たる戦争と、武力による威嚇又は武力の行使は、国際紛争を解決する手段としては、永久にこれを放棄する。

②前項の目的を達するため、陸海空軍その他の戦力は、これを保持しない。国の交戦権は、これを認めない。

第3章　国民の権利及び義務

第10条　国民の要件

日本国民たる要件は、法律でこれを定める。

第11条　人権の永久不可侵性①

国民は、すべての基本的人権の享有を妨げられない。この憲法が国民に保障する基本的人権は、侵すことのできない永久の権利として、現在及び将来の国民に与えられる。

第12条　人権の濫用禁止／公共の福祉①

この憲法が国民に保障する自由及び権利は、国民の不断の努力によって、これを保持しなければならない。又、国民は、これを濫用してはならないのであって、常に公共の福祉のためにこれを利用する責任を負う。

第13条　個人の尊重・幸福追求権／公共の福祉②

すべて国民は、個人として尊重される。生命、自由及び幸福追求に対す

る国民の権利については、公共の福祉に反しない限り、立法その他の国政の上で、最大の尊重を必要とする。

第14条　法の下の平等

①すべて国民は、法の下に平等であって、人種、信条、性別、社会的身分又は門地により、政治的、経済的又は社会的関係において、差別されない。

②華族その他の貴族の制度は、これを認めない。

③栄誉、勲章その他の栄典の授与は、いかなる特権も伴わない。栄典の授与は、現にこれを有し、又は将来これを受ける者の一代に限り、その効力を有する。

第15条　公務員について／選挙に関する規定

①公務員を選定し、及びこれを罷免することは、国民固有の権利である。

②すべて公務員は、全体の奉仕者であって、一部の奉仕者ではない。

③公務員の選挙については、成年者による普通選挙を保障する。

④すべて選挙における投票の秘密は、これを侵してはならない。選挙人は、その選択に関し公的にも私的にも責任を問われない。

第16条　請願権

何人も、損害の救済、公務員の罷免、法律、命令又は規則の制定、廃止又は改正その他の事項に関し、平穏に請願する権利を有し、何人も、かかる請願をしたためにいかなる差別待遇も受けない。

第17条　国家賠償請求権

何人も、公務員の不法行為により、損害を受けたときは、法律の定めるところにより、国又は公共団体に、その賠償を求めることができる。

第18条　奴隷的拘束及び苦役からの自由

何人も、いかなる奴隷的拘束も受けない。又、犯罪に因る処罰の場合を除いては、その意に反する苦役に服させられない。

第19条　思想・良心の自由

思想及び良心の自由は、これを侵してはならない。

第20条　信教の自由

①信教の自由は、何人に対してもこれを保障する。いかなる宗教団体も、国から特権を受け、又は政治上の権力を行使してはならない。

②何人も、宗教上の行為、祝典、儀式又は行事に参加することを強制されない。

③国及びその機関は、宗教教育その他いかなる宗教的活動もしてはならない。

第21条　表現の自由
①集会、結社及び言論、出版その他一切の表現の自由は、これを保障する。
②検閲は、これをしてはならない。通信の秘密は、これを侵してはならない。

第22条　居住・移転及び職業選択の自由／国籍離脱の自由／公共の福祉③
①何人も、公共の福祉に反しない限り、居住、移転及び職業選択の自由を有する。
②何人も、外国に移住し、又は国籍を離脱する自由を侵されない。

第23条　学問の自由
学問の自由は、これを保障する。

第24条　両性の本質的平等
①婚姻は、両性の合意のみに基いて成立し、夫婦が同等の権利を有することを基本として、相互の協力により、維持されなければならない。
②配偶者の選択、財産権、相続、住居の選定、離婚並びに婚姻及び家族に関するその他の事項に関しては、法律は、個人の尊厳と両性の本質的平等に立脚して、制定されなければならない。

第25条　生存権
①すべて国民は、健康で文化的な最低限度の生活を営む権利を有する。
②国は、すべての生活部面について、社会福祉、社会保障及び公衆衛生の向上及び増進に努めなければならない。

第26条　教育を受ける権利／義務教育
①すべて国民は、法律の定めるところにより、その能力に応じて、ひとしく教育を受ける権利を有する。
②すべて国民は、法律の定めるところにより、その保護する子女に普通教育を受けさせる義務を負う。義務教育は、これを無償とする。

第27条　勤労の権利と義務／児童酷使の禁止
①すべて国民は、勤労の権利を有し、義務を負う。
②賃金、就業時間、休息その他の勤労条件に関する基準は、法律でこれを定める。
③児童は、これを酷使してはならない。

第28条　労働三権

　　勤労者の団結する権利及び団体交渉その他の団体行動をする権利は、これを保障する。

第29条　財産権／公共の福祉④

①財産権は、これを侵してはならない。

②財産権の内容は、公共の福祉に適合するように、法律でこれを定める。

③私有財産は、正当な補償の下に、これを公共のために用いることができる。

第30条　納税の義務

　　国民は、法律の定めるところにより、納税の義務を負う。

第31条　法定手続の保障

　　何人も、法律の定める手続によらなければ、その生命若しくは自由を奪われ、又はその他の刑罰を科せられない。

第32条　裁判を受ける権利

　　何人も、裁判所において裁判を受ける権利を奪われない。

第33条　逮捕の要件（令状主義①）

　　何人も、現行犯として逮捕される場合を除いては、権限を有する司法官憲が発し、且つ理由となっている犯罪を明示する令状によらなければ、逮捕されない。

第34条　不当な抑留・拘禁の禁止

　　何人も、理由を直ちに告げられ、且つ、直ちに弁護人に依頼する権利を与えられなければ、抑留又は拘禁されない。又、何人も、正当な理由がなければ、拘禁されず、要求があれば、その理由は、直ちに本人及びその弁護人の出席する公開の法廷で示されなければならない。

第35条　住居不可侵（令状主義②）

①何人も、その住居、書類及び所持品について、侵入、捜索及び押収を受けることのない権利は、第33条の場合を除いては、正当な理由に基いて発せられ、且つ捜索する場所及び押収する物を明示する令状がなければ、侵されない。

②捜索又は押収は、権限を有する司法官憲が発する各別の令状により、これを行う。

第36条　拷問及び残虐な刑罰の禁止

公務員による拷問及び残虐な刑罰は、絶対にこれを禁ずる。

第37条　刑事被告人の権利

①すべて刑事事件においては、被告人は、公平な裁判所の迅速な公開裁判を受ける権利を有する。

②刑事被告人は、すべての証人に対して審問する機会を充分に与えられ、又、公費で自己のために強制的手続により証人を求める権利を有する。

③刑事被告人は、いかなる場合にも、資格を有する弁護人を依頼することができる。被告人が自らこれを依頼することができないときは、国でこれを附する。

第38条　不利益な供述・自白の強要の禁止

①何人も、自己に不利益な供述を強要されない。

②強制、拷問若しくは脅迫による自白又は不当に長く抑留若しくは拘禁された後の自白は、これを証拠とすることができない。

③何人も、自己に不利益な唯一の証拠が本人の自白である場合には、有罪とされ、又は刑罰を科せられない。

第39条　遡及処罰の禁止／一事不再理

何人も、実行の時に適法であった行為又は既に無罪とされた行為については、刑事上の責任を問われない。又、同一の犯罪について、重ねて刑事上の責任を問われない。

第40条　刑事補償請求権（冤罪への償い）

何人も、抑留又は拘禁された後、無罪の裁判を受けたときは、法律の定めるところにより、国にその補償を求めることができる。

第4章　国　会

第41条　国会の地位

国会は、国権の最高機関であって、国の唯一の立法機関である。

第42条　二院制

国会は、衆議院及び参議院の両議院でこれを構成する。

第43条　国会議員の地位

①両議院は、全国民を代表する選挙された議員でこれを組織する。

②両議院の議員の定数は、法律でこれを定める。

第44条　選挙権の平等
　両議院の議員及びその選挙人の資格は、法律でこれを定める。但し、人種、信条、性別、社会的身分、門地、教育、財産又は収入によって差別してはならない。

第45条　衆議院議員の任期
　衆議院議員の任期は、4年とする。但し、衆議院解散の場合には、その期間満了前に終了する。

第46条　参議院議員の任期
　参議院議員の任期は、6年とし、3年ごとに議員の半数を改選する。

第47条　選挙に関する事項
　選挙区、投票の方法その他両議院の議員の選挙に関する事項は、法律でこれを定める。

第48条　両院兼職の禁止
　何人も、同時に両議院の議員たることはできない。

第49条　国会議員の歳費
　両議院の議員は、法律の定めるところにより、国庫から相当額の歳費を受ける。

第50条　不逮捕特権
　両議院の議員は、法律の定める場合を除いては、国会の会期中逮捕されず、会期前に逮捕された議員は、その議院の要求があれば、会期中これを釈放しなければならない。

第51条　発言・表決の院外無責任
　両議院の議員は、議院で行った演説、討論又は表決について、院外で責任を問われない。

第52条　常会（通常国会）
　国会の常会は、毎年1回これを召集する。

第53条　臨時会（臨時国会）
　内閣は、国会の臨時会の召集を決定することができる。いずれかの議院の総議員の4分の1以上の要求があれば、内閣は、その召集を決定しなければならない。

第54条　特別会（特別国会）／参議院の緊急集会

①衆議院が解散されたときは、解散の日から40日以内に、衆議院議員の総選挙を行い、その選挙の日から30日以内に、国会を召集しなければならない。

②衆議院が解散されたときは、参議院は、同時に閉会となる。但し、内閣は、国に緊急の必要があるときは、参議院の緊急集会を求めることができる。

③前項但書の緊急集会において採られた措置は、臨時のものであって、次の国会開会の後10日以内に、衆議院の同意がない場合には、その効力を失う。

第55条　議員の資格争訟

両議院は、各々その議員の資格に関する争訟を裁判する。但し、議員の議席を失わせるには、出席議員の3分の2以上の多数による議決を必要とする。

第56条　定足数／議決の要件

①両議院は、各々その総議員の3分の1以上の出席がなければ、議事を開き議決することができない。

②両議院の議事は、この憲法に特別の定のある場合を除いては、出席議員の過半数でこれを決し、可否同数のときは、議長の決するところによる。

第57条　会議の公開と秘密会

①両議院の会議は、公開とする。但し、出席議員の3分の2以上の多数で議決したときは、秘密会を開くことができる。

②両議院は、各々その会議の記録を保存し、秘密会の記録の中で特に秘密を要すると認められるもの以外は、これを公表し、且つ一般に頒布しなければならない。

③出席議員の5分の1以上の要求があれば、各議員の表決は、これを会議録に記載しなければならない。

第58条　規則制定・議員懲罰

①両議院は、各々その議長その他の役員を選任する。

②両議院は、各々その会議その他の手続及び内部の規律に関する規則を定め、又、院内の秩序をみだした議員を懲罰することができる。但し、議員を除名するには、出席議員の3分の2以上の多数による議決を必要とする。

第59条　法律案の議決（衆議院の優越①）

①法律案は、この憲法に特別の定のある場合を除いては、両議院で可決したとき法律となる。

②衆議院で可決し、参議院でこれと異なった議決をした法律案は、**衆議院で出席議員の３分の２以上の多数で再び可決したときは、法律となる**。

③前項の規定は、法律の定めるところにより、衆議院が、両議院の協議会を開くことを求めることを妨げない。

④参議院が、衆議院の可決した法律案を受け取った後、国会休会中の期間を除いて60日以内に、議決しないときは、衆議院は、**参議院がその法律案を否決したものとみなすことができる**。

第60条　予算案の議決（衆議院の優越②）

①予算は、さきに衆議院に提出しなければならない。

②予算について、参議院で衆議院と異なった議決をした場合に、法律の定めるところにより、両議院の協議会を開いても意見が一致しないとき、又は参議院が、衆議院の可決した予算を受け取った後、国会休会中の期間を除いて30日以内に、議決しないときは、衆議院の議決を国会の議決とする。

第61条　条約の承認（衆議院の優越③）

条約の締結に必要な国会の承認については、**前条第２項の規定を準用する**。

第62条　国政調査権

両議院は、各々国政に関する調査を行い、これに関して、証人の出頭及び証言並びに記録の提出を要求することができる。

第63条　閣僚の議院への出席

内閣総理大臣その他の国務大臣は、両議院の一に議席を有すると有しないとにかかわらず、**何時でも議案について発言するため議院に出席することができる。又、答弁又は説明のため出席を求められたときは、出席しなければならない**。

第64条　弾劾裁判所

①国会は、罷免の訴追を受けた裁判官を裁判するため、両議院の議員で組織する弾劾裁判所を設ける。

②弾劾に関する事項は、法律でこれを定める。

第5章　内　閣

第65条　行 政 権
行政権は、内閣に属する。

第66条　文民規定／議院内閣制
①内閣は、法律の定めるところにより、その首長たる内閣総理大臣及びその他の国務大臣でこれを組織する。
②内閣総理大臣その他の国務大臣は、文民でなければならない。
③内閣は、行政権の行使について、国会に対し連帯して責任を負う。

第67条　内閣総理大臣の指名（衆議院の優越④）
①内閣総理大臣は、国会議員の中から国会の議決で、これを指名する。この指名は、他のすべての案件に先だって、これを行う。
②衆議院と参議院とが異なった指名の議決をした場合に、法律の定めるところにより、両議院の協議会を開いても意見が一致しないとき、又は衆議院が指名の議決をした後、国会休会中の期間を除いて10日以内に、参議院が、指名の議決をしないときは、衆議院の議決を国会の議決とする。

第68条　国務大臣の任免
①内閣総理大臣は、国務大臣を任命する。但し、その過半数は、国会議員の中から選ばれなければならない。
②内閣総理大臣は、任意に国務大臣を罷免することができる。

第69条　内閣不信任決議（総辞職の要件①）
内閣は、衆議院で不信任の決議案を可決し、又は信任の決議案を否決したときは、10日以内に衆議院が解散されない限り、総辞職をしなければならない。

第70条　内閣総辞職の要件②
内閣総理大臣が欠けたとき、又は衆議院議員総選挙の後に初めて国会の召集があったときは、内閣は、総辞職をしなければならない。

第71条　総辞職後の内閣
前2条の場合には、内閣は、あらたに内閣総理大臣が任命されるまで引き続きその職務を行う。

第72条　内閣総理大臣の仕事

内閣総理大臣は、**内閣を代表して議案を国会に提出**し、一般国務及び外交関係について国会に報告し、並びに行政各部を指揮監督する。

第73条　内閣の職務

内閣は、他の一般行政事務の外、左の事務を行う。

1　法律を誠実に執行し、国務を総理すること。

2　外交関係を処理すること。

3　条約を締結すること。但し、事前に、時宜によっては事後に、国会の承認を経ることを必要とする。

4　法律の定める基準に従い、官吏に関する事務を掌理すること。

5　予算を作成して国会に提出すること。

6　この憲法及び法律の規定を実施するために、政令を制定すること。但し、政令には、特にその法律の委任がある場合を除いては、罰則を設けることができない。

7　大赦、特赦、減刑、刑の執行の免除及び復権を決定すること。

第74条　法律・政令への署名

法律及び政令には、すべて主任の国務大臣が署名し、内閣総理大臣が連署することを必要とする。

第75条　国務大臣の訴追

国務大臣は、その在任中、内閣総理大臣の同意がなければ、訴追されない。但し、これがため、訴追の権利は、害されない。

第6章　司　法

第76条　特別裁判所の禁止／司法権の独立　他

①すべて司法権は、最高裁判所及び法律の定めるところにより設置する下級裁判所に属する。

②特別裁判所は、これを設置することができない。**行政機関は、終審として裁判を行うことができない。**

③すべて裁判官は、その良心に従い独立してその職権を行い、この憲法及び法律にのみ拘束される。

第77条　最高裁判所の規則制定権

①最高裁判所は、訴訟に関する手続、弁護士、裁判所の内部規律及び司法事務処理に関する事項について、規則を定める権限を有する。

②検察官は、最高裁判所の定める規則に従わなければならない。

③最高裁判所は、下級裁判所に関する規則を定める権限を、下級裁判所に委任することができる。

第78条　裁判官の身分保障

裁判官は、裁判により、心身の故障のために職務を執ることができないと決定された場合を除いては、公の弾劾によらなければ罷免されない。**裁判官の懲戒処分は、行政機関がこれを行うことはできない。**

第79条　最高裁判所裁判官について（国民審査／定年／報酬）

①最高裁判所は、その長たる裁判官及び法律の定める員数のその他の裁判官でこれを構成し、その長たる裁判官以外の裁判官は、内閣でこれを任命する。

②最高裁判所の裁判官の任命は、その**任命後初めて行われる衆議院議員総選挙の際国民の審査**に付し、その後10年を経過した後初めて行われる衆議院議員総選挙の際更に審査に付し、その後も同様とする。

③前項の場合において、投票者の多数が裁判官の罷免を可とするときは、その裁判官は、罷免される。

④審査に関する事項は、法律でこれを定める。

⑤最高裁判所の裁判官は、法律の定める年齢に達した時に退官する。

⑥最高裁判所の裁判官は、すべて**定期に相当額の報酬**を受ける。この報酬は、在任中、これを減額することができない。

第80条　下級裁判所裁判官について（任期／定年／報酬）

①下級裁判所の裁判官は、最高裁判所の指名した者の名簿によって、内閣でこれを任命する。その裁判官は、任期を10年とし、再任されることができる。但し、法律の定める年齢に達した時には退官する。

②下級裁判所の裁判官は、すべて定期に相当額の報酬を受ける。この報酬は、在任中、これを減額することができない。

第81条　違憲立法審査権（法令審査権）

最高裁判所は、一切の法律、命令、規則又は処分が憲法に適合するかしないかを決定する権限を有する終審裁判所である。

第82条　裁判の公開について
　①裁判の対審及び判決は、公開法廷でこれを行う。
　②裁判所が、裁判官の全員一致で、公の秩序又は善良の風俗を害する虞
　　があると決した場合には、対審は、公開しないでこれを行うことができ
　　る。但し、政治犯罪、出版に関する犯罪又はこの憲法第3章で保障する
　　国民の権利が問題となっている事件の対審は、常にこれを公開しなけれ
　　ばならない。

第7章　財　　政

第83条　財政処理の権限
　　国の財政を処理する権限は、国会の議決に基いて、これを行使しなけれ
　ばならない。

第84条　課　　税
　　あらたに租税を課し、又は現行の租税を変更するには、法律又は法律の
　定める条件によることを必要とする。

第85条　国費の支出と国の債務負担
　　国費を支出し、又は国が債務を負担するには、国会の議決に基くことを
　必要とする。

第86条　予　　算
　　内閣は、毎会計年度の予算を作成し、国会に提出して、その審議を受け
　議決を経なければならない。

第87条　予　備　費
　①予見し難い予算の不足に充てるため、国会の議決に基いて予備費を設け、
　　内閣の責任でこれを支出することができる。
　②すべて予備費の支出については、内閣は、事後に国会の承諾を得なけれ
　　ばならない。

第88条　皇室財産と皇室の費用
　　すべて皇室財産は、国に属する。すべて皇室の費用は、予算に計上して
　国会の議決を経なければならない。

第89条　公金の支出・利用の制限
　　公金その他の公の財産は、宗教上の組織若しくは団体の使用、便益若し

くは維持のため、又は公の支配に属しない慈善、教育若しくは博愛の事業
に対し、これを支出し、又はその利用に供してはならない。

第90条　決算と会計検査院

①国の収入支出の決算は、すべて毎年会計検査院がこれを検査し、内閣は、
次の年度に、その検査報告とともに、これを国会に提出しなければなら
ない。

②会計検査院の組織及び権限は、法律でこれを定める。

第91条　財政状況の報告

内閣は、国会及び国民に対し、定期に、少くとも毎年1回、国の財政状
況について報告しなければならない。

第8章　地方自治

第92条　地方自治の本旨

地方公共団体の組織及び運営に関する事項は、地方自治の本旨に基いて、
法律でこれを定める。

第93条　地方議会／地方選挙

①地方公共団体には、法律の定めるところにより、その議事機関として議
会を設置する。

②地方公共団体の長、その議会の議員及び法律の定めるその他の吏員は、
その地方公共団体の住民が、直接これを選挙する。

第94条　地方公共団体のもつ権能

地方公共団体は、その財産を管理し、事務を処理し、及び行政を執行す
る権能を有し、法律の範囲内で条例を制定することができる。

第95条　特別法制定の際の住民投票

一の地方公共団体のみに適用される特別法は、法律の定めるところによ
り、その地方公共団体の住民の投票においてその過半数の同意を得なけれ
ば、国会は、これを制定することができない。

第9章　改　　正

第96条　憲法改正の手続き

①この憲法の改正は、各議院の総議員の3分の2以上の賛成で、国会が、これを発議し、国民に提案してその承認を経なければならない。この承認には、特別の国民投票又は国会の定める選挙の際行われる投票において、その過半数の賛成を必要とする。

②憲法改正について前項の承認を経たときは、天皇は、国民の名で、この憲法と一体を成すものとして、直ちにこれを公布する。

第10章　最高法規

第97条　人権の永久不可侵性②

この憲法が日本国民に保障する基本的人権は、人類の多年にわたる自由獲得の努力の成果であって、これらの権利は、過去幾多の試練に堪え、現在及び将来の国民に対し、侵すことのできない永久の権利として信託されたものである。

第98条　憲法の最高法規制／条約の遵守

①この憲法は、国の最高法規であって、その条規に反する法律、命令、詔勅及び国務に関するその他の行為の全部又は一部は、その効力を有しない。

②日本国が締結した条約及び確立された国際法規は、これを誠実に遵守することを必要とする。

第99条　憲法尊重擁護義務

天皇又は摂政及び国務大臣、国会議員、裁判官その他の公務員は、この憲法を尊重し擁護する義務を負う。

第11章　補　則

第100条　この憲法施行に向けての準備

①この憲法は、公布の日から起算して６箇月を経過した日（昭和22年５月３日）から、これを施行する。

②この憲法を施行するために必要な法律の制定、参議院議員の選挙及び国会召集の手続並びにこの憲法を施行するために必要な準備手続は、前項の期日よりも前に、これを行うことができる。

第101条　憲法施行後、参議院が成立するまでの間の国会

この憲法施行の際、参議院がまだ成立していないときは、その成立するまでの間、衆議院は、国会としての権限を行う。

第102条　第１期の参議院議員の任期

この憲法による第１期の参議院議員のうち、その半数の者の任期は、これを３年とする。その議員は、法律の定めるところにより、これを定める。

第103条　憲法施行で現職の公務員はどうなるのか

この憲法施行の際現に在職する国務大臣、衆議院議員及び裁判官並びにその他の公務員で、その地位に相応する地位がこの憲法で認められている者は、法律で特別の定をした場合を除いては、この憲法施行のため、当然にはその地位を失うことはない。但し、この憲法によって、後任者が選挙又は任命されたときは、当然その地位を失う。

用　　語

おわりに

　この文章を書いている2024年3月現在、ようやく新型コロナ問題も一段落したようです。

　受験生の皆さん、本当にお疲れ様でした。大変だったでしょう。だって皆さんは、中高生時代の長い期間を、未知のウイルスと共に過ごしたわけですから。その間、クラスメートの顔の下半分も知らず、お弁当は机を離して黙食し、学級閉鎖や学校閉鎖はたびたび起こり、運動会や修学旅行は中止になり……。もうこんな辛い中高生時代を経験した世代は、皆さんと皆さんの近辺の世代くらいですよ。本当に辛かったと思うし、当然その間、勉強にも集中できなかったと思います。

　でも、もう大丈夫です。新型コロナは、今からちょうど1年ぐらい前の2023年より、感染症レベルが「2類相当（感染力や重症化リスクが高い）」から「5類（季節性インフルエンザレベル）」に下がり、マスク着用も「個人の判断に委ねる」ことになったからです。もちろんまだ完全収束ではありませんが、少なくともこれで、他の世代と同じくらい青春を謳歌でき、受験勉強に集中できるようになりました。

　僕も新型コロナの一段落は、素直に嬉しいです。だってもう予備校の教壇で「マスクして90分間大声でわめき続ける」なんて頭のおかしいこと、しなくて済みますからね。あれ、ほんとにきつかったです。

　でももっときつかったのは、新型コロナ初年度（2020年）の前期授業でした。何とこれ、「完全収録授業」だったんですよ。これは地獄です。だって考えてみてください。だだっ広い真っ白な無人空間で、カメラに向かって大声で独り言をわめき散らしながら、90分授業を何本も撮り続けるなんて……。もう「精神と時の部屋」ですよ。「俺はいったい誰と戦うための修行をしているんだ!?」ってくらい辛かったです。あの時期は本当に「ああ、僕ら予備校講師にとって、生徒の笑顔や真剣な表情は、実は養分だったんだな」と思いました。

でもこれで、ようやくリセットできますね。僕らはついに平穏な日常を取り戻し、教室には笑顔と真剣な表情が戻ってきました。これからはお互い「当たり前の日常」に感謝しつつ、ギアを上げて勉強に取り組んでいきましょう。

　そうそう、新型コロナの時期は停滞気味だった世界の政治・経済も、そろそろ新型コロナ収束の気配を感じ取ったのか、また激しく動き出したようです。気づいてみれば、自民党もウクライナも日経平均株価も、えらいことになっています。時事問題は政経受験の大変さでもありますが、「政経の醍醐味」でもあります。皆さんだって僕と同様、変化がない科目よりもある方が好きで政経を選んだわけでしょう。ならば、そういう時流の変化も大いに楽しみながら、勉強していきましょう。

　最後になりますが、僕は3年ぶりにマスクを取って授業をした日の喜びを、たぶん一生忘れません。皆さんの顔の下半分を久しぶりに見たことも、新鮮な感動でした。皆さんも、ぜひ日常が戻った喜びをエネルギーに変えて、今年1年乗り切ってください。

蔭山　克秀
（かげやま　かつひで）

蔭山　克秀（かげやま　かつひで）
　愛媛県出身。早稲田大学政治経済学部経済学科卒。現在、代々木ゼミナール公民科講師として、「政治・経済」「現代社会」「倫理」をすべて指導。
　最新時事や重要用語を網羅し、ビジュアルにも優れた板書と、「政治」「経済」「社会」「倫理」の複雑なメカニズムに関する、易しい、しかし本質的な説明が展開される授業は、共通テスト受験者から早大を中心とする難関大学志望者までのあらゆるレベルの受講生から絶大な支持を受ける。
　2024年現在、代々木ゼミナール本部校・大阪南校に出講中。「代ゼミサテライン」（衛星放送授業）にて、公民4科目（政経・倫理・現代社会・倫理政経）の共通テスト講座を担当。その講座は、代ゼミ各校舎と、提携高等学校・予備校などで受講可能（2024年現在）。
　著書は、『大学入試　マンガで政治・経済が面白いほどわかる本』『改訂版　政治・経済早わかり　一問一答』（以上、KADOKAWA）など多数。

改訂第5版（かいていだい　はん）　大学入試（だいがくにゅうし）

蔭山克秀の（かげやまかつひで）　政治・経済が面白いほどわかる本（せいじ　けいざい　おもしろ　ほん）

2024年6月21日　初版発行
2024年10月5日　再版発行

著者／蔭山　克秀（かげやま　かつひで）

発行者／山下　直久

発行／株式会社KADOKAWA
〒102-8177　東京都千代田区富士見2-13-3
電話　0570-002-301（ナビダイヤル）

印刷所／株式会社加藤文明社

製本所／株式会社加藤文明社

●お問い合わせ
https://www.kadokawa.co.jp/（「お問い合わせ」へお進みください）
※内容によっては、お答えできない場合があります。
※サポートは日本国内のみとさせていただきます。
※Japanese text only

定価はカバーに表示してあります。

©Katsuhide Kageyama 2024　Printed in Japan
ISBN 978-4-04-606845-3　C7030